노동사회과학 제7호
과학적 사회주의의 어제와 오늘

노동사회과학 제7호
과학적 사회주의의 어제와 오늘

엮은이: 노동사회과학연구소 연구위원회
연구위원장: 문영찬
편집위원: 강성윤, 권정기, 김해인, 유재언, 임경민, 임덕영, 전성식, 채만수, 최상철
펴낸이: 채만수
펴낸곳: 노사과연
교정·교열·편집: 김해인
표지디자인: 이규환

등록: 302-2005-00029 (2005.04.20.)
주소: 서울시 동작구 본동 435번지 진안상가 나동 2층 (우156-060)
전화: (02) 790-1917 | 팩스: (02) 790-1918
이메일: wissk@lodong.org
홈페이지: http://www.lodong.org

발행일: 2014년 11월 7일

ISBN 978-89-93852-20-2　04300
　　　978-89-956695-8-7　(세트)

* 책값은 뒤표지에 있습니다.
* 잘못된 책은 바꿔드립니다.

노동사회과학 제7호
과학적 사회주의의 어제와 오늘

노사과연
노동사회과학연구소부설

차 례

권두시 / 7
  제일호   어느 반공주의자의 지침서   7

편집자의 글 / 13
  문영찬   노동자계급은 민주주의의 전위투사이다!   13

특집: 왜? 누구를 위한 공공부문 민영화인가? / 23

김민우	의료민영화를 논한다 — 의료민영화 추진현황과 과제	25
김형균	정부의 철도 분할사유화 공세와 철도노동자 투쟁	44
윤석범	공적연금 과연 어떻게 볼 것인가?	73
채만수	좌익공산주의자들의 쏘련론 (하)	89
최상철	옌안문예강화 당파적으로 읽기 (3)	135
히로노 쇼조	자본주의 위기에 맞서는 우리들의 과제와 진로 — 〈활동가집단 사상운동〉 제46년차 전국총회 제1보고에서 (일본국내 정세 부분)	167
김태균	노동조합운동의 위기에 대해	176
문영찬	한국 자본주의의 현 단계와 계급 구성	219
V. A. 튤킨, M. V. 포포프	레닌주의와 수정주의. 사회주의 이론과 실천의 근본 문제 (프롤레타리아 독재, 그것의 조직적인 형식과 경제적인 실체)	283
≪인민일보≫, ≪홍기≫ 편집국	유고슬라비아는 사회주의 나라인가? — 쏘련 공산당 중앙위원회의 공개서한에 대한 논평(Ⅲ)	313

권두시
어느 반공주의자의 지침서

제일호 (시인, 노사과연 부산지회 회원)

믿을 수도 없고 시대에 뒤떨어진
맑시즘은 무덤 속으로 보내고
오로지 돈벌이가 되는 주식이나 부동산 투기를 논하라

공산주의 체제 하에서 사고로 죽었든 자연사했든
죽은 사람은 모두
그 국가의 지도자들과 맑시즘의 탓이라고 말하라

사상이나 소유관계와는 상관없이
국가, 운동, 체제에 공산주의자라는
딱지 붙이는 행위를 자유롭게 하라

공산주의는 죽음만을 보장하고
소비에뜨나 공산주의에 맞서 싸운
파시스트 운동은 훌륭했다고 선전하라

뜨로츠끼가 스딸린에 의해 권력을 강탈당했고
처참하게 암살되었다는 데
흥미를 가지고 있는 것처럼 가장하라

조지 오웰의 '동물농장'이나 '1984'가
단지 소설일 뿐이고
그가 쏘련에 가 본 적도 없다는 것을 언급하지 마라

실태적 인구 통계나 인구밀도를 고려하지 말고
백만, 천만, 1억 아니 되도록 큰 숫자로
대규모 죽음의 통계치를 인용하라

공산주의 체제에서 체포된 사람들은
모두가 선량하고 무죄였으며
우리의 이웃들이었다고 인용하라

스딸린은 악의 축이었고
그가 행했거나 행하지 않았던 모든 일들은
불순한 동기가 있었다고 전달하라

스딸린은 전지전능한 존재여서
쏘련의 모든 일들을 완벽하게 통제하였고
많은 무고한 사람들을 총살시켰다고 강조하라

자본주의 체제에서 일어난 학살은
공산주의자라는 악마들을 색출하는 과정에서
벌어진 어쩔 수 없는 행위였다고 변명하라

자본주의 체제에서 일어난 학살은
개인적으로 나쁜 사람들의 잘못이지
체제가 잘못된 것이 아니라고 말하라

공산주의 체제에서 일어난 어떠한 일도
이데올로기와 체제의 잘못으로 돌리고
특히 스딸린의 잘못이라고 말하라

맑시즘과 공산주의자들의 선전은 몽상적이고 원시적이라서
미래사회에 대한 자세한 설명이 없고
결국에는 실패했다고 주장하라

맑시즘은 교조주의자들이 판을 치는
종교적인 믿음이며
무당의 엉터리 거짓말인 것처럼 대화의 물꼬를 터라

경제적인 근거로
스딸린 이후의 체제가 잘 작동되지 않았고
스딸린 시대에 사회주의 경제가 잘 작동되었다는 것은 인권으로 덮어
버려라

인간의 본성과 욕망에 어울리는 것은
자본주의 체제이며
모든 다른 정치사상과 정치체제는 이것을 무시한다고 선전하라

부르주아 혁명은 민주적인 국민투표에 의해
볼셰비끼 혁명은 폭력과 유혈참사로 수행되었다고
폭력성을 대비시켜라

밑도 끝도 없이
'자유'와 '민주주의'와 같은 용어들을 사용하고
이 용어의 참된 의미에 대한 도전을 결코 받아들이지 마라

공산주의자들은 무엇이든지 간에
조삼모사한 존재들이며
지극히 타락한 동성애자들이라고 말하라

제국주의 전쟁은
단순한 전쟁으로 치부하고
상호불가침 협정이나 평화협정은 평화의 걸림돌이라고 우겨라

동유럽의 '자유'를 칭찬하고
그 국가들이 했던 시장개혁의 숫자와 맞먹는
대량의 문제점들은 무시하라

공산주의 국가에서의
두려움의 문화를 강조하면서
미국에서 마약과 관계된 일상적인 사건의 언급은 피하라

종교에 대한 억압으로 공산주의를 공격하고
세속적이지 않다는 이유로 이슬람 근본주의를 공격할 때의
모순에 대해서는 신경을 꺼라

아프가니스탄이나 이라크에서
미국의 천문학적인 전쟁비용이
미국에게 부메랑이 되어 돌아오는 아이러니에 주의를 기울이지 마라

1956년 흐루쇼프의 비밀연설이나
뜨로츠끼가 쓴 '영구혁명', '문학과 예술' 아니 어떠한 책이든
귀에 못이 박히도록 강조하고 인용하라

공산주의자들은 반혁명의 '편집증 환자들'이라는 것을 강조하고
쏘련과 동구에서 자본주의의 부활을 포함하여
이 위협이 현실이었다는 무수한 증거들을 무시하라

공산주의 체제는 전혀 인기가 없는데
인민들이 세뇌되어서 그렇게 된 것이며
오히려 인민들이 탄압을 받는다고 주장하라

공산주의자와 직면하게 되면
'자유'와 '다원론'의 세속주의를 칭찬하고
종교의 자유를 언급하라

우파 파시스트와는 거리를 멀리하는 것처럼 말하고
자본주의의 문화적인 퇴보에 관해서는 끊임없이 불평하여
인민이 정신을 못 차리도록 우롱하여라

공산주의의 더 강한 군사력을 비난하고
공산주의가 반동으로부터 스스로를 방어할 수 없다면
가장 훌륭한 사회도 가치가 없다는 사실은 무시하라

신 나찌(Neo Nazi)의 부활과
국수주의에 대한 논쟁을 주도하고
인종차별과 애국주의에 대한 변명거리를 만들어라

마오의 문화대혁명을 비난하고
중국을 긍정적으로 말할 때는 자본주의 국가라고
부정적으로 말할 때는 여전히 공산주의 국가라고 말하라

모든 다른 요소들에도 불구하고
공산주의자들이 스딸린 시대의 진실을 밝히어 새로운 세상을 꿈꾸는 것에 대해
항상 주의하고 경계하라

적대적인 사상인 공산주의와 파시즘을 도매로 묶어 버리는
'전체주의'라는 마술적인 용어를
자유자재로 이용하는 것을 배워라

맑시즘은 경험주의적이지 않지만
신자유주의, 민주주의, 자유는 경험적이라고 말하고
특히 자유의 부분에서는 힘주어 강조하라

인구의 감소, 출산율 저하, 커다란 알코올과 마약문제,
정치적인 불안정성, 내전, 인종청소, 성매매,
조직화된 범죄, 높은 자살률, 실업, 질병, 기타 등등은 언급을 피하라

전 세계의 첨예화된 문제들에 대해서는
오로지 한 가지만 말하라
중요한 것은 오로지 자유라고

편집자의 글
노동자계급은 민주주의의 전위투사이다!

레닌은 《무엇을 할 것인가》에서 경제주의를 비판하면서 노동자계급은 민주주의 투쟁에서 전위의 역할을 해야 한다는 것을 강조했다. 머릿속에는 사회주의가 있지만 현실의 민주주의 투쟁에 기권하고 경제투쟁에만 머문다면 노동자계급의 발전은 먼 미래로 돌려지는 것이다. 민중 부문의 농민, 도시 소부르주아지 등이 자본주의 발전에 따라 몰락하는 계급이지만 노동자계급은 자본주의 발전과 더불어 양적으로 질적으로 발전하는 계급이고 끝내 자본주의의 무덤을 파는 자이다. 또한 노동자계급은 사회의 계급분열의 현실에서 자본가계급의 착취의 현실을 감내하는 계급이고 사적 소유의 부정태이고 그런 점에서 자본주의 사회의 모든 모순이 집결되어 있는 계급이다. 따라서 노동자계급의 해방은 사회전체의 해방의 조건이다. 그리하여 맑스주의는 노동자계급의 해방을 통한 인간해방의 이론으로 발전했던 것이다.

그러나 이러한 노동자계급의 역사적 위치와 역할은 객관적으로 주어져 있지만 그것을 주체화하는 것은 사회주의자들과 선진노동자들의 몫이다. 노동자계급이 사회주의를 목표로 현실 정치의 모순에 뛰어들 때만, 현실의 박근혜 정권의 반동적 공세에 온몸으로 맞설 때만, 여타 계급의 민주주의 투쟁에 동참하고 그들을 이끌어 나갈 때만 노동자계급의 해방의 길은 열릴 수 있다.

지금 세월호 투쟁은 새정치연합의 배신으로 기로에 처해 있고 소위 세월호 법은 진상규명이 아니라 진상은폐의 역할을 할 것이다. 이러한 배신과 기만의 과정에 맞서고 새누리당과 새정치연합이라는 부르주아 정치세력의 야합과 사기에 기초한 억압을 폭로하고 전선을 만드는 것은 노동자계급의 정치적 역할이 없이는 불가능하다.

   노동자계급에게 있어서 민주주의는 해방으로 가기 위한 무기이고 민주주의 투쟁은 그러한 무기를 만들어 가는 과정이다. 세월호 투쟁은 현재 박근혜 정권하에서 그러한 민주주의 투쟁의 핵이다.

*   *   *

   이번 ≪노동사회과학≫ 제7호는 박근혜 정권의 반동적 공세에 맞서는 여러 투쟁의 쟁점을 담고 있고 또한 여전히 20세기 사회주의에 대한 반성적 평가에 기초하여 한국 사회에서 사회주의의 길에 대한 치열한 모색을 담고 있다. ≪노동사회과학≫ 제7호의 이러한 기조는 노동자계급은 사회주의를 내걸 때만 정치적 힘을 가질 수 있다는 문제의식 때문이고 그런 점에서 노동자계급의 깃발이 될 사회주의의 내용을 현실투쟁에 기초하여 가다듬어 가는 과정이라 할 수 있다.

   먼저 노동사회과학연구소 부산지회가 부산에서 행한 강좌인 '사회공공성 기획강좌―왜? 누구를 위한 공공부문 민영화인가?'의 일부 내용을 다듬어서 특집으로 기획하였다. 의료민영화, 철도민영화, 공적연금의 개악 등은, 2014년 하반기 현재 한국 사회의 첨예한 쟁점이 되고 있는 것들이어서 전선을 고민하는 많은 동지들과 독자들에게 도움이 될 것으로 판단된다.

   김민우의 '의료민영화를 논한다'는 현재의 의료민영화가 실은 노무현 정권하에서 본격적으로 추진되었다는 점을 밝히고 있고 그런 점에서 신자유주의 공세의 완성판임을 논한다. 의료민영화 즉, 의료의 시장화는 건강을 독점자본의 이윤추구의 공간으로 제공하는 것이고 그에 따라 의료비의 상승, 의료에서 배제되는 민중들의 증가, 공적 의료체계의 약화 등을 초래한다는 점을 설명하고 있다. 의료민영화의 선진국이라는 미국에서 영리병원은 의료의 질은 낮고 의료비는 비싸고 또한 의료사고의 비율도 높다는 점을 설명한다. 결론적으로 이러한 의료민영화는 독점자본의 민중수탈이며 전 민중의 단결된 투쟁으로 이를 막아낼 것을 호소한다.

김형균의 '정부의 철도 분할사유화 공세와 철도노동자 투쟁'은 2013년 하반기를 달군 철도 노조의 23일간의 민영화 저지 투쟁에 대한 분석을 담고 있다. 애초에 일주일도 못 갈 것이라고 생각했던 파업이 23일간이나 진행되었던 배경과 그 한계를 진솔하게 담고 있다. 과거에 지지를 받지 못했던 철도 파업이 이번에는 민중들의 광범한 지지 속에 전개되었다는 것을 말하고 있는데 이는 민중들의 의식이 이제는 민영화가 민중의 이익이 아니라 독점자본의 수탈이라는 것을 인식하는 것이라 할 수 있다.

  그러나 철도공사의 민영화계획은 여전히 치밀하게 전개되고 있는데 이 글은 조직과 시설을 쪼개어 민영화하여 독점자본의 이윤추구의 공간을 열어나가려는 자본 측의 의도를 상세히 분석하고 있다.

  윤석범의 '공적연금 과연 어떻게 볼 것인가?'는 현재 첨예한 쟁점이 되고 있는 공적연금 문제에 대한 노동자계급의 관점 수립에 도움을 주고 있다. 현재의 공무원 연금 개악 반대투쟁이 공적연금 강화투쟁으로 전화되고 있는데 박근혜 정권의 공무원 연금개악은 민중에 대한 파쇼적 수탈이면서 동시에 공적연금의 약화와 사적연금의 강화라는 신자유주의적 공세를 극한으로 밀어붙이는 것이다. 윤석범의 글은 이러한 현재의 쟁점을 통찰할 수 있는 내용을 제공한다. 노후소득보장을 목표로 하는 공적연금은 사회연대성의 원리와 보험의 원리가 통합된 것인데 한국의 경우 그 역할이 OECD의 다른 국가들에 비해 매우 낮은 것이 현실임을 먼저 말한다. 이러한 공적연금은 농경사회의 가족을 통한 노인부양이 자본주의 발전으로 불가능하게 되는 현실에서 자본주의적 방식의 사회적 부양임을 설명한다. 그러나 신자유주의가 지배적이 되면서 공적연금의 역할이 축소되고 기업연금 등 사적연금의 역할이 확대되는 추세라는 것, 그리고 그 정도는 각국의 계급투쟁의 상황에 따라 다르다는 것을 말한다. 그리하여 노동자, 민중의 대응방향으로 사회적 연대와 세대 간 부양원리에 기초하여 공적연금을 연금답게 하는 것, 공적연금에 대한 정부책임 강화, 공적연금강화 투쟁의 이중적 성격 즉, 공적연금이 노동자 투쟁의 산물이면서 동시에 자본노동의 착취관계를 안정화, 영속화하려는 자본의 대응이라는 점을 정확히 인식할 것을 주문한다.

채만수의 '좌익공산주의자들의 쏘련론(하)'는 지난 호에서 계속 이어지는 글이다. 좌익공산주의자들이 쏘련을 국가자본주의라고 주장하는 논거를 조목조목 반박하는데 이번 호에서는 가치규정의 불구화라는 좌익공산주의자들의 논거를 다양한 측면에서 비판하고 있다. 생산수단의 국유화, 시장기제가 아닌 중앙집중의 계획, 이윤추구의 동기가 아닌 주민의 필요의 동기에 의해 운용되는 경제라고 쏘련 사회를 인식함에도 그것은 오직 가치규정이 불구화되었기 때문이라는 좌익공산주의자들의 억지주장을 논박한다. 이들의 이러한 억지주장은 "자본주의를 단순히 사적 소유와 '시장의 무정부성'에 기초한 이윤 구동 체제로 보는 정통 맑스주의의 통속적 해석을 거부"한다는 점에 기초하고 있는데 자본주의에 대한 이러한 비과학적 태도가 억지주장의 논거가 되고 있다는 점을 폭로한다. 쏘련 사회에서 "화폐는 독립적이고 보편적인 가치의 형태로서 기능하지 않았"고 "어떤 일련의 상품들의 다른 일련의 상품들로의 교환을 수월하게 하는 유통수단으로서 복무했을 뿐"이며 그에 따라 "화폐에 있어서의 가치의 양적 증대 속에서 그 가장 적절한 표현을 발견할 수 없었고, 질적이고 특수한 형태들 [즉: 인용자 사용가치들에 있어서의 가치의 양적 증대 속에서 그 가장 적절한 표현을 발견했다"는 좌익공산주의자들의 가치불구화 이론(질이 떨어지는 물건의 생산, 수요와 맞지 않는 물건의 생산 등)이 실은 쏘련 사회 후기 수정주의적 지배하에서 쏘련 사회의 왜곡된 현상을 스딸린에게 뒤집어씌우는 것임을 말하고 있다. 또한 "완전고용은 스딸린 이래 쏘련의 정치적·사회적 결속을 유지하는 중요한 한 요인이 되었다"고 하는 좌익공산주의자들의 주장을 인용하면서 자본주의에서는 완전고용이 불가능하며 '자본주의적 축적의 절대적 일반법칙'으로서 자본주의의 발전은 산업예비군, 실업을 증대시킨다는 맑스주의적 분석을 통해 쏘련 사회가 국가자본주의라는 '요설'을 통박한다.

최상철의 '옌안문예 당파적으로 읽기(3)'은 지난 호에 이어지는 글이다. 이 글은 문예에 대한 다양한 장르를 담고 있는데 당시 중국의 항일근거지인 옌안을 중심으로 판화, 음악, 신가극, 소설, 회화 등에서 이루어진 혁명예술을 역사적 조건을 기초로 분석하고 있다. 먼저 80년대 한국 사회운동에도 깊은 영향을 끼친 판화를 분석하고 있는데 "목판화는 글을 모르는 농민들도 쉽게 받아들일 수 있는 예술장르로 판자와 조각칼만 있으면 누구나 판화운동에 참여할 수 있었다"고 하여 당시 옌안의 판화운동의 민중성을 강조하고 있다. 그것의 구체적 예로 구위안의 목판화 ≪풀베기≫를 들면서 "목판 특유의 거친 질감 속에서도 섬세한 조각칼의 움직임으로 농민의 노동을 구체적으로 묘사하고 있다"는 것을 말하고 있다. 또한 음악의 장르에서는 ≪황허대합창(黃河大合昌)≫을 들고 있는데 "이 작품은 비통한 정서만을 담아내는 것이 아니라 황허강 양안 인민들의 용감무쌍한 항일투쟁을 소재로 하며 조국의 위대함과 인민의 근면·용감함을 찬양함으로써 투쟁하는 인민들의 거인적 형상을 빚어내고 있다"고 분석한다. 또한 조선인으로서 정률성은 조선의 독립을 위해 중국 혁명에 적극적으로 참여하여 중국에서 추앙받고 있는데 그의 ≪옌안송≫은 옌안 곳곳의 감동적인 장면을 생생하게 담고 있다고 한다. 또한 음악과 더불어 연극과 음악의 요소를 결합한 신가극도 발전했는데 대표적으로 ≪백모녀(白毛女)≫를 소개하고 있다. 백모녀는 머리가 하얗게 된 여성을 말하는데 중국의 설화에서 유래하는 것을 항일전쟁에 맞춰서 각색한 것으로 지주의 억압과 반제투쟁을 결합한 것으로서 중국에서 인기를 끌었고 신가극 운동의 결정체로서 인식되고 있음을 말한다. 또 ≪백모녀≫에서 드러나는 낭만주의는 "강화" 시기의 다른 모범적인 문예 작품들에서처럼 서유럽 낭만주의의 부정적 측면을 일신하여 낭만주의와 리얼리즘을 결합한 혁명적 낭만주의의 규범임을 논한다. 유명한 소설 ≪닥터 노먼 베쑨≫에 등장하는 일화를 프롤레타리아 국제주의의 소중한 실례로 소개한다. 그리고 회화에서는 쉬베이홍이 중국 수묵화의 전통을 새 시대의 리얼리즘과 접목한 궈화(國畵)를 제창했다는 것을 소개하고 있다. 그리하여 중국의 옌안 시기를 통하여 생산과 교육 그리고 예술의 위대한 결합이 이루어졌음을 논한다.

일본의 〈활동가집단 사상운동〉의 '자본주의의 위기에 맞서는 우리들의 과제와 진로'는 현재 동아시아의 정세가 격동하고 일본 국내 정세 또한 아베노믹스, 집단자위권의 해석개헌 등으로 격랑하고 있는 가운데 현재의 일본 정세에 대해 일본의 〈활동가 집단 사상운동〉의 상임운영위원회 책임자 히로노 쇼조가 쓴 글이다. 이 글은 지난 5월 15일의 아베의 집단자위권 선언을 쿠데타로 부를 수 있는 폭거라고 규정하며 그 근저에는 단지 군사적 측면만이 아니라 "세제, 노동법제, 사회보장, 교육이나 문화, 이데올로기 측면 등 정치·경제·사회 모든 측면에서, 전후 민주주의가 쟁취해 온 성과를 모조리 파괴하는 일본국가 전면 개조 계획이, 아베 부르주아 독재 정권하에서 강권적으로 진행"되고 있다는 것을 폭로하고 있다. 이러한 공세 속에서 "먼저 배외주의·내셔널리즘·일본주의가 발흥하는데, 그 근저에는 다국적 독점자본=현대 일본 제국주의의 이해와 총노선이 존재한다"고 규정한다. 또한 "아베가 말하는 〈적극적 평화주의〉는 전쟁을 통해 평화를 확보한다는 도착된 이론"임을 폭로하고 동시에 최악의 외교 정책이 진행 중이고 또 국내적으로 노동법이 개악되려 하는 상황임을 말한다. 그리하여 현재 일본의 노동상황은 비정규직이 2천만 명을 돌파하여 전체 노동자의 40%에 육박하고 있음을 분석하고 있다. 그리고 아베 정권은 결코 반석 위에 서 있는 것이 아니라는 점을 주장하면서 체제 내의 항의를 넘어선 대중운동을 호소한다.

　김태균의 '노동조합운동의 위기에 대해'는 그동안 많이 논의되었었고 이제는 식상하기조차 한 노동운동의 위기라는 쟁점을 노동조합운동을 중심으로 다루고 있다. 노동운동의 위기라는 쟁점은 현재 그 위기가 지속되고 있다는 점에서 해소된 쟁점이 아니다. 이는 그간의 논의가 본질적인 지점을 짚지 못했다는 것을 말해 준다. 이 글은 그러한 논의에 하나를 더 보태는 것은 아니다. 이 글은 노동조합운동의 위기에 국한하지만 노동운동의 위기를 그 현상과 원인의 측면에서 정리하는 글이다. 필자는 노동조합의 임무가 경제적 측면, 정치적 측면 등에서 어떻게 위치지워지는가를 전제로 노동조합 운동의 위기를 조직률, 임금인상률, 노동시간 단축투쟁, 실업률, 쟁의행위, 비정규직 등의 범주를 통해 고찰하고 있는데 이를 통해 위기가 급격한 위기라기보다는 점진적인 위기의 지속, 열악한 조건의 지속이라는 점에서 파악하고 있다. 그리고 노동조합이 정치투쟁의 주체임을 전제로 정치적 측면에서 위기를 논하고 있는데 전노협 건설과정, 민주노총 건설과정, 사회적 합의주의 논쟁과정, 진보정당 건설 논쟁과정, 비정규직 투쟁 논쟁과정 등에서 정치적 측면에서의 위기를 논하고 있다. 그리고 "이러한 경제적 측면, 정치적 측면에서 위기에 대한 고찰을 통해 현재의 노동조합운동의 위기는 87년 노동자 대투쟁 이후 한국 노동조합운동의 경제적 임무와 정치적 임무를 제대로 수행하지 못함으로 나타나는 즉 노동자 대중의 이해와 요구가 점진적으로 악화되는 정세를 반전시켜내지 못함으로 나타나는 "점진적 위기 상태"이다"라고 결론을 짓고 있다. 이러한 문제의식은 현재의 노동운동의 위기의 현상과 원인에 대한 일정한 과학적 접근인데 향후 노동운동의 위기에 대한 보다 심도 깊은 논의를 위한 풍부한 자료를 제출하고 있다고 할 수 있다.

문영찬의 '한국 자본주의의 현 단계와 계급 구성'은 한국 자본주의의 현실과 한국 사회를 구성하는 계급들의 현실을 짚고 있다. 그리고 그러한 접근의 전제로서 8, 90년대의 사회구성체 논쟁에 대한 평가를 담고 있는데 사회구성체 논쟁에 대한 평가를 통해 현 단계의 한국 자본주의에 접근하는 방법론으로서 종속의 구조와 착취의 구조를 통일적으로 파악하는 것을 도출하고 있고 한국 자본주의를 분단 이후의 태동 단계에서부터 신식민지 국가독점자본주의의 성립과 발전, 그 모순의 폭발과 이행의 과정, 97년 외환위기와 축적구조의 변화, 2008년 세계대공황의 발발과 한국 자본주의의 현 단계를 짚고 있다. 특히 90년대의 과정을 통해 한국 자본주의가 파쇼적 통제에서 사적 독점 주도의 '자유화'로 이행하고 자본시장이 개방되면서 그리고 결정적으로는 외환위기 이후의 구조조정을 통해 한국 자본주의의 축적구조가 변화했음을 서술하고 있다. 또 맑스주의적 계급론의 견지에서 한국 사회의 계급구성을 다루고 있는데 예속독점자본가계급, 중소자본가계급, 노동자계급, 농민, 도시 소부르주아지 등의 현 상태와 특성을 논하고 있다.

이번에도 귀중한 번역 글이 실렸다. 이번에는 국제공산주의 운동의 이론지인 ≪국제 공산주의 평론(International Communist Review)≫ 제3호에 실린 '레닌주의와 수정주의'라는 글과 1960년대 중-쏘 논쟁의 본질을 보여주는 당시의 자료로서 '유고슬라비아는 사회주의 나라인가'를 실었다.

먼저 '레닌주의와 수정주의'는 러시아의 공산주의 노동자당의 제1서기와 여타의 사람들의 공동의 논문인데 쏘련 사회주의의 역사를 온몸으로 겪은 입장에서 프롤레타리아 독재의 문제와 사회주의 경제의 본질의 문제를 역사적 접근과 논리적 접근을 통일시키며 논하고 있다. 그리하여 레닌을 전거로 하여 사회주의 국가의 본질은 프롤레타리아 독재라는 것, 프롤레타리아 독재는 계급이 소멸할 때까지 존재하면서 계급의 제거를 자신의 과제로 한다는 점, 그리고 그 조직적 형식은 생산단위를 중심으로 하는 쏘비에트이며 그런 점에서 지역을 중심으로 한 선거구로 변경했던 1936년 스딸린 헌법의 문제점을 지적한다. 그리고 그러한 관점에서 흐루쇼프의 전 인민국가론을 비판하고 있다. 그런데 더욱더 주목되는 것은 이 글에서 사회주의 경제의 본질이 논의되고 정식화되고 있다는 점이다. 사회주의 경제의 본질에 대해 레닌이 러시아 사회민주노동당 당시의 강령에서 "생산의 진정한 목적이 사회 전 성원들의 완전한 복지와 전면적인 자유로운 발전이 되는 공산주의 사회의 창조를 위한 투쟁"이라고 명시한 점을 들어 전 성원의 복지와 전면적인 자유로운 발전이 사회주의 경제의 목표이자 본질이라고 규정하고 있다. 이러한 논의는 이후 흐루쇼프 당시의 규정과 비교로 나아가는데 "사회의 노동하는 성원들—그들의 발전이 궁극적인 목표가 되어야 할 것이다—이 사회의 선택된 구성원들(사회의 그러한 선택된 사회의 구성원들은 나중에 과두정치의 지배자들이 되었다)의 필요를 충족시키기 위해 효율적으로 사용되는 노동력으로 전환되었다"고 분석하여 흐루쇼프 당시의 사회주의 경제의 목표가 변질되었음을 지적하고 있다. 그리고 쏘련에서 생산은 상품생산이 아니었고 화폐도 자본주의적 의미에서 화폐가 아니었으며 잔존하는 생산의 상품적 성격을 완전히 탈각하는 것이 사회주의 생산의 과제임을 지적하고 있다.

또 하나의 번역 글인 '유고슬라비아는 사회주의 나라인가'는 중·쏘 논쟁 당시의 치열한 문제의식을 생생하게 보여 주고 있다. 시장사회주의, 노동자 자주관리를 내세우는 유고슬라비아가 사회주의 나라인가는 당시 첨예한 논쟁의 지점이었는데 중국은 유고슬라비아 내부의 자료를 근거로 사적 자본가의 팽창, 고용노동의 증가, 농업의 협동조합화의 쇠퇴와 부르주아적 농민의 증가 등을 들어 유고슬라비아가 국가자본주의로 변질되었음을 주장하고 있다. 이러한 논쟁은 현재 중국의 사회주의 시장경제의 원형을 당시의 유고슬라비아가 보여 주고 있다는 점에서 사회주의의 역사만이 아니라 현재의 세계지형을 보는데 도움을 줄 것이다. 중국 측은 또한 유고슬라비아가 미제국주의와 동맹을 체결하고 세계사회주의 진영의 단결을 해치고 민족해방투쟁들을 비난하고 있으며 나아가 미국 등으로부터의 원조를 통해 유고슬라비아 경제가 제국주의 독점자본의 덤핑시장으로 전락하고 있다는 점을 규탄하고 있다. 또한 유명한 노동자 자주관리에 대해서도 그것은 말뿐이며 실은 공장에서 노동자의 대표기관은 허수아비로 전락했고 모든 권력은 국가에 의해 임명된 공장장이 장악하고 있는데 이는 기업의 운영원리가 이윤추구로 변질되었다는 점에서 비롯되고 있음을 주장하고 있다. 이러한 유고슬라비아 논쟁은 단지 수십 년 전의 논쟁의 의미만 갖고 있는 것이 아니라 현재의 세계질서를 변동시키며 G2로 떠오른 중국 사회주의 시장경제의 원형을 보여 준다는 점에서 의미가 있다.

2014년 11월 5일
문영찬 (노사과연 연구위원장)

특집
왜? 누구를 위한 공공부문 민영화인가?

○ 의료민영화를 논한다 | 김민우
○ 정부의 철도 분할사유화 공세와 철도노동자 투쟁 | 김형균
○ 공적연금 과연 어떻게 볼 것인가? | 윤석범

[편집자] 이번 특집은 노동사회과학연구소 부산지회에서 진행한 〈사회공공성 대중기획강좌〉의 내용을 묶어서 싣는다. 2014년 7월, 부산에서 진행된 이 강좌의 주제들은 현재 첨예한 대중투쟁의 쟁점이 되고 있는 것들이다. 의료민영화를 통해 치료를 넘어서서 인민의 건강 자체를 이윤추구의 전면적인 공간으로 전환시키려는 자본의 공세, 철도민영화를 통해 노조를 무력화하고 독점자본의 이윤추구의 공간을 확보하려는 공세, 공무원 연금개악이 민중에 대한 파쇼적 수탈일 뿐만 아니라 공적연금을 약화시키고 사적연금을 강화시키려는 신자유주의 공세를 극한으로 밀어붙이는 것임을 이번 특집 글들은 잘 보여 주고 있다. 따라서 이러한 논의를 담고 있는 특집 글들은 논리적일 뿐만 아니라 현재의 대중투쟁 전선과 긴밀히 연관된 글이라는 특징을 담고 있다.

의료민영화를 논한다[*]
— 의료민영화 추진현황과 과제

김민우 | 노사과연 부산지회 회원

 지난 3월 10일, 하루간의 의사 집단 휴진을 일으킬 정도로 한국 사회에서 의료민영화 혹은 의료영리화로 불리는 논란이 지속되고 있다. 그리고 6월 10일, 박근혜 정부는 의료법인의 부대사업 범위를 늘리는 내용의 의료법 시행규칙 개정안을 입법예고하고 세부 가이드라인을 발표했다. 이후 무려 10만 명의 국민들이 입법예고 기간 의견서를 제출하고 200만 명의 국민들이 의료민영화 반대 서명으로 그 뜻을 밝혔음에도 불구하고 9월 19일, 박근혜 정부는 영리자회사가 할 수 있는 병원 부대사업 범위를 대폭 늘리는 의료법 시행규칙 개정안을 공포하여 국민을 무시하는 파쇼정부임을 스스로 증명하였다.
 박근혜 정부는 의료민영화 정책이 한국의 병의원 경영의 효율성을 높여 국민들의 의료서비스 이용 편의성을 증대시키고 건강에 유익한 것처럼

---

[*] 본고에서는 지난 7월 1일, 부산에서 진행한 "왜? 누구를 위한 공공부문 민영화인가?"(전체 4강) 중 첫 번째 강좌를 요약하여 소개한다. 그 내용은 필자가 한국 사회의 의료민영화 추진 경과를 방대한 문헌 고찰을 통해 1차 정리하여 올해 1월, 노사과연 부산지회에서 연구토론회 주제로 다루었고, 이후 현 정부 정책 상황까지 분석하여 3월에 노사과연 서울 총회에서 발표하였던 것을 2014년 5월 ≪정세와 노동≫ 제101호에 요약하여 기고한 것을 모체로 한다. 본고는 ≪정세와 노동≫ 제101호에 기고했던 내용에 현재까지 추가적으로 진행된 상황을 덧붙인 것으로 지면 관계상 표와 그래프를 대부분 삭제하였다. 더 자세한 내용을 보기를 원한다면 ≪정세와 노동≫ 제101호를 참고하시기 바란다.

홍보하고 있다. 그러나 대한의사협회를 중심으로 보건관련단체들은 이러한 정책이 의료비의 폭등을 일으키고 시민의 건강권을 훼손한다며 의사들의 집단 휴진을 적극 찬성하고, 국민의 입법권을 무시한 편법적 시행규칙 개정에 반대하는 시민사회각계의 규탄과 보건의료노조를 중심으로 오는 11월 1일 범국민총궐기대회를 결의한 상황이다.

본 글에서는 작금의 의료민영화 정책을 둘러싼 논란이 20여 년 전부터 이어져 온 자본의 줄기찬 신자유주의 사유화 정책의 기도로 발현된 현상임을 밝히고, 박근혜 정부가 의도하는 것은 노동자 민중이 마땅히 누려야 할 건강과 생존을 위한 보건의료시스템마저도 무차별적인 이윤축적의 도구로 삼겠다는 것임을 폭로한다.

1. 의료민영화 경과

1) 김영삼 정부[1])

영리병원형태의 법인설립에 관해서는 1995년 시장개방[2])과 즈음하여 국내에서 본격적으로 논의되었다(서창진 등 1995).

한국의료관리연구원에서 작성한 보고서에서 영리법인을 포함하는 다원적인 의료공급체계와 외국 병원을 포함하는 의료기관 간의 경쟁이 심화되는 의료 환경에서 사회적 수용은 병원 산업구조의 효율성, 의료부문의 추가적인 민간자원 유입을 통한 재원조달의 필요성, 병원의 역할과 사회적 책임 등을 고려하여 긍정적으로 고려할 가치가 있는 정책대안으로 제시하면서 단계적인 허용을 병원 산업구조 조정과 시장개방전략으로 검토될 수 있다고 지적하고 있다.

---

1) 한국보건산업진흥원, "의료기관에 대한 자본참여 활성화 방안 연구", 2005. 3.
2) 그 해에 우루과이라운드 발효로 세계무역기구(WTO)가 출범하였다.

2) 김대중 정부-노무현 정부

'국민의 정부'가 추진할 1백대 국정과제의 일환인 의료개선을 위해 '<u>21세기 보건의료발전기획단</u>'을 구성하였다. 기획단은 최선정 차관을 위원장으로 기획단의 활동을 지원하기 위해 보건, 의료, 식품, 의약품, 보건산업, 한방 등 보건의료 전 분야 관계자들로 실무 작업반도 편성했다.[3]

1998년 11월, '21세기 보건의료발전종합계획'에 관한 공청회에서 공식적으로 공론의 장을 가졌으나 발표내용도 간단하며 일부참석자들이 반대 입장을 취하였으며 병원이나 의료인 단체의 공식적 입장은 표명되지 않은 상황이었다. 이후 공식적으로 제출된 '21세기 보건의료발전종합계획'에서는 <u>영리법인제도에 대해서는 포함되지 않았으며</u> 시장기능 활성화 측면에서 시설·인력기준 완화, 광고규제완화 등의 과제가 제시되었다.[4]

이후 영리병원에 대한 논의는 개별 연구자 차원에서 이루어졌으며 정책 고려 대안으로 전면적으로 고려되지 않았다.

영리의료법인 허용으로 대표되는 의료민영화 논의는 참여정부 들어 본격화되었다.

경제자유구역내 의료기관 설립 관련 논의와 새로운 국제무역질서를 구축하는 WTO/DDA 협상 과정 중 의료시장개방 논의에서 보건의료계에서도 영리법인제도가 연구되었다.

2002년 11월 14일, 외국인 전용의료기관설립을 허용하는 경제자유구역법 통과[5]

한국에서 '영리병원' 도입이 실질적으로 논의되기 시작한 때는 2002년 경제자유구역법이 논의되기 시작한 때부터다. 김대중 정부 임기 말의 경

---

3) 채삼석, "복지부, 보건의료발전기획단 발족", ≪연합뉴스≫, 1998. 4. 17.
4) 한국보건산업진흥원, "의료기관에 대한 자본참여 활성화 방안 연구", 2005. 3.
5) 인도주의실천의사협의회, "영리병원 허용, 무엇이 문제인가? 경제자유구역법 재개정안을 통해 본 국내 영리병원 허용에 대한 소고" 소책자.

제자유구역 지정 이후 노무현 정부는 국정의 주요 추진과제로 내세운 '동북아 경제중심국가' 구상을 실현하기 위해 움직이기 시작했다. 경제자유구역 성공의 핵심은 외국인 투자유치였다. 그러기 위해서는 경제자유구역 내에 외국인이 거주하기 편한 편의시설을 갖출 필요가 있었다. 바로 학교나 병원 같은 편의시설이 그것이었다. 따라서 2002년 경제자유구역법안은 경제자유구역 내에 '외국인 전용' 병원을 설립한다는 내용이었다. 당시 시민단체들은 경제자유구역 내 외국병원은 국민건강보험당연지정에서 제외돼 있어, 영리병원도입의 신호탄일 거라며 격렬히 반대했었다. 그러나 정부는 외국병원은 외국인 전용일 뿐, 국내의료체계와는 무관하다고 애써 외면한 바 있다.

2003년 11월, 참여정부 보건의료발전계획 발표

2003년, 정부의 보건의료발전기획단에서는 참여정부 출범 이후 2004년부터 시작하여 2008년까지 향후 5년간 적용될 보건의료발전계획을 마련하게 되고, 2005년, 복지부 발표 보건의료서비스산업 육성 전략 등 그 기조가 계속 이어진다. 그 내용을 보면,

"보건의료시장 개방이 가속화됨에 따라 제약, 유통, 의료서비스 등 보건산업 전반에 걸쳐 선진국으로부터 많은 도전에 직면할 것"으로 "특히 전자상거래의 확산으로 인한 의료시장의 큰 변혁에 대처할 필요"가 있고, "소요 재정의 급속한 증가"로 "재정지출 요인은 늘어나는 반면, 대규모의 지속적인 투자는 어려워질 것으로 전망되므로 다양한 재원조달 방안이 강구되어야"하고, "보건의료서비스에 대하여서는 '공공재(公共財)로서의 역할'과 '경영효율성·부가가치 창출'이라는 서로 상이한 접근이 가능"하고, "보건의료 서비스 공급체계 효율화의 필요성 증대"로 "중소병원 등을 중심으로 병원경영의 합리화를 위해 비용절감적인 경영기법의 도입과 전문화 등을 통해 생존전략을 모색"해야 하고, "BT 등 고부가가치를 창출하는 보건산업의 급속한 발전"으로 "새로운 치료기술이나 신약 개발은 국민의 건강뿐 아니라 막대한 경제적 이득을 가져와 국가적 경쟁력을 좌우하는 주요

요인이 될 전망"으로 본다.

또, "의료시장 개방의 구체화"가 이루어지고, "공공보건의료가 일정 수준 이상으로 강화된 이후 영리법인의 의료기관 개설 허용을 검토"하여 "단기적으로는 현행을 유지하되, 공공보건의료의 강화 정도, WTO DDA 협상 추이(상업적 주재: 비영리법인의 의료기관 개설 및 자유로운 투자·과실 송금) 등을 고려하여 특수 보건의료서비스 분야(정신질환 또는 간호 양로서비스)부터 영리법인의 의료기관 개설 허용을 검토"한다고 명시하였다.[6]

그러나 이후 지금까지 한국의 공공보건의료는 작년 진주의료원 폐업 사태에서 보듯이 "강화"되기는커녕, 전체 병상의 94%가 민간병의원이고 나머지 10%도 안 되는 병상을 공공병원이 차지할 정도로 열악한 상태이다. 그럼에도 불구하고 장기불황의 그늘에 빠져있는 자본의 투자활성화를 위한 시장개척의 일환으로 보건의료영역의 민영화를 가열차게 밀어붙이고 있는 형국이다.

이는 참여정부 일각에서 최소한의 공공성 유지를 위해 보건의료영역의 민영화·사유화 세력의 발호를 억누르던 기제가 작동했던 반면, 박근혜 정부에서는 그 최소한의 공공성을 지키려는 기제마저도 자본에 의해 제거된 상황임을 반증하는 것이다. 따라서 이제는 노동자 민중의 단결된 의지만이 이러한 독점자본의 무차별적인 민영화·사유화 의도를 막을 수 있다.

2006. 7. 11. 대통령자문 의료산업선진화위원회의 "의료산업 선진화 전략"

이해찬 총리가 위원장, 유시민 보건복지부 장관 등 30인의 위원으로 구성된 '**의료산업선진화위원회**'가 2005년 10월 출범한다. 1998년 김대중 정부 초기 복지부차관을 위원장으로 했던 '보건의료발전기획단'이 2003년 노

---

6) 보건의료발전기획단, "참여정부 보건의료발전계획(안) 공청회자료집, 2003. 11. 27., p. 48.

무현 정부 초기까지 이어져 오다 이때부터 <u>국무총리를 위원장으로 한 범 정부 차원의 기구로</u> '의료산업선진화위원회'가 격상되며 "의료산업을 미래 <u>핵심전략산업으로 육성</u>"할 것을 구체화시켜 천명한다. 그 내용을 보면,

"의료공급체계의 효율성 제고"를 위해 "사업다각화를 위한 부대·수익사업 확대"를 천명하고, "의료기관 인수·합병 절차를 마련"하고, "IT를 활용한 보건의료서비스 활성화"를 위해 "현재 금지되고 있는 의사와 환자간의 원격의료는 시범사업을 통해 안전성, 책임성 및 비용-효과성 등에 대한 검증을 실시"한다고 명시하였다.[7]

이상에서 보듯, 작금의 박근혜 정부에서 논란이 되고 있는 의료민영화 정책의 핵심인 '의료기관의 부대사업 목적의 영리 자법인 설립 허용', '원격진료 허용', '의료기관 인수합병 허용' 등의 내용은 바로 노무현 정부 당시 "의료산업선진화위원회"에서 기획한 것을 실행에 옮기고 있는 것에 불과하다.

그동안 보건의료 주무부서인 보건복지부의 <u>주변부에서</u> 독점자본의 이해관계를 대변하며 논의가 진행되던 의료민영화 정책이 노무현 정부 후반기부터는 본격적으로 진행되었고, 비록 당시에는 실현되지 못했지만 이후 이명박 정부를 거쳐 지금의 파쇼 정권은 그 밀어붙이기 양상이 훨씬 폭압적이고 그 정도가 심화되는 양상을 보인다.

예를 들어, 당시 '원격진료 허용'을 위해서 "시범사업을 통해 안전성, 책임성 및 비용-효과성 등에 대한 검증을 실시"한다고 했던 것에 비해 박근혜 정부는 이런 과정조차 생략한 채 밀어붙이기를 하다 집단휴진 등 의사협회 등의 격렬한 반발에 부딪혀 6개월간의 시범사업—도대체 6개월 동안 시범사업을 해서 어떻게 안전성, 책임성 등을 검증할 수 있다는 것인지, 합의를 한 의사협회 내부에서조차 잘못된 합의라는 비판을 받고 현재 의사협회 내부적으로 크게 반목하는, 그야말로 생색내기에 불과한—을 하는 것으로 후퇴하였다.

---

[7] 대통령자문 의료산업선진화위원회, "의료산업 선진화 전략" 보고서, 2006. 7. 11., pp. 47-51, 61.

이는 노동자 민중을 기만하고 우롱하는 것으로 그만큼 독점자본의 위기가 당시보다 더 극심하다는 반증이며, 이제는 정부의 주변부가 아닌 그 중심에서 독점자본의 이해관계를 관철시키고 있는 것이 박근혜 정부의 정체성임을 알 수 있다.

3) 이명박 정부-박근혜 정부

이전 정부까지 이어온 의료민영화 논의가 이명박·박근혜 정부에서 더욱 노골적으로 진행된다. 노무현 정부의 '의료산업선진화위원회' 이후부터 의료민영화 정책의 주도권을 복지부가 아닌 재정경제부 등 경제부처가 쥐고 독점자본의 이해관계를 철저히 대변하게 된다.

의료민영화는 이명박 정부의 핵심적인 의료정책으로 민영화의 목적은 민간(재벌, 대형보험회사 등 대형 영리자본)이 의료를 이용해서 더 많은 돈을 벌 수 있게 하기 위한 것으로, 그 중에서 영리법인 병원 도입이 가장 핵심적인 정책이었다.

이명박 정부의 의료민영화 정책은 의료영리화에 있다. 효율성, 의료의 질, 경쟁 등의 수사적 문구로 치장을 하더라도 공익을 목적으로 하는 의료를 영리를 목적으로 하는 의료로 전환시키고자 하는 정부의 의지가 강력하게 반영되었다.

2008년 이명박 정부의 이러한 의료민영화 정책은 민중들의 촛불집회의 여파로 정책 추진동력을 급격히 상실하면서, 임기 중에 가시적인 진전을 이루지 못했다.

하지만 2009년 1월 30일, '경제자유구역 지정 및 운영에 관한 법률'을 '경제자유구역 지정 및 운영에 관한 특별법'으로 개정 공포한 후 임기말인 2012년 9월 21일, 경제자유구역 제정 및 운영에 관한 법률에 대한 시행령을 개정·공포한데 이어 한 달 후인 2012년 10월 29일, '경제자유구역 내 외국의료기관의 개설허가절차를 담은 시행규칙'을 제정·공포하여 영리병원 도입을 위한 제도적 절차를 완성한다.

이 시행규칙은 현재 한국에서는 허용되지 않는 영리병원을 우회적으로 허가해주는 시행규칙이다. 또한 외국의료기관과의 공동운영을 명문화하여 수익 분배 및 해외 송금 등 한국의 의료기관에서는 불가능한 문제를 해결하도록 해 주었다. 그러나 이 외국의료기관이라는 이름아래 허가되는 영리병원은 투자 지분 중 49%를 국내기업이 투자가능하며 내국인도 진료할 수 있는 병원이다. 경제자유구역내 외국인병원이라 말하는 것은 사실상 국내 영리병원임이 명백해진 것이다.

또한, 외국의사면허소지자 10%라는 규정을 볼 때 국내영리병원임이 더욱 분명하다. 시행규칙은 외국의료기관에 외국인의사가 10%이상이면 된다는 규정을 넣었는데 사실상 외국병원은 말뿐이며 국내영리병원 허용이 되는 셈이다. 90%가 한국의 의사인 병원이 왜 외국병원인가? 또한 외국의사면허소지자라고 못 박음으로써 한국인 의사들이 외국 의사면허자격증을 가지면 이러한 비율을 채울 수 있는 문제까지 만들었다.

애초에 18대 국회에서조차 두 번이나 여론의 반대 때문에 통과되지 못한 법률을 지식경제부가 시행령으로 편법 통과시키자 여기에 복지부가 시행규칙을 제정해줌으로써 경제부처가 주도하는 의료영리화 정책에 주무부처인 복지부가 들러리를 서는 모습을 보인다. 이는 <u>정부가 국가독점자본주의의 이윤추구를 위해 철저히 복무함으로써 국가권력의 정체성이 무엇인지를 노동자 민중에게 여실히 보여 주는 것이다.</u>

박근혜 정부는 <u>2013년 10월 29일</u>, '의료법 일부개정법률안 입법예고'를 통해 그동안 의사-의료인 간의 원격의료만 허용하던 것을 의사-환자 간의 원격진료도 허용하겠다고 발표함으로써 '원격진료' 논란을 불러일으킨다. 또한 <u>2013년 12월 13일, '**4차 투자활성화 대책**(서비스·고용·지자체 규제 개선 중심)'</u>을 통해 작금의 의료민영화 논란의 불씨를 당긴다.

2. 현재의 의료민영화 논란 상황

박근혜 정부의 의료민영화 정책 추진 경과

2013. 10. 26.	• 의료관광호텔업(메디텔)을 신설하는 내용의 '관광진흥법 시행령 일부 개정령안' 국무회의 통과
2013. 10. 29.	• 원격의료 허용 입법예고 - 11/29(금) 의견서 접수 마감
2013. 11. 28.	• 국민경제자문회의에서 서비스업 규제완화 대책이 건의
2013. 12. 13.	• 제4차 투자활성화 대책 발표 - 주요내용으로 ▲ 의료법인 산하에 영리를 추구할 수 있는 자회사 설립 허용 ▲ 부대사업 범위 대폭 확대 ▲ 인수합병 허용 ▲ 법인약국 허용 ▲ 의료광고 허용
2014. 02.	• 중국천진화업그룹, 제주도에 싼얼병원 설립 신청서 제출 - 승인 무기한 보류
2014. 01. 06.	• 박근혜 대통령 신년 기자회견 - 2014년 국정운영의 주축인 '경제혁신 3개년 계획'을 발표 : 보건·의료와 교육, 관광, 금융, 소프트웨어 등 5대 유망 서비스산업을 집중 육성, 규제완화, 관련부처 합동 TF통해 규제완화 정부대책을 신속하게 이행
2014. 01. 07.	• 2014년 1차 경제관계장관회의 - 현오석 부총리(제1차 경제관계장관회의) - 대통령께서 2014년 신년구상에서 밝히신 것처럼 경제혁신 3개년 계획을 조속히 수립해 2월 말까지 발표하겠다 선언
2014. 01. 10.	• 보건의료 투자활성화대책 관계부처 TF 구성, 첫 회의 개최 - 1/10(금) 이영찬 차관 주재로 보건의료 투자활성화대책 실행계획 수립을 위한 관계부처 TF를 구성하고, 첫 회의를 개최함(14:30 서울청사) - TF 구성 목적과 구성방식 : 관련부처 협업 하에 관련 인허가 제도의 One-Stop 해결을 위해 구성되었으며, 보건복지부 차관이 단장이 되고, 7개 부처(복지부, 기재부, 미래부, 산업부, 고용부, 문화부, 식약처) 실장급이 구성원이 되어 운영
2014. 01. 27.	• 1/27일(월) 박근혜 대통령, 청와대 수석비서관회의 자리에서 일자리 창출을 위해 의료를 포함한 서비스 분야 규제 완화 필요성 강조 • 1/27일(월) 보건복지부, 의협과 의료발전협의회 재개 결정
2014. 02. 16.	• 2/16일(일) 보건복지부-대한의사협회 5차 의료발전협의회 개최
2014. 02. 18.	• 2/18일(화) 의료발전협의회 결과 공개

	- ▲원격의료 국회 논의 ▲투자활성화 대책 관련 단체 의견 수렴, 사무장 병원이나 일부 의료생협에 대한 규제책 마련 등 추가 논의 ▲의료분야를 서비스발전기본법에서 빼줄 것 요청 등이 주요 내용. 의료민영화 논란이 된 사항들을 의협 협상단이 용인.
2014. 02. 25.	• 2/25일(화) 박근혜 대통령, 취임 1주년 담화문 발표 - 보건의료 분야의 경우 경제자유구역 내 투자개방형 병원 규제를 합리화하고, 의료기관의 해외진출 및 원격의료도 활성화할 것이라고 밝힘.
2014. 03. 05.	• 3/5일 제10차 경제관계장관회의, 보건·의료 서비스업 육성 등이 포함된 <경제혁신 3개년 계획 세부 실행과제> 확정
2014. 03. 17.	• 3/17일(월) 보건복지부-대한의사협회, 의-정 협의체 2차 합의문 도출
2014. 03. 20.	• 3/20일(목) 정부, 규제개혁 끝장토론 주최
2014. 06. 10.	• 의료법 시행규칙 일부개정령안 입법예고(7.22까지) : 부대사업 전면 확대 • 부대사업 목적 자법인 설립 운영 가이드라인 마련·배포
2014. 08. 12.	• 유망서비스업종 활성화 방안 발표(6차 투자활성화 방안)
2014. 9. 16	• 원격의료 시범사업 9월말 추진 계획 발표 • 의료법 시행규칙 일부개정령(부대사업 전면 확대 시행규칙) 법제처 통과, 고시 예정 발표
2014. 9. 19	• 의료법 시행규칙 일부개정령(부대사업 전면 확대 시행규칙) 고시
2014. 9말	• 원격의료 시범사업 시작(예정)

(자료: 유지현 전국보건의료노조 위원장, "의료민영화·영리화 반대! 영리병원 반대! 원격의료 반대! 각계각층 원탁회의", 2014. 10. 1.)

작금의 논란을 불러일으킨 내용은 무엇인가?

정부가 지난해 12월 13일 발표한 '보건의료분야 제4차 투자활성화대책'의 골자는

▲의료기관의 부대사업목적 자법인 설립 허용

▲진출입·영업규제 개선

▲해외환자 유치 촉진

▲보건의료인력 양성 및 자격제도 개선

▲U-Health 활성화

등 5개 항목으로 세부 항목은 총 14개에 달한다.

당시 현오석 전(前)부총리 겸 기획재정부 장관은 이러한 대책을 발표하며 "보건, 의료 분야의 공공성을 저해하지 않으면서도 새로운 시장과 일자리를 창출할 수 있는 실질적인 대안을 마련했다"라고 밝혔다.

활성화 대책이 발표되자 의료계는 폭풍전야에 휩싸인다. 2013년 12월 15일, 서울 여의도 공원에서는 전국 2만여 명의 의사들이 '의료제도 바로세우기 전국의사궐기대회'에 참여하였다. 당시에 집회를 주도한 대한의사협회 노환규 전(前)회장은 "지금 정부는 의료를 살리겠다고 하면서 오히려 의료의 목에 칼을 들이대고 있다. 지금은 의료혁명이 필요한 때"라고 발언하며 목에 칼을 들이대는 자해 소동을 벌여 사회적 이슈가 되었고, 2014년 3월 10일, 급기야 대한의사협회가 전국 개원가를 중심으로 하루 동안 집단휴진을 하여 사회적 논란을 야기한다.

그렇다면 의료계가 이렇게 들고 일어나는 이유는 무엇일까. 정부안과 의료계의 입장이 가장 충돌하는 부분은

▲영리 자법인 설립 허용

▲원격의료 허용

▲법인약국 허용

▲의료기관 인수합병 허용

등 4가지 정도로 압축된다.

이 4가지 조항에 대한 반발은 시민사회단체와 야당에게도 동일하게 일어나고 있다. 의료계와 시민사회단체, 야당은 이 4가지가 허용될 시 경제 논리로 의료를 좌지우지 하는, 즉 '의료민영화'가 급속도로 진행될 것이라고 염려하고 있다.

① 우선 영리 자법인 설립 허용은 의료법인이 영리를 추구할 수 있는 자법인을 설립하는 것을 골자로 하고 있다. 즉 병원이 자법인을 통해 부대사업을 하고 영리를 취할 수 있는 길을 터주는 셈이다. <u>이전까지 병원 부대사업은 장례식장, 주차장, 구내식당 등 8개로 철저히 제한되어 왔다.</u>

하지만 자법인이 설립되면 숙박업, 외국인환자유치업, 의약품 개발, 화장품, 온천, 체육 시설 등 다양한 부대사업이 가능하게 된다.

② 다른 쟁점인 '원격의료 허용'은 의료계에서 가장 강력하게 반대하는 이슈 중 하나다. U-Health 활성화 명목으로 시행되는 원격의료는 시골, 산간지역 등 의료 취약 지역에 통신망을 설치하고 각종 기기를 이용하여 진료하는 것을 말한다. 원격으로 의사와 상담하고 전반적인 건강 진단을 받는다는 취지로 최근에는 스마트폰을 이용한 원격의료 방안도 고려되고 있다.

의료계가 반대하는 핵심 논점은 '의료의 질 저하'와 '동네병원 고사'다. 이중 논점의 비중은 '동네병원 고사'에 조금 더 쏠리는 모습이다. 경기도 일산의 한 개원의는 "말이 원격의료이지 상담만 할 뿐 실제로 치료가 가능하겠느냐. 무엇보다 문제는 원격의료가 도입되면 더 큰 대형병원으로 집중화 현상이 벌어질 수 있다는 점이다. 가뜩이나 병원 경영도 어려운데 이렇게 되면 동네병원 다 죽으라는 얘기밖에 안 된다"라고 반발. 이러한 입장은 개원의들이 주축인 의사협회 내부에서 강력하게 일고 있는 상황이다.

원격의료를 도입할 경우 이익을 보는 건 사실상 'IT 업체'이다. 보건의료단체연합은 "SK텔레콤, KT, 삼성전자 등 IT기업들은 대형병원과 손잡고 원격의료의 기반이 되는 유헬스 사업에 수백억, 수천억 원을 투자했고 투자할 예정이다. 재벌들은 이 투자비용보다 더 많은 돈을 고스란히 국민들 주머니에서 빼 갈 것"이라고 한다.

즉, 원격의료의 가장 큰 배후에는 IT 기업과 재벌들이 있는 것이 아니냐는 의혹이 있다. 일각에서는 의료 서비스를 미래 성장 동력으로 삼을 계획인 것으로 전해진 '삼성'이 배후로 지목되기도 한다. 이에 보건복지부는 "정부에서 추진하는 원격의료는 삼성의 투자계획과 전혀 무관하며 정책 수립과정에서 이를 논의한 적도 없고 고려하지도 않았다"고 적극적으로 반박하였다.

③ 법인약국 허용의 경우 전국 약사들이 가장 강력하게 반발하고 있다. 약사계는 법인약국을 'SSM'(기업형 슈퍼마켓)으로, 동네 약국을 '동네 슈

퍼'에 비유. 법인약국이 들어서면 동네약국은 죄다 문을 닫을 것이라는 주장이다.

약사계의 반발은 최고치에 이르러 민주당 의원들이 주최한 '의료영리화 토론장'에서 당시 약사회장이 보건복지부 과장의 멱살을 잡으며 욕설을 하는 장면이 연출되기도 하였다. "약사계와 사전 협의를 했다"는 보건복지부 과장의 주장에 "정부와 사전 협의 한 적이 없다"고 약사회 회장이 발끈하였다. 이러한 약사계의 강력한 반발에도 정부는 법인약국을 그대로 강행할 움직임을 보이고 있다.

이렇듯 정부가 법인약국을 내세우는 대표적 근거는 2002년 헌법재판소에서 내려진 헌법 불합치 판결 때문이다. 헌법재판소는 "약사들만으로 구성된 법인에게도 약국개설을 금지하는 것은 직업선택의 자유, 평등권을 침해하는 것"이라며 헌법 불합치 판결을 내린 바 있다. 보건복지부 과장은 "법인약국 헌법 불합치 사항을 계속 방치하는 것은 바람직하지 않기 때문에 정부에서는 약계 의견을 수렴해서 법인약국 형태의 방향성을 결정한 것"이라고 밝혔다. 일각에서는 "헌법 불합치 판결이 내려졌어도 약사들의 의견 수렴 절차가 좀 더 필요하다"는 비판의 목소리도 높다.

④ '의료기관 인수합병 허용' 역시 SSM과 동네 슈퍼와 비교하는 시각이 팽배하다. 병원이 인수합병이 될수록 영리를 추구하는 '계열 영리병원'이나 '네트워크 영리병원'으로 가는 길이 열린다는 것이다. 당시 대한의사협회 노환규 전(前)회장은 "의료법인 인수합병으로 향후 재벌 자본이 영입되는 통로가 마련될 것"이라고 주장했다. 결국 병원 간 인수합병은 직접적인 민영화는 아니지만 향후 민영화로 가는 '발판'이 될 것이라는 주장이 대다수이다.

3. 의료민영화의 본질

1) 의료민영화란 무엇인가?[8]

의료민영화란 민간보험회사가 주체가 되는 민간의료보험이 국가가 운영하는 건강보험과 본격적으로 경쟁하거나 혹은 대체할 수 있도록 육성시키고, 영리법인병원 설립 허용 등의 조치를 통해서 자본시장으로부터 의료기관에 대한 자본조달 기전을 합법화하여, 이윤추구를 존재 이유로 하는 의료기관과 민간보험사 간에 자율계약을 통해 의료서비스 비용을 결정하고 공급하는 방식이 일반화되어가는 과정을 뜻한다.

민영화의 목적은 민간(재벌, 대형보험회사 등 대형 영리자본)이 의료를 이용해서 더 많은 돈을 벌 수 있게 하기 위한 것이다. 의료를 '영리화'하려는 것이다.[9] '의료민영화'는 영리추구적 대형자본이 마음대로 병의원을 사고팔고, 영리적 활동을 할 수 있게 하는 정책이다.

2) 의료민영화 추진 배경
(1) 경쟁의 심화와 공급자들의 요구

건강보험이 존재하고 병원 선택의 자유가 보장된 조건에서 이루어지는 병원 간 경쟁은 일반 경쟁 이론과 달리 경쟁이 심화될수록 의료비가 증가한다.
- 시설 고급화, 첨단 장비 구비 등에 기인.
- 본격적인 환자유치 경쟁을 촉발시킨 핵심적 계기는 '서비스 차별화 전략'을 앞세운 재벌병원의 시장진입에 있다.
- 병원의 대형화 추세가 강화.

---

[8] 건강연대 정책위원회, "의료민영화정책이 국민건강에 미치는 영향과 대응 방안", 2009. 6. 4.
[9] 의료민영화는 '의료영리화', '의료사유화', '의료상업화'와 같은 의미임. 정부는 의료민영화 대신에 '의료선진화', '의료산업화'라고 부르고 있음.

경쟁력을 갖춘 공급자 주도로 병원의 자유로운 돈벌이 추구를 가로막고 있는 기존 제도를 바꾸려는 움직임이 확산된다.
- 요양기관 당연지정제 폐지, 영리법인병원 설립허용, 민간의료보험 활성화 등이 이들이 요구하고 있는 주장의 핵심.
- 의료서비스산업으로 진출을 갈망해왔던 보험업계와 재계의 이해와 맞아떨어지면서 정부 정책의 주요 현안으로 부각.

(2) 성장동력론

경제부처가 의료민영화를 추진하는 배경
- 제조업 고용창출효과의 지속적인 저하
- 국내 서비스 산업의 높은 성장 잠재력
- 서비스업은 제조업보다 취업유발계수가 1.7배 크기 때문에 고용 창출 효과도 더 높다. 2004년 전체 고용인구 중 보건의료 종사자 비율이 OECD 평균은 6.12%인 반면, 우리나라는 3.1%.

경제부처 논리의 문제점
- 의료민영화의 사회적 파괴력에 대한 고려가 없다. 의료서비스를 성장의 '도구'로만 활용하겠다는 것이다.
- 현재 경제부처가 추진하는 정책은 미국식 의료제도를 모범으로 삼고 있다. 미국은 선진국 중 유일하게 전 국민 의료보장제도가 없는 국가로서 의료서비스 부문에 가장 많은 돈을 쏟아붓고 있는 나라이다. 그러나 의료비가 전체 GDP의 15% 이상으로 치솟으면서 GM의 직원과 퇴직자에 대한 의료보험료 지출부담이 연 10억 달러에 이르고 있고, 태국과 같은 개도국이 저렴한 치료비로 미국 환자들을 끌어들이면서 한계 국면에 다다르고 있다.
- 국내에서 미국과 같은 의료체계가 제도화될 경우 의료비 부담 증가로 인한 인플레이션을 감당하기 어렵고 원가 상승으로 인한 수출품의 가격경쟁력 저하를 해소하기 어렵다. 경제적 관점에서도 득이 되기 어렵다.

고용도 들어가는 비용에 비해 많다고 보기 어렵고, 서비스 분야의 고용보다 민간보험 관리 비용이 상당수를 차지한다.

(3) 보험업계의 건강보험 시장 진출 욕구

기존 보험시장의 포화와 외국계 보험사의 국내 시장 진출로 새로운 시장에 대한 요구가 커졌다.

- 삼성생명의 내부 전략보고서(2007)에 '정부보험을 대체하는 포괄적 보험'을 민간의료보험의 최종적인 목표로 제시하고 치밀한 준비를 벌이고 있다. 현 단계를 '실손 의료보험'을 매개로 정부의료체계와 연계 관계를 형성하는 중간 단계로 파악하고, 다음 단계는 '병원과 연계하고, 국민건강보험과 부분적으로 경쟁하는 민간의료보험체계'를 구축하는 것으로 설정하고 있다.

(4) 가장 중요한 동력은 바로 독점자본

2008년부터 계속되고 있는 세계경제공황으로 인해 독점자본들은 기존 시장에서 눈을 돌려 새로운 투자처를 찾고 있다. 여기에 성장동력론으로 각광받는 서비스산업 부문에서도 특히 의료서비스산업은 1인당 부가가치가 높고 고용창출 효과가 큰 전략서비스산업으로 평가한다.[10]

이러한 의료서비스산업을 독점자본이 장악하기 위해 공공재로서의 높은 진입장벽을 불필요한 정부 규제로 간주하고, 경제단체와 민간연구소 등 자신들의 이데올로기를 생산하는 기관들을 통해 의료서비스산업 선진화라는 미사여구를 동원해 역대 정부에 끊임없이 민영화를 요구해 왔다.

예컨대, 원격진료를 허용하려는 최근의 의료법 개정안은 이러한 독점자본의 요구와 상당부분 일치한다. 그 내용을 보면[11], "유헬스는 의료산업

---

[10] 강성욱·고정민, "의료서비스산업 고도화와 과제", ≪Issue Paper≫, 삼성경제연구소, 2007. 2. 8.
[11] 강성욱·이성호, "유헬스(u-health)의 경제적 효과와 성장전략", ≪Issue Paper≫, 삼성경제연구소, 2007. 7. 25.

화의 효율화 및 선진화를 견인"하기위해 "만성질환자에게 원격 환자모니터링을 제공함으로써 의료비를 절감하는 등 재정건전성 확보가 가능"하고, "새로운 일반인용 휴대전화기기 제조와 재택진료 서비스 등 의료산업을 확대·발전"시킨다 하고, "정책제언"에서 "영리행위 허용과 원격의료 확대 등 의료법 정비가 필요"함을 역설하며 "의료기관의 영리추구금지 조항과 의료법인의 부대사업 제한 등으로 인해 의료기관과 유헬스 장비업체, 통신업체 등과의 전략적 제휴가 거의 불가능한 상황"임을 그 이유로 들고 있다.

상기 보고서의 내용만 놓고 보면 박근혜 정부의 의료민영화 정책을 담은 정부 보고서라 할 수 있을 만큼 일치함을 알 수 있다.

3) 의료민영화가 노동자, 민중에 미치는 영향은 무엇인가?

앞의 보고서에서는 <u>보건의료와 관련한 시장의 방향이 '급성질환자→만성질환자→건강증진자'로 넘어가는 것으로 제시하고 있다. 이는 이윤을 쫓는 자본과 재벌기업의 입장에서 보건의료서비스를 통해 어떻게 이윤을 확대할 수 있는가의 방향과 같은 것이라고 해석할 수 있다.</u>

예를 들어 대상자의 수만 보더라도 이해할 수 있다. 의료서비스 이용이 필수적인 환자의 수는 건강한 사람들에 비하면 훨씬 소수이다. 한국의 암환자는 전국민의 1% 수준에 불과하다. 여기에 심혈관, 뇌혈관질환자, 나아가 고혈압, 당뇨, 관절염 등 만성질환자를 모두 합해도 전체 민중의 절반에도 미치지 못한다.

그러나 건강관리에 관심을 갖는 민중들이 절대다수이다. 따라서 전 민중의 일부만을 대상으로 의료서비스를 통해 이윤을 확대하는 것에 한계를 느낀 자본과 재벌기업은 질병 유무를 떠나 건강관리에 관심을 갖는 절대다수의 민중들을 대상으로 돈벌이를 하기 위한 계획을 모색하는 것이다.

(1) 의료비의 상승 부담이 노동자, 민중에게 전가됨

영리법인 병원은 돈벌이를 하는 것을 목적으로 설립된 병원이다. 그리고 이윤이 생기면 투자자들에게 이윤 배분을 하여야 한다. 결국 투자자 배당분은 환자들이 지급하는 진료비에 포함되게 되며 자연스럽게 의료비는 증가하게 된다. 뿐만 아니라 영리법인 병원은 비영리 병원에 비해서 세금부담이 높고 마케팅 비용과 다양한 행정관리비가 지출되어야 하기 때문에 이러한 것들이 의료비로 전가될 확률이 매우 높다.

영리법인 병원이 비영리병원에 비해서 1인당 의료비가 19% 더 높다는 연구결과가 있고, 미국의 공적 의료보장제도인 메디케어 대상자들도 비영리병원을 이용했을 때보다 영리병원 이용 시 의료비가 16.5% 더 높았던 것으로 보고하고 있다. 한국의 경우도 공공병원의 민간위탁 후 1인당 의료비가 2-3배 올랐다.

(2) 비용절감 위한 인력감축, 이로 인한 의료의 질 저하

영리 의료기관에서 제공되는 서비스의 질은 다양한 이유들 때문에 비영리 의료기관에 비해서 떨어진다. 첫째, 영리성을 추구하는 의료기관은 투자자들에게 배당의 의무가 있기 때문에 장기적으로 많은 투자와 연구가 수반되는 의료기술의 개발을 등한시함. 둘째, 영리 의료기관은 영리활동을 통하여 획득된 수입을 교육, 연구 등에 재투자하기 어렵기 때문에 장기적으로는 의료의 질 발전을 저해할 수밖에 없다. 셋째, 시장원리가 의료인들의 윤리의식을 직접적으로 침식함으로써 의료의 질을 떨어뜨리는 효과를 발휘한다.

미국의 시사주간지인 ≪US News and World Report≫가 선정한 2007년 최고의 병원 순위에 대한 결과는 이러한 사실을 증명해 준다. 전체 5,462개의 의료기관을 대상으로 수행한 평가에서 1위부터 12위까지의 모든 의료기관은 비영리 의료기관이거나 공공병원으로서 영리 의료기관은 하나도 없다.

의료의 질에 영향을 미치는 것 중 가장 중요한 것의 하나는 의료 인력의 수이다. 그러나 영리법인병원은 이윤 획득이 지상과제이기 때문에 인건비를 줄이기 위한 다양한 시도를 할 수밖에 없다. 이는 의료의 질의 저하로 이어지게 되고 극단적으로 사망률의 상승으로 이어진다. 비영리병원들은 영리병원들보다 병상 당 직원 수가 많다. 이러한 경향들은 의료과오의 발생과도 매우 밀접한 연관성이 있는 것으로 보이며 영리병원의 불충분한 의료 인력은 시스템 오류의 주요한 원인일 가능성이 높다. 미국의 유타 주와 콜로라도 주의 영리병원과 비영리병원 간의 입원환자들에 대한 예방가능한 의료과오의 발생확률을 보면, 비영리병원에 비해서 영리병원은 '모든 예방가능한 의료과오'의 발생률이 1.57배 높았고, '예방가능한 수술 부작용'의 발생률은 2.63배 높았으며, '예방가능한 진단 및 치료 지연으로 인한 의료과오'의 발생률은 무려 4.15배나 높았던 것으로 밝혀졌다.

4. 의료민영화는 그들만의 잔치, 노동자·민중의 힘으로 단호히 막자!

박근혜 정부가 아무리 미사여구로 포장하고 우리를 현혹시키려 해도, 이제껏 보았듯이 역대 정부들의 행태를 관통하는 것은 저들의 보건의료정책이 철저히 독점자본의 이윤추구욕을 충족시키기 위한 '의료민영화' 정책일 뿐이다.

그것은 여·야가 모두 독점자본의 주구 노릇을 하는 저들의 하수인이자, 바로 그들과 동류임을 직시할 때만이 알 수가 있다. 정권이 바뀐다 해도 결국 달라질 것이 없는 것처럼, 노동자·민중의 건강과 생존권은 자본가계급이 담보할 수 없다. 우리 힘으로 쟁취해야만 하는 것이다.

독점자본과 그들을 지원하는 정부에 대항해서 노동자·민중은 현혹되지 않고 진실을 직시해야 하고, 비단 의료민영화뿐만이 아니라 모든 부문에서의 사유화의 일환임을 깨닫고 단결하여 투쟁하자.

정부의 철도 분할사유화 공세와 철도노동자 투쟁

김형균 | 철도노동자, 노사과연 부산지회 회원

Ⅰ. 철도노조, '수서발 KTX' 민영화 저지투쟁 과정

1. 이명박 정부의 철도민영화 정책과 대응투쟁

1) 이명박 정부의 철도민영화 추진 과정

철도노조는 2009년에 단체협약 개악과 이명박 정부의 '철도선진화' 계획에 맞서 세 차례 파업투쟁을 전개했다. 직종파업과 순환 필공 파업(10월 5, 6일), 8일간의 필공파업[1](11. 26.-12. 3.)을 전개한 바 있다. 파업직후, 국토해양부 장관은 기자간담회(12. 4.)를 열어 "철도 선진화를 위한 경쟁체제를 도입해야 한다"는 발언을 한다. 그러자 보수적인 경제신문들이 수서발 KTX에 대한 재벌기업의 동향과 입장[2] 등을 쏟아내면서 바람을 잡

---

1) 현행 노조법에는 '필수공익사업장'으로 지정된 사업장에 대해 노동 3권을 제한적으로 허용하고 있다. 즉 필수공익사업장이 파업을 할 때는 '필수 인원'을 남겨두고 해야 한다고 적시하고 있다. 법에 정한 대로 필수인원을 남기고 파업을 하는 것을 '필공파업'이라 칭하고, 이를 무시하고 조합원 전체가 파업에 돌입하는 것을 '전면파업'이라고 부르고 있다.
2) "철도의 경쟁체제 기반은 구축돼 있다."(《서울신문》, 2011. 6. 11.); 건설업계 관계자 말을 인용하여 "건설경기 불황에 직면해 중장기적인 수입원을 찾고 있는 건설업계에 철도운영 사업은 새로운 도전"(《건설경제신문》, 2011. 9. 28.); "동부건설, '고속철도 민영화 사업' 테스크 포스(김천환) 수익성, 사업환경, 진출분야 검토" … 대우건설관계자 "사업참여를 검토하기로 했다. … 두산, 한진, 현대산업

는다. 이어서 국책연구기관인 한국교통연구원에서 '철도산업발전과 경쟁력 제고를 위한 연구'를 발표하여 철도 분할민영화의 논리를 제공한다(2010. 10.). 그 이전에 동부건설이 '고속철도 민영화 사업' 테스크포스팀(김천환)을 구성하여 수익성, 사업환경, 진출분야 등을 검토한다. 한나라당 주최로 '철도운송사업 선진화 정책토론회'를 열어 철도민영화 추진에 대한 군불 때기에 합류한다. 정부(국토부)·국책연구원·수구언론·한나라당·독점재벌은 철도산업에 대한 사냥을 위해 연합작전에 나선 것이다.

2011년 4월, '제2차 철도종합건설계획'에 따르면 2020년까지 철도망 건설에 88조원을 투입한다는 계획이 나와 있다. 2년마다 22조원 꼴인데, 이는 4대강 사업에 들어간 비용과 비슷하게 맞아떨어진다. 2012년은 22조원이 투입된 4대강 사업이 마무리되는 해이다. 토목·건설 자본은 새로운 먹이 감이 필요했다. 조선일보는 "88조원을 헛되이 날리지 않기 위해서도 정부는 이번에 내놓은 민영 고속철도 도입 계획을 끝까지 밀고 나가야 한다"(2011. 10. 28.)며 독점자본의 이해를 정확히 대변한다.

2011년 11월 22일, 국토교통부는 대통령업무 보고 형식으로 수서발KTX 분할민영화 방침을 구체화하기 시작했다. 국토부는 철도민영화 계획을 공식화할 수 있는 판 정리가 다 되었다고 판단하고 대통령에게 형식적으로 결재를 받은 것이다. 그 내용은 2012년 1월 사업자 공모를 거쳐 3월 운영자를 확정한다는 것이 계획의 골자였다. 재벌을 중심으로 국책연구기관, 한나라당, 보수언론이 판을 다 깔아놓고, 국토부는 철도담당자인 철도정책관을 구본환으로, 교통정책실장을 김한영으로 교체한다.(2011. 12.) 구본환은 2002년에도 철도민영화 추진에 앞장섰던 자이고 인천공항공사 매각에도 앞장섰다.

2) 철도노조, 2012년 상반기 투쟁

철도노조는 2012년 1월부터 민영화 저지 투쟁에 돌입했다. 우선 범국

개발 등 24개 기업도"(《매일경제신문》, 2011. 9. 28.)

민대책위를 구성(2012. 1. 18.)하여 100만인 서명운동, 선전전 및 1인 시위, SNS홍보 등 인터넷 여론장악, 대규모 범국민대회 개최, 국제 심포지움, 법 개정 추진 등의 활동을 전개한다. 철도민영화 저지 투쟁 전선은 범국민대책위를 중심으로 한 민중적 연대 구축과 야 4당의 협공으로 '수서발 KTX 민영화 저지투쟁 전선'을 형성했다. 한편 당시 정창영 철도공사 사장은 철도민영화 반대론자였는데, 정부의 민영화 반대정책에 대해서 노사 공조체계를 유지했다. (정창영 사장은 철도민영화를 반대하다 결국 임기를 못 채우고 밀려났다.)

2012년에는 4월에 국회의원 총선거가 있고, 12월에 대통령선거가 있는 해라는 특수성이 있었다. 철도노조는 이러한 상황을 감안하여 정부의 철도민영화에 대한 대대적인 대국민 선전전을 중심으로 활동을 전개했다. 다른 한편 철도노조는 철도노동자들의 투쟁을 조직적으로 전개하기 위해, '민영화저지를 위한 쟁의행위 찬반투표'(4. 18.-20.)를 실시한다.(86% 찬성) 4월 총선 국면을 활용하여 '철도관련법안의 개정', '제 정당과의 정책 협약 등을 추진'한다. 총선은 끝났으나 한나라당이 선전했다.

총선 직후, 권도엽 국토부 장관은 "총선직후로 공고를 미룬 만큼 입찰공고를 낼 것"이라며, "민간사업자들의 참여 요건을 담은 KTX 민영화 사업제안서(RFP)공고를 4월 말 확정 발표하고, 늦어도 7월까지는 최종 사업자를 선정하겠다"고 밝혔다.(4. 12.)

정부의 철도민영화 정책의 내용이 언론에 폭로되면서 '재벌특혜'라는 여론이 들끓어 올랐다. 그러자 이명박 정부(국토부)는 말을 바꾸어 '민관합동 운영체제'로 수정해서 발표했으나 이 역시 강한 반대여론에 부딪혔다. 한편 새누리당의 대표였던 박근혜는 "지금과 같은 고속철도(KTX) 민영화에는 반대"하며 "19대 국회로 넘겨 논의해야 한다"는 입장을 밝혔다.(4. 23.) 국회 권력을 장악한 친박 세력이 '박근혜 대통령 만들기 프로젝트'를 가동하고 있는 대목이다. 권도엽 국토부 장관은 "이 문제에 대해 정치권과 협의하되 원할치 않으면 다음 정부 초기에 결정토록 넘길 수 있다"는 발표를 한다. 7월 17일 새누리당 대변인실은 '고위 당정협의회 비공개 부분 브리핑'이란 보도자료를 통해 "KTX 경쟁체제 도입 문제는 국민적 관심이 큰 만큼 국민여론을 지속적으로 수렴하는 등 계속 논의해 나가기로 결정했다"고 발표했다. 이 즘 대우건설은 결국 사업포기 선언을 하게 된다.

3) 2012년 하반기, 철도노조의 대응

이명박 정부(국토부)는 자신의 임기 내에 철도민영화가 불가하다는 것이 판명 난 상황에서도, 최소한의 철도민영화 조건이라도 만들겠다는 집착을 버리지 않았다. 국토부는 보도자료 내어 "철도역 435개를 회수해 민간에 위탁하고, 23개 차량기지를 회수하겠다"는 입장을 밝혔고, 철도공사에 대해 "1613명의 인력감축을 당장 시행하라"며 압박수위를 높이기 시작했다. 철도공사의 '관제권·역사·철도차량정비단 등 철도공사의 주요자산을 환수하여 시설공단으로 이관하겠다고 나선 것이다.

철도노조는 민영화저지 공중전(선전전)을 계속하는 한편, '임금교섭과 현안문제'를 건 교섭을 진행하고 있었는데 교섭은 진전 없이 공전을 거듭했다. 철도노조는 9월 25-17일, 'KTX 민영화 저지와 임단협 쟁취를 위한 쟁의행위 결의 총투표'를 실시(재적대비 76.6% 찬성)했다. 상반기 '민영화저지 총투표'와는 달리 '임금 및 현안'에 대한 총 투표는 파업 등 쟁의행위의 요건을 갖추는 의미를 내포하고 있다.

철도노조(위원장 이영익)는 조합원 총투표 후 대규모 결의대회(10. 13.)를 열고 "총파업 태세에 돌입하라!"는 투쟁명령 3호를 발표를 발표했다. 구체적인 투쟁전술은 10월 27일 1차 경고파업을 상정하고 노사교섭을 진행했는데, 밤샘 교섭에서 '잠정합의안'이 도출되었다.(12. 25.) 이로써 파업투쟁의 긴장은 사라지고 대통령 선거국면으로 진입하게 되었다.

한편 국토해양부의 철도 관제권 및 자산 환수 계획은 아이러니하게도 기획재정부에서 국토부의 요구를 거부하면서 완전히 무산되었다. 이 역시 박근혜 대통령 만들기 차원에서 여의도 권력의 입김이 작용한 것으로 보인다.

4) 11-12월 대통령 선거국면

철도노조는 대통령선거 기간 동안 '민영화추진 후보 낙선운동', '투표참여 캠페인', 박근혜 캠프와 새누리당에 정책질의 등의 활동을 전개했다. 당시 박근혜, 문재인 후보 간에 박빙의 접전이 이루어지고 있는 상황이었다. 모 언론(≪프레시안≫ 등)에서 '박근혜 후보가 당선되면 민영화를 적극 밀어붙일 것이다'라는 내용의 특집기사를 내놓아 선거에 영향을 미치고 있는 상황이기도 했다. 대통령을 뽑는 투표시기가 임박해지자 박근혜 후보와 새누리당은, '일방적으로 철도 민영화를 추진하지 않겠다'는 내용의 공식적인 답변을 내 놓았다.

〈대통령선거 당시 철도민영화 관련 새누리당 주요발언〉
  ○ 김종인 새누리당 국민행복추진위원장(12월 14일, 선거 5일 전)
"민영화는 국민들의 갈등을 불러일으킬 우려가 있고, 국민경제에 미치는 영향도 지대한 만큼 국민과 관련 당사자 간에 폭넓은 공감대를 형성한 후 그 결과에 따라 추진하겠다."
  ○ 이상일 새누리당 중앙선거대책위원회 대변인(12월 15일, 선거 4일 전)
"장기비전에 대한 심사숙고가 필요하고, 국민적 공감대 형성이 중요한 만큼 섣불리 민영화로 갈 수 없다는 것이 박근혜 후보의 입장이다."
  ○ 송광호 새누리당 의원(12월 17일, 선거 2일 전)
"박근혜 후보는 물론 새누리당도 KTX 민영화에 반대한다."
  ○ 박근혜 대통령 후보 선대본(12월 17일, 선거 2일 전)
"새누리당은 근본적으로 철도산업은 장기 비전을 먼저 마련하고, 마련된 장기 비전에 따라 철도산업 발전방안을 추진하겠다는 입장으로, 지금 KTX 민영화 추진에 반대한다. 박근혜 후보는 국민의 뜻에 반하는 민영화는 절대 추진하지 않을 것이다."

2. 2013년 박근혜 정부 공세와 대응

1) 박근혜 정부의 "철도발전 전략", 노선별·사업별로 찢어 민영화

박근혜 정부가 공식 출범하고 국토부 장관도 서승환씨로 교체되었다. 박근혜 정권 초기, 국토부는 교통연구원의 몇 가지 철도민영화 방안 중에서 저울질하고 있었다. 서승환 장관은 '제2철도공사 설립', "민관합동방식", "제3의 대안 모색"... "적자노선에 최저보조금 입찰제를 살펴보고 있다"(4. 11.) 운운하며 갈팡질팡하는 모습을 보여 주었다. 그러나 결국은 철도를 노선별·사업별로 분할하는 안을 확정했다.

6월 25일, 국토부는 '철도산업위원회'를 열어 철도 분할 민영화 안을 전격적으로 의결했다. 이는 의견수렴 절차도 없이, 현행법(철도사업법)조차 무시한 채 불법·초법적으로 강행한 것이다. 이리하여 박근혜 정부는 2012년 새누리당과 대표로서의 발언, 대선기간 중에 약속한 모든 내용이 새빨간 거짓말임이 드러나는 순간이었다. 민주주의법학연구회와 민변 등 7개 법률가 단체들은 "법률 개정이나 별도의 입법 없이 정부부서의 행정집행만으로 민영화를 추진하는 것은 의회제 민주주의 원칙에 반하는 위헌적, 초법적인 조치"이고, "수서발KTX는 기존선을 포함하고 있고 신설구간 역시 15조 규모의 국고로 건설된 국가 소유 철도노선으로서 철도공사가 운영권을 가져야 한다"는 내용의 성명을 발표하기도 했다.

박근혜 정부는 철도분할 민영화 반대 입장을 견지하던 정창영 사장을 임기 도중에 사퇴시키고 우여곡절(외압이 드러나 재선임 절차) 끝에 현재의 최연혜 사장 신청자를 확정(10. 4. 취임) 했다.

2) 철도노조, 5월부터 민영화저지 투쟁 본격화

철도노조는 5월 25일, '제1차 총력 결의대회'를 시발로 다시 투쟁에 나섰다. '민영화저지를 위한 쟁의행위 조합원 찬반투표'를 실시(89.7% 찬성)하는 한편, 범국민대책위와 함께하는 100만인 서명운동 선포식(6. 7.), 기자회견, 대시민 선전전, SMS를 통한 폭로전, 국회차원의 입법발의와 국정감사, 법률적 대응 등을 진행했다. 철도노조 집중결의대회와 범국민대책위가 주최하는 대규모 범국민대회(7월 13일, 8월 25일, 10월 26일) 열었다. 각 지역에서 민영화 반대집회, 촛불집회를 열거나 '시국촛불'에 참석하는 것 등의 활동을 전개했다.

3) 파업투쟁을 둘러싼 전술 논쟁

파업이 임박해지자 파업전술을 둘러싼 내부 논쟁이 격화되었다. 그것은 '전면파업'이냐, '필공파업'이냐를 둘러싼 내부 논쟁이었다. '전면파업'을 주장하는 근거는 '필공파업을 하더라도 정부는 불법파업으로 간주하여 탄압해 왔고, 파업파괴력도 별로 없는 필공파업을 할 이유가 없다는 것' 것이었다. '필공파업'을 주장하는 근거는 현재의 철도노조 상태를 감안할 때 전면파업을 감당할 조직력이 되지 않는다는 것이고, 파업 후 징계에 대응하는 데 어려움이 많다는 점 등이었다. 결국 중앙지도부는 본래의 원안인 '필공파업' 전술을 확정하게 되었다(11월 11-12일, 의장단회의, 중앙위, 대의원대회, 26일 확대쟁대위).

4) 노조, '2013년 임금교섭'과 '민영화저지 현안'을 결합

철도노조는 실질적인 총파업 준비에 돌입했다. 2013년 '임금교섭과 현안(수서KTX 민영화)' 찬반투표를 실시하고 실질적인 파업의 절차적 요건을 갖추기 시작했다. 11월 20-22일, 쟁의행위 찬반투표 실시했다(재적대비 76% 찬성). 이는 사실상 '합법적인' 쟁의권의 확보(필공파업!)의 조건이 되는 것이기도 했다. '임금 및 현안'에 대한 교섭은 최종 결렬되었고, 중앙노동위원회는 '임금 및 현안'에 대한 노사 간에 이견이 너무 커서 조정이 불가하다며 '조정종료' 선언(11. 27.)을 했다. 이로써 파업돌입의 절차적 요건은 모두 갖추게 되었다.

5) 파업돌입 D-day 확정

파업돌입 일정과 관련하여 철도노조는, '수서발 KTX 회사설립을 결정하는 이사회가 열리면, 그 전날 파업에 돌입한다'는 방침을 정하고 있었다. 이 때문에 파업돌입 시기와 관련한 논란도 철도노조 내부에 존재하고 있었다. 하나의 의견은 노조가 보다 공세적으로 파업일정을 정하고, 정부에 대해 '이때까지 철도민영화 방침을 철회하지 않으면 총파업에 돌입한다'는 입장을 견지해야 한다는 주장이었다. 그렇게 해야 철도노동자들이 파업투쟁 태세를 확고하게 준비할 수 있고, 실질적인 연대파업을 기획할 수 있기 때문이라는 주장이다. 다른 하나는 철도노조 지도부의 입장인데, 파업돌입 시기와 여부를 공사(사실상 정부)에 넘기는 방식으로서 "이사회를 개최하면 파업에 돌입 한다"는 것이다.

지도부의 공식 입장에 따라 파업돌입 시기, 즉 이사회 개최시기에 대한 공은 정부에 넘어가 있는 상황이었다. 이러한 상황에서 철도공사는 정기이사회(11. 28.)를 개최하여, '수서발KTX 출자결의를 위한 이사회 일정(12. 10.)'을 확정하게 된다. 이로써 파업돌입 D-day도 확정되었다.

6) 국가권력은 철도노조에 파업을 유도하여 노조파괴하려 한 듯

철도노조 김명환 위원장은 파업돌입 직전에 "이사회를 연기하면 파업에 들어가지 않겠다"고 발표했다. 현장의 조합원들은 지도부가 파업에 돌입한 의지가 있는지, 없는지 의구심을 자아내게 했다.

철도공사(사실상 국토부, 청와대)는 파업을 피할 의지가 있으면 얼마든지 이사회를 연기할 수 있다. 연기한다고 해서 수서발KTX 민영화 추진에 하등의 걸림돌이 되지 않는다. 이사회는 언제든지 열 수 있기 때문이다. 그러나 철도공사는 철도노조의 말을 무시하고 예정대로 이사회를 강행하여 '수서KTX회사에 출자를 결의'했다. 이는 정부의 의도가 깔린 것으로서 철도노조를 파업으로 유도하여 파괴하고자 한 것임을 이후 과정을 보면 잘 알 수 있다. (이후 과정은 후술 함.)

3. 23일간의 파업 과정(12. 9.-31.)

1) 파업투쟁의 전반적 기조와 파업의 상

철도노조는 확대쟁의대책위 회의를 열고 파업돌입에 있어 전반적인 기조와 파업의 상을 결정했다. 요약하면, △'철도민영화에 철도노동자는 총파업을 포함한 총력투쟁 전개', △'철도노동자는 국민과 함께 전면적으로 투쟁 전개', △'민주철노 조직역량 강화사업에 총력'을 기울인다는 것이 기본기조였다.

파업의 상은 △"철도노동자가 중심대오가 되어 앞장서고 △연맹, 민주노총을 중심으로 총파업 대오를 형성"한다는 것이고, △"범대위와 민주당을 비롯한 야권과의 긴밀한 공조체제를 구축하여 새누리당에 대해서는 국토부 입장에서 분리되도록 설득과 압박을 진행"한다는 것이 골자였다.

2) 주요 파업프로그램

파업프로그램의 기본단위는 130개의 지부단위이다. (물론 130개 지부 모두가 파업에 참여한 것은 아니다.) 지부단위 쟁의대책위는 지방본부나

민주노총지역본부에서 주관하는 낮 집회나 야간 촛불집회 참석, 중앙쟁의대책위나 범국민대책위에서 주관하는 대규모 상경 집회투쟁에 결합하는 것을 기본 수행과제로 하여 지부별로 자율적인 파업프로그램을 운영하는 방식이 이었다.

철도노조 중앙이나 지방본부는 지부별 파업프로그램 마련의 원칙, 예시, 매뉴얼 등이 전혀 제시되지 않았다. 파업 돌입 후 철도노조 중앙쟁의대책위의 파업프로그램은 일주일 사이에 배치되어 있는 집회일정뿐이었다.

모든 파업프로그램이 지부단위에서 자율적으로 준비해서 운영해야 하는 상황이었다. 각 지부의 기획역량 존재여부에 따라 지부 간 파업프로그램의 편차가 너무나 많이 발생했다. 어떤 지부는 파업기간 동안 교육배치, 문화활동, 조합원 간 단결행사, 조별 활동 등 다양한 프로그램을 준비하여 알차게 파업을 진행했다. 어떤 지부는 한곳에 조합원을 모아 놓고 무미건조하게 하루하루를 지내게 하는 경우도 있었다. 어떤 경우는 복귀만 하지 않으면 된다는 기조하에 노는 데 열중하는 지부도 있었다.

노동조합은 일상 시기나 투쟁시기를 막론하고 조합원의 조직력을 강화해야 한다는 것은 대 전제이다. 이를 감안하면, 노조의 기본단위인 지부별 파업프로그램에 대한 지원방안이 지방본부나 조합차원에서 미리부터 준비되어 제공되었어야 한다는 아쉬움이 남는다.

23일간의 파업기간 동안 서울에 집중하는 대규모 범국민대회가 세 차례 진행되었다(12. 14. 서울역, 12. 19. 시청, 12. 28. 시청). 지역에서는 철도노조 5개의 지방본부가 민주노총 지역본부와 함께 지역집회, 야간 촛불집회, 시국대회 참석 등을 중심으로 파업프로그램이 진행되었다.

3) 철도노조 파업의 역동성은 어디서 나왔을까?

철도노조는 전면파업을 몇 차례 진행했을 때 3박 4일을 넘지 못했다. (2002. 2. 25. 파업, 2003. 6. 28. 파업, 2006. 3. 1. 파업.) 최초의 필공파업을 전개했던 2009년 12월에는 8일 만에 현장복귀를 선언을 했던 경험이 있다.

철도노조가 파업에 돌입한 후, 얼마나 버틸 수 있을 지는 아무도 확신하지 못했다. 현장에서는 "3일만 넘기면 길게 갈 수 있다", "2009년에 8일 파업했으나 그 두 배는 해야 한다"는 등 여러 말들이 오가고 있었다. 그러나 23일간의 파업을 전개한 것은 철도노조 내부의 부실한 실질적인 파업준비 상태에 비해 상당히 완강한 파업을 전개한 것이 분명하다.

어떻게 예상을 넘어 완강한 파업투쟁을 전개할 수 있었을까?

첫째는 철도노동자들이 이 투쟁에서 지면 끝장이라는 절박성과 투쟁의 정당성을 확보하고 있었다는 점이다. 철도노동자들은 수년간의 민영화 저지투쟁을 전개해 오면서 철도민영화가 무엇을 의미하는지 학습되어 있었다. 철도노동자들은 54년간 어용세력이 장악해 있던 노조를 민주화하는 과정부터 민영화저지투쟁을 전개해 왔었다. 2009년 파업이 단협개악을 비롯한 현안(해고자 복직 등) 문제를 쟁점으로 파업투쟁을 전개한 반면, 2013년 파업은 '임금과 현안'이라는 표면적 쟁점과 달리, 수서발 KTX 민영화를 비롯한 철도 분할 민영화를 전면에 걸고 전개한 파업투쟁이었다.

둘째는 무엇보다 각계각층의 폭발적인 연대와 지지가 철도노동자들을 고무시켰다. 철도노동자의 파업투쟁 중에 유일하게 2013년 12월 파업만이 폭넓은 연대와 여론의 지지를 받으면서 전개했다. 그 조직적 표현이 '범국민대책위' 구성과 활동이고, 민주노총을 비롯한 민주노조운동 전반이 엄호·연대한 파업이란 점이다. 다만 파괴력을 최대한 높여 정권을 압박할 수 있는 연대파업을 조직할 수 없었던 것이 아쉬운 점이다.

4. 파업마무리, 현장투쟁으로 전환

1) 조직적 복귀 시기 임박

파업과정에서의 전술을 구사함에 있어서 유일한 필요조건은 파업대오의 튼튼함 정도이다. 민주노총은 다음해 1월 9일 2차 총파업을 결정해 두고 있는 상황이었다. 정부·철도공사·수구언론 등은 철도노동자들의 파업대오를 깨기 위해 혈안이 되어 있었다. 복귀하지 않는 조합원들에 대해 '최후통첩', '징계절차 없이 직권면직', 온갖 협박 문자를 날리며 매우 강도 높은 압박을 가하고 있었다. 급기야 공공기관이 다 퇴근해서 업무가 불가능한 밤 10시에 수서KTX 운영 '면허'를 발급하는 비상식적인 폭거를 자행했다.

파업참여 조합원들의 심리적 압박감도 심화되어 이탈자가 늘어나는 상황이었다. 그러나 기관사와 차량 조합원 등 골간대오는 여전히 건재했다. 정부와 공사도 해를 넘겨 파업이 장기화할 가능성 때문에 노심초사하는 상황이었다. 특히 KTX정비를 담당하는 조합원들의 파업 참여율이 매우 높았는데, 대체인력의 피로도가 극에 달해 있었다. 잦은 작은 사고가 자칫 대형사고로 이어질 수 있는 상황이었기 때문이다. KTX 운행률이 지속적으로 떨어질 수밖에 없었던 것은 바로 이 때문이었다.

철도노조 지도부는 퇴각 시기를 판단하기 위해 조직을 점검하고 있었다. 1월 9일 민주노총 총파업까지 파업대오를 유지할 수 있을지, 파업복귀를 결단하고 현장투쟁으로 전환해야 할지 판단해야 하는 상황이었기 때문이다. 파업대오가 무너진 다음에 퇴각하면 조직복구가 매우 어렵기 때문이다.

2) 퇴각 명분으로서 '철도발전 소위' 구성 합의

철도노조 지도부(김명환위원장)는 여야 지도부와 비밀리에 접촉하여 '국회 철도발전 소위 구성'을 조건으로 파업철회를 합의하게 된다. 12월 30일, 이러한 합의를 명분으로 파업투쟁을 중단하고 현장투쟁으로 전환이 결정되었다. 이는 퇴각 명분용이라 하더라도 노조위원장이 서명을 한 '합의서 형식'은 심각한 실수이자 오류이다. 왜냐하면, 이미 지난한 투쟁의 귀결이 검은 고양이와 흰 고양이에게 생선을 맡기는 모양으로 연출되었기 때문이다. 국회의 '철도소위'는 사회적 투쟁이 없으면 금방 '철도민영화 추진소위'가 될 개연성이 매우 많기 때문이다. (국회의 철도발전소위 활동에 대해서는 후술 함.)

3) 23일간의 파업이 남긴 것

철도노조 파업이 2014년 1월 9일로 예정되었던 민주노총 파업과 연계시키지 못한 점은 매우 아쉬운 대목이다. 그러나 파업대오의 조직적 한계라는 점에서 큰 이견은 없다(이탈이 늘어나고 있는 상황, 모 지부단위의 조직적 조기복귀 등). 무엇보다 박근혜 정권에 타격을 배가할 수 있는 연대 파업 대오가 없다는 점이 핵심적인 한계지점이기도 하다. 다른 한편으로 정권의 민영화 공세에 대해 전 사회적 투쟁을 전개한 것은 매우 모범적인 사례를 창출했다는 점이다. 다만 그것이 가능하기 위해서는 파업투쟁을 전개할 수 있는 투쟁주체가 굳건히 구심적 역할을 할 때라는 점도 확인되었다. (의료민영화 저지투쟁이 전 사회적 투쟁으로 전화되지 못하는 이유.)

23일간의 파업투쟁은 철도노조 내부 조직력에 어떤 영향을 미쳤는가 하는 점을 평가해 볼 때, 파업에 참가한 단위지부의 현장 지도력을 훈련시켰고 조합원간의 유대감을 강화시켰다. 특히 소 조장들이 실질적인 지도력으로 부상했기 때문에 지부대의원의 현장구심력이 강화되었다. 이는 현장 조직력 강화에 관건적인 지점이다.

파업보다 어려운 것은 파업이후 사측의 노조탄압과 노조무력화 공세를 정면으로 돌파하는 것이다. 그럼에도 "함께 갔다 함께 오자"는 슬로건처럼 파업대오가 조직적으로 복귀했기 때문에 사측의 현장탄압에 위축되지 않았다. 파업이후 강제전보 저지투쟁 등 현장탄압에 맞서 철도노동자의 기세를 잃지 않고 대응할 수 있는 힘이 유지되고 있었다.

반면에 파업에 참여하지 않았거나, 소수만 참여한 지부는 이전보다 현장지도력과 조직력이 더욱 약화되었다(특히 역, 시설 직종 등). 지부장은 현장장악력을 거의 상실했고, 조합원은 사측 관리자의 영향력하에 완전히 노출되었다. 이 지점이 철도노조의 가장 약한 측면이다. 노조가 오랫동안 현장을 방치한 결과이기도 하다. 철도공사는 이 약한 부분을 파고들어 조합원과 노조 집행부 사이를 갈라놓고, 급기야는 조합탈퇴 공작을 벌이고 있는 상황이다.

II. 파업이후 정부 철도공사의 공세와 대응

1. 노조무력화 공세
1) 불법파업으로 몰아 노조무력화 공세(대량징계, 손배소, 가압류)

철도노조가 파업을 전개함에 있어서 모든 적법한 절차를 거쳤고, 필수인원을 남긴 채 파업을 돌입했다. 그럼에도 파업의 적법성 여부를 사법부에서 판결하기도 전에, 철도공사는 불법파업으로 규정하고 대대적인 탄압을 자행했다. 파업에 조직적으로 참여한 모든 지부장을 전원 해고하고, 지부간부 이상을 모두 중징계(정직)에 처했다(130명해고, 274명 정직 및 감봉, 8393명의 조합원 전원 징계). 또한 노동조합에 대해 162억 원의 손해배상 소송을 제기하고, 노조가 움직이지 못하도록 116억 원의 조합비에 대해 즉각 가압류했다.

철도노조는 우선적으로 채권을 발행하여 우선 철도공사의 조합비 가압류에 대응할 수밖에 없었다. 조합비가 압류되면 당장 수많은 해고자의 구호금을 지출할 수 없고, 어떠한 대응투쟁도 어려워지기 때문이다. 파업 후 해고와 징계자가 대규모로 늘어난 상황이었기 때문에 조합원 총회(총투표)를 통해 조합비를 0.6% 한시적으로 인상시켰다.

파업에 참여한 지부장 전원을 해고 하고 파업참여 조합원 전체를 징계에 회부하는 것은, 이명박 정부하에 낙하산으로 내려온 경찰청장 출신 허준영 사장 때부터이다. 2009년 파업이후 한 차례 그러한 경험을 했고, 이번 최연혜 사장 체제를 거치면서 관행이 되어버렸다. 이 때문에 지부장에 출마한다는 것은 해고를 결단해야 가능해졌다. 이는 지부장 출마를 꺼리게 하는 간부기피현상을 심화시켜 왔다.

그럼에도 정부와 공사는 징계와 손배소 제기, 가압류로 철도노조를 흔들 수 없다는 것은 이미 증명되었다. 그러자 정부와 철도공사는 노조무력화를 위해 다른 접근방식을 들고 나왔다. 그것은 정기적인 "강제전보"를 통해 현장 조합원을 분할시켜 노조를 약화시키려 했다.

2) 사측, "강제전보"로 현장을 흔들어라!

철도공사는 뜬금없이 '강제전보를 년2회 이상 정기적으로 추진하겠다'고 나섰다. '강제전보'를 통해 결정적으로 노조가 무력화 된 사례는 발전노조, KT등을 들 수 있다. 철도노조는 2014년 2월 25일로 예정된 민주노총 총파업에 참여하기로 하고, 그 전에 아직 합의되지 못한 '2013년 임금 및 현안' 교섭에서 '강제전보' 문제를 포함시켜 쟁점화했다. 노사 간의 교섭이 결렬되자 2월 25일 민주노총 하루 파업에 동참했다.

강제전보 저지투쟁은 현장단위에서는 매우 활발하고, 역동적으로 전개되었다. 차량 직종을 중심으로 정직된 지부간부들과 조합원들이 출퇴근 피켓팅, 천막농성, 집회투쟁 등 하루도 쉬지 않고 진행했다. 이 당시는 지부간부들이 전원 2개월 정직이라는 징계 와중에 있었기 때문에 현장투쟁 전개가 수월했다. 서울 수색지구에서는 서울차량지부가 중심이 되어 '화물열차 출발검수 업무를 역으로 이관'을 거부하는 투쟁이 함께 진행되었다. 강제전보 반대투쟁과 출발검수 역 이관 반대투쟁의 일환으로 총회투쟁(작업거부)을 전개하기도 했다. 운전직종은 직종 회의를 통해 직종 파업을 결의했다. 차량직종도 지부장회의를 통해 직종 파업을 결의했다. 운전과 차량은 조합지도부에 지명파업 지침을 내려 줄 것을 요구했다.

조합 지도부는 파업에 대한 부담감으로 인해 철도공사와 노사협의에서 '강제전보를 인정하는 내용'의 합의를 하게 된다. 그 내용은 차량과 운전 직종은 이번에 강제전보를 유보하고, 역·시설·전기 직종은 '순환전보(강제전보)'를 계획대로 한다는 데 합의한 것이다.

이는 매우 심각한 문제로서 강제전보를 노조에서 인정했다는 점, 투쟁에 나서는 운전·차량 직종과 운수·시설·전기 직종을 분할하는 안이었기 때문이다. (합의는 회의록 형식으로 남겼다.) 이러한 지도부의 방침에 대해 특히 서울지역 전기직종이 조합의 방침에 강력하게 반발한다. 그리하여 집행부의 노사협의안은 현장에서 거부되었다. 그러자 철도공사는 이사회를 열어 강제전보를 단행했다. 철도공사의 강제전보 강행에 맞서 서울 수색지구에서는 고공철탑 농성(이영익, 유치상) 투쟁을 전개하기도 했다.

강제전보 저지투쟁은 강제전보가 당초 철도공사가 내놓은 계획보다 훨씬 축소되어 진행되었고, 이후에 지속적으로 추진하기에는 철도노동자들의 저항이 만만치 않다는 것을 보여준 투쟁으로서 매우 의미 있는 대응이었다. 다만 지도부의 투쟁 회피적 태도가 문제가 심각한 노사합의로 지도력이 땅바닥에 떨어지는 과정이기도 했다.

3) 현장투쟁을 촉발시킨 중앙선 1인 승무, 화물열차 출발검수 통합운영(이관)

(1) 중앙선 여객열차 1인 승무 및 화물열차 단독승무 시행 방침에 맞선 투쟁

파업 이후 철도공사는 노조탄압과 강제전보를 진행하는 한편, 구조조정도 진행하고 있었다. 대표적으로는 중앙선 열차 1인 승무를 일방적으로 시행하는 것인데, 34개 열차에 대해 1인 승무를 시행하여 28명의 기관차 승무원을 줄인다는 것이었다. 철도노조는 철도공사의 1인 승무 시범운행을 저지하기 위해 매우 적극적으로 저지투쟁을 전개했다.

(2) 서울을 중심으로 전개된 화물열차 출발검수 통합운영(이관)에 맞선 투쟁

철도공사는 하반기 물류회사 설립을 예고해 놓고 있는 상황에서 그 사전 정지작업 차원에서 '화물열차 출발검수 통합(이관) 운영' 방침을 발표하고 시행에 나섰다.

2월부터 서울차량지부를 중심으로 수색지구(서울차량, 수색차량, 서울기관차 지부 등)에서 안전운행투쟁(준법투쟁)을 전개하는 한편, 화물열차 출발검수 시행을 저지하는 투쟁을 매우 격렬하게 진행했다. 이 투쟁으로 서울차량은 평 조합원을 포함하여 28명이 해고되는 초유의 징계를 받기도 했다.

2. 정부는 철도민영화 전단계의 강도 높은 구조조정 계획 추진
1) 철도노조의 단체협약을 개악하고 노조를 무력화하라!

국토교통부는 2월 19일, 대통령 업무보고를 통해 2014년 업무계획을 가시화했다. 그 내용은 '지난해 역대 최장기 철도파업 초래에 대해 갈등관리가 미흡했다'고 평가하면서 갈등관리 사전점검 강화를 위해 갈등관리위원회 개최를 정기화3)하기로 하고, KTX 기관사 양성 규모를 확대4)하고, 자동승진제 등 단체협약 개악의지를 분명히 했다. 이와 같은 계획을 요약하면 '단체협약 개악', '철도노조 무력화'를 본격적으로 추진하겠다는 것으로 요약할 수 있다.

지난해 파업이후 철도공사는 지속적으로 노조무력화 공세를 지속해 왔다. 그 하나는 대량해고, 손해배상청구, 조합비 가압류 등 전통적인 탄압이다. 그 다음으로는 정기적인 강제전보를 추진하여 인사권을 이용하여 내부 단결을 흔들어 놓고, 노조보다 회사의 눈치를 보는 풍토를 안착시키려 했다. 그 다음이 이른바 "공기업 방만경영" 운운하며 추진하는 복지관련 단협 개악을 추진하면서, 기만적인 논리를 앞세워 조합원들로 하여금 극단적인 실리주의를 자극하여 노조 내 불만세력을 양성하려 해 왔다. 철도공사가 관리자들을 압박하여 대대적인 현장 흔들기 차원에서 진행되었다. 이는 집행부가 12개 복지관련 단협 개악에 합의하고 조합원 인준투표에서 부결되어 집행부가 불신임된 공백을 틈타서 매우 공격적으로 진행되었다. 여기까지가 2014년 10월 현재까지 진행 상황이다.

그 다음에 예상되는 공세는 11월에 만료 예정인 단체협약 개악으로서 자동승진제 폐지, 비연고지 전출금지 조항 삭제를 목표로 하고 있다. 더 나아가 강제퇴출 제도 마련(KT사례), 호봉제(연공급제)를 폐지하고 직능평가에 근거한 성과 연봉제 전면 도입, 임금 피크제 도입(이는 새누리당이 발표한 "공기업 개혁"의 공식 입장) 등이다. 이와 동시에 예정된 철도 분

---

3) 노조 무력화를 체계적으로 진행하겠다는 의미이다.
4) 철도노조 파업을 대비하여 대체 기관사 양성을 한다는 의미이다.

할 민영화를 추진한다는 것이다.

이상 순서 데로 열거한 투쟁 쟁점들은 본격적인 철도민영화 이전에 철도노조를 무력화하겠다는 강력한 의지를 담고 있으며, 2014년 내내 철도공사 경영진이 추진해온 일들이다.

2) "공기업 방만경영" 사례를 일소(복지축소, 퇴직금 삭감)하라!

정부는 공기업 8대 방만 경영 사항(교육비·의료비·경조금 과다지원, 과도한 특별휴가·퇴직금, 고용세습 등)을 지목하고 전면 개선하겠다고 나섰다. 공공기관 정상화 대책 추진은 속도전 및 총력전 양상으로 진행되었다. 2013. 12. 11. 공공기관 정상화 대책 발표, 2013. 12. 31. 공공기관 정상화대책 실행계획 발표, 기획재정부내 점검반을 구성하여 중점관리기관 정상화 대책 집중 점검, 경영공시·이면합의·방만경영 등 관련 감사원 중점감사 돌입, 공공기관 예산집행지침 발표 했다. "총인건비 집행 시, "방만경영 정상화 계획 운용 지침"에 근거하여 수립 확정된 방만경영 정상화 계획상 감소되는 예산상 급여성 복리후생비 해당 분은, 전년도 집행액에서 감면한 후 인상률을 적용한다"는 내용이다.

복리후생 수준이 과도한 38개 기관을 중점관리기관으로 선정하고, 이행실적을 평가하여 우수기관은 중점관리기관에서 해제하고, 미흡기관에 대하여는 기관장 해임, 임금동결 등 벌칙을 부과하겠다고 나섰다. 기관장들의 모가지가 걸린 사항이다 보니 각 공기업 사장들은 미친 듯이 노조를 압박하며 복지관련 단체협약 개악을 추진했다. 복지관련 단협 개악에 합의해도 기재부에서 실사를 하여 추가과제를 부여하여 임금동결 등과 연계시켰다.

정부의 공기업에 대한 공세를 방어하기 위해 한국노총과 민주노총의 공기업노조가 '공동대책위'를 구성하여 대응하고자 했으나 한 차례 무기력한 집회투쟁 외에 아무런 역할을 하지 못했다. 그 원인은 철도노조와 같은 상대적으로 투쟁력 있는 사업장에서 의지를 가지고 힘을 싣지 않았기 때문이기도 하다.

분 야		현 행	개 선
① 8대 항목			
퇴직금	퇴직금	정부경영평가 성과급 지급률 전체를 퇴직금의 기준이 되는 평균임금 산정시 반영	▪ 인건비 전환분 200%만 산입
	특별공로금	퇴직임직원 중 특별공로자에 대하여 이사회 의결로 특별공로금 지급	▪ 폐지
	장제비	산재법상의 장의비(평균임금 120일분)외에 자체 예산으로 평균임금 120일분 지급	▪ 공사장 실비정산
교육비		사규상 중·고교 자녀로 되어 있음	▪ 폐지
의료비		직원가족 의료비, 500만원이상시, 300만원 보전	▪ 폐지
경조사비		조부모 사망시 150만원 지급(사복기금)	▪ 폐지
휴가·휴직	휴가제도	▪ (청원) 본인결혼 7일, 자녀·배우자 사망 3일 ▪ (통합) 기타경조사 2일	▪ (청원) 5일, 2일 ▪ (통합) 폐지
	육아휴직 급여	1년간 기본급의 1/2 지급	▪ 고용보험법령에 의함
② 기타 항목			
휴업보상		휴업급여와 평균임금간의 차액 보상	▪ 폐지
단체상해보험		직원 단체상해보험 별도 운영	▪ 통합운영
재해부조		소유와 거주 중 택1로 규정 조문 명확화	▪ 문구수정
임원보수		상임이사 연봉 및 비상이사 수당 보수지침 상한선 초과	▪ 상한선 준수
인력불균형		전보제한으로 인한 지역별, 직렬별 인력불균형	▪ 계획전 보 시 행(해소)
근속승진		3급까지 직급별 연한을 두어 연한 도래 시 승진	▪ 개선
장해보상		장애보장구 구입 본인부담분 지원('12신설)	▪ 폐지
관리보전수당지급		교육파견자에게 지급	▪ 폐지
조합간부의 인사		선출직 지부장과 사업장이 분산된 역·시설·전기지부 각 3명에 대해 조합과 협의	▪ 지부장 및 지부별 1명

3) 철도노조의 대응과정과 결과

철도노조는 정부에서 요구하는 13개 "방만경영 사례"로 지목한 복지관련 단협 개악에 요구 중에 평균임금 산정방식 개악을 제외하고 전격 합의했다. 공사의 '징계최소화' 이면합의에 따른 것이다. 2월 25일 하루 파업과 서울지역 강제전보 및 구조조정 저지투쟁으로 50명이 추가로 해고되어 있었는데 철도공사의 재심 과정에서 복직시키겠다는 것이었다. 그리고 지난해 파업으로 해고자들이 지방노동위원회 부당해고 심의가 진행되고 있었는데 여기에 철도공사가 "소극적으로 대응하겠다"는 것이었다. 잠정합의안은 확대쟁의대책위 결정으로 체결되었고, 조합원 인준 찬반투표에서 부결되어 위원장과 5개 지방본부장이 불신임되어 총사퇴하게 되었다.

철도 공사는 합의한지 단 5일만에 하나 남은 '평균임금 산정방식' 변경을 요구하며 노조 직무대행 체계에 압박을 가했다. 그것은 기획재정부가 합의시한을 설정해 두고 성과를 내지 못하면 기관장(사장)을 해임시키겠다고 했기 때문이다. 철도공사는 대대적인 거짓 홍보물을 대량으로 제작하여 곳곳에 떡칠5)을 하다시피 했다. 그 내용은 정부가 요구하는 모든 항목을 합의해야 2014년 임금을 정부가이드라인에 맞추어 인상할 수 있다는 것, 또 공기업 평가를 잘 받아 성과 상여금을 받을 수 있다는 것이다. 철도공사 관리자들이 총동원되어 조합원들의 극단적인 실리주의를 부추기고 퇴직금 삭감을 받아들이는 대신에 임금과 성과급을 챙기자며 거짓 선동을 매우 정열적으로 진행했다. 물론 그 내용은 기획재정부의 어떠한 보증도 없고, 추가 재원확보 방안도 없는 기만적인 거짓 논리임이 만천하에 드러났다.

지도부가 불신임된 후 직무대행체제는 조기 선거를 진행하고 있다.(9. 30.-10. 23.) 철도노조 내의 활동가들은 통합집행부 구성을 합의하고, 정부와 공사의 평균임금 산식변경 기도에 맞서 그 기만성을 폭로하고 거부

---

5) 조합원이 볼 수 있는 곳이면 어디든(출입구, 작업장, 화장실 등) 곳곳에 철도공사의 홍보물을 내용을 바꿔가며 무제한으로 부착했다.

하는 성명서를 발표하는 등 조직적으로 대응했다. 그리하여 평균임금 산식변경과 관련한 노사교섭은 차기 집행부의 몫으로 넘어갔다.

4) "공기업 부채를 2017년까지 200% 수준으로 감축하라!"

정부는 18개 중점관리대상기관 부채 감축 계획을 제출받고 최종 계획을 확정(2월)하여 이행실적 점검 및 중간평가 받도록 했다(3/4분기). 그 내용은 "유사·중복기능 통폐합 등 기능점검을 단계적으로 추진하되, 부채 및 방만경영 중점관리대상기관에 대해서는 금년 내 기능조정을 마무리"한다는 것이었다.

철도공사는 정부의 요구에 따라 부채감축 계획을 수립했다. 그것은 "기업분할, 자회사 신설 등 조직 안팎으로 경쟁원리를 과감하게 도입(6월말까지 구체적 방안 마련)"하고, "인천공항철도 지분 매각(1조 8천억)을 추진"하겠다 등이었다. 그 구체적인 내용을을 정리하면 다음과 같다.

△공항철도, 5개 민자역사 지분, 용산역세권 등 보유자산(5조 8000억원) 매각, △본사 슬림화, △5개 지역물류사업단지 폐지 차량·승무사업소 등 현장 조직 거점화, △2018년까지 신규사업 소요 인력 자체 충당, △ 자동승진제, 퇴직금 과다지급 등 단협 개악, △일평균 50명 이하역 무인화, 아웃소싱, △수익성 낮은 일반여객열차 운행축소, △5년 내 54개역 거점화(화물역 129개 2018년까지 75개역으로), △물가상승률 수준과 연동한 체계적인 요금관리(요금 인상) 등이다.

5) 수서발KTX, 화물자회사 설립 추진 전망

박근혜 정부는, 철도분할민영화를 하반기에 전격적으로 시행하고, 재무적 투자자(연기금, 산업은행 등 공적자금) 유치 방식으로 추진될 가능성이 크다. 화물자회사는 절차적으로 국회 '철도소위'에서 합의 권고한 연구용역 결과(11월 예상)를 거쳐서 추진할 것으로 보인다. 철도공사 이사회를 통한 설립 의결 시기는 12월에서, 내년 1-2월 사이에 본격화될 가능성이 매우 높을 것으로 예상된다.

국회의 철도소위, 특히 새누리당 위원들의 발언에서 볼 수 있듯이 본격적인 철도분할 민영화 이전에 철도노조를 무력화하는 것을 전제조건으로 하고 있다는 사실이 곳곳에서 드러나고 있다.

6) 이외

국토부는 "수서발 KTX는 철도공사와 차별화된 운영체계를 구축하여 공기업 개혁의 대표 모델화"하겠다고 했다. 이는 최소한의 인원으로 최대치로 노동력을 쥐어 짜 낼 수 있는 구조를 현실화하겠다는 것이다(KT의 분할 민영화 사례와 동일함). 한편 철도의 유라시아 시대를 대비한 철도물류 경쟁력 강화방안 마련을 위해 유라시아 운송규칙 등을 담당하는 국제철도협력기구(OSJD) 가입을 추진하고 나섰다. 한국기업의 나진-하산 물류사업 참여지원, 남북관계 진전 시 철도(북→러) 연계수송 시범사업을 우선 추진, 남북 연결철도로 활용가능한 동해선, 서해선, 원시-소사-대곡 노선 등에 대한 연결망 계획 수립(2014.12) 등이다.

§ 나진-하산 선로개량, 신의주-개성간 고속철도 등 **TSR, TCR** 연결사업 본격화

○ 나진-하산 프로젝트는 러시아 극동 하산과 북한 나진항을 잇는 54km 구간의 철로 개·보수와 나진항 항만 현대화, 복합물류 사업임.
- 북과 러시아가 2008년 각각 30%, 70% 출자해 라손콘트란스라는 합작회사를 설립하였고, 한국은 지난해 한·러 정상회담 합의에 따라 코레일, 포스코, **현대상선**으로 구성된 컨소시엄에서 러시아 지분 중 **50%**를 매입하는 형태로 프로젝트에 참여하는 방안을 검토하고 있음.

○ 북과 중국은 신의주-평양-개성을 잇는 약 380km 길이의 고속철도(시속 200km 이상)와 왕복 8차선의 고속도로를 건설하기로 합의했음.
- 이 사업은 국제컨소시엄을 구성해 민자 투자방식(BTO)으로 진행할 예정으로 총 14조-15조원 정도가 투자가 필요할 것으로 보고 있음.

Ⅲ. 국토교통부의 철도자회사 운영방안

1. 철도 자회사 설립 및 파견 계획
1) 철도 자회사 설립 및 인원파견 기본계획

철도노조가 국회 '철도소위'에 보고된 자료를 입수한 결과, 국토부의 계획이 구체적으로 드러났다. 그 내용은 2014년 철도물류회사에 3,000명, 2015년 철도차량정비회사에 2,000명, 2017년 철도시설회사에 6,000명을 철도공사에서 자회사로 파견한다는 것이다.

각 회사에 재산·시설·설비를 이전하고, 임원을 독립적으로 선출하고, 간부는 전적(강제이직) 시키고, 자회사는 장기적으로 철도공사로부터 완전 분리를 한다는 것이다. 지주회사·자회사 형식은 임시방편이고, 각 회사를 독립된 주식회사로 분할민영화 하겠다는 것이다.

2) 물류(화물운송)자회사 추진 전망

물류(화물운송)자회사는 당초 2014년 추진계획이었으나, 지난 파업 후 합의했던 국회의 '철도소위' 결과에 따라 추진하기로 한바 있다. 국회 '철도소위'는 물류자회사 설립에 대해 그 타당성에 대한 연구용역을 발주하여 그에 따라 진행하도록 권고한 바 있다. 그 연구용역 보고서는 2014년 12월에 나올 전망이다. 이 때문에 연구용역 결과가 발표된 이후 2015년 초부터 논의가 활발해 질 전망이다.

2. 국토부의 강제이직(강제 전적) 방안
1) 철도공사의 기존인력을 어떻게 완전히 전적(轉籍)시킬 것인가?

철도공사의 기존인력을 자회사에 보낼 수 있는 방법은 '사회 파견' 제도의 활용이고, 다른 하나는 강제이직이다. 사회파견은 일정기간만 파견할 수 있는 있는 제도로서 철도노조의 단협을 적용받아 자회사의 그것을 적용할 수 없다. 강제이직(전적)은 현행 법률상 합법적인 가능성은 없다.

새로 만들어질 자회사는 기본적으로 임금체계를 연봉제로, 근로조건도 5조 2교대, 6조 3교대, 유연일근, 교번 혼용 등으로 탄력적으로 적용할 계획이다. 승무인력도 코레일의 실승무율 대비 10%이상 확대하여 정원을 10%축소한다는 것이다. 인력비율도 전적과 신규채용을 50:50으로 구성한다는 것이 기본 계획이다.

국토부는 사외파견은 자회사 완전분리에 장애요인이라 판단하여 배제하고, 강제이직(전적)을 합법적으로 추진할 수 있는 논리 개발을 위해 법무법인 '세종'과 '세광'에 용역을 발주했다.

2) 법무법인(세광, 세종)의 맞춤형 보고서

법무법인들은 국토부가 원하는 답을 내 놨다. 그 내용은 "자회사 분리 시 모회사인 코레일이 업무(물류, 차량관리, 유지보수)를 폐지하면, '긴박한 경영상의 이유'가 발생하여 정리해고 요건에 해당"한다는 것이다. "전적은 근로자의 동의를 얻어야 하지만 이를 거부할 경우 정리해고 등 방안을 고려해 보아야할 것"을 권고하고 있다.

이러한 방식은 국가공무원에 대한 인위적인 정리해고를 위해 해당 업무와 부서를 우선 폐지시키고, 당해 공무원을 면직시키는 직권면직제도와 유사한 형태로 진행하겠다는 것을 의미한다. 예상되는 시나리오는 이사회를 통해 철도공사가 수행하는 업무에서 '물류부분을 제외'하고 이를 담당할 '자회사 설립을 의결'한다. 그러면 철도공사에서 '물류업무가 존재하지 않는' 상태로 되고, 따라서 근기법상 '정리해고 요건을 발생'시킨다(긴박한 경영상의 이유)는 궤변이다. 이는 "자회사로 갈래?, 정리해고 될래?"로 요약된다.

Ⅳ. 국회 '철도소위'의 권고

1. 지방선거 앞두고 졸속으로 마무리

국회 '철도소위'가 어떤 의미 있는 역할을 기대한 바가 없었으니 뭐라 할 것도 없다. 다만 새누리당은 소위 위원에 모두 민영화 찬성론자로 채워졌는데, 그들의 발언에서 노림수가 무엇인지 정확히 읽을 수 있었다(후술). 다른 하나는, '철도소위'는 철도민영화와 관련하여 시민 공청회 등 의견수렴과 검증을 거치고자 했다. 이 부분이 유일하게 철도노조에서 활용할 수 있는 연단이었는데 흐지부지되었다.

철도소위는 새누리당이든 새정련이든 모두 지방선거를 앞두고 있는 상황이라 3개월 만에 졸속으로 마무리했다. 시민 공청회 등 의견수렴과 검증 과정도 없이 종료된 것이다.

2. '국토소위'의 권고들

1) 수서KTX 민간매각 방지 장치 마련 못함

지난 파업당시 박근혜 정부는 수서KTX 자회사는 민영화가 아니라고 강변했었다. 이 때문에 "수서발 고속철도는 흑자가 예상되는 노선으로서 공공부문이 운영하는 것이 바람직하며, 어떤 형태로든 공공성을 유지하는 측면에서 민간매각을 방지하는 장치를 확고히 마련하는 것이 필요함"이라는 결과를 내 놓았다. 그러나 그 민간매각 방지장치를 법적으로 제도화하지 않아 수사에 불과하게 되었다.

2) 수서KTX 자회사 설립에 따른 철도공사 지원필요

철도소위는 수서KTX 자회사 설립으로 추가로 수익을 줄 수밖에 없음을 인정하고 지원방안에 대해 의견을 내 놨다. 그 내용을 옮겨보면, "적자노선 운영과 PSO 보상에 대해 예산당국과 협의하여 지원 필요", "일반철도 유지보수비 정부지원 현행 30%에서 50%로 확대 노력 필요", "고속철도

선로사용료 합리적 수준에서 감면 등 조정방안 검토" 등이다.

3) 철도 물류회사와 관련하여

철도물류(화물운송)은 년간 5천억의 적자를 기록하고 있는데, 이 부분에 대한 "철도물류지원법" 제정을 권고하고 있다. 이는 화물운송 자회사 설립을 상정하고 지원체계 정비를 강조한 셈이다.

철도소위는, "철도물류 부문 적자 해소를 위한 근본적 대책 마련이 필요함", "이를 위하여 "철도물류지원법" 제정 등 제도적 지원체계를 갖추고 … 구체적으로 유효장 확장, 선로 배분 확대, 선로사용료 감면 등의 지원방안 마련 필요." … "또한, 철도물류발전방안의 경우에는 연구용역 등을 통한 전문적·객관적 검토 및 정부·철도공사·철도노조 등으로 구성된 TF를 통한 의견수렴을 거쳐 추진할 필요가 있음"이란 권고를 내놨다.

4) 노무 지휘권 '진공상태'로 진단하며 노조무력화 주문

철도소위는 "승진 심사권이 부재하여 간부사원의 관리, 통제력 무력화"되었다고 진단하며 철도노조 단체협약의 구체적인 조항에 적시하며 개악을 주문하고 있다. "정원유지의무(20조), 전환배치 시 노조합의(21조), 전보인사 제한(33조), 노조간부 인사 사전협의(35조), 자동승진제도(28조-제31조), 신기술 교육 노조와 사전협의(41조), 직원 채용계획 사전 노조협의(23조) 등" 등이다. 이는 노골적으로 단협을 개악하여 노조를 무력화하라는 언명과 전혀 다를 바 없다.

V. 철도노조의 당면한 과제

1. 정부와 공사의 노조탄압, 무력화 공세 저지, 단협사수

1) 현재는 '평균임금 산정방식 개악' 문제 공방 중

정부와 철도공사는 철도노동자들에게 "떡 하나 주면 안 잡아먹지"라며 복지협약 13개를 내놓으라고 협박했다. 철도노조는 퇴직금이 삭감되는 평균임금산정방식 변경 의제만 빼고 모두 합의해 주었다.

철도공사는 합의문에 잉크도 마르기 전에, 합의안이 조합원 찬반투표에서 부결되어 지도부가 총사퇴하여 집행부 선출을 위한 선거가 진행되는 중에도 직무대행 집행부에 합의를 종용했다(직원 서명, 관제데모, 지부장 입장표명 요구 등). 정부가 정한 합의시한[6]이 최종 10월 10일이라며, 이 때까지 합의하지 않으면 임금은 동결되고, 성과급을 한 푼도 받을 수 없다는 협박을 계속했다. 임금동결·성과급 축소의 책임이 정부에 있는 것이 아니라, 노조가 퇴직금 삭감에 합의하지 않아서라며 조합원들에 대한 이간질에 안간힘을 쓰고 있었다. 온갖 호들갑의 배경에는 최연혜 사장이 자신이 해임되는 것이 두려웠기 때문에 직원들의 퇴직금 삭감 공작을 해댄 것일 뿐이다.

철도노조에는 중앙과 지방본부장 선거가 진행 중인데, 모든 선거대책본부가 연명으로 철도공사의 기만성을 폭로하는 등 공동 대응에 나섰다. 그리하여 이 문제는 새로 선출되는 집행부의 몫으로 넘어갔다.

2) 단체협약 중 핵심조항 사수 투쟁

국토부, 새누리당 등의 철도에 대한 정책 자료들에는, 항상 단체협약의 구체적인 조항을 거론하며 개악을 주문하고 있다. 국회 '철도소위'에서도 "인사노무권의 진공상태" 운운하며 구체적인 조항을 열거하여 단협개악을

---

[6] 합의시한이라는 것도 처음에는 8월, 그 다음에는 9월말, 또다시 10월 10일로 연장했다.

주문했었다. 요약하면, 자동승진제, 비연고지 전출금지 조항을 삭제하고, 대신에 강제퇴출 제도를 도입하겠다는 것이다. 임금체계는 호봉제를 폐지하고 성과연봉제를 전면화하겠다는 것이다.

이 두 가지는 직무평가제도를 활성화하고, 노동자 간의 비인간적인 경쟁을 시스템화하여 노동자들을 개별화하고, 결국 노조를 무너뜨리겠다는 것이다. 이외에도 임금피크제 도입 등이 있다. 일련의 단체협약 개악에 맞선 투쟁은 철도노조의 사활과도 직결되어 있고, 철도 분할 민영화저지 투쟁 전개에도 핵심변수가 될 전망이다.

3) 화물자회사 설립 저지 투쟁(철도분할 민영화 저지투쟁)

화물자회사 설립은 철도노동자들에게 수서발KTX 자회사 설립과는 다른 의미가 있다. 그것은 수서발KTX 자회사는 신규회사라면, 화물자회사는 철도공사에서 떼어 내서 자회사를 설립하는 것이다. 화물 자회사 저지투쟁은 철도노동자들에게 수서KTX 자회사 저지투쟁보다 훨씬 절박한 심정으로 투쟁에 나설 것이다. 또한 화물 자회사 설립저지 투쟁은 철도차량정비 자회사, 시설유지보수 자회사 저지의 분수령이 될 것이다.

박근혜 정부는 2015년 전면적인 철도민영화 공세를 계획대로 추진하겠다는 입장을 밝혔다. 또한 현 정부의 입장에서 보면, 2015년과 2016년 사이에 철도를 민영화하지 못하면 결국 실패할 것임을 알고 있는 상황이다. 따라서 철도노조의 26대 집행부는 노조탄압과 조합원 탈퇴 공작을 넘어 조직력 재정비에 집중해야 한다. 작년 파업투쟁을 능가하는 실질적인 연대투쟁을 미리부터 준비해야 하는 상황이다.

4) 수서고속철도(주) 설립 철회 및 철도공사 직영 요구 투쟁

수서발KTX 법인은 설립 면허가 파업기간 중에 졸속으로 발급되었으나, 연기금 투자 유치·인력 채용·개통 준비 등 여러 단계가 남아있다. 철도노동자들은 각 계기마다 지속적인 대응 투쟁 전개(철도민영화 철회 범국민대회 및 촛불집회 등)하여 설립철회, 직영요구 투쟁을 전개해야 한다.

5) 인천공항철도 매각(민영화) 저지투쟁

국토부는 민간이 운영하던 부실덩어리 인천공항철도를 철도공사가 인수하도록 했다. 철도공사는 공항철도 인수 5년 만에 적자 경영을 극복했다. 요금은 40% 낮추고 환승도 적용했다. 인천공항에 KTX를 투입하여 공항이용의 효율성을 높였다. 인천공항철도 매각의 이유가 정부 보조금 부담을 말하고 있으나, 이는 정부와 철도공사가 맺은 운송수입보장제도에 따른 법적 분담 비용일 뿐이다. 과거 민간 운영자가 받았던 예측 수요 미달분의 90%를, 철도공사는 58%로 대폭 낮췄다.

철도공사는 6월 9일 이사회에서 인천공항철도 지분 88.8%를 매각하는 안을 통과시켰다. 누구를 위한 매각 결정인가? 그것은 말할 것도 없이 1%에게 이익이 된다면 99%에게 손실을 전가시키는 정부만이 할 수 있는 것이다. 인천공항 철도는 평창동계 올림픽을 겨냥하여 강릉까지 KTX 운행을 계획이다. 민간자본은 인천공항철도를 교두보로 KTX운영의 사업권자로 부상할 수 있는 조건이 된다는 의미이다.

공적연금 과연 어떻게 볼 것인가?

윤석범 | 공공운수노조 부산본부 교선국장,
노사과연 부산지회 회원

1. 공적연금이란?

1) 공적연금의 개념

2012년 우리나라의 노인상대빈곤율은 49.3%로 OECD국가 중의 독보적인 1위를 차지하고 있다. 그 수준은 OECD선진국 평균 대비 3배가 넘어 4배 가까이 이른다. 이는 우리나라가 OECD선진국에 비해 보육, 교육, 의료, 주거 등의 복지수준이 낮아 사회적 위험에 국가의 대응보다는 개별 가구에 임금소득에 의존하고 있으며, 전 국민을 대상으로 하는 국민연금제도가 도입된 지도 이제 겨우 26년밖에 되지 않아 노후소득보장의 역할이 아니라 용돈수준에 머물러 있기 때문에(사실은 겨우 26년밖에 되지 않아 용돈수준으로 만든 정부가 그 책임의 주범이지만) 노인들의 상대빈곤율이 높을 수밖에 없다는 것을 말해주는 것이다.

이런 노인들의 노후 빈곤문제는 노인자살률을 높이는데 기여하고 있고, 한국의 전체 자살률은 OECD국가 중 역시 1위를 차지하고 있다. 〈그림1〉 한국 연령대별 자살률통계를 보면 노인들의 자살률이 가장 높게 나타나는 것을 볼 수 있다.

노인빈곤율과 노후소득에서 공적연금 등 공공이전이 차지하는 비율과의 관계를 OECD국가와 비교 검토하여 보면 〈그림2〉와 같다. 한국은 고령자 소득에서 공적연금 등이 차지하는 비율이 10%를 간신히 넘어 가장 낮은 수준에 있고, 고령자 소득빈곤율이 45%를 넘어 최악의 상황에 있는데, 대다수 OECD국가에서는 공적연금 등 공공이전이 고령자 빈곤을 해소하고 있음을 알 수 있다. 결국 공적연금의 노후소득보장기능을 제대로 발휘하게 할 것인가가 현실적으로 중요한 문제가 된다.

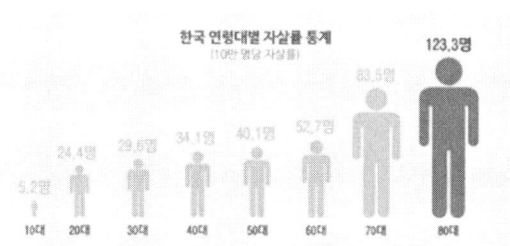

〈그림 1〉 한국 연령대별 자살률통계

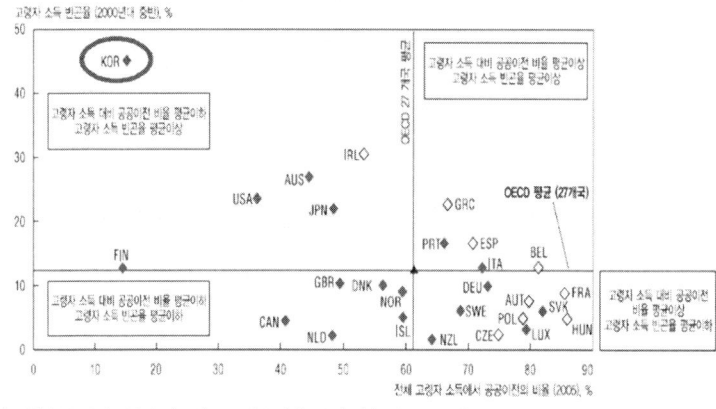

〈그림 2〉 OECD국가에서 연금의 기능: 고령자 빈곤 해소

공적연금이란 소위 다음과 같이 정의할 수 있다. "공적연금은 사회보험의 원리에 의하여 운영되는 노후소득보장프로그램이며, 가입이 강제되고 세대 간 부양원리에 의해 작동되는 성격의 제도이다." 즉, 사회보험은 사회연대성의 원칙과 보험의 원칙이 접목된 것으로 볼 수 있다.

공적연금제도가 도입되기 이전 농경사회에서는 연금제도가 하던 역할은 주로 가족제도가 대신했지만 산업화 및 도시화가 진행되면서 종전의 가족제도가 더 이상 노후생계의 수단으로 사용될 수 없게 되었고, 선진국들은 이런 노후빈곤의 문제를 개인의 문제가 아니라 사회적 문제로 인식하고 공적대응(자본주의체제가 야기하는 빈곤문제로 인해 자본주의체제가 무너지는 것을 방지하기 위해)의 수단으로 공적연금제도가 도입되기에 이르렀다. 사실 더 근본적인 이유는 공적연금제가 도입되게 된 배경이 이렇게 자본주의적 생산의 발전·성숙에 따른 가족형태의 변화였기 때문에 사회적 부양 방식 또한 자본주의적으로, 즉 자본주의적 사적소유를 전제로 하여 모색되었고, 그것이 바로 지금 형태의 공적연금이다.

이러한 역사적 성격 때문에 공적연금은 법률에 의한 강제성을 가지고 국가가 전면에 나서 세대 간의 연대(부과방식 또는 부분적립방식) 및 세대 내 연대(소득재분배)를 추구하였고, 수리적으로 결정하기보다는 정치적으로 결정(노사정간의 협상)하는 특징을 가지고 있다.

공적연금을 이해하기 위해선 몇 가지 용어를 이해해야 하는데, 첫째는 기금운영 재정방식에 따른 부과방식(pay-as-you-go system) 및 적립방식(funded system)이고, 둘째는 퇴직연금액 결정방식에 따라 확정급여형(Defined Benefit, DB형) 및 확정기여형(Defined Contribution, DC형)이다.

◁ 용어해설: 부과방식 vs 적립방식 ▷

o 부과방식[1]: 원칙적으로 적립기금 없이 당해 연도에 필요한 재원을 당해 연도 가입자에게 부과하는 기여금이나 세금으로 조달하는 방식(예: 국민건강보험, 유럽의 공적연금)
o 적립방식: 가입자가 나중에 연금을 받기 위해 보험료를 미리 적립하는 제도
  a. 완전적립방식: 민간기업의 퇴직연금에 적용되는 보험수리를 원용한 방식임
  b. 부분적립방식[2]: 국민연금은 미래에 받을 연금을 현세대 가입자가 모두 준비하는 것이 아니라 그중 일부는 후세대 보험료에서 충당함. 결국은 제도성숙기에 가서 부과방식으로 전환할 수밖에 없음

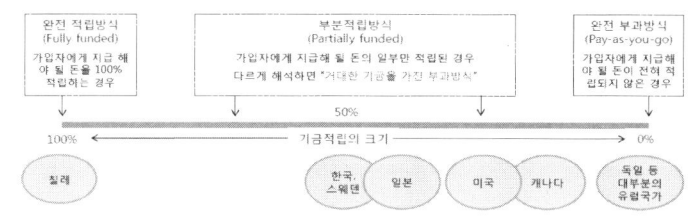

〈그림 3〉 연금기금의 재정운용방식
(※자료: 중앙대 김연명교수의 강의자료에서 발췌)
☞ 칠레는 강제 민간연금임, 부분적립방식은 5개국뿐이며 나머진 부과방식임

---

1) 부과방식은 보험수리적인 균형을 추구하기보다는 세대 간의 이전을 통해 전체 제도의 재정수지 균형 유지에 보다 중점을 둔 제도이다. 결국 부과방식은 현세대가 연금비용을 계속 부담해 준다면 적립기금 없이 약간의 지불준비금만으로도 영속적으로 운영될 수 있다. 그런데 이러한 부과방식이 유지되기 위해서는 연금급여의 수준이 미래세대의 부담능력을 초과하지 않아야 되고, 세대 간의 형평성이 결여되어서도 곤란하다. 부과방식은 인구구성에 의존하기 때문에 고령화가 진전되는 상황에서는 후세대의 부담을 증가시키는 단점이 있다. ※ 결국 후세대가 현세대의

◁ **용어해설: 확정급여형(DB형) vs 확정기여형(DC형)** ▷

구분	확정급여형 (Defined Benefit, DB형)	확정기여형 (Defined Contribution, DC형)
정의	-퇴직 시 급여수준(연금액)이 정해져 있고 보험료는 지급할 연금액에 따라 변하게 되는 방식	-납부할 부담금(보험료)은 정해져 있고 기금운용실적에 따라 지급받을 연금액은 변하게 되는 방식
특징	불황의 경우 정부보전금에 따른 형평성문제 커짐	-자기책임형 연금제도 -후세대에 재정적자의 부담을 넘기지 않음
장점	-경기활황이면 정부수익이 발생 -근로자의 장기근속을 보장해줌	-개인 계정으로 운용되어 관리가 용이 (이직이 잦은 경우 유리) -민간가입자는 기업의 부도에도 상관없음
단점	-손실위험은 사용자(정부)가 부담 -민간기업의 경우 부도나면 받지 못하게 됨 -개인 계정화가 아니므로 연금 간 이동이 어렵다	-손실위험은 근로자가 부담 -연금운용기관이 민간투자기관일 경우 비용문제 발생과 연금목표(노후보장)보다 수익(기관이익)을 추구하는 경향
비고	-우리나라의 공적연금이 여기에 해당	-KDI(한국개발연구원)의 저축계정은 민간에게 기금운용을 맡기는 방식임

연금을 지급해 줄 것이라는 세대 간의 신뢰가 있어야만 운영가능한 제도이다.

2) 부분적립방식(책임준비금 적립) 하에서는 현 정부와 후세대 정부가 어느 정도 공평한 부담을 하게 된다. 결국 장기간의 부담은 같지만 부분적립방식의 경우 세대 간의 부담의 형평성을 높여줄 뿐만 아니라 후세대 정부의 부담능력을 제고시켜 줌으로써 제도의 유지 가능성을 높여 줄 수 있는 것이다. 특히 부분적립방식은 '거대한 기금을 가진 부과방식'으로 이해하는 것이 타당한데 일본은 5년치 적립금을 가진 부과식, 한국은 20년치 정도의 적립금을 가진 부과방식, 독일은 14일치 적립금을 가진 완전부과방식으로 볼 수 있다.

2) 공적연금의 역사와 국가비교

전 국민을 대상으로 한 현대적 의미의 공적연금[3]은 독일의 비스마르크가 1889년에 도입한 강제가입의 기여형인 '노령-장애보험'이다. 이후 자본주의의 발전과 전쟁 및 공황으로 공적연금의 필요성(이 '필요성'은 사실은 자본주의체제 유지를 위한 '절실함'이었다)을 인식하게 되면서 각 나라들은 제각기 자국의 사정에 맞게 공적연금을 만들어 왔고, 세계 2차 대전이 끝나고 1950년대 이후에는 경제 활황과 더불어 공적연금수혜범위를 점차 넓혀왔다.

그러나 1970년대 이후 오일쇼크로 인한 경제 불황으로 공적연금의 재정문제가 불거지기 시작했고 각국은 기존제도를 약간씩 수정하기 시작했다. 1981년 칠레가 공적연금을 민영화하면서 경제 불황을 겪고 있던 남미의 여러 국가들에게 커다란 영향을 미쳐 유사한 연금제도를 도입하게 되었다.

1994년 세계은행이 칠레연금개혁을 모범사례로 지적하면서 확정급여형 부과방식인 공적연금을 축소하고 확정기여형 완전적립방식의 사적연금 중심 다층 노후보장체계[4]를 주장하는 연금보고서를 발표하면서 각 나라에 많은 영향을 미쳤다. 특히 사회주의가 무너진 이후 자본주의경제에 편입된 동유럽 국가들을 중심으로 소비에트식 연금제도의 대안으로 칠레와 유사한 공적연금제도를 도입되는 데 영향을 미쳤다.

---

[3] 로마시대부터 군인연금 등은 존재하였고, 공무원연금 등 직역연금은 전 국민대상으로 하는 공적연금이 생기기 전에 먼저 도입되었다.
[4] 3층의 다층구조에서 세금으로 운용되는 1층보다는 완전적립형 2층이 노후보장에서 가장 큰 부분을 담당하는 중심이 되어야 한다고 주장한다. 따라서 기존의 공적연금을 사적연금화하든가(칠레처럼) 최소화하여 기초연금화하고, 사적연금을 새로 부과하는 등의 방식의 개혁전략을 제시한다. 세계은행은 이후 2005년에는 더욱 다양한 다층구조의 도입을 인정하는 방안을 발표했다.

	1층	2층	3층
성격	강제적용, 공적제도	강제적용, 민간운용	임의적용, 민간운용
재정방식	세금으로 재원조달	완전적립방식(세대 간 연대 없음), 정부의 간접규제	완전적립방식
형태	소득조사실시 대상 한정, 최저연금보장 또는 정률연금	직역연금 또는 개인연금	직역연금 또는 개인연금
목적	소득재분배 + 보험기능	저축 + 보험기능	저축 + 보험기능
비고	2주의 사적연금의 효과가 감소되지 않도록 그 규모는 최대한 작게 설정(확정급여)	서로 경쟁하는 민간시장의 금융기관에 의해 관리되고 재원은 가입자 자신이 자신의 구좌에 임금의 일정부분을 법정은퇴연령까지 적립한 총액에 그동안 붙은 수익금이 더해져 마련됨	자발적인 연금저축 (확정기여방식)

〈표 1〉 1994년 세계은행이 주장한 다층체계 도식

 1997년 ILO는 국가책임을 강조하는 다층구조를 주장[5])하여 세계은행의 연금보고서를 비판하였으나 신자유주의 흐름과 더불어 인구고령화, 저성장의 많은 국가들은 조금씩 연금수혜수준을 낮추거나 사적연금중심으로의 구조변화를 시도하게 되었다.

---

5) 급여수준에서 빈곤선 이상의 최소 소득대체율 보장, 모든 국가에 보편적으로 적용되지만 그 기준은 탄력적으로 운용(소득대체율 40%-55%)될 수 있고 적정수준의 연금급여 보장 및 연금구조에 대해서는 국가의 명확한 책임을 강조하고, 최저 40%의 소득대체율의 확정급여형태로 지급되어야 하고, 고용주와 근로자가 연금보험료를 공동으로 부담하여야 하며, 연금제도 운용에서 노사가 공동으로 참여할 수 있어야 한다고 주장했다.

2012년 OECD에서 발표한 ≪2012년 OECD 연금전망≫ 보고서에 의하면 연금제도의 지속가능성 및 급여의 적정성유지를 위하여 평균수명의 증가에 맞추어 퇴직연령을 상향조정하고 사적연금의 역할을 강화할 필요가 있음을 강조하였다. 사적연금 확대방안으로 자동가입제도의 도입 및 다양한 인센티브 정책을 제시하고 있다.[6]

공적연금의 역할 축소와 기업(퇴직)연금 등 사적연금의 확대로 요약되는 시장중심의 연금개혁이 강요되는 세계적 추세는 각 국 노동자, 민중들의 저항의 정도에 따라 국가마다 개혁의 정도가 달랐다.

최근에는 칠레 연금민영화에 대한 문제제기도 나오고 있다. ① 연금기금관리회사 AFP(6개 존재)의 파산 시 모든 비용을 정부가 부담, 이 경우 정부 부채가 다음 세대로 그 부담이 전가되거나 현세대가 높은 세금으로 부담하게 되었으며 ② 민영화에도 불구하고 비용효율성이 크게 개선되지 않았고(사실은 그 '민영화(사유화)'로 인한 무정부성 때문에 '효율성'은 더 악화된다), 오히려 높은 수수료 등으로 국민들의 불만이 커지고 있으며 ③ 민영화이후 실직한 저소득층의 경우 보험료를 감당하기 어렵기 때문에 사회적 불평등이 심화되고 있다는 비판도 일어나고 있다.

공적연금의 축소는 자연스럽게 사적연금시장의 영역을 확대하여, 결국 보험회사의 이윤을 확대해주게 되고, 더불어 기존 일시금형태의 퇴직금을 퇴직연금형태로 전환하면 막대한 기금을 금융회사 및 기업이 투자에 활용할 수 있게 된다. 이러한 이해관계에 놓여있는 보험회사 등 재계에선 공적연금의 붕괴를 위한 다양한 활동을 지원하게 되고[7] 공적연금의 부족한

---

6) 자동가입제도는 소득활동에 종사하는 모든 사람들을 자동으로 사적연금에 가입하도록 한 후 개인이 선택적으로 탈퇴할 수 있도록 한 제도이고, 사적연금 가입확대를 위한 인센티브제도로는 세제제도의 개혁, 기여분에 대한 매칭지원, 혹은 가입자에 대한 보조금 지급 등이 있다. 출처: 국민연금공단 보도자료(2012. 6. 27.)
7) 국민연금 폐지운동을 벌여 최근 7만여 명의 서명을 받은 납세자연맹이 민간연금보험을 판매하는 보험사를 후원기업으로 두고 있는 것으로 알려졌다. 또 납세자연맹은 회원들에게 삼성화재 등 보험사의 보험 홍보메일을 보내주고 받은 광고비 등으로 연간 4억 원의 수익을 올렸다고 한다.(≪고발뉴스닷컴≫, 2013. 3. 6.)

소득대체율을 사적연금의 확대로 보충하여야 한다는 연금학계의 주장을 만들어 내고 있다.[8] 최근 공무원연금 개혁방안을 마련하고 여론을 호도하고 있는 연금학회가 사실상 대기업 소속 금융·보험회사가 주축이 된 연구단체로 확인되었다. 이를 통해 학계, 재계, 정권이 한통속임을 또 한 번 알 수 있다.[9] 수익비가 높은 공적연금에 조차 가입하지 못하는 노동자, 민중들이 수익비가 낮고 국가가 운영하는 것보다는 위험한 사적연금에 얼마나 가입할 수 있는가? 아무리 복지, 복지라고 떠들어도 결국엔 공허한 말뿐이겠지만, 그래도 최소한 복지에 대한 국가의 역할을 말하고자 한다면 이렇게 노골적으로 공적연금을 흔들면서 사적연금을 확대할 일이 아니라 최소한 현재에도 낮은 수준인 공적연금의 소득대체율을 더 이상 낮추지 않는 것이 최소한의 도리다.

한국의 기초연금(2007년 기초노령연금법), 퇴직연금(2005년 근로자퇴직급여보장법) 및 저축계정 도입은 세계적인 노후보장 다층화 흐름에 맞춘 것이었다. 또한 그것은 국가책임축소(공적연금축소) 및 사적연금 확대를 통해 신자유주의적 요구가 관철되는 과정이었으며, 한국개발연구원(KDI) 등 국책연구기관 등은 자본에게 유리한 논리를 만들어 제공하고 있다(이렇듯 국책연구기관과 자본은 '악어와 악어새의 관계'다. 악어와 악어새에 겐 미안한 말이지만).

---

[8] 한국연금학회 2014년 춘계학술대회에서 '한국 연금제도의 미래의 미래와 진로' 세션에서 발표1은 공적연금개혁, 발표2는 사적연금의 확대를 주장하는 프로그램으로 진행하는 것, 그리고 학술대회 주최에는 연금학회 외에 보험연구원도 포함되고 후원은 미래에셋은퇴연구소라는 것 등으로 유추해 볼 수 있다.
[9] 한국연금학회의 '조직 및 임원 명단'을 보면, 이 학회 기관회원의 대다수가 퇴직연금 등 사적연금 기금 운용을 맡는 보험회사나 자산운용사다. 구체적으로는 삼성생명 은퇴연구소와 삼성화재, 한화생명보험, 대우증권, 동양증권, 미래에셋 은퇴연구소, 한국투자증권 등이다. 삼성생명은 7월 현재 퇴직연금 가입자 103만여 명(점유율 14%)을 보유한 퇴직연금 시장 1위 보험사다. 여타 보험사에 비해 압도적인 점유율을 차지하고 있다. 삼성화재(3.0%)와 한화생명(2.6%)도 퇴직연금 시장에서 점유율이 높다.

> < 세계 공적연금개혁 추세 : 신자유주의 개혁방향 >
> 단층화 ⇒ 다층화
> 국가책임 ⇒ 국가책임축소 + 개인책임 강화
> 퇴직(일시)금 ⇒ 퇴직연금(기금은 민간운용)
> 부과식 축소 ⇒ 적립식 확대(기금은 민간운용)

국가별 공적연금의 형태는 매우 다양한데 크게 보면 세 가지로 구분할 수 있다. 첫째는 유럽대륙형으로 독일과 프랑스가 대표적인 나라인데, 그 특징은 공적연금을 시민의 권리로 생각하고 최근의 연금개혁은 모수개혁[10]중심이었다는 것이다. 이 나라들의 공무원연금은 직업공무원제 등 신분제 성격이 강해 전 국민대상의 연금과는 별도로 운영되고 있다.

둘째는 영미형으로 근래에 다층체제로 구조개혁이 이루어졌고, 이들 나라의 공무원연금은

〈그림 4〉 2010년 9월
프랑스 연금개혁법 반대 시위

2010년 프랑스 연금개혁법 반대시위는 9-10월 프랑스 주요 도시에서 연금개혁에 반대하는 총파업이다. 연금수혜혜택을 종전의 65세에서 67세로, 정년 연도를 60세에서 62년으로 연장하는 것에 대한 반대시위이다.

부분통합형이 많은데 기초부분은 전 국민과 동일하게 적용되고, 별도의 직역연금부분도 가지고 있다.

---

10) 모수개혁은 기존 틀을 유지하고 재정추계를 통해 보험료와 연금지급률만을 조정하는 것이고 구조개혁은 다른 연금과 통합 등의 구조적 변화임. 그밖에 기금적립개혁은 부과식에서 적립지향적 재정방식으로 전환하여 세대 간 형평성을 증진하는 것이다.

셋째는 남미 및 동유럽형으로 칠레의 연금민영화이후 유사한 연금제도를 도입한 나라들이다. 특징은 ① 경제조건 및 인구변화로 기존방식으로 연금제도 유지할 수 없었고, ② 사회주의 붕괴 후 민영화가 지지받았기 때문이며, ③ 주변국의 경험과 세계은행과 같은 국제기구의 역할이 크게 작용하였다는 것이다. 이들 나라에는 공무원연금이 별도로 존재하지 않는다.

국가별 연금기여율과 연금지출비중(GDP대비)은 아래 표와 같다. 한국은 OECD평균에 비해 연금기여율도 낮고 경제규모(GDP)에 비해 연금지출의 부담정도가 낮음을 알 수 있다. 아울러 칠레의 연금은 사용자부담이 거의 없고 노동자 자신의 개인저축성격으로 기여율이 과도하게 높은 것이 특징이다.

		한국	일본	미국	독일	핀란드	이태리	스페인	스웨덴	OECD평균	칠레
연금기여율	사용자	4.5	7.7	6.2	10	17.1	23.8	23.6	11.9	11.2	1.0
	노동자	4.5	7.7	6.2	10	4.5	9.2	4.7	7.0	8.4	28.8
	전체	9.0	15.4	12.4	19.9	21.6	32.7	28.3	18.9	19.6	29.8
GDP대비 연금지출비중	사용자	1.0	2.9	2.3	3.0	7.1	6.5	6.8	3.7	2.9	-
	노동자	1.5	2.9	2.3	2.6	1.6	2.1	1.3	2.6	1.8	-
	전체	2.5	5.8	4.6	6.6	9.1	8.6	9.0	6.4	5.1	-
	세금대비 비율	9.3	20.4	16.3	18.2	21.2	19.9	24.2	13.3	14.2	

※ 출처 Pensions at a Glance 2011: Retirement-income Systems in OECD and G20 Countries

〈표 2〉 국가 간 연금기여율과 GDP대비 지출액비중 (한국은 국민연금기준)

2. 최근 공적연금관련 동향

1) 국민연금

국민연금은 2007년에 소득대체율을 60%에서 2028년까지 단계적으로 40%로 낮추고 대신에 사각지대를 해소한다는 명목으로 세금으로 운영되는 기초노령연금을 평균 기준소득의 5%에서 2028년까지 단계적으로 10%로 올려 국민연금과 합쳐 소득대체율 50%를 유지하는 대대적인 개혁을 단행하였다. 그러나 이렇게 급여율이 인하되는데 반해 이를 보완할 만큼의 기초노령연금은 도입되지 않았다. 2028년까지 10%에 도달하는 기초노령연금안은 지나치게 느린 확대이며, 이마저도 지금까지 전혀 인상되지 않았다.

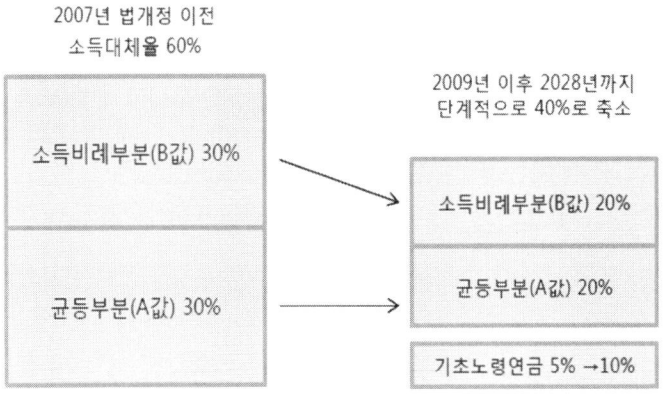

〈그림 5〉 2007년 국민연금개혁 모형

박근혜 대통령은 지난 대선에서 모든 노인에게 기초노령연금 2배 지급 (약 20만원)약속했으나 인수위 과정에서 이보다 후퇴한 방안을 발표했다. 그것은 기존의 기초노령연금을 기초연금으로 전환하고, 기초연금과 국민연금을 통합하여 '국민행복연금'으로 재편한다는 계획이었다. 하지만 공약은 후퇴에 후퇴를 거듭한 결과 기존 기초노령연금보다도 개악되었다. (국민연금과 연계하여 차등지급)

2003년 실시된 재정추계 이후 보험료를 올려야 한다는 이야기를 정부에서 지속적으로 흘러왔다. 현 시점에서는 보험료를 인상하지 않았지만, 기초연금 개악으로 실질적으로 연금개악 효과가 크며, 공·사적연금의 유기적 연계를 더욱 강화하기로 함으로써 국민연금의 공공성이 더욱 약해질 수 있다는 우려가 높아졌다.

2) 특수직역연금

현오석 기획재정부장관은 2013년 11월 국정감사에서 "2015년에 재정재계산을 해보고 전문가 의견을 취합해 개선방안을 강구할 것"이라고 답변하였다. 새누리당 이만우의원의 연금통합 제안에 대해 현 부총리는 "여러 가지 고려해야 한다. 소득대체율, 기여율, 이해당사자 등을 감안해 재정여건을 종합적으로 고려해서 결정해야 한다"고 부정적인 입장을 밝혔다. 2013년 12월 임명된 문형표 보건복지부장관[11]은 특수직역연금과 국민연금의 통합의 구조개혁을 주장했던 학자출신으로 지난 2009년 연금개정과정에서 이해당사자(공무원노조)가 참여하는 것에 대해 반대의 입장을 보였던 인물이고 이번 박근혜 정부에서 연금개정(기초연금과 국민연금의 연계, 직역연금의 대대적인 개혁 등)의 임무를 가지고 임명되었다.

안전행정부는 올해 적자 보전을 위해 2조 4800억 원의 예산을 책정했는데 2014년 2월 안전행정부 청와대 업무보고에는 공무원연금관련 사항이 빠져있었다. 빠진 이유에 대한 기자 질문에 대해 장관은 별도 보고할 예정이라고 하였다.[12] 안행부는 '공무원연금개혁추진단(가칭)'을 연금전문가

---

[11] 법인카드의 불법사용 등 도덕성문제로 청문회에서 야당 반대에 부딪쳤으나 임명이 강행되었다.
[12] 기자회견속기록: (기자 질문) "공무원 연금개혁, 장관께서도 직접 개혁의 필요성에 대해서는 공개적으로 언급을 해온 것으로 아는데, 지금 보이지가 않습니다.

와 대학교수 등으로 구성하고 이미 퇴직한 연금수급자의 연금액을 줄이는 것은 재산권 침해로 불가능하고 일본처럼 국민연금과 통합하는 것은 국가 재정 부담이 더 커 어렵다고 보고 있고 그래서 현직공무원이 지금보다 더 내고 덜 받는 구조로 바꿀 것으로 예상된다.

박근혜 대통령은 지난 2월25일 발표한 '경제혁신 3개년계획'담화문을 통해 "공무원연금, 군인연금, 사학연금 등 3개 공적연금에 대해서는 내년에 재정 재계산을 실시하여 개선방안을 마련하고 관련법도 개정하겠습니다"라고 말했다.[13] 이틀 후 황우여 새누리당 대표는 '당에 공적연금개혁 기구도 만들어 적극적으로 나서겠다', '이한구 의원이 중심이 돼 우리당의 경제통들, 경제전공 한 의원들이 중심이 되어 경제혁신위를 구성중'이라고 말하며 청와대이야기에 호응하였다.

3. 노동자 민중진영의 대응방향

① 공적연금을 연금답게 만들자!

공적연금의 본질적 목적은 '노후소득보장'이다. 그러나 요즘 논의는 본

혹시 개혁을 안 하시는 것인지 궁금하고요..." (장관답변) "공무원 연금과 관련한 부분 말씀하셨는데, 제가 이미 말씀드린 바 있듯이 지금 국민들이 공무원 연금에 대해서 정부가 계속적으로 재정지원을 하는, 즉 국민부담이 가중되는 부분에 대해서 염려하고 있는 것은 사실이고, 이 부분에 대해서 정부에서는 대책을 마련해야 된다는 것은 지금도 똑같은 우리 입장입니다. 그런데 이제 이번에 업무보고에는 이것이 현재 이런 상황입니다. 연금 개혁을 위해서 준비단을 구성하고, 연구단을 구성해서 금년도에 해 나가는데, 사실 이것도 굉장히 중요한 문제인데 그냥 그렇게 한다는 것은 너무 모호합니다. 그래서 연금과 관련한 부분은 별도의 방향을 정리해서 보고 드릴 계획으로 생각을 하고 이번 업무보고에는 제외가 됐다는 말씀을 드립니다."

13) 담화문 참고자료에 제시된 25개 과제에 공적연금 부분은 언급되지 않았지만 최종 담화문에 포함되었다고 한다.

질적 목적은 온데간데없고 '건전한' 재정유지가 마치 가장 중요한 목표인 것처럼 목적과 수단이 뒤바뀐 이상한 개혁이 추진되고 있다. 재정건전성을 극대화한다면 칠레처럼 완전 민영화하여 개인저축 및 개인투자형태로 하고 국가는 책임을 회피하면 된다. 그러나 이것은 공적연금이 아니다. 우리가 바라는 것은 사회적 연대와 세대 간 부양원리에 기초하여 공적연금을 연금답게 하고자 하는 것이다.

공무원연금을 국민연금 수준으로 하향평준화할게 아니라 국민연금을 공무원연금 수준으로 상향평준화하여 실질적인 '노후소득보장'이 되도록 만들어야 한다.

② 공적연금에 대한 정부책임 강화하자!

정부는 민간사용자보다 적게 부담하고 있으며, 주요 선진국과 비교해도 부담수준이 너무 낮다. 우선적으로 공적연금에 대한 정부부담을 국제수준으로 확대해야 한다.

그동안 정부가 책임져야 할 몫을 연금기금에서 사용한 부분, 즉 과거정부의 미적립채무에 대해 우선이행하고, 공무원 퇴직금 부담금을 민간처럼 일반재정으로 독립시켜야 한다.

공무원에 대한 후생복지사업은 과거 국가재정이 어려울 때에는 연금기금이 대신 수행하였지만 연금재정이 위기를 맞고 있는 상황에서는 연금기금에서 복지사업에 신규로 투자할 재원이 없으므로 앞으로 이 사업은 사용주인 정부에서 맡아야 할 것이다.

③ 공적연금 강화투쟁의 의의와 한계를 명확히 하자!

공적연금제도를 포함한 사회보장제도는 이중의 의의, 즉, 한편에서는 노동자계급의 투쟁의 성과물이자, 다른 한편에서는 '자본-임금노동'이라는 착취관계를 안정화, 영속화시키려는 자본의 대응이라는 이중의 모순된 의의를 가지고 있다. 그 때문에 노동자들은, 사회보장의 유지, 확대, 강화를 위해 투쟁할 때에도, 언제나 그 의의와 한계를 명확히 인식하면서, 투쟁해야 한다.

　사회보장제도가 오늘날과 같은 규모와 형태로 확립된 것도 1930년대의 대공황과 제2차 대전을 거치면서 노동자계급이 불온해지고, 사회주의 혁명을 위한 운동이 광범하고 치열하게 전개되었기 때문이었다. 착취와 억압의 체제로서의 자본주의 체제 자체를 지양하려는 투쟁과 운동이 그 나마의 사회보장제도라도 가능하게 했던 것임을 기억해야 한다.

좌익공산주의자들의 쏘련론 (하)

채만수 | 노사과연 소장

[독자들에게] 지난 호의 주제는 "러시아 혁명과 좌익공산주의 (계속)"이었고, "…는 조금 뒤에서 논의하기로 하자"며 일단 글을 끝맺었습니다. 그런데 염치 불구하고 여기에서 독자들의 양해를 구하고자 합니다. 논의하기로 한 그 약속을 지키지 못하는 데에 대해서. 지난 번 글이 너무 짧고, 아무리 연재라 하더라도 사실상 중단해서는 안 될 곳에서 중단하고 있는 데에서, 혹시 이미 짐작하신 독자들이 계실지도 모르겠는데, 그 약속을 지키지 못하는 주요 이유는 현재 저의 체력이 그것을 허용하지 않기 때문입니다. 특히, 읽는 것 자체가 엄청나게 고통일 수밖에 없는 그야말로 말도 안 되는 글을, 더구나 장황한 그것을 오로지 비판만을 위해서 두 번 세 번 분석적으로 다시 읽고 다시 읽으며 글을 작성한다는 것을 지금의 저의 체력·건강이 도무지 허용하지 않는군요. 그래서 지금까지의 비판만으로도 저들 좌익공산주의자들의 쏘련론이 얼마나 자가당착적이고 터무니없는 것인가가 명백하기 때문에 여기서 중단해버려도 결정적 과오는 아니지 않나 생각합니다만, 저들이 저들 나름의 '적극적인 서술 방식'으로 쏘련 경제, 쏘련 사회의 '본질'을 논하고 있는 제4부에 대한 평가·비판을 생략해서는 안 된다는 주위의 강력한 지적도 있고, 또 어떤 식으로든 글의 결말을 짓는 것이 좋다고 생각되기 때문에, 이번 호에서 저들의 '쏘련=국가자본주의'론의 본론 및 결론으로서의 이른바 '가치의 불구화론'을 간략히 비판하는 것으로 했습니다.

참고로 말씀드리자면, 이 글의 뒷부분에서 여러분은 저들 좌익공산주의자들이 저 기상천외한 소위 '가치(와 사용가치)의 불구화' 이론을 들어 어떻게 수정주의의 도입·만연으로 발생했던 후기(後期) 쏘련의 병리현상들을 이념형으로서의 쏘련, 즉 저들의 소위 '스딸린주의' 쏘련의 탓으로 돌리는가를 볼 수 있을 것이며, 나아가 초좌익적 언사를 일삼는 저들이 시장에 대한 신앙을 얼마나 진하게, 그러나 부정직하고 은밀하게 고백하고 있는가를 볼 수 있을 것입니다.

마지막으로, 언젠가 체력이 닿는 대로 지금 지키지 못하는 약속을 지키고 싶지만, 기약할 수는 없군요. 거듭 양해를 구합니다.

IV. 불구화된 정신의 '가치의 불구화론'[1]

우리가 지금 비판의 대상으로 삼고 있는 책, ≪소련은 무엇이었나≫의 보다 완전한 제목은 ―오세철 교수님께서는 ≪소련은 무엇이었나: 소련 사회 붕괴와 해체에 대한 분석≫이라고 '번역'하고 계시지만― 원래는 ≪소련은 무엇이었나: 국가자본주의 하에서의 가치의 불구화 이론을 위하여(*What was the USSR? Towards a Theory of the Deformation of Value under State Capitalism*)≫이다. 그리고 쏘련의 "본질(nature)"에 관한 저들의 마지막 논문, 혹은, 자신들의 표현대로, "무용담(saga)"[2]의 마지막 제4부의 제목은 "가치의 불구화 이론을 위하여(Towards a Theory of the Deformation of Value)"이다. 제1부로부터 제3부에 이르기까지의 장황한 헛소리(saga)는, 말하자면, 본론으로서의 이 제4부를 위한 예비 작업, 그

---

1) 여기에서부터는 오세철 교수님의 기똥찬 '번역'을, 정 보아 넘기기만 할 수는 없는 경우 가끔 심심파적으로 예시는 하되, 기본적으로는 무시하고 논의를 진행한다. 참고로, "가치의 불구화(deformation of value)"의 deformation은 '기형화'로도 번역 가능하나, 오세철 교수를 따라 '불구화'로 번역한다.

2) 저들은 "마지막 논문" 제4부를 "So our saga on the nature of the USSR draws to a close. (그리하여 쏘련의 본질에 관한 우리의 saga는 종말에 가까워지고 있다.)"로 시작하고 있다. 이때 saga는, 분명 본래의 북유럽의 전설이 아닐진대, 무용담·모험담·대하소설 등의 뜻일 수밖에 없을 것이다. 그리고 그러한 한에서, 저들 필자들의 의도와 상관없이, 자신들의 장황한 헛소리에 대한 꽤나 적절한 규정이라고 할 수 있다.

설득력을 높이기 위한 예비 작업이었던 셈이다.

저들의 결론적 주장인즉슨, "쏘련은 실제로는 국가자본주의 체제, 다만 거기에서는 가치법칙이 불구화되어 있었던 국가자본주의 체제였다(the Soviet Union was in fact a state capitalist system but where the law of value was deformed)"는 것인데, '가치법칙이 불구화되어 있는 자본주의'라는 저들의 참으로 기상천외한 사설(邪說)을 들어보자.[3]

쏘련 사회의 모순적 두 양상?

저들은 "쏘련의 본질을 규정하는 데에서의 문제는 그것이 두 개의 모순적 양상들(aspects)을 보여 주었다는 것이다"라면서, 그 첫 번째 양상을 이렇게 얘기한다.

> 한편에서는, 보건대, 쏘련은 분명 현존하는 서방(the West) 자본주의 사회들의 그것들과 현저하게 유사한 특징들을 가지고 있었다. 그리하여, 예컨대, 쏘련 주민의 거대 다수는 임금노동에 그 생계를 의존하고 있었다. 스딸린 치하의 급속한 산업화와 강제적 농업 집산화는 전통적 공동체들을 해체하고, 원자화된 개인들과 가족들로 구성된 대중산업사회를 등장시켰다(Rapid industrialisation and forced collectivisation of agriculture under Stalin had led to the break up of traditional communities and the emergence of a mass industrialised society made up of atomised individuals and families).[4] 한편 경제체제의 최우선적 목표는 경제성장의 극대화였다.

---

3) 미리 말해두자면, '가치법칙이 불구화되어 있는 자본주의'란 무슨 의미인가? "가치법칙이 불구화되어 있는" 따위의 표현, 무언가 그럴듯한 어구로 부정직한 의도를 관철시키려는 지식야바위꾼적 표현을 걷어내면, 그것은 '**가치법칙이 시장에서 작동하지 않는 자본주의**', 보다 정확하게는 '**시장 없는 자본주의**' 바로 그것이다! 좌익공산주의자들답게 얼마나 과학적인 자본주의 규정인가!
4) 심심파적. 오세철 교수님의 '번역': "스딸린 하에서의 급속한 공업화와 농업의 강제적 집산화는 전통적 공동체를 깨뜨리고 산업화된 대중사회의 출현은 원자화된 개인과 가족을 형성했다." (p. 163.)

우선, "쏘련 주민의 거대 다수는 임금노동에 그 생계를 의존하고 있었다"든가 "스딸린 치하의 급속한 산업화와 강제적 농업 집산화는 전통적 공동체들을 해체하고, 원자화된 개인들과 가족들로 구성된 대중산업사회를 등장시켰다" 등등은 쏘련이 (국가)자본주의 사회였다고 주장하는 자들로서야 응당 할 수 있는 주장이다. 다만, 물론 자신들의 주장을 사실과 논리로서 입증해야 할 책임이 있지만 말이다. 그러나 쏘련 주민의 거대 다수가 임금노동에 그 생계를 의존했다는 주장을, 우리가 이미 보았듯이 그리고 앞으로 다시 보게 되듯이, 저들은 입증할 수 없고, 특히 쏘련 사회가 "원자화된 개인들과 가족들로 구성된" 사회라는 데에 대해서는 저들은 어디에서도 그것을 입증하려는 시도조차 하지 않고 있다. 아니, 저들은 거꾸로 쏘련에서는 노동자·인민이 결코 원자화되어 있지 않았고, 저들 자신의 표현을 빌리면, "스딸린 [시대: 인용재이래 정치적·사회적 결속(dohesion)을 유지"해왔다고5) 스스로 말하고 있다. 그럼에도 불구하고 저들은 좌익공산주의자들답게 그저 '원자화되었다'고 선언하여 중상·매도하고 있을 뿐이다. "경제체제의 최우선적 목표는 경제성장의 극대화였다"는 주장 역시 저들로서는 의당당한 그것이다. 아니, "이윤의 극대화였다"고 주장하지 않는 것이 오히려 괴이하다고 할까?

그건 그렇고, 여기에서 놓치지 않고 주목해야 하는 것은 저들이, "보건대, 쏘련은 분명 현존하는 서방(the West) 자본주의 사회들의 그것들과 **똑같은** 특징들을 가지고 있었다"고 주장하는 대신에, "보건대, 쏘련은 분명 현존하는 서방(the West) 자본주의 사회들의 그것들과 **현저하게 유사한** 특징들을 가지고 있었다"고 주장하고 있는 점이다. 쏘련 사회의 특징들이 서방 자본주의 사회의 그것들과 '똑같을' 경우 쏘련은 분명 자본주의

---

5) "실로, 완전고용은 스딸린 이래 쏘련의 정치적·사회적 결속을 유지하는 중요한 한 요인이 되었다(Indeed, full employment became an important element in the maintenance [of: 인용재 the political and social cohesion of the USSR from Stalin onwards).": 점착·합착·결합·결속·응집력 등을 의미하는 'cohesion'은 결코 '원자화된(atomised)'과는 양립할 수 없는 개념이다!

사회일 터임에 비해서, 단지 '현저하게 유사할' 경우 그것은 자본주의 사회와 현저하게 유사한 사회일지는 몰라도 분명 자본주의 사회는 아닐 것이기 때문이다.

저들도 물론 이 점을 알고 있다. 그럼에도 불구하고, 그리고 또 그 때문에 저들은 쏘련을, '자본주의' 사회라고 규정하는 대신에, 온갖 요설(妖說)과 사설(邪說)을 동원하여 자본주의 사회 일반과는 다른 '국가 자본주의' 사회로 규정하고 있다. 어떤 요설과 사설을 다 동원하더라도 쏘련이 서방과 같은 사회였다는 것을 입증할 수 없음을 알고 있기 때문이고, 쏘련을 자본주의 일반이 아닌 '국가 자본주의', 즉 '가치법칙이 불구화되어 있는 자본주의'로 규정하더라도 순진한 대중은 '쏘련=자본주의'로 받아들일 터이고, 그리하여 사회주의로 전진하려는 노동자들을 반쏘주의로 유도하여 실천적으로 반공주의로 내몰려는 자신들의 음흉한 의도가 관철되는 데에는 아무런 차질이 없을 터이니까!

아무튼 저들은 두 개의 모순적 양상들 중 두 번째 양상을 이렇게 얘기한다.

> 다른 한편에서, 쏘련은 맑스가 분석했던 자유방임적 자본주의와는 현격하게 달랐다. 쏘련 경제는 시장이라는 '보이지 않는 손'을 통해 조절되는, 경쟁하는 사적 소유 기업들로 구성되어 있지 않았다. 그와는 반대로, 모든 주요 생산수단은 국가소유였고, 그 경제는 중앙집중화된 계획을 통해서 의식적으로 조절되었다. 그 결과, 경제적으로도 정치적으로도 날카로운 분화(分化)가 없었고, 가족과 국가 사이에 존재하는 뚜렷한 시민사회도 없었다. 마지막으로 경제성장은, 이윤 동기에 의해서 추동된 것이 아니라, 직접적으로, 국가와 주민 전체의 필요를 충족시킬 사용가치의 양(量)을 확대시킬 필요에 의해서 추동되었다. (강조는 인용자)

"쏘련 경제는 ... 경쟁하는 사적 소유 기업들로 구성되어 있지 않았다. 그와는 반대로, 모든 주요 생산수단은 국가소유였고, 그 경제는 중앙집중화된 계획을 통해서 의식적으로 조절되었다. 그 결과, 경제적으로도 정치적으로도 날카로운 분화(分化)가 없었고, … 경제성장은, 이윤 동기에 의해서 추동된 것이 아니라, 직접적으로, 국가와 주민 전체의 필요를 충족시킬 사용가치의 양(量)을 확대시킬 필요에 의해서 추동되었다."!!! —— 강조하고 또 강조하건대, 이것은 저들 좌익공산주의자들 자신의 서술, 저들 좌익공산주의자들 자신의, 보다시피, 정언적(定言的) 서술이다! 저들이 정언적으로 중언하는 사실들이다!

그렇다면, 즉 쏘련 경제가 저들이 정언적으로 서술하고 있는 대로의 그것이었다면, 쏘련은 어떤 사회였을까?

적어도, 절대로 자본주의 사회는 아니었을 것이다. 절대로 어떤 형태, 어떤 종류의 자본주의 사회도 아니었을 것이다. — 이것이 제정신을 가진 사람들, 정상적인 사람들의 대답일 것이다!

그러나 좌익공산주의자들은, 거듭 말하지만, 그렇게 대답할 사람들이 결코 아니다. 쏘련 경제, 쏘련 사회는 어떻게 해서든 그 '본질'이 자본주의라고 규정되어야 한다. 그리하여 저들 특유의 요설(妖說), 특유의 수작이 시작된다. 이렇게,

그 결과, 쏘련은 본질적으로 자본주의적 사회 형태였다는 이론은 어떤 이론이나 쏘련의 이 모순적 **외관**(appearance)을 설명할 수 있지 않으면 안 된다.

"… 이 모순적 **외관**(appearance)을 설명할 수 있지 않으면 안 된다"! — 자, 보라! 바로 앞에서는 정언적 사실들이었던 것이 어느덧 "**외관**(appearance)"으로 둔갑해 있다.

그건 그렇다 치고, 그러면 "이 모순적 외관을 설명"한다는 것이 도대체 무엇일까? 이렇게 쓰고 있다.

첫째로, 쏘련의 특수한 역사적 상황 속에서 나타난 지배적 사회관계들

이 어떻게 본질적으로 자본주의적 사회관계들이었는가를 보여 주지 않으면 안 된다. 그리고 이 점에서 그 이론은 쏘련의 가치분석(value-analysis of the Soviet Union)[6]에 근거하지 않으면 안 된다. 둘째로 그것은 어떻게 이들 사회적 관계가, 쏘련의 명확히 자본주의적인 특징들 속에만이 아니라, 자본주의와 분명히 일치하지 않는 것처럼 보이는 쏘련의 특징들에도 나타났는가를 보여 주지 않으면 안 된다.

저들이 미쳐 짖고 있는 바는 결국, 어떤 경제가 "**경쟁하는 사적 소유 기업들로 구성되어 있지 않**"으며, "그와는 반대로, 모든 주요 생산수단은 국가소유"이고, "그 경제는 중앙집중화된 계획을 통해서 의식적으로 조절"된다하더라도, "그 결과, 경제적으로도 정치적으로도 날카로운 분화(分化)가 없"고, … "경제성장은, 이윤 동기에 의해서 추동"되는 "것이 아니라, 직접적으로, 국가와 주민 전체의 필요를 충족시킬 사용가치의 양(量)을 확대시킬 필요에 의해서 추동"된다 하더라도, 그 "지배적 사회관계들이" "본질적으로 자본주의적 사회관계들"인 경제, 그러한 사회, 그러한 국가가 있을 수 있다는 것이며, 쏘련이 바로 그러했다는 것이다! 그리고 이를 자신들이 입증하겠다는 것이다! 참으로, 참으로 가관(可觀)이다!

그러면 저들은 그것을 어떻게 입증하는가?

---

[6] 참고로, 이 "쏘련의 가치분석(value-analysis of the Soviet Union)"이라는 표현은, "쏘비에뜨 체제의 가치분석(value-analysis of the Soviet System)", 혹은 "가치형태들의 쏘련을 분석하다(analyse the USSR of value-forms)" 등으로 형태를 바꾸면서 이후 자주 등장한다. 그러나 저들이 아무리 심히 미쳤기로서니 설마 쏘련 그 자체를 가치 혹은 가치물로 보거나 쏘련에 의한 가치분석을 의미하지는 않을 것이기에, 각각 "쏘련에서의 가치분석(value-analysis in the Soviet Union)", "쏘비에뜨 체제에서의 가치분석(value-analysis in the Soviet System)", "쏘련에서의 가치형태들(… value-forms in the USSR)" 등으로 이해하자.

쏘련의 자본주의적 본질
– 생산수단의 사적 소유도 '시장의 무정부성'도 없는 자본주의

우선 저들은 사실상 자신들 이전의 '쏘련 국가자본주의론'이 전혀 설득력이 없었음을 특유의 부정직한 서술방식으로 인정한다. 이렇게,

> ... 러시아 혁명 이후, 쏘련은 본질적으로 자본주의의 한 형태라고 주장하게 된, 공산주의 좌익(Communist Left)으로부터 등장한 수많은 이론들이 있었다. 이들 초기 이론들의 대부분은 하지만 러시아 혁명의 계급적 본질의 문제에 초점을 맞추었고, 쏘비에뜨 체제의 가치분석을 발전시키는 데에까지는 나아가지 못했다.

쏘련은 자본주의의 한 형태라는 좌익공산주의자들의 주장이 설득력을 가질 수 없었던 것은 그들 이론이 러시아 혁명의 계급적 본질에 초점을 맞추었기 때문이고, 쏘련 사회에서의 가치분석을 발전시키면 충분히 설득력을 획득할 수 있다는 뜻이다. 그런데 이 대목에는 다음과 같은 흥미 있는 주(注)가 붙어 있다.

> 실로, 최고의 평의회공산주의 이론가인 폴 마틱(Paul Mattick)이 가치의 문제를 고찰했을 때, 그는, 자신의 전통적인 맑스주의적 전제들과 이론적 성실성 때문에 쏘련에는 정말로 가치가 존재하지 않았다는 것을 받아들임으로써, 독일 좌익[공산주의자들: 인용자]의 국가자본주의론을 현실적으로 약화시켰다. (Indeed, when the foremost council-communist theorist, Paul Mattick, looked at the issue of value, his traditional Marxist assumptions along with his theoretical integrity led him actually to undermine the German Left's theory of state capitalism by accepting that value did not really exist in the USSR.)[7]

---

7) 심심파적. 오세철 교수님의 '번역': "물론 유명한 평의회공산주의 이론가인 폴 매틱이 가치의 쟁점을 보았을 때 그의 이론적 정체성과 함께 전통적 맑스주의 가정들

이 주가 흥미로운 것은, 저들이 이 주를 통해서 '가치가 존재하지 않는 사회는 (국가)자본주의 사회가 아니다'는 것을 인정하고 있기 때문이다. 그리고 저들이 "가치의 불구화" 운운할 때, 그것은 바로 폴 마틱이 인정했던 사실, 즉 쏘련에는 가치가 존재하지 않았다는 사실을 부정하기 위한 궤변이기 때문이다.

저들의 수작을 계속 들어보자면,

> 물론, 쏘련은 어떤 의미에서 자본주의적이었다8)는 이론은 어떤 이론이나, 자본주의를 단순히 사적 소유와 '시장의 무정부성'에 기초한 이윤 구동 체제로 보는 정통 맑스주의의 통속적 해석을 거부하지 않으면 안 된다. (Of course, any theory that the USSR was in some sense capitalist must reject the vulgar interpretation of orthodox Marxism which simply sees capitalism as a profit driven system based on private property and the 'anarchy of the market'.)9) (강조는 인용자.)

"자본주의를 … 사적 소유와 '시장의 무정부성'에 기초한 이윤 구동 체제로 보는" 것은 '단순한' 것이며, "정통 맑스주의의 통속적 해석", 혹은 그 "저속한(vulgar) 해석"이란다! 그리하여 그러한 해석을 "거부하지 않으면 안 된"단다! "정통 맑스주의(orthodox Marxism)"의 거부! — 이것은 실로 저들 좌익공산주의자들의 일관된 주장이다!

그러면 저들에게 있어 자본주의란 무엇인가? 저들은 말한다.

은 가치가 쏘련에 실제로 존재하지 않았다고 함으로써 국가자본주의의 독일 좌파이론을 손상시키게 했다."(p. 164.)
8) 저들의 어법, "본질적으로 자본주의였다"가 여기에서는 왜 "어떤 의미에서 자본주의적이었다"로 바뀌었는지, 그 이유는 수수께끼다.
9) 심심파적. 오세철 교수님의 '번역': "물론 쏘련이 어떤 의미에서 자본주의였다는 어떤 이론도 자본주의를 단순히 사유재산과 '시장의 무정부성'에 근거한 이윤추구체제로 보는 정통 맑스주의에 대한 거친 해석을 거부해야 한다."(p. 164.)

자본주의의 정수(精髓)는 자본의 사회적 관계의 지배이다. 그러나 자본은 무엇인가? 맑스로부터 입증할(argue) 수 있는 바로는, 자본이란 본질적으로 소외된 노동의 자기확장(self-expansion)이었다. 즉, 인간의 의지와 필요를 자신의 자율적 확장에 포섭하는 외적 힘으로 되는, 인간 활동의 창조력·생산력들이다.

저들이 맑스를 끌어들여 입증(?)하는 바에 의하면, 자본주의란 결국 '소외된 노동의 자기확장의 사회적 관계의 지배', 즉 '인간의 의지와 필요를 자신의 자율적 확장에 포섭하는 외적 힘으로 되는, 인간 활동의 창조력·생산력들의 사회적 관계의 지배'인 셈이다! 비정통 맑스주의 곧 좌익공산주의적 맑스주의의 얼마나 단순하지 않고 통속적이지 않은 해석인가!

이는 물론 **생산수단**에 대한 사적 소유도, '**시장의 무정부성**'도 없는 **자본주의**를 강변하기 위한 가소로운 수작이다. 그 수작을 지켜보자.

하지만 노동의 소외는, 그 자체가 생산수단과 생존수단 양자(兩者)로부터 직접생산자들의 분리를 전제하고 있는 임금노동을 전제하고 있다. 물론, '**고전적 형태'의 자본주의**에서는(in the 'classical form' of capitalism) 사적 소유가, 생산수단과 생존수단 양자로부터 직접적 생산자들이 분리되는 제도적 수단이다. ... 노동자는 ... 그 결과, 타인으로부터 자신의 생존수단을 구매할 수 있기 위해서 자신의 노동력을 자본가에게 팔지 않으면 안 된다. 하지만 자본가들에게 자신의 노동력을 팔면서 노동계급은 자신들의 장래의 생존수단과 자신들의 장래의 생산수단[10]을 자본가계급의 사적 소유로서 생산한다. 그렇게 하면서 그들은 결국 자본과 임금노동 관계를 재생산한다.

대략 맞는 말씀이다. 그런데 저들은 굳이 "'**고전적 형태'의 자본주의**에서는(in the 'classical form' of capitalism) 사적 소유가, 생산수단과 생존수단 양자로부터 직접적 생산자들이 분리되는 제도적 수단이다" 운운하고

---

10) "자신들의 장래의 생산수단(their future means of production)"?

나선다. 당연히 다음의 헛소리를 위한 수작이다. 이어서 들어보자.

하지만 이 사회관계는 생산수단과 생존수단 양자의 국가적 소유라고 하는 제도에 의해서 근본적으로 바뀌지 않는다. 물론 스딸린주의[만악의 근원인 그 스딸린주의!: 인용자]를 옹호하는 사람들은, 생산수단의 국가적 소유는 전체 주민에 의한 소유를 의미한다고 주장할 것이다. 그러나 이것은 명명백백히(quite clearly) 하나의 법률적 형식이었다. 쏘비에뜨의 노동계급이 그들의 공장들을 소유하거나 통제하지 않았던 것은, 산업 국유화 시대에 영국의 노동자들이 브릿티시 스틸(British Steel)이나 브릿티시 콜(British Coal), 브릿티시 레일랜드(Brotish Leyland)를 소유하거나 통제하지 않았던 것과 마찬가지이다. 국가적 소유는, 러시아에서든 혹은 다른 어디에서든, 단지, 노동계급이 생산수단과 생존수단 양자로부터 배제되고 그리하여 그들의 노동력을 팔지 않을 수 없는 특정한 제도적 형태에 불과했던 것이다.

... 따라서 아주 진정한 의미에서 그들은 자신들의 노동을 소외시켰고, 그리하여 자본을 생산했다. 자신들의 노동력을 사적 자본가 기업이라는 형태의 자본에 파는 대신에, 러시아의 노동계급은 단지 자신들의 노동력을 국가적 소유 기업이라는 형태의 자본에 팔았을 뿐이다.

자, 저들은 생산수단이 사적으로 소유되어 있든, 국가적으로 소유되어 있든, 생산수단 및 생존수단으로부터의 노동자들의 분리에는, 그리하여 자본-임금노동이라는 사회관계에는 근본적인 변화가 없다고 주장하면서, "산업 국유화 시대(the days of nationalised industries)", 그러니까 제2차 대전 후 전후 복구기의 영국의 주요 산업 국유화로써 이를 예증하고 있다. 그러면서 쏘련에서의 생산수단의 국유화는 전체 주민에 의한 소유였다는 '스딸린주의적 변호'를 반박한다. 브라보! 브라보!

실제로, 심히 미친 사람이 아니고는 아무도 "산업 국유화 시대"에 영국의 노동자들이 국유화된 그 산업들을 소유·통제했다고 말할 수 없을 것이다. 그리고 이 명명백백한 사실을 들어 저들은, 저 비열한 지적 사기꾼들은 쏘련에서의 생산수단의 국유도 명명백백히 하나의 법률적 형식이었을 뿐이고, 거기에서도 노동자들은 생산수단의 소유로부터 배제·분리되어 있었고, 그리하여 자신들의 노동력을 판매하지 않을 수 없었다고 주장한다!11)

그러면, 저들은 무엇을 숨기며 사기를 치고 있는 것일까?

우리는 앞에서,12) 비혁명적이었던 레닌이 1917년 4월 테제 이후 잠시 동안 혁명적인 것 같았으나, 이내 "혁명의 정치적 측면과 경제적 측면의 이분법(dichotomy)이 그의 사고 속에서 명백해"지면서 곧 비혁명적으로 혹은 반혁명적으로 회귀했다고, 저들이 레닌을 비판·조롱하는 것을 보았다. 그런데 사실은 누구의 사고 속에 그러한 이분법이 명백한 것일까?

저들은 영국과 쏘련의 국가권력의 성격 차이, 근본적으로 다른 그 계급적 차이를 깡그리 무시한 채 단지 법률적 형태로서의 '국가적 소유'를 논하고 있는 것이 아닌가?! 그리하여 '국가적 소유'라고 하는 형태만을 보고 그것을 각각의 국가의 성격으로부터 이분법적으로 분리시키고 있는 것 아닌가? 나아가, 바로 그 국가의 계급적 성격 차이 때문에 쏘련과 영국 등 기타 부르주아 국가 사이의 '국가적 소유'에는 그 범위에서도 정말 근본적인 차이가 있었다는 사실을 저들은 함구하고 있는 것 아닌가?! 즉, 쏘련에서는, NEP를 폐지한 이후에는 특히, 주요 생산수단을 전반적으로 국유화 내지 집단화했음에 반해서, 영국 등 부르주아 국가에서는, 특히 제2차 대전에 의해서 극도에 달한 자본주의적 생산·소유의 위기를 타개하기 위한 수단으로, 소수의 전략적 산업들, 보다 정확히는 전략적 기업들만을 예외적으로 '국유화'했을 뿐이며, 그리하여 사적소유가 지배적이었을 뿐 아니라 그 '국유'조차 사적소유를 유지·강화하기 위한 것이었다는 사실을 저

---

11) 그리고 우리의 오세철 교수님께서는, 앞에서 보았듯이, 서슬 퍼렇게 외치신다, 이렇게! ― "'현실 사회주의'를 아직도 혁명의 허상으로 붙들고 있거나, 스딸린주의를 교조로 삼는 사람들이 맑스주의자들이라면, 이 글과 같은 분석을 내놓기를 바랄 뿐이다. 손바닥으로 하늘을 가리지 말자."!
12) ≪노동사회과학≫ 제6호, pp. 29-30 참조.

들은 철저히 함구하고 있는 것 아닌가?!

앞에서 확인한 것처럼, 저들은 스스로 쏘련에서의 "**경제성장은, 이윤 동기에 의해서 추동된 것이 아니라, 직접적으로, 국가와 주민 전체의 필요를 충족시킬 사용가치의 양(量)을 확대시킬 필요에 의해서 추동되었다**"고 말하고 있었다. 그런데 이제는 이렇게 얘기한다.

> … 러시아 노동계급으로 하여금 자신들의 노동력의 등가를 생산하는 데에 필요한 것보다 더 오래 일하게 함으로써 러시아 국가 기업들은, 바로 서방의 기업들처럼, 잉여가치를 착출할 수 있었다. 나아가, … 서방에서처럼, 그 최대 부분은 그 경제의 확장에 재투자되고(reinvested), 그리하여 국가자본의 자기확장을 보장하곤 하였다.
> 그리하여 소유 형태들의 이면(裏面)을 파고듦으로써 우리는 쏘련 내부의 진정한 사회관계들이 본질적으로 자본의 사회관계들이었음을 알 수 있다. 쏘련은 그리하여 ―국가자본주의라는 특수한 형태에서이긴 하지만― 자본주의적이었다고 볼 수 있다.

결국 쏘련에서 이루어진 확대재생산, "**국가와 주민 전체의 필요를 충족시킬 사용가치의 양(量)을 확대시킬 필요에 의해서 추동**"된 생산의 확대가 이번엔 저들에 의해서 잉여가치의 착취와 '자본의 자기확장'의 증거로 제시되고 있는 것이다. 저들이 "자본이란 본질적으로 소외된 노동의 자기확장(self-expansion)"이라고 규정하고 나선 것도 이유가 없지 않았던 것이다.

헌데 뭔가 심히 수상하다. "소유 형태들의 이면을 파고듦으로써", 즉 생산수단의 소유 형태와 상관없이 직접생산자가 필요노동시간을 넘어 노동함으로써 잉여가치를 생산하고 그 잉여가치의 일부가 생산에 재투하되어(reinvested) 그 생산이 '자기확장(self-expansion)'된다는 점만을 들어 쏘련이 자본주의적이었다고 주장할 수 있다면, 고대 노예제 사회도, 중세의 봉건사회도 모두 자본주의적이었다고 해야 하지 않을까?

쏘련에서의 상품생산

앞에서 한 소리 다르고 뒤에서 하는 소리 다른 이러한 미치광이 같은 헛소리에는, 어쩔 수 없이, 반쏘주의자들 내부에서조차 반론이 제기되었던 모양이다. 뜨로츠끼주의자들이 다음과 같이 반론했다는 것이다.

> 쏘련을 이렇게 분류하는 것이 아무리 **정치적으로 유용**하고 직관적으로 올바르다[13) 하더라도, 문제는 그 자체로서 이러한 접근은 쏘련의 명백히 비자본주의적인 양상들(the apparently non-capitalist aspects of the USSR)을 설명할 수 없다는 것이다. 헤겔을 잘 아는 사람이면 누구나 말하곤 하듯이 '본질은 드러나지 않을 수 없다!'(As anyone acquainted with Hegel might say 'the essence must appear!'.)[14) 자본은 소외된 노동의 자기확장일지도 모르지만, 가치의 형태에 있는 노동이다. 시장이 없어 진정한 교환을 위한 생산이 없었기 때문에 상품생산이 없는데, 어떻게 가치에 대해서, 혹은 실로 잉여가치에 대해서 말할 수 있단 말인가? (강조는 인용자)

우선, "**정치적으로 유용하다**"? 무슨 뜻일까? 순진한 노동자 대중 사이에 반쏘주의를, 따라서 반공주의를 선동하는 데에 유리하다는 뜻일 것이다. 그 외의 어떤 뜻을 가질 수 있는가?

그건 그렇고, 위 반론이 제기하는 바를 다시 정리하면 이런 것이다. 1) 자본이란 '가치의 형태에 있는 노동(labour in the form of value)'이다. 2) 쏘련에는 시장이 없었고 따라서 '진정한 교환을 위한 생산(real production for exchange)', 즉 '상품의 생산(production of commodities)'이 없었다. 3) 그런데 어떻게 가치에 대해서, 잉여가치에 대해서, 가치로서의 자본에 대해서 말할 수 있단 말인가?

---

13) "직관적으로 올바르다"가 "intuitively correct" 대신에 원문엔 "intuitive correct"로 되어 있으나 명백히 탈자(脫字)에 의한 오류일 것이다.
14) 심심파적. 오세철 교수님의 '번역': "헤겔과 친숙한 사람은 '본질은 나타나야 한다'고 말할 수 있다." (p. 166.)

우리는, "가치의 형태에 있는 노동" 따위의 현학적 헛소리를 제외하면, 위의 반론에 기본적으로 동의한다. 그리고 발달한 시장, 혹은 "상품생산과 상품유통은 자본주의적 생산양식의 일반적인 전제"15)여서, 시장 없는, 즉 상품생산·상품유통이 없는 자본주의, 따라서 생산수단의 사적 소유가 없는 자본주의는 제정신을 가진 사람으로서는 생각조차 할 수 없는 것이기 때문이다.

물론 저들 좌익공산주의자들에게는 사실 이러한 반론에 대꾸할 의무가 없다. 왜냐하면, 앞에서 본 것처럼 그들은 이미 **"자본주의를 단순히 사적 소유와 '시장의 무정부성'에 기초한 이윤 구동 체제로 보는 정통 맑스주의의 통속적 해석을 거부하지 않으면 안 된다"**고 선언하고 있기 때문이다.

그런데도 이들은 뱀에 다리를 그린다. 즉, 쏘련에 상품생산과 상품유통이, 즉 시장이 존재했음을 증명하려고 든다. 그것도 아주 흥미로운 방식으로! 들어보자.

> ... 뜨로츠끼주의 이론가들은, 생산수단의 국유화 문제에 이르면, 소유 형태를 크게 중시한다. 생산수단의 국가적 소유, 그리고 따라서 사적 소유의 폐지를 자본주의를 넘어선 결정적 전진으로 보는 것이다. 하지만, 쏘련에서 주요 생산수단들을 모두 국가가 소유하긴(own) 했지만, 생산수단의 현실적 합법적 점유(possession)16)와 운영은 국유 기업들과 국유 트러스트들에 맡겨져 있었고, 그 각각은 자신의 회계와 생산 책임을 가진 별개의 법률적 실체로 구성되어 있었다 (... the state enterprises and trusts, each of which was constituted as a distinct legal entity with its own set of accounts and responsibilities for production).17)

---

15) ≪자본론≫ 제1권, *MEW*, Bd. 23, S. 374.
16) 'possession'은 '소유(권)'으로도 번역할 수 있고, 또 오세철 교수님께서도 그렇게 '소유'로 번역하고 계시지만, "주요 생산수단들을 모두 국가가 소유하긴 했지만, 생산수단의 현실적인 합법적 소유와 운영은 국유 기업들과 국유 트러스트들에 맡겨져 있었다"라고 한다면, 글쎄 제정신일까?
17) 여기에서 굳이 원문을 보여 주는 것은, 내 생각에는, 그것이 역시 현학적이고

뜨로츠끼주의자들은 이를 얼버무리고, 국유 기업들의 이러한 법률적 형태들을 단지 형식적이라고 보는 경향이 있어 왔던 데에 반해서, ... 그와는 달리, 우리는 별개의 국유 기업들로의 경제의 이러한 분할(division)은 본질적으로 자본주의적인 생산관계들의 표현이었음을 증명할(argue) 것이다.

저들이 어떤 궤변으로 사적 소유가 폐지된 쏘련의 생산양식을 자본주의적이라고 증명할 것인지 흥미롭지 않을 수 없다. 하지만 일단 여기에서 지적해야 할 것은, 저들이, 주요한 생산수단이 모두 국유화되어 있지만 그 '현실적·합법적' 점유와 운영이 각각 자신의 회계와 생산 책임을 가진 국유 기업들과 트러스트들에 위임되어 있었다는 점을 근거로 쏘련에서의 생산관계는 본질적으로 자본주의적이었다고 단정하고 나서는 점, 자본주의적이었음을 입증하겠다고 나서는 점이다.

두 점이다. 하나는, 저들의 표현을 빌면, "경제가 별개의(distinct) 국유 기업들로 분할되어 있었다는 것(division of the economy into distinct state enyerprises)"18), 두 번째는, 그들 각 기업이 자신의 회계와 생산 책임을 가지고 있었다는 것이 그것이다. 과연 사회주의 내지는 공산주의 사회에서는 국민경제가 회계와 생산 책임을 가진 별개의(distinct) 기업들로 분할되지 않는 것일까?

먼저, '별개의 기업으로 분할되지 않은 경제'? ─ 적어도 근대 이후의 '국민경제' 혹은 '국가경제'에서, 그 국가가 설령 아주 소규모의 도시국가일지라도, 그것은 상상도 할 수 없을 것이다. 아무리 소규모의 국민경제라도 그것을 '분할되지 않은' 단일한 기업으로 총괄하기에는 사회적 분업의

자 하는 좌익공산주의자들다운 비논리적 서술이고, 뒷부분만을 적자면, "... 그 각각은 자신의 회계와 생산 책임을 가진 별개의 법률적 실체였다(each of which was a distinct legal entity with its own set of accounts and responsibilities for production)"라고 해야 하기 때문이다.

18) 'distinct'를 오세철 교수님께서는 "특유한" 혹은 "특정"이라고 번역하고 계시지만 (p. 198), 그리고 나로서는 이는 온당한 번역이 아니라고 생각하지만, 그렇게 번역·이해한다고 해서 그것이 나의 지적에 대한 반박이 될 수는 없을 것이다.

각 부문의 성격이 너무나 다를 것이기 때문이다.

다음에, 그렇더라도 각 기업이 각각 자신의 회계와 생산 책임(its own set of accounts and responsibilities for production)를 가지고 있었기 때문에? 그런데, 기업의 분할은 그 자체로 분할된 기업 각각의 회계와 생산 책임을 전제하는 것 아닌가? 그리고 각각의 회계와 생산 책임을 전제로 그것들을 총화함으로써만 국민경제 전체의 '중앙집권화된 계획(centralised planning)'이 가능했던 것이고, 가능한 것 아닌가? 그리고 각 단위기업이 회계와 더불어 할당된 책임을 다해야만 예의 계획이 계획대로 실현되는 것 아닌가?

더욱이 회계(accounts)와 생산 책임은 별개의 것이 아니다. 회계는 당연히 생산 책임의 전제이며, 생산을 사회적 규모에서 계획하는 데에서 필수적이다. 그래서 하는 말이고, 또 저들이 스스로 맑스에 기초한다고 주장하기 때문에 더욱 필요한 지적이지만, 맑스가, 예컨대, 다음과 같이, 계획경제로서의 공산주의적 생산에서 회계의 가일층의 필요성·중요성을 강조하고 있다는 사실도 우리는 잊어서는 안 될 것이다.

> 과정의 통제 및 관념적 총괄로서의 부기(Buchführung)는, 그 과정이 더욱더 사회적 규모에서 진행되고 더욱더 순수한 개인적 성격을 잃어갈수록 더욱더 필요해진다. 따라서 수공업경영이나 농민경영의 분산된 생산에서 보다 자본주의적 생산에서 더욱더 필요하고, 자본주의적 생산에서보다 공동체적 생산에서 더욱 필요하다.[19]

분할될 수밖에 없는 하부 생산단위들, 그러니까 국유 기업들 개개의 회계, 즉 부기가 정확하고 철저하면 할수록 공동체적 생산 전체의 회계·부기가 그만큼 정확할 것임은 말할 나위도 없다.

그러면 저들이 쏘련에서의 상품생산을 어떻게 증명하는가를 보자.

우선, 저들이 이 문제를 제기하고 있는 소절(小節)의 제목은 "쏘련에는

---

[19] 《자본론》 제2권, MEW, Bd. 24, S. 137.

어느 정도까지 상품형태가 존재했는가(To what extent did the Commodity-form exist in the USSR)"이다.

그리고 거기에서, "별개의 국유 기업들로의 경제의 이러한 분할은 본질적으로 자본주의적인 생산관계들의 표현이었음을 증명할 것"이라고 장담한 다음, 곧바로 묻는다. — "상품이란 무엇인가(What is a commodity)?" (혹은, "무엇이 상품인가?")

그러곤 다시 곧바로 스스로 답한다.

> 가장 간단한 대답은, 상품이란 팔리기 위해서 생산된 어떤 것이라는 것이다. 그러나 그 자체로서 이러한 단순한 정의(定義)는 특유의 사회적 형태로서의 상품을 이해하기에는 불충분하다. 상품형태의 참뜻(implications of the commodity-form)을 파악하기 위해서는 좀 더 깊이 살필(to probe a little deeper) 필요가 있는 것이다.

그런데, 그러고 나서 저들은, "좀 더 깊이 살피는"게 아니라, 독자들이 읽어보면 알겠지만,[20] 타인을 위한 생산이니, 사용가치와 가치의 대립이니 하며, 《자본론》 제1권 제1편 제1장 상품(과 부분적으로 제3편 제5장 노동과정과 가치증식과정)만 읽어본 사람이면 다 아는 얘기를 별로 정확하지도 않고 별로 깊지도 않게, 그러나 장황하게 늘어놓고 있다. 따라서 여기에서는 그것을 일일이 소개·분석할 필요도 없고, 또 그 장황함 때문에 그럴 여유도 없다. 저들을 비판하는 데에는, 저들이 그 장황함으로 어떻게 사기를 치고 있는지 한 가지만 지적하는 것으로 충분하다.

무엇보다도, 저들은, 그 장황함에도 불구하고, 노동생산물이 상품으로 전화되기 위한 조건, 그 중에서도 특히 생산수단의 사적 소유야말로 그 불가결의 조건임을 말하지 않는다. 아니, '생산수단의 사적 소유 없는 자

---

[20] 물론, 그 특유의 기상천외한 '번역' 덕분에, 좌익공산주의자가 아닌 독자로서는 오세철 교수님의 '번역서'만을 읽어서는 저들이 도대체 무슨 말씀들을 하고 계신지 분명 도저히 이해할 수 없을 터이지만!

본주의'를 증명하려니까 그것을 말할 수 없다. 그러나 맑스는 이렇게 쓰고 있지 않은가?

> 사회적 분업은 상품생산의 존재조건이다, 비록 상품생산이 거꾸로 사회적 분업의 존재조건은 아니지만. 고대인도의 공동체에서는, 생산물들이 상품으로 되지 않고, 노동이 사회적으로 분할되어 있다. 혹은, 보다 비근한 예를 들자면, 각 공장에서는 노동이 체계적으로 분할되어 있지만, 이 분할은, 노동자들이 그들의 개별적 생산물들을 교환하는 것에 의해서 매개되지는 않는다. 단지 자립적이고 서로 독립적인 사적노동의 생산물들만이 서로 상품으로서 상대하는 것이다(Nur Produkte selbständiger und voneinander unabhängiger Privatarbeiten treten einander als Waren gegenüber).

"단지 자립적이고 서로 독립적인 사적노동의 생산물들만이 서로 상품으로서 상대하는 것" — 바로 생산수단이 사적으로, 즉 배타적·독점적으로 소유된 사회의 노동의 생산물들만이 상품으로 전화된다는 뜻 아닌가!

그런데 저들은 이렇게 쓰고 있다.

> 실로, 맑스가 입증하고 있는 것처럼, 상품 관계는 인간 공동체가 끝나는 곳에서 시작된다. 역사적으로 상품들은 공동체들 사이에서 교환되었고, 상이한 공동체들이 접촉하게 되었을 때에 발생했을 뿐이다.

그리하여 반복할지 모른다. "보라, 역사적으로 상품교환은 공동체와 공동체 사이에서 일어났는데, 공동체에서는 생산수단이 사적으로 소유되어 있지 않았지 않느냐?!"라고.

식자우환(識字憂患)이란 말은 이런 경우를 위해서 있는 것이다. 물론 공동체 내부에서는 생산수단들이 공동으로 소유되어 있지만, 공동체와 공동체의 관계에서는 그것들이 사적으로, 즉 다른 공동체에 대하여 배타적·독점적으로 소유되어 있는데도, 그리고 바로 그 때문에 상품교환은 "공동체가 끝나는 곳에서", "공동체들 사이에서" 시작되고 발생했는데도 엉뚱

한 소리를 하니까 말이다.

내친 김에 간단히만 말하자면, 이 점, 즉 공동체 내부와 '공동체가 끝나는 곳'의 분간은, 일반적으로 화폐라고 불리는, 예컨대 쏘련의 루블의 성격과 관련해서도 관건적으로 중요하다. 그것이 어떤 경우에 본래의 의미의 화폐이며, 어떤 경우에 단지 화폐로 의제된 것인지를 분간하는 데에 말이다.

다시 본래의 주제로 돌아오면, 저들은 자신들이 소절을 나누면서 제기했던 문제, 즉 "쏘련에는 어느 정도까지 상품형태가 존재했는가"에 대해서는 전혀 대답하지 않은 채 다음과 같은 말로 그 소절을 맺는다.

> 쏘련 사회는 서방 자본주의 사회 못지않게 원자화되고 물상화된 것으로 보였을 것이다(The society of the USSR would have seemed to be no less atomised and reified than those of western capitalism)[21]. 어느 정도까지 이것이 상품관계가 만연한 결과였는가? 이에 답하기 위해 우리는 우선[22] 먼저 쏘련에 상품생산이 있었는지 여부를 검토할 것이고, 그러고 나서 상품교환의 존재 문제를 볼 것이다.

그런데 참으로 이상하다. 아니, 여기에서도 다시 한번 좌익공산주의자적 사고를 본다. 왜냐하면, 우리가 바로 앞에서 인용했던 문장에 이어 "상품교환이 발전함에 따라 전통적 인간 사회들은 해체되어, 궁극적으로는 원자화된 근대 자본주의 사회가 발생한다"고 씌어 있기 때문이다. 그뿐만 아니라 바로 거기에 다음과 같은 주가 달려 있기 때문이다.

---

21) 심심파적. 오세철 교수님의 '번역': "소련사회는 서구자본주의와 같이 덜 원자화되고 물상화된 것처럼 보였다." (pp. 200-201.); 참고로, 이 문장 중의 'reify'는 나로서는 어떻게 번역해야 좋을지 난감한 표현인데, 일단 오세철 교수님을 따라서 '물상화되다'로 해둔다.

22) 원문에 이 부분은 'first of'로 되어 있는데, 'first of all'에서 'all'이, 혹은 'first off'에서 'f'가 탈자된 것으로 간주하여 이렇게 '우선'으로 번역한다.

자본주의 사회의 가장 현저한 특징 중의 하나는 원자화의 만연이다. 물론 사회의 이러한 원자화는 상품형태의 지배와 이 상품형태의 지배가 발생시키는, 사회적 관계의 물상화로부터 직접적으로 발생한다. 틱틴이 지적하고 있는 것처럼, 그러한 원자화는 쏘련의 특징이었다. ...

이렇게 다 기정사실로 선언해놓은 마당에 어이하여 새삼 "어느 정도까지" 이 원자화와 물상화가 "상품관계가 만연한 결과였는가" 하고 묻는단 말인가? 어이하여 새삼 "쏘련에 상품생산이 있었는지 여부를 검토"하며, 쏘련에 "상품교환의 존재 문제를 볼" 요량이란 말인가? 그리고 또한, 상품생산의 존재 여부와 상품교환의 존재 여부는 별개의 문제인가? 상품생산의 존재 여부 따로 검토하고, 상품교환 따로 보겠다니 말이다.

아무튼 저들은 소절을 바꾸어가면서 "쏘련에는 어느 정도까지 상품생산이 존재했는가", "쏘련에는 어느 정도까지 상품교환이 존재했는가" 그리고 "쏘련에는 어느 정도까지 화폐가 존재했는가"를 묻고 있다.

우선, 쏘련에는 어느 정도까지 상품생산이 존재했는가"를 묻고 논하는 소절에는 주목할 만한 가치가 있는 어떤 논의도 없다. 쏘련에서도 서방 자본주의 국가들에서와 마찬가지로 노동자들의 노동은 소외된 노동이어서 자신의 '즉각적인(immediate)' 필요를 위해서가 아니라 국유 기업의 경영진을 위해서 노동을 했느니, 노동과정은 착취과정이자 소외과정이었느니, "그리하여 쏘련에서의 생산은 자본주의적 상품생산으로 볼 수 있다"느니 하고, 사실은 자신들이 입증해야 할 것들을 마치 자신들이 입증한 사실인 양 거듭거듭 선언하고 있을 뿐이기 때문이다. 그렇게 헛소리를 늘어놓고 있기 때문이다.

그러나 그 정도의 헛소리만으로 한 소절을 끝낸다면, 그건 필시 저들 좌익공산주의자들답지 않을 것이다. 그리하여 과연 좌익공산주의자들답게, "그리하여 쏘련에서의 생산은 자본주의적 상품생산으로 볼 수 있다"고 선언하고 난 후, 곧바로 이어서 이렇게 얘기한다.

하지만, 쏘련에서의 생산은 누군가 타인을 위한 생산이라고 볼 수 있지만, 실제로 어느 정도까지 그것이 판매를 위한 물건들의 생산이었다고 불 수 있는가? 이것이 우리로 하여금 쏘련에서의 상품 교환 및 유통의 존재라고 하는 결정적인 문제를 제기하게끔 한다.

저들의 사고가 참으로 재미있지 않은가?

쏘련에서의 상품유통

아무튼 우리는 저들이 그 "쏘련에서의 상품 교환 및 유통의 존재라고 하는 결정적인 문제"를 어떻게 다루는가를 보아야 하는데, 저들은 그것을 예의 "쏘련에는 어느 정도까지 상품교환이 존재했는가"라는 소절에서 '논하고 있다'.[23] 아주 재미있는 아마 '3단 논법'으로, 이렇게.

제1단:
  생산자본의 순환(P...P')의 내부에서는 교환은 주로, 확대된 규모에서 생산을 갱신하기 위해 필요한 단순 상품유통(C – M – C)의 내부에 한정되어 있다. ...
  생산자본의 관점에서는 상품교환은 그리하여 생산자본의 확대를 고려한 단순한 기술적 수단이다. 상품생산이라는 사회적 분업에서 기인하는 생산자들의 분화를 극복하기 위한 필요수단(A necessary means for overcoming the division of producers that arises out of the social division of labour of commodity production).[24]

제2단:
  하지만, 상품들의 유통은 단순한 기술적 문제 이상(以上)이다. 상품의 구매와 판매는, 인간적 필요(human needs)로부터 소외된 인간 노동이 인간

---

[23] 내가 왜 '논하고 있다'고, 따옴표를 붙이는지는 곧 알게 될 것이다.
[24] 심심파적. 오세철 교수님의 '번역': "생산자의 분화를 극복하는 필요수단은 상품생산의 사회분업으로부터 나온다." (p. 203.)

노동으로부터 소외된 인간적 필요와 재결합되는 소외된 사회적 형태이다.
[얼씨구!: 인용자]
고전적 형태의 자본주의 하에서는 이 사회적 형태는, 경쟁하는 이기적 개인들의 충돌을 통해 구성되는 시장이다. ... (강조는 인용자)

제3단: [이 부분, 이 문단은 완역한다. 그리고 이 문단이 바로 "쏘련에서의 상품 교환 및 유통의 존재라고 하는 결정적인 문제", "쏘련에는 어느 정도까지 상품교환이 존재했는가"를 논하는 소절의 끝이다.]
그런데 시장이라는 외적인 위력(威力)은 사회를 형성하고 있는 개인들의 사회적 기술적 필요가 충돌하는 데에서 발생하지만, 국가라는 외적 위력은 그렇지 않다(Yet while the alien power of the market arises out [of: 인용자] the conflicting social and technical needs of the individuals that make up society the alien power of the state does not).25) 국가 계획은 필연적으로 사회경제(social-economy)의 외부로부터 강요된다. 그리하여 사회적 필요를 소외된 노동과 조화시키는 데에 근본적인 문제가 있었다. 이는 사용가치와 가치의 관계에, 그리고 화폐의 형태와 그 기능의 관계에 반영되었다.

자, "이는 사용가치와 가치의 관계에, 그리고 화폐의 형태와 그 기능의 관계에 반영되었다" 따위의 뜻 모를 헛소리는 그렇다 하고, 도대체 이상(以上) 어디에서 저들은 "쏘련에서의 상품 교환 및 유통의 존재라고 하는 결정적인 문제", "쏘련에는 어느 정도까지 상품교환이 존재했는가"를 논하고 있는가?! 혹시 자신들의 미치광이 환상 속에서?
그런데, 위 인용문에서 보는 것처럼, 저들은 시장을, 상품경제 일반 혹은 하다못해 자본주의에서의 수요와 공급의 조절 기구로서 논하는 대신에, **"고전적 형태의 자본주의** 하에서"의 그것으로서 논하고 있다.

---

25) 심심파적. 오세철 교수님의 '번역': "그러나 시장의 외부권력이 사회를 형성하는 개인들의 사회적, 기술적 필요를 충돌하게 하지만 국가의 외부권력은 그렇지 않다." (p. 204.)

이유 혹은 그 목적이 무얼까?

다름 아니라, '시장 없는 상품', '시장 없는 상품생산', '시장 없는 상품교환·상품유통', '시장 없는 (비고전적 형태의) 자본주의'도 존재한다는, 자신들의 미치광이 주장을 암암리에 기정사실화하려는 음흉한 수작이다!

저들이 "쏘련에서의 상품 교환 및 유통의 존재라고 하는 결정적인 문제", "쏘련에는 어느 정도까지 상품교환이 존재했는가"에 대한 논의를 우리가 확인한 것처럼 끝내고 있는 것도 바로 저들이 국가의 계획에 의한 생산과 그 생산물의 분배도 상품생산이며, 상품교환·상품유통이라고 보기 때문이다. 그렇게 미친 신념에서 보기 때문이다.

소련에서의 화폐유통

이제는 저들이 "쏘련에는 어느 정도까지 화폐가 존재했는가"를 어떻게 논했는가를 볼 차례이다.

이 소절이야말로 저들의 이른바 "가치의 불구화 이론"의 핵심이라면 핵심이고, 백미(白眉)라면 백미(百媚)여서, 그 노는 꼴이 정말 무척 흥미롭다.

저들은 "독립적인 가치형태로서의 화폐"를 폐지하고 노동시간으로서 직접적으로 상품의 가치를 표현하자고 제안했던 쁘루동(Proudhon)의 오류를 지적하는 것으로 논의를 시작하면서, 이렇게 말한다.

> ... 그러한 쁘루동주의의 제안에 대한 비판을 통해서 맑스는, 독립적 상품 생산자들의 사회에서는 화폐는 필연적으로 다른 모든 상품들과 다른 독립적 가치형태를 취하지 않을 수 없다는 것을 보여 주었다(... through his critique of such Proudhonist proposals Marx showed that in a society of independent commodity producers money must necessarily assume an independent form of value distinct from all other commodities).[26]

---

26) 심심파적. 오세철 교수님의 '번역': "이러한 프루동주의자의 제안을 비판하면서 맑스는 독립적 상품 생산자의 사회에서 화폐는 반드시 모든 다른 상품들과 구별되는 독립적 가치형식을 가정하고 있다." (p. 205.)

그러고 나선, 앞 소절에서는 시장을 "**고전적 형태의 자본주의** 하에서"의 조절의 "사회적 형태"라고 했던 태도로부터 일변하여, 시장을 가리켜 이제는 "상품경제가 조절되는 것은 실로 이 사회적 매카니즘을 통해서이다"라고 말한다. 그리고 이렇게 말한다.

그 때문에, 맑스는 독립적 가치형태로서의 화폐는, 독립적 상품 생산자들의 경제가 자유롭게 연합한 생산자들의 계획적 생산으로 바뀌어야만 폐지될 수 있다고 결론지었다. 이런 식으로 시장에 의한 생산의 조절은, 노동을 직접적으로 사회적이게끔 하는 사회적 계획에 의해서 대체될 터이다(In this way the regulation of production by the market would be replaced by a social plan that would make labour immediately social).[27] (강조는 인용자.)

여기까지는 맞는 얘기다. 그런데 그 다음에 저들이 어떻게 노는가를 보자. 그 불치의 광기를 보자.

저들은 방금 우리가 인용한 문장 다음에 어떤 문구 하나도 매개시키지 않고 곧바로 이렇게 이어간다. 아우프헤벤이란 자들의 원문에서는 문단을 바꾸어서, 그리고 오세철 교수님의 '번역'에서는 같은 문단 속에서.

우리가 입증해온 것처럼,[28] 쏘련에서는 생산자본(productive-capital)을 억

---

[27] 심심파적. 오세철 교수님의 '번역': "이러한 방식으로 시장에 의한 생산의 규제는 노동이 즉각적으로 사회적으로 만드는 사회적 계획으로 대체될 수 있다." (pp. 205-206.)

[28] 저들이 "입증해온 것"이라고 하는 것, 사실은 **그냥 떠들고 선언해온 것** 중의 하나는, 러시아는 그 저발전(underdevelopment) 때문에 10월 혁명 후, 자본주의에서 사회주의로 이행한 것이 아니라, 자본주의로 이행했다는 것이고, 그 과정에서 국가가 산업발전을 억지로 발전시켰다는 것, 그리하여 그 자본주의의 성격 내지 유형이 '국가자본주의'였다는 것이다. 예컨대, 이렇게 말한다. "러시아에서 산업화하는 ―그리고 따라서 자립적인 자본주의 국가로 이행하는― 유일한 길은 국가와 자본의 융합을 통해서였다 ― 즉, 국가자본주의의 완전한 실현을 통해서였다." 쏘련에서 계획이 시

지로 발전시키기 위해서 화폐자본(money-capital)을 억눌러야 했고, 이는 필연적으로 독립적 형태로서의 화폐 그 자체의 발전의 제한을 수반했다. 이를 위해서 시장에 의한 생산의 조절은 경제 계획에 의해서 대체되었다. 그러나 이것은, '자유롭게 연합한 생산자들'의 무계급 사회(classless[29]) society)의 계획이 아니라, 계급 착취에 기초한 원자화된 개인들의 사회로부터 발전한 계획이었다. 그렇게 사회 위에 서 있는 시장이라는 외적 위력은 국가라는 외적 위력에 의해서 대체되었다. 국가 계획의 명령들이, 경쟁적 시장의 외적 명령들처럼 외적인 강제로서 생산자들에 맞섰던 것이다(The imperatives of the state plan confronted the producers as an external force just as the external imperatives of the competitive market).[30] 계획이 상품생산의 조절자로서의 시장을 대체했지만, 그렇다고 그것이 의연히 서로로부터 소외된 채인 사회적 필요로부터의 노동의 분리를 극복하지는 않았다.

이것이 바로, "**독립적 가치형태로서의 화폐는, 독립적 상품 생산자들의 경제가 자유롭게 연합한 생산자들의 계획적 생산으로 바뀌어야만 폐지될 수 있다**…(… money as an independent form of value could only be abolished if the economy of independent commodity producers gave way to the planned production of freely associated producers.)"고, 그

장을 대체한 것도 바로 그 때문이라는 것이다. 북에 대한 중상모략·비방선전이면, 그것이 아무리 근거 없는 악의의 산물이라고 하더라도, 이 사회가 극우언론·극우인간쓰레기들에게 보장하는 '표현의 자유'이듯이, 저들이 제멋대로 떠드는 것, 저들 좌익공산주의자들의 제멋대로의 악의적 반쏘 선전도 제국주의 부르주아 사회가 저들에게 보장하는 '표현의 자유'일 터이다. 맘껏 즐겨라. 지금은 당신들의 세상이니까! 화무십일홍(花無十日紅)임을 잊는 것도 당신들의 자유일진대!
29) 원문에는 'classes'로 되어 있으나, 명백히 탈자일 것이다.
30) 심심파적. 오세철 교수님의 '번역': "국가계획의 명령은 경쟁적 시장의 외부적 명령처럼 외부의 힘으로 생산자에게 주어졌다." (p. 206.); 참고로 말하자면, 이 문장의 'imperatives' 역시 'force'와 마찬가지로 '강제(력)'으로서 이해·번역할 수 있을 것이다.

리고 "이런 식으로 시장에 의한 생산의 조절은, 노동을 직접적으로 사회적이게끔 하는 사회적 계획에 의해서 대체될 터이다"고 말한 저들이, 곧바로 그에 이어서 하는 말이다!

무엇을 의미하는가?

쏘련에서는 "계획이 상품생산의 조절자로서의 시장을 대체했지만", 그 사회는 여전히 화폐가 유통하고 있고 노동자계급이 착취당하는 계급사회로서의 자본주의였다는 것이다! **시장 없는 (비고전적 형태의) 자본주의!** 바로 그것이다. 이것이 바로 '정통 맑스주의(orthodox Marxism)'를 거부하는 저들 좌익공산주의의 맑스주의, 미치광이 맑스주의이다!

물론 이 미치광이 맑스주의에 구원의 신이 전혀 없는 것은 아니다. 쏘련에서는 계획이 시장을 대체했으나 그 계획은 "'자유롭게 연합한 생산자들'의 무계급 사회의 계획이 아니라, 계급 착취에 기초한 원자화된 개인들의 사회로부터 발전한 계획"(not the planning of a classes society of 'freely associated producers' but a plan developed out of a society of atomised individuals based on class exploitation)이었고, 그리하여 그 계획, 혹은 계획에 의한 시장의 대체 "그것이 의연히 서로로부터 소외된 채인 사회적 필요로부터의 노동의 분리를 극복하지는 않았다"(it did not over come the separation of labour from social needs that remained alienated from each other)는 것이 저들의 구원의 신이라면 구원의 신이다. ("의연히 서로로부터 소외된 채인 사회적 필요로부터의 노동의 분리를 극복하지는 않았다"는 게 도대체 무슨 뜻인지는 도무지 알 수 없지만.)

그러나 무릇 신(神) 일반이 으레 그러한 것처럼, 저들의 구원의 신 역시 현실적 존재, 실제의 존재가 결코 아니다. 그것은 저들의 두뇌의 산물일 뿐이고, 환상일 뿐이다. 그리고 특히 맑스주의 대열에 잠입한 독점자본의 이데올로기 공작원으로서의 저들의 비열하고 사악한 반쏘·반공주의 책동·모략일 뿐이다.[31] 그렇지 않다면, 목소리 높여 선언과 선언을 거듭

---

31) 이는 물론 "자개연(자유로운 개인들의 연합)" 운운하면서 "쏘련 사회는 자본주의 사회였다"(김수행, 《마르크스가 예측한 미래사회》, 한울, 2012)고 주장하는, 저

하는 대신에 사실과 논리로써 증명해봐![32) 당신들은 지금 당신들이 입증해야 할 주장들을 마치 그것이 부동의 사실인 것처럼 거듭거듭 선언하고 있을 뿐이야! 그것도 가히 제정신이 아닌 논법, 앞에서 한 말 다르고 뒤에서 하는 말 다른 논법을 구사하면서 말이야! 그리고 '시장 없는 자본주의' 같은 미치광이나 떠들어댈 법한 소리를 떠들어대면서 말이야! 그리고 심지어 자신들의 주장과는 정반대의 사실들을 자신들의 주장을 뒷받침하는 증거인 양 들이대면서 말이야!

사회주의·공산주의에서의 가치규정

자, 다시 저들의 노는 꼴로 돌아가 보면, —— 방금 본 것처럼 저들은 쏘련에서의 국가 계획에 의한 시장의 대체를 확언했지만, 역시 좌익공산주의자들답게 쏘련에는 여전히 '상품유통·화폐유통'이 있었다고 '증언'하고 논한다. "쏘련에서의 화폐(Money in the USSR)"이라는 소제목 하에 이렇게,

> 쏘련에서 단순 상품유통이 생산자본의 순환의 일부로서 존재했던 한에서는 화폐는 단지, 다음의 생산 순환을 위해 필요한 투입물들을 위한, 이전의 생산 순환의 산출물들의 교환을 촉진하는 유통수단으로서만 등장했다. 하지만 완전히 발달한 자본주의에서였다면 그러한 유통—구매 없는 판매 혹은 판매 없는 구매—은 결딴이 났겠지만, 쏘련에서는 이것[=이 결딴: 인용자]이 국가 계획에 의해서 배제되었다(But whereas under fully developed capitalism such circulation could break down - a sale without a purchase or a purchase without a sale - in the USSR this was

---

저명한, '≪자본론≫ 번역가' 김수행 교수님 등에도 해당하는 말이다.
32) 지난 9월 하순 어느 날, 세월호 참사의 진상규명을 요구하는 서울시청 앞 집회에 참가한 어느 노부부는, 그 생김새로 보아 자신들이 손수 무언가 하얀 판때기에 매직펜으로 써서 만들었음에 분명한 피켓을 들고 있었는데, 그 피켓은 이렇게 말하고 있었다. — "너희가 죽였지? 그래서 수사권·기소권 막는 거지? 아니면 세월호법으로 증명해봐"

precluded by the state plan).33)

이렇게 시장 없는 상품유통! 시장 없는 화폐유통! — 가히 미치광이의 환상 아닌가?!
그런데 다른 한편에서 저들은 쏘련에서의 상황, 사태의 진행을 이렇게 얘기하고 있다.

> 자본을 각 산업에 할당하고, 산출을 규정하며, 가격들을 설정하는 계획을 국가가 강요했다. 이 점에서 각 자본에 의해 생산된 상품들의 가치는, 화폐로의 그 전형 행위에 의해서 확증되거나 실현되는 것이 아니라, 국가가 그것들을 가치들로서 인정함으로써 사전에 확증되었다. 그러므로 상품들은 구매되어야 했고 화폐는 구매해야 했다. 가치법칙에 의한 상품생산자들의 조절은 국가 계획에 의해서 대체되었다.

쏘련에서의 상황, 사태의 진행을 이렇게 서술하는 것은 물론 그것을, '고전적 형태의 자본주의'와는 다르지만, 모종의 자본주의, 저들이 말하는 '국가자본주의'로 강변하려는 가소로운 수작이다. 저들에 의해 비뚤어진 서술을 보다 사실에 부합되게 수정하면 대략 이렇게 될 것이다.

> 자원을 각 산업에 할당하고, 산출량을 규정하며, '가격들'을 설정하는 계획을 국가가 시달했다. 이 점에서 각 기업에 의해 생산된 생산물들의 '가치'는, 화폐로의 그 전형 행위에 의해서 확증되거나 실현되는 것이 아니라, 국가가 사전에 산정했다. 시장은 국가 계획에 의해서 대체되었다.

사회적 생산과 그 재생산이 이렇게 진행된 사회를, 저들 좌익공산주의자들이나 소위 '국제사회주의자들'(IS)34)과 같은, 반쏘 일념에 제정신이 아

---

33) 심심파적. 오세철 교수님의 '번역': "그러나 완전하게 발전된 자본주의 아래에서 이러한 순환은 깨어지고, 즉 구매 없는 판매 또는 판매 없는 구매가 되는 반면 소련에서는 이것이 국가계획에 의해 배제된다." (p. 206.)

닌 자들 말고, 누가 자본주의 사회였다고 할 수 있겠는가?[35]

생산수단에 대한 사적 소유가 폐지되고, 중앙집권화된 국가의 계획이 시장을 대체한 경제, 그러한 사회는 결코 어떤 의미, 어떤 유형의 자본주의 경제, 자본주의 사회가 아니다. 자본주의이긴커녕, 어떤 의미, 어떤 유형의 상품경제도 결코 아니다.

그런데, 저들의 비뚤어진 서술을 수정한 내용을 보고는 혹시 의아해 하는 독자가 있을지도 모르겠다. '아니? 자본주의이긴커녕, 어떤 의미, 어떤 유형의 상품경제도 결코 아니라더니, 가치니, 가격이라니?' ― 하고 말이다.

우선 맑스의 얘기를 들어보면,

... 자본주의적 생산양식이 폐지된 후에도 사회적 생산이 유지되는 한, 가치규정은, 노동시간의 규제와 다양한 생산집단들(Produktionsgruppen)로의 사회적 노동의 배분, 마지막으로는 이에 관한 부기가 이전보다도 가일층 중요해진다는 의미에서 의연히 지배적이다(vorherrschend bleiben).[36]

그렇다. 쏘련에서 노동생산물과 관련하여, 특히 그 배분과 관련하여 '가치'니, '가격'이니, '화폐'니 하는 말들이 쓰였던 것도 바로 그런 이유와 필요 때문이었다. 즉, 의연히 지배적인 가치규정에 따른 노동시간의 규제와 다양한 생산집단들로의 사회적 노동의 배분, 그리고 이에 관한 부기의 필요성과 중요성 때문이었다. '임금'이니, '기업'이니 말들이 쓰인 것도 물론 같은 이유와 필요성 때문이다. 바로 그렇기 때문에 그것들이, 즉 임금이니

---

[34] 한국에서는 '다함께'로 이름을 바꾸었다가 다시 '노동자연대'로 이름을 바꾼 자들.

[35] 물론 똑같이 '쏘련'(USSR)이라고 불리지만 1956년 쏘련 공산당 제20차 대회 이전의 그것과 그 이후의 그것은 그 발전의 기본적 성격, 기본적 방향에서 판이하다. 그러나 반쏘·반공주의자들이 스딸린주의 운운하며 '비판'의 대상으로 삼는 '쏘련'은 주로 1956년 이전의 쏘련, 그러니까 스딸린 지도 하의 쏘련이고, 그것을 나름대로 이념형화한 쏘련이다. 따라서 당장의 우리의 논의도 당연히 그러한 쏘련, 그렇게 이념형화된 쏘련을 대상으로 하고 있다.

[36] 《자본론》 제3권, *MEW*, Bd. 25, S. 859.

기업이니 하는 것들이 자본주의적 생산에서의 그것들과는 전혀 다른 의미를 갖는 것임은, 새삼 상론(詳論)할 필요조차 없이, 그 자체로서 명백하다.

가치 및 사용가치의 불구화

사회주의·공산주의 사회에서의 '가치'·'가격'·'화폐'·'임금'·'기업'이란, 나아가 생산물들의 '판매' 혹은 '구매'란 각각 그러한 것, 즉 가치규정의 지배에 의한 노동시간의 규제 및 배분, 부기의 필요성에 의한 범주인 것이고, 쏘련에서의 그것들도 바로 그러한 것이었기 때문에, 저들 반쏘 좌익공산주의자들도 자신들이 무슨 말을 지껄이는 줄도 모르고 이렇게 증언하는 것이다.

> 쏘련에서는 화폐가, 생산자본의 순환 내부에서 상품들의 단순유통 단계에 필요한 기능들에 ─ 즉, 가치의 관념적 척도로서의 그리고 유통수단으로서의 기능들에 ─ 구속되어 있었고, 화폐가 독자적인 가치형태로서 등장하는 것은 배제되어 있었다. 첫째로, 우리가 보아온 것처럼, 상품들의 가치는 사전에 확증되었다. 트랙터들의 관념적 가격은 트랙터들의 가치로서 직접적으로 실현되었는데, 이는 그 판매가 이미 그 계획에 의해서 규정되어 있었기 때문이다. 그리하여 화폐는 판매를 위한 상품들의 가치의 관념적 척도로서 작용했지만, 독립성은 없었다.

자, 위에서 "생산자본의 순환"을 '순환적 재생산 과정'으로, "상품들"을 '생산물들'로 바꾸어 읽어보라. 그러면 그 의의가 보다 더 명백해질 것이다. 마찬가지로 바꾸어 읽어야 할 곳들을 염두에 두면서, 저들의 증언을 계속해서 들어보자.

> 더 나아가, 판매하여 수령한 화폐는, 생산자본의 그 특유의 순환의 재생산을 위해 필요한 특정한 상품들에 사용되지 않으면 안 되었다. … 화폐는 독립적이고 보편적인 가치의 형태로서 기능하지 않았다. 그것은 생산자본(…)의 특정 순환에 묶여 있었다. 그것은 회수되어 다른 순환에 투

하될 수 없었다. 그것은 단지, 어떤 일련의 상품들의 다른 일련의 상품들로의 교환을 수월하게 하는 유통수단으로서 복무했을 뿐이다.

저들 스스로의 이러한 증언만으로도 충분하지 않은가? 소련에서 루블은 화폐라고 불렸지만, 이름만 화폐일 뿐, 자본주의적 유통에서의, 뿐만 아니라 상품유통 일반에서의 화폐와는 그 기능과 본질이 전혀 달랐다는 것이 말이다. 그렇다면, 이러한 사실들 앞에서, 제정신을 가진 사람으로서 어떻게 쏘련 사회를 자본주의 사회였다고 규정할 수 있겠는가?

그러나 물론 좌익공산주의자들은 어떤 의미에서든 결코 호락호락한, 범상한 인물들이 아니다. 그리하여, 제정신을 가진 사람들이라면, 그것이 사회주의나 공산주의든, 아니면 다른 무엇이든, 쏘련이 적어도 비(非)자본주의 사회였다는 증거를 저들은 그것이 '국가자본주의' 사회였다는 유력한 증거의 하나로 내세운다. 그러다 보니, 가치의 불구화 혹은 **가치 및 사용가치의 불구화**(deformation of both value and use-value)라는, 가히 천천재적(賤天才的)인, 기상천외한 개념·이론을 발명하게 된다. 이렇게,

> 화폐가 단순히 덧없는 유통수단으로 제한됨으로써, 그리고 상품들의 가치가 사전에 확증됨으로써, 화폐는 독립적인 가치 형태로서 기능할 수 없었다. 상품은 그 자신의 가치를 그 자신으로부터 독립적인 화폐라는 외적 형태로 표현하지 않았고, 오히려 그 가치는 상품들의 사용가치로 환산되어 표현되었다. 그 결과 가치의 증대는 순수하게 양적이고 보편적인 형태 [즉: 인용자] 화폐에 있어서의 가치의 양적 증대 속에서 그 가장 적절한 표현을 발견할 수 없었고, 질적이고 특수한 형태들 [즉: 인용자] 사용가치들에 있어서의 가치의 양적 증대 속에서 그 가장 적절한 표현을 발견했다 (As a consequence the expansion of value did not find its most adequate expression in the quantitative expansion of value in the purely quantitative and universal form money but in the quantitative expansion of value in the qualitative and particular forms use-values). **가치와 사용가치는 악화되어 결국 가치도 사용가치도 불구화되었다**(Value

and use-value were compounded leading to the deformation of both value and use-value).

이것이 바로 저들이 대표제(大標題)로, 그러니까 ≪소련은 무엇이었나: 국가자본주의 하에서의 **가치의 불구화 이론**을 위하여(*What was the USSR? Towards a Theory of the **Deformation of Value** under State Capitalism*)≫ 하고 내걸었던 가치(와 사용가치)의 불구화 바로 그것이다!

수정주의 쏘련의 병리현상
―그리고 좌익공산주의자들의 시장 신앙

이렇게 해서 저들은 '가치와 사용가치의 불구화 이론'이라는 이론적 무기를 획득했다. 이제는 그것을 휘두르기만 하면 된다. 저들은 이 무기를, 무엇보다도 먼저, 후기(後期) 쏘련 사회의 온갖 병리적 현상들을 설명하는 논거로 들이댄다. 즉 그 소위 '가치와 사용가치의 불구화'가 그 병리적 현상들의 원인이었다는 것이다. 들어보자. (참고로 말하자면, 바꾸어 읽어야 할 부분들을 바꾸어 읽으면, 저들의 비뚤어진 증언은 물론 쏘련이 결코 자본주의 사회가 아니었다는 훌륭한 증언이 된다.)

실로, 쏘련에서는 생산자본의 축적은, 즉, 가치의 자기증식은, 생산된 (...) 사용가치들의 양으로 환산되어 직접적으로 표현되었다. 하지만, 화폐로서의 화폐―가치의 독립적 형태로서의 화폐―의 완전한 발전 없이 그러한 사용가치들의 내용이 사회적 재생산의 필요에 반드시 들어맞지는 않았다. 화폐는 구매하지 않으면 안 되었다. 그것은 상품들의 교환을 허용하지 않으면 안 되었던 것이다. 그것은 그리하여 표준 이하의(sub-standard) 상품들을 구매하는 것을 거부할 수 없었다. 상품의 사용가치의 품질은, 화폐 그러니까 구매자에 의해서가 아니라, 국가 계획에 의해서 보증되었다. 그러나 국가 계획은, 우리가 입증해온 것처럼, 다양한 경제 행위자들 ― 그들이 노동자들이건 국유 기업들이건 ―의 외부에 서 있었다.

그 결과, 그 계획에 의해서 규정되고 재가된 사용가치는 사회적 필요에 반드시 들어맞지는 않았다.

... 쏘련에서의 화폐의 결함— 그것이 보편적이고 독립적인 가치 형태로서 기능하지 못한 것 —은 또한 끝내 쏘련의 종언을 불러오는, 저 고유의 결함 있는 사용가치의 생산을 초래했다.

후기 쏘련에서의 불량품 생산의 원인이, 저들 좌익공산주의자들의 눈에는 이렇게, 결국엔 쏘련을 해체시키기에 이른 흐루쇼프 이래의 수정주의의 도입 및 만연에, 즉 그 기회주의적 반동의 도입과 만연으로 인한 노동자·인민의 이니셔티브의 쇠퇴·약화, 그 사회주의적 민주주의의 후퇴·약화에 있었던 것이 아니라, 소위 '가치의 불구화', '화폐의 불구화'에 있었던 것이다!

그런데 이렇게 소위 '결함 생산(defective production)'의 원인을 소위 '가치의 불구화', '화폐의 불구화' 이론으로 '설명'하는 저들의 태도 속에는 사실은 시장에 대한 저들의 불치의 신앙, 사악한 형태의 반공주의로서의 저들 좌익공산주의의 불치의 신앙이 은밀히, 그러나 맹독성을 띠고 숨겨져 있다. 다음과 같은 서술에서 우리는 맹독성을 띠고 은밀히 숨겨져 있는, 시장에 대한 그 신앙의 사악하게 부정직한 고백을 보다 더 선명히 읽을 수 있다.

구속된 화폐의 제 결과(The consequences of constrained money): 우리가 보아온 것처럼, 독립적이고 보편적인 가치 형태로서의 화폐의 존재가, 사용가치들이 사회적 필요에 들어맞도록 보장한다. (강조는 인용자)

"독립적이고 보편적인 가치 형태로서의 화폐"란, 다름 아니라, 상품생산·상품유통의 전제이자 거기에서 발생·기능하는 화폐, 따라서 본래의 의미의 화폐이다. 따라서 그러한 화폐가 존재하는 것은 바로 시장이 존재하는 것을 의미한다.

한편, 저들은 그러한 화폐·시장에 대한 신앙의 연장선상에서 예의 '가치의 불구화' 이론으로 소위 '결함 생산'뿐 아니라 소위 '블라트(blat)'도, 즉 후기 수정주의 쏘련에 만연했던 관료주의 및 그와 연관된 일련의 사회적·경제적 별리현상들도 설명한다. 물론 마치 그것이 '스딸린주의' 쏘련의 병리 상들이었던 것처럼. 들어보자.

그러나 더 나아가, 독립적 가치 형태로서의 화폐는 또한 사회적 권력의 분산형태이기도 하다.
하지만, 우리가 입증해온 것처럼,[37] 쏘련에서는 화폐가, 생산자본의 순환을 위해 꼭 필요한 기능들에 구속되어 있었고, 사회적 필요는 국가 계획에 의하여 규정되어 있었다. 이는 두 가지 중요한 의의를 가졌다. 블라트 및 고유의 결함 생산과 같은 비자본주의적인 사회적 형태들의 지속.

"비자본주의적인 사회적 형태들"로서의 '블라트'! — 자본주의에 대한 저들의 저 그윽한 애정·신뢰!
어떤 궤변과 악의로써 그 애정과 신뢰를 표현하고 있는지를 더 들어보면,

기술적·사회적 필요가 국가 계획에 의해 규정된 틀의 외부에서 발전하는 한, 그것들은 화폐가 아니라 다른 무언가에 의해 articulate되지 않으면 안 되었다(Insofar as technical and social needs developed outside the framework prescribed by the state plan they had to be articulated by something other than by money).[38] 화폐는 오직 그 계획에 의해 확립된 한계 내부에서만 구매할 수 있었다. 화폐의 구매력이 제한되어 있었던 것이다. 누구나 화폐를 필요로 했지만, 그것은 모든 필요를 충족시키기에는 불충분했다. 그 결과, 비화폐적인 사회관계들로 목적을 달성해야 했다(As

---

37) 즉, 선언해온 것처럼.
38) 문장 중의 'had to be articulated'를 오세철 교수님께서는 "명료하게 표현되어야 한다"고 '번역'하시고 계시지만, 나로서는 번역할 방도가 없다.

a consequence, non-monetary social relations had to be persevered).39)
정부 인사들의 영향력과 호의, '고객 관계' 등이, ─ 즉, 블라트로 알려진 체제가 ─, 특권적 상품을 획득하는 수단으로서, 혹은 일이 되게 하는 수단으로서 쏘련 관료주의의 두드러진 특징이 되었다.

그렇게 블라트는, 화폐가 생산자본에 종속됨으로써 화폐의 기능들에 가해진 제한들로부터 등장했다. 그렇게 블라트는, 필연적으로 사람들 사이의 인적(人的)이고 수량화할 수 없는 관계를 수반한, ─ 전(前)자본주의적은 아닐지라도 ─ 비(非)자본주의적인 사회적 형태였다.

그런데 흥미롭지 않은가? 한편에서는 쏘련이 자본주의 사회였다고 왜장 치면서, 다른 한편에서는 그 사회 관료주의의 두드러진 특징이라는 소위 블라트를 비자본주의적인 사회적 형태(non-capitalist social form)라니 말이다!

그건 그렇고, 쏘련에서의 이러한 병리현상은 명백히 1960년대 이후의 현상이었다. 저들도 본의 아니게 이를 이렇게 실토하고 있다. 즉, "1960년대 이후 갈수록 명백해진, 그리고 1990년의 쏘련 붕괴에서 극에 달한 쏘련의 만성적인 경제 침체..." 운운.

그런데 저들이 말하는 소위 '가치의 불구화'는 기본적으로 사실상 10월 혁명 이후 곧바로, 그리고 최대한 늦추어 잡아도 NEP가 종식된 1920년대 말부터는 쏘련에 고착된 제도였다. 그런데도 1950년대 말까지는 어떤 파렴치한 반쏘·반공 선전자도 "쏘련의 경제 침체", 하물며 "쏘련의 만성적 경제침체" 따위는 입에 올릴 수 없었다. 오히려 세계는 쏘련에서의 새로운 형태, 새로운 질의 고도의 경제적 성장을 경이(驚異)의 눈으로 바라볼 수밖에 없었다.40)

---

39) 심심파적. 오세철 교수님의 '번역': "그 결과 비화폐적인 사회관계가 보존되어야 했다."(p. 210.)
40) 그리고 물론 미국·영국·프랑스 등 '민주국가'의 제국주의자들과 그 앞잡이들은 히틀러의 나찌를 부추겨 저 쏘련을 말살할 것인가에 골몰했다. 그것이 제2차 대전을 앞둔 1930년대, 자본주의 대공황기의 세계정세의 주요 특징의 하나였다.

따라서 제정신을 가진 사람이라면, "1960년대 이후 갈수록 명백해진, 그리고 1990년의 쏘련 붕괴에서 극에 달한 쏘련의 만성적인 경제 침체"의 원인을 1950년대 이전에는 없었던 무언가 새로운 변수에서 찾지 않을 수 없을 것이다.

그리고, 그러다 보면 그 원인이 반동적 수정주의의 도입·강화·만연에 있었음을, 그 외에는 찾을 수 없음을 알 수밖에 없을 것이다. 그러나 어떤 반쏘·반공주의자도 그에 대해서 솔직하게 말하지 않는다. 거꾸로 후기의 모든 병리현상이 저들의 소위 '스딸린주의' 탓으로 돌린다. 경제적·사회적 병리현상뿐 아니라 일체의 정치적·문화적 병리현상도 그렇게 '스딸린주의' 탓으로 돌린다!

쏘련에서의 노동력의 판매

노동력이 자유로운 상품으로 등장하지 않는 자본주의. 그것은 물론 언어도단이다. 그 때문에 저들도 자신들의 글 전체를 통해서 과연 쏘련에서는 노동력이 상품으로 등장하여 매매되었던가 하는 문제를 거듭거듭 제기하고 있다. 주로, 쏘련을 자본주의로 규정하는 대신에 소위 '타락한 노동자국'로 규정하는, 또 다른 반쏘주의자들, 뜨로츠끼주의자들이 제기하는 이의(二儀)의 형식으로.

그리하여 저들은 그러한 이의에 응답해야 할, 즉 쏘련에서 노동력이 매매되었음을 입증해야 할 의무가 있고, 그리하여 글의 말미에 "[쏘련에서의: 인용자] 노동력의 판매"라는 소절을 배치하고 있다. 그러나 그러한 이의에 대하여 저들이 할 수 있는 입증이란 다음과 같은 것뿐이다. 즉,

> 하지만, 우리가 입증해온 것처럼, 쏘련에는 상품생산이 있었고 또한 제한된 형태의 상품유통이 있었으며, 그리하여 노동력은 임금을 매개로 다른 상품들과 교환될 수 있었다. 그렇지만 노동자들이 자신의 노동력을 파는 자유가 제한되었다는 것도 진실이다.

이것이 입증인가? 순환논법적으로 거듭되고 있는 선언 아닌가? 그리고 저들은 과연, 저들 말대로, 쏘련에서의 상품생산·상품유통을 입증해왔던 것인가?

그건 그렇고, 여기에서도 저들의 최대의 미덕을 발휘하고 있다. 즉, 쏘련에서 노동력이 상품으로서 매매되었다는 것을 입증하는 대신에, 이미 앞에서 여러 번 거듭된 내용이지만, 쏘련은 결코 노동력이 매매되는 자본주의 사회가 아니었음을 다시 입증하고 있는 것이다. 무엇보다도 저들은 쏘련에서는 완전고용이 이루어졌다고 증언한다. 앞에서도 한번 인용했지만, 무엇보다도 이렇게.

> 실로, 완전고용은 스딸린 이래 쏘련의 정치적·사회적 결속을 유지하는 중요한 한 요인이 되었다(Indeed, full employment became an important element in the maintenance [of: 인용자] the political and social cohesion of the USSR from Stalin onwards).

'고용'이란 말 자체가 사실은 자본주의적 생산관계를 전제하는 것이어서 보다 정확히는 '완전취업'이라고 해야 할 것이다. 그러나 아무튼 국가가 말 그대로의 '완전고용'을 보장하는 자본주의! 그러한 자본주의가 가당키나 한 말인가?

맑스의 말을 들어보자.

> ... 과잉노동자 인구가 축적의, 또는 자본주의적 기초 위에서의 부(富)의 발전의 필연적 산물이라면, 이 **과잉인구**는 거꾸로 자본주의적 축적의 지렛대, 아니 **자본주의적 생산양식의 생존조건**(Existenzbedingung)이 된다. 그것은, 흡사 자본이 자신의 비용으로 육성이라도 한 것처럼, 완전히 절대적으로 자본에 속하는, 자유롭게 처분할 수 있는 산업예비군을 형성한다.[41] (강조는 인용자)

---

41) ≪자본론≫ 제1권, *MEW*, Bd. 23, S. 661.

사회적 부, 기능 자본, 그 증가의 크기와 힘, 따라서 또 프롤레타리아트의 절대적 크기와 그 노동생산력이 크면 클수록, 산업예비군도 더 크다. 처분 가능한 노동력은 자본의 팽창력이 발전하는 것과 같은 원인에 의해서 발전한다. 산업예비군의 상대적 크기는 그리하여 부의 힘이 증대함에 따라 증대한다. 그러나 이 예비군이 현역 노동자군에 비해서 크면 클수록 고정적 과잉인구가 더욱더 증대하는데, 그 궁핍은 그 노동의 고통에 정비례한다. 마지막으로 노동자계급의 극빈층과 산업예비군이 크면 클수록 공인된 피보호빈민도 증대한다. 이것이 자본주의적 축적의 절대적 일반법칙이다.[42] (강조는 K. 맑스.)

이렇게 맑스는 과잉인구를 "**자본주의적 생산양식의 생존조건**"이라고 단언하고 있고, 그 증대와 그에 따른 공인된 피보호빈민의 증대를 "**자본주의적 축적의 절대적 일반법칙**"이라고 단언하고 있다. 그러라면, 맑스주의자들임을 자처하는 저들로서 '완전고용'이 보장된 사회의 성격을 어떻게 규정했어야 하겠는가? 맑스주의자임을 자처하면서 문자 그대로의 '완전고용'이 보장된 쏘련 사회를 자본주의 사회였다고 규정할 수 있겠는가?

그러나 저들 좌익공산주의자들에게는, 그리고 ≪마르크스가 예견한 미래사회≫의 저자 김수행 교수에게도 그러한 규정한 가능하다!

그런데 저들 좌익공산주의자들은 거기에서 더 나아가, 위 인용문에 바로 이어서 이렇게 얘기한다. 즉, "완전고용의 유지는 노동력의 만성적 부족을 초래했다"고! 그러니까 저들의 맑스주의적 관점에서는 '노동력이 만성적으로 부족한 자본주의'도 가능한 것이다!

한편, 저들은 쏘련에서는 노동력이 상품으로서 매매되었지만, 동시에 동시에 이렇게 얘기한다.

> 그렇지만 노동자들이 자신들의 노동력을 판매하는 자유가 제한되었다는 것도 진실이다. 내국여권제도(internal passport system) 같은 다양한 제한

---

[42] ≪자본론≫ 제1권, *MEW*, Bd. 23, S. 673.

들을 통해서 노동자들의 이동이 제한되었다.

그런데 이 "노동자들의 이동의 법률적 제한(legal restrictions of the movement of labour)" 또한 저들에 의해서 아주 흥미있게 소개되고 있다. 우선 이렇게 얘기한다.

> 그러나 보다 면밀히 살펴보면, 노동자들의 이동을 이렇게 법률적으로 제한한 것은 어쩌면 그 제한을 지키는 것보다는 그것을 위반하는 것이 보다 더 영광으로 생각되는 흥미 있는 상황에 대한 반응이었던 것으로 보인다(But on closer inspection these legal restrictions on the movement of labour appear more as a response to exiting situation which were honoured more in the breach than in their implementation).[43]

참고로 말하자면, 원문 중 'exiting situation'은, 내가 보기로는 그대로는 아래에 보여준 오세철 교수님의 기상천외한 '번역' 이외의 어떤 의미도 만들지 않는다고 생각되어, 그것을 'exciting situation'에서 'c'가 탈자된 것으로 보고 번역했다. 그러나 어떻든 저 문장의 요지는, '제한은 그 제한의 위반이 더 영광스럽게 생각되는 상황에 대한 반응이었다'는 것이다. 존재하지 않는 제한을 위반하는 '영광'은 존재할 수 없을 터이니 결국 위반의 영광을 위해서 제한이 가해졌다는 말이다! Bullshit!

그런데 저들의 반쏘 악의는 이 개소리를 근거로 이렇게 얘기한다.

> 노동의 이동에 대한 이러한 제한들이 노동자들을 특정한 생산수단에 결박했다는 점에서, 그리하여 그들은 임금노예들이었다기보다는 산업농노들이었다고 볼 수 있다.[44]

---

43) 심심파적. 오세철 교수님의 '번역': "그러나 면밀히 살피면 노동의 움직임에 대한 이러한 법적 제약은 그 시행보다는 그 불이행에 있어서 더 의미가 있는 존재하는 상황에 대한 반응으로 나타난다." (p. 212); 무엇보다도 원문의 "exiting situation"을 기상천외하게도 "존재하는 상황"으로 번역하고 계시다.

그런데 저들은 역시 미덕을 발휘하는 좌익공산주의자들이다. 그리하여 이제는 국가가 저들을 특정한 생산수단에 결박된 '산업농노'로 만든 게 아니라, 국유기업의 경영진과 노동자들이 '적극적으로 공모하여' 그렇게 만들었다고 주장한다. 역시 특유의 기괴한 논리로 이렇게,

> 실제로는 노동자들이, 제한적이긴 하지만 결정적인 정도로 자신들의 노동력을 판매하는 데에 자유로웠다는 사실은 노동력을 비축하기 위한 국유기업들의 경영진의 전략에서 볼 수 있다. 실로, 국유 기업들의 경영진들은, 생산 목표를 달성하기에 충분한 노동력을 확보하기 위한 노력으로 노동자들의 이동에 대한 제한을 극복하기 위해 노동자들과 적극적으로 공모(共謀)했던 것이다. 그리하여 노동자들의 자유로운 이동에 대한 법률적 제한은 단지 이런 것, 즉 자신들의 노동력을 판매하는 데에 본질적으로 자유로운 노동자들을 제한하려는 시도에 불과했다.

이 사악한 궤변! 경영진들이 노동력을 확보하기 위해 노동자들과 공모하여 노동력의 이동 제한을 극복했다는 말은 그럴 듯하게 들리지만, 사실은 사기이다! 저들은 지금 농노해방이나 농민층의 분해를 위해 노동자들과 공모했다고 말하고 있는 게 아니다. 그런 조건, 즉 농노의 해방도 농민층의 분해도 과제로 되어 있지 않은 조건에서 기업의 경영진이 노동력을 비축(hoard)한다는 얘기는 바로 자신들이 확보한 노동력의 이동을 제한한다는 뜻이다. 그리하여, 저들에 의하면, 바로 그 제한을 노동자들과 공모했다는 것으로 된다! 노동자들이 '산업농노'가 되기를 자청한 것으로 된다!

한편, 저들은, 쏘련에서 노동자들의 '임금'이 분명 자본주의적 임금이었음에도 불구하고 그것이 외관상 '연금'처럼 나타났던 것, "그것이 말하는

---

44) 물론 저들은 여기에서는 쏘련의 노동자들이 "임금노예들이었다기보다는 산업농노들이었다"고 말하지만, 동시에 다른 곳에서는 그들이 '산업농노이자 노예였다'는 악담을 서슴지 않는다.

모든 것은 쏘련에서의 노동계급의 특수한 힘, … 중요한 의미를 갖는 힘 이다(All that it indicates is the particular power of the working class in the USSR that, …, was to have important implications)리고, 역시 그 미덕을 살려 말하고 있다. 결국, 저들에 의하면, 쏘련의 노동자들은 특수한 정치적·경제적·사회적 그리고 문화적 힘을 가진 농노·노예였던 셈이다. 그 힘의 일면을 저들에 따라 다시 소개하자면, 예컨대, 이런 것이다.

… 국유 기업들의 경영진에게는 노동력을 통제할 당근도 채찍도 없다. 실로 노동자들은 노동과정에 대하여 상당한 정도의 부정적 통제[부정적 통제? 이 진한 악의!: 인용자]를 행사할 수 있었다.

생산 목표를 달성하기 위하여 국유 기업들이 노동력 [확보: 인용자]에 필사적이었던 완전고용의 조건에서는 해고(sack)[45]는 비효과적인 제재조치였다.

아무튼 이 정도면 저들 좌익공산주의자들이 쏘련에서의 노동력의 매매를 얼마나 훌륭히 입증 내지 논증했는지가 명백해졌을 것이다.
과거 쏘련에서 노동자들의 수입이 '임금'이라고 불렸다는 것은 우리 모두 인정한다. 그러나 그것은, 앞에서도 얘기했지만, 사회주의 경제에서도 가치규정이 지배하기 때문이지 그 생산관계가, 저들이 말하는 것처럼 자본-임노동관계이기 때문이 아니다.
고도로 사회화된 사회주의의 대규모 생산에서는 노동자들이 자신의 일터에서 자신의 노동, 그 노동량에 대한 증서를 받고, 그 증서가 사회적으로 집적·관리되는 소비수단의 폰드로부터 소비수단을 끌어내는 청구권이 되는 것은 극히 당연하다. 그런데 저들은 외관상의 형태를 들어 그것이 바로 노자관계임의 증거, 쏘련이 자본주의 사회였던 증거라고 떠들어대고

---

45) 심심파적. 오세철 교수님께서는 이번엔 이 'sack'을 기상천외하게도 "착복"(p. 215)이라고 '번역'하고 계시다. 전번(p. 88)에는 "약탈"이라고 '번역'하시더니!

있다.

그렇다면, 저들로부터, 그리고 마찬가지로 김수행 교수로부터 그러한 혐의를 받지 않는 '자개연', 즉 '자유로운 개인들의 연합' 혹은 '자유롭게 연합한 개인들'은 어떤 모습으로 존재할 수 있을까?[46]

자못 궁금하고 또 궁금할 따름이다.

좌익공산주의자들의 고백
— 결론을 대신하여

수도 없이 본 것처럼, 저들 좌익공산주의자들의 특이한 사고, 특이한 서술은 저들이 주장하고자 하는 바의 반대증거들, 그들의 주장과 논증이 얼마나 터무니없는 것인가를 보여 주는 증거들을, 그 형태야 어떻든, 그러니까 때로는 그 자체로서 명백한 형태로, 그리고 때로는 은폐되고 뒤틀린 형태로, 사실상 거의 모두 저들 스스로의 글이 제공하고 있었다.

이제는 그러한 특이한, 미치광이 악마와 같은 서술방식이 제공하는, 저들의 사악하게 뒤틀린 정치적 고백을 들어보자.

저들은 이렇게 쓰면서, 즉 이렇게 고백하면서 자신들의 "saga", 곧 무용담 혹은 모험담 내지 장황한 소설을 끝맺고 있다.

> ... 국제적 가치법칙의 지배에의 러시아의 재종속(Russia['s: 인용재 re-subordination to the dictates of the international law of value)으로 러시아 경제의 일부는 물물교환경제(barter)로 되돌려졌고, 다른 부분은 ... 마피아 자본주의가 지배하게 되었다. 그리하여 미국과 IMF의 모든 노력에도 불구하고 러시아는 여전히 자본주의로의 이행의 수렁에 빠져 있다.

저들이 이 고백 전에 어떤 헛소리를 늘어놓고 있든, 그리고 어떤 의도

---

[46] 저들이 낮은 단계의 공산주의, 혹은 고도의 공산주의로의 사회주의의 이행단계에서의 프롤레타리아트 독재를 '독재' 운운하며 거부하고 있는 점에 대해서는 여기에서 다루지 않는다.

로 이렇게 고백하든, 이 인용문의 내용은, 물론 모든 게 발전한다는 걸 고려하면 전적으로는 아니지만, 진실이다.

그리고 바로 앞에서는 저들은 이렇게도 고백하고 있다.

> 코소보 전쟁과 관련한 마지막 호(號)에서 본 것처럼,[47] 러시아라는 문제는 지정학적 무대에서 여전히 중요한 문제이다. 동유럽 블록(Eastern bloc)을 해체하여 자본주의 세계 구조 속에 재통합하는 문제는 아직도 해결을 찾아야 할 문제의 하나이고, 특히 러시아 그 자체의 경우 더욱 그렇다.

"동유럽 블록(Eastern bloc)을 해체하여 자본주의 세계 구조 속에 재통합하는 문제는 아직도 해결을 찾아야 할 문제의 하나이고, 특히 러시아 그 자체의 경우 더욱 그렇다." — 그렇다! 바로 그래서 당신들 좌익공산주의자들은 러시아 문제, 소련 문제에 그토록 열심히 매달리고 있는 것이다.

그리고 무엇보다도 저들은 이렇게 고백하고 있다.

> 제1부에서 지적한 것처럼, 러시아 혁명과 최초의 '노동자 국가'의 설립은[48] 세계정세에 깊은 충격을 **주어왔다**(...the Russian Revolution and the establishment of the first 'workers state' has had a profound impact in shaping our world).[49] 처음에는 러시아 혁명의 명백한 성공이 **자본주의에 대한 현실적인 대안**이 있음을 보여 주었다. 그것은, 노동자계급이 **자본주의를 타도할 수 있다는 것**, 그리고 —공산주의는 아닐지라도— **사회주의 사회가 그 잔해 위에 건설될 수 있다는 것**을 보여 주었다. 그렇게 그것은 자본주의 체제와 투쟁하고 있는 **수세대**(數世代, generations)의 사회주의자

---

47) 이건 물론 지금 우리의 관심사가 아니다.
48) 담백하게 "노동자 국가의 설립은"이라고 말하는 것을 저들의 반쏘 심성은 결코 허용하지 않는다. 그리하여 "소위 노동자 국가의 설립은"이라는 의미로 "노동자 국가"를 따옴표로 묶고 있다.
49) 좀 좀스럽게 들리지 모르지만, 주지하는 것처럼, 영어에는 (그리고 잘은 모르겠지만, 어쩌면 유럽어 일반에는=) 동사 변화에 과거형과는 다른 '...완료형'이라는 게 있고, 그 표현의 차이가 중요할 때가 많다. 그리고 이 경우가 그렇다.

들과 노동자들을, 그들의 목표와 방법을 명확히 보여 주면서, 고무했다. (강조는 인용자)

자, 강조한 부분에 유의하면서 보자면, 위 인용문은,
명확히 러시아 혁명이 타도했던 것은 자본주의였으며, 건설한 것은 노동자 국가, 사회주의 사회였음을 저들은 고백·증언하고 있다. ─ 그래서 저들은 쏘련은 '국가자본주의'였다고, 자본주의에서 사회주의로 이행하고 있었던 게 아니라, 저개발·후진성으로부터 자본주의로 이행하고 있었다고 미친 듯이 왜장쳐야 한다!
그리고 저 인용문은 특히, 러시아 혁명의 충격 혹은 그것이 자본주의 체제와 싸우고 있는 사회주의자들 및 노동자들에게 준 고무·감화는 결코 단발성이 아니라 장기간에 걸친 것, 수세대에 걸친 것이었음을 증언·고백하고 있다. 그리고 그 고무·감화는, 물론 저들의 미친 듯한 반쏘·반공 책동을 포함한 여러 이유로 과거와 같지 않지만, 아직도 지속되고 있고, 또한 언제 폭발할지 모를 휴화산과 같이 잠복해 있기도 하다. ─ 그래서 저들 좌익공산주의자들은 더욱 분주하고 미쳐 날뛴다! 이렇게 ...

그 후진성과 세계적 분업 속에서의 종속적 지위를 타개하기 위해, 러시아 혁명 후 형성된 국가 관료배는 국가자본주의라는 이행형태를 통해서 자본주의로 이행을 추구했다. 산업화하려는 노력 속에서 러시아 국가는, 화폐 및 상품자본이라는 보다 더 세계적이고 **공황**에 **시달리는 형태의 억압**을 요구하는 생산자본의 억지 발전을 추구했다.

그런데 여보시오, 좌익공산주의자님들, 방금 앞에서는 러시아 혁명이 노동자계급이 자본주의를 타도할 수 있고 그 대안으로, 비록 공산주의는 아닐지 몰라도, 사회주의 사회를 건설할 수 있다고, 자본주의와 싸우는 "수세대"의 사회주의자들 및 노동자들을 고무했다더니?!
그리고 혁명 후 러시아·쏘련의 기술적 생산방식이, 당신들이 '국가자본주의'라고 규정하고 있는 그 생산방식이 비(非)기계제적, 수공업적인 그것은 아니었지 않소? 고도로 발전한 생산력을 체현하고 있는 기계제 대공업의 생산방식이었지 않소? 그러한 고도의 생산력을 가진 자본주의인데도 '국가(적)'이라는 규정으로 공황에 시달리지 않을 수 있었다고야? 그런 자본주의가 있을 수 있다고야??? 이 개차반만도 못한 양반들아![50]

*　　*　　*

마지막으로 나는 한국의 내로라 하는 '진보적 지식인들'에게 보내는 최대의 찬사, 최대의 경의로 이 글을 맺고 싶다.

"'현실 사회주의'를 아직도 혁명의 허상으로 붙들고 있거나, 스딸린주의를 교조로 삼는 사람들이 맑스주의자들이라면, 이 글과 같은 분석을 내놓기를 바랄 뿐이다"면서, "손바닥으로 하늘을 가리지 말자"면서, 이 '책'을 '번역'·출간하신지도 벌써 5년. 이 격동하는 시대에 5년이면 결코 짧은 세월이 아니다.

그런데 나는 여직껏, 과문의 탓인지는 모르겠으되, 한국의 그 많은 내로라하는 '진보적 지식인들' 중 누구 한 사람 좌익공산주의자들과 오세철 교수님의 이 "훌륭한 글"에 가타부타 언급하고 나섰단 얘기를 듣지 못했다. 저들 '진보적 지식인들'의 넓고도 높은 인품에, 그 소부르주아적 인품에, 그 패거리주의적 인품에 최대의 존경의 염(念)을 표한다!

---

50) 나는 이 경멸을, 쏘련 사회가 무언가의 형태의 수공업적 생산에 기반한 사회였음을 증명하지도 못하고, 주기적인 공황에 시달리고 있었다고도 증명하지 못하면서, 그 사회가 자본주의 사회였다고 주장하는 모든 사람들, 모든 '쏘련=자본주의'론자들에게 보낸다. 물론 그들 중 누군가가 그 둘 중 하나, 즉 쏘련이 수공 생산 사회였다든가, 주기적 공황에 시달린 사회였다고 입증한다면, 내가 그들에게 보낸 경멸은 그 몇 배로 증폭되어 나에게 쏟아지게 될 것이고, 나는 기꺼이 그런 경멸을 감수할 것이다!

옌안문예강화 당파적으로 읽기 (3)

최상철 | 노사과연 운영위원

혁명적 대중 미술운동의 핵심 목판화운동

목판화는 글을 모르는 농민들도 쉽게 받아들일 수 있는 예술 양식으로 판자와 조각칼만 있으면 누구라도 판화운동에 참여할 수 있었다. 또한 판화는 그 특성상 쉽게 복제할 수 있기에 혁명적 이념을 대중들에게 쉽게 재생산 할 수 있는 도구였다. 화약, 나침반, 목판을 이른바 중국 3대 발명품으로 꼽는데 이에서 목판이 역사적으로 중국 인민과 친숙하다는 또 다른 장점도 찾아낼 수 있었다. 중국 혁명기의 목판화 운동은 지극히 열악한 조건에서 진행되었다. 제대로 된 조각칼마저 없어 우산대나 철사를 화로에 넣어 고쳐 만들었고, 그림을 고정시키는 압정이 없이 멧대추나무의 가시를 썼다고 한다.[1]

이러한 혁명적 목판화 운동의 뿌리는 루쉰에게로 거슬러 올라간다. 루쉰은 해외의 이론과 예술을 보급하는 데에도 정력적이었다. 루나차르스끼의 ≪예술론≫을 번역했고, 노동자의 삶을 진솔하게 그린 칼 메페르트(Karl Meffert)의 삽화집, 캐테 콜비츠(Käthe Kollwitz) 판화집, 예리한 풍자의 프란츠 마자렐(Franz Masareel) 판화집, 1920년대 러시아 혁명판화집

---

1) 토미야마 타에꼬(富山 妙子), 이현강 역, ≪해방의 미학≫, 한울, 1985, p. 195. 토미야마 타에꼬는 일본의 미술가로서 조선인 군 위안부에게 바치는 유화와 석판화 작업을 하였고(http://ja.wikipedia.org/wiki/富山妙子), 1980년 광주인민봉기에 연대하기 위해 희생당한 임산부의 모습을 ≪학살≫이라는 판화로 제작하기도 하였다.

등을 발간하면서 리얼리즘 미술을 보급하기 시작했다. 1931년 8월 루쉰은 일본의 목판화가 우찌야마 카끼치(內山 嘉吉)2)를 초청하여 〈목각 강습회〉를 열었다. 강습회 이후 〈목각연구회〉가 발족되었고 중국미술사가들은 이를 중국 근대 신흥판화운동의 기념비적 출발로 삼고 있다.3) 루쉰의 목판화 운동은 해외의 리얼리즘 기법과 중국 전통의 목판화 기법이 새로운 시대적 요구에 맞게 결합된 것이었다.

〈그림 1〉 리후아(李樺, 리화), ≪울부짖는 중국(怒吼吧中國)≫, 1935. 전통 필선이 지닌 표현성을 이용한 신흥목판화 초기의 대표작.4)

---

2) 유홍준의 글에서는 '야마우찌(山內 嘉吉)'라고 잘못 표기되어 있다. 정확히 바로 잡아준 Julia님에게 지면을 빌어 감사의 말씀을 전한다. 아래 싸이트를 참조하라. (https://kotobank.jp/word/內山嘉吉-1274223)
3) 유홍준 "중국 신흥판화 50년의 발자취와 교훈", ≪다시 현실과 전통의 지평에 서—유홍준 평론집≫, 창비, 1996, p. 304.
4) 유홍준, 같은 글, p. 307.

옌안에 해방구가 열리면서 중국 목판화 운동은 새로운 전기를 맞이하게 되었다. 옌안에 도착한 대부분의 화가들은 루쉰예술학교 미술과에서 작품 활동을 하였다. 이들은 팔로군과 행동을 같이 하기도 하고 농촌으로 들어와 인민의 삶을 배우고 선전활동을 하였다.5) 1939년 화베이연합대학(华北联合大学)이 옌안에서 외곽지역으로 옮겨간 후6) 외곽지역에서 목판화가들의 활동이 시작되었다. 신사군 지구에서는 지폐와 우표도 목각으로 찍고 있었다. 1941년 장쑤성(江苏省, 강소성)의 옌청(盐城, 염성)시에 루쉰예술학교 분교가 설립되어 문학, 연극, 음악, 미술 등의 분야에서 학생들을 모집하였고 문예활동가들은 함께 학습을 하면서 대중운동에 복무하였다.7) "강화" 이후 문예운동가들의 당면과제는 보다 구체적인 것이 되었는데 문예계 전체에 "민간예술로부터 배우자"는 기풍이 크게 일어나 민요, 민간설화, 민간미술을 중시하게 되었다. "먼저 인민의 학생이 된 뒤, 인민의 선생이 될 것"을 몸소 실천하면서 미술운동을 전개해나갔다. 저우양이 1947년 ≪옌안목각선집≫8)에서 술회하고 있는 바처럼 이러한 예술적 수확은 빼어난 영감의 강림에서 비롯한 것이 아니다. 오직 인민과 생사고락을 같이 하면서 태어난 예술만이 인민과 결합될 수 있는 생명으로 충만한 강한 창조력을 획득할 수 있었다. 기존의 단색 목판화뿐만 아니라 인민들이 좋아하는 색깔 있는 그림을 위해 채색목판화 운동도 크게 번졌다. 민간의 종이 오리기(剪纸, 전지) 기법도 미술에 적극 반영되었다. 여러 면에서 해방구의 목판화는 내용과 형식면에서 희망차고 경쾌한 전형을 창출하

---

5) 같은 글, p. 310.
6) 당시 학교의 이동은 일본과의 전황에 따른 전시 작전조처의 일환이었다. (http://baike.baidu.com/view/532219.htm)
7) 토미야마 타에꼬, 앞의 책, p. 194.
8) 유홍준의 글의 제목을 그대로 간체자로 옮겨 周扬, ≪延安木刻选集≫, 1947을 여러모로 조합하여 검색해보았으나 일치하는 결과를 얻지 못했다. 바이두 백과사전에도 일치하는 내용이 없으며(http://baike.baidu.com/subview/73931/4966879.htm), 중문판 위키백과는 소략하게 작성되어 원하는 정보를 얻을 수 없었다. 따라서 정확한 원문 제목을 병기하지 못하였다.

게 되었다. 1945년 중일전쟁이 끝나기까지 항전 8년간 중국 판화가들이 제작한 작품은 4천 종이 넘었다고 한다. 더욱 놀라운 것은 그 와중에 이 신흥목판화를 전세계에 알리는 작업이 동시에 이루어졌다는 것이다. 쏘련, 프랑스, 독일, 미국, 일본, 인도 등 세계 각국에서 작품을 전시하고 도록을 편찬하여 세계 각지에 그 예술적 성과를 널리 알리게 되었다.9)

여기서 루쉰예술학교에서 공부한 중국 예술계의 탁월한 천재로 불리는 구위안(古元, 고원)의 작품을 맛보기해 보자. 그는 1940년작 ≪풀베기≫에서 목판 특유의 거친 질감 속에서도 섬세한 조각칼의 움직임으로 농민의 힘겨운 노동을 구체적으로 묘사해내고 있다. 이는 작가가 옌안 바오타구(宝塔区, 보탑구)의 추안코우향(川口乡, 천구향)에서 농민들과 함께 생활하며 작업에도 함께 참여했던 성과였다.

〈그림 2〉 구위안, ≪풀베기(铡草)≫, 1940.

---

9) 유홍준, 앞의 글, pp. 310-312.

〈그림 3〉 구위안, ≪감조회(減租10)会)≫ 1943.

"강화" 이후에 발표된 1943년작 ≪감조회≫에서는 구위안의 문제의식이 보다 진일보한다. 농민의 힘겨운 노동을 묘사하는 것을 넘어 그러한 힘겨운 노동의 근원이 지주소작관계라는 봉건제도에 있음을 간결하면서도 명확하게 형상화해내었다. ≪풀베기≫에서의 거친 선은 보다 부드럽고 간결해졌고 밝은 분위기로 변화한 것이 눈에 들어온다. 지주를 향한 적극적인 항의의 움직임을 담으면서도 농민 군상의 다양한 움직임과 목소리를 작품에 놓치지 않고 담으려는 것이 눈에 들어온다. 그런데 아이를 안은 여성 농민도 항의에 같이 참여하나 아직은 소극적인 움직임으로 묘사되고 있는 것은 아쉬운 면으로 지적하지 않을 수 없다. 그러나 같은 해에 발표된 ≪이혼소송≫에서는 이제 기지개를 켜기 시작한 여성농민의 목소리가 작은 목판의 넘어 잔잔한 울림을 전한다.

---

10) 감조는 소작율 인하를 말한다. 이전 연재를 참고하라. 최상철, "옌안문예강화 당파적으로 읽기 (2)", ≪노동사회과학≫ 제6호, 노사과연, 2013, p. 32.

〈그림 4〉 구위안, 《이혼소송(离婚诉)》

목각판화 운동은 일제의 삼광작전이 전개되는 와중에도 전선의 최선두에 있었다. 이하에 목판화가 쩌우야(邹雅, 추아)가 회고하는 1940년의 상황을 인용한다.

우리는 도착하자마자 그 즉시 가져온 많은 새 그림과 목각 작품을 석판으로 대량 복제하여 도처에 붙이고 다니며 선전운동을 전개했다. 이들 목각 작품은 근거지의 대중에게 좋은 교육이 되었을 뿐만 아니라, 무장공작대의 동지들이 그것을 적 점령지역의 성내나 적의 보루 바로 밑에까지 부착하여 침략 일본군의 음모에 심리적으로 지대한 타격을 가했고, 일본군에게 이용당하고 있는 괴뢰군의 사기도 크게 동요시켰다. 그 후 괴뢰군 중에는 이들 그림을 보고 투항해 오는 자들도 있었다.
  - 쩌우야(邹雅, 추아), 《진지루위 해방구의 목각활동(晋冀鲁豫解放区的木刻活动)》[11]

〈그림 5〉 쩌우야, ≪공성(攻城)≫, 1944.

---

11) 晋冀魯豫边区(진기노예변구). 산시-허베이-산둥-허난에 이어지는 중국 공산당의 해방구. 이 지역의 문예 노농병 인민대중 및 문예활동가들은 일제와 치열하게 격전을 펼치는 와중에도 국민당군과도 맞서야 했다. 토미야마 타에꼬, 앞의 글, p. 194에서 재인용.

낭만적 음악으로 혁명을 노래하다

음악은 추상성이 높은 예술로서 미술과 같은 직접적인 시각적인 인상으로 각인되는 것은 아니기에 감상자 또한 일정한 훈련을 요한다. 그런 측면에서 청각 예술은 음악은 시각 예술에 비해 다소 접근이 어려운 것일 수 있다. 그러나 음악감상 및 악기연주를 비롯한 음악과 관련한 모든 활동은 인간의 두뇌 전체를 활용하는 일이며 또 가사와 관련한 활동이나 감상을 할 경우 언어중추를 적극 활용하게 된다. 그리하여 한 번 인상에 각인된 음악은 거듭해서 뇌리에 남아 인간의 사고와 실천에 지대한 영향을 주게 된다. 옌안에서도 무수한 음악이 창작되어 홍군과 인민대중에게 널리 사랑을 받았으며 혁명적 실천의 동력을 제공하였다.

이 시기 대표적인 작품으로 ≪황허대합창(黃河大合唱, 황하대합창12))≫이 있다. ≪황허대합창≫은 시안싱하이(冼星海, 선성해)가 광웨이란(光未然, 광말연)의 연작시에 곡을 붙인 것으로. 1938년 일제의 우한(武汉, 무한) 점령이라는 비극 속에서 창작되었다. 그러나 이 작품은 비통한 정서만을 담아내는 것이 아니라 황허강 양안 인민들의 용감무쌍한 항일투쟁을 소재로 하며 조국의 위대함과 인민의 근면·용기를 찬양함으로써 투쟁하는 인민들을 거인적 형상으로 빚어냈다. 웅장한 기세는 시대정신을 강렬히 반영하고 있으며 선명한 민족적 풍격을 체현한 것이었다.13) ≪황허대합창≫은 1939년 4월 13일 샨시성 북부 공립학교 강당에서 우시링(邬析零, 오석령)의 지휘로 초연되었다. 당시 합창단은 40여명에 불과했고 실내악 편성의 작은 규모로 연주되었다. 심지어 경유통과 세숫대야까지 악기로 등장한 열악한 공연이었지만14) 청중들로부터 의미있는 반향을 이끌어

---

12) 대합창은 서양 음악의 칸타타(Cantata)를 연상하면 될 것이다.
13) 编著組(비엔쭈주, 편저조), 유홍준·박수인 역, ≪예술개론≫, 청년사, p. 132의 역자 주.
14) 다음 카페 societas musici(http://cafe.daum.net/GermanMusicology)의 '머나먼 정글'님의 글 "중국의 경우-피아노 협주곡 '황하'에 대해", 2006. 12. 12.

내었다. 하지만 작곡자 시안싱하이는 여성합창 부분에서 문제점을 드러낸 초연의 결과와 청중의 반응에 대해 만족하지 못하였다. 시안싱하아니는 작품을 더욱 보강하여 5월 21일 루쉰예술학원에서 재연할 기회를 얻는데 이때는 마오쩌둥을 비롯한 중국 공산당 지도부들이 대거 관람하였다. 재연은 대단히 성공적이었으며 마오쩌둥을 비롯한 청중들은 이곡을 열렬히 환영하였다.15) 이 곡은 창작 당시에는 9악장이었으나 이후 수차례 편곡되었는데 현재는 7악장 혹은 8악장으로 연주된다.16) 황하대합창이 옌안에서 공연되었을 때의 연주를 들을 길이 없으니 당대의 분위기와 작품에 대한 정확한 평가를 내리기는 힘들다. 그래도 이후에 편곡되어 재편성 된 곡은 쉽게 웹상에서 찾아 들을 수 있는데, 위대한 인민의 투쟁의 역사를 담아낸 장대한 규모의 합창곡에 경탄을 하게 된다. 그러나 현재의 연주에서는 초기의 연주에 담겨있었을 투박하면서도 진솔한 혁명적 열기를 느끼기 힘들다는 것은 큰 아쉬움으로 남는다.

〈사진 1〉 시안싱하이가 지휘하는 ≪황허대합창≫ 연습장면17)

---

15) '머나먼 정글'님의 글에서는 ≪황허대합창≫ 초연에 마오쩌둥이 관람한 것으로 적고 있는데 오류로 보인다. (http://web.stanford.edu/~dlsun/yellowriver/creation.html)
16) '머나먼 정글', 같은 글. 바이두 백과사전에는 8악장 편곡을 기준으로 곡 해설을 하고 있다. 전곡의 가사도 담겨 있으니 참조하라. (http://baike.baidu.com/subview/40643/10971929.htm)

옌안시대를 언급하며 빼놓을 수 없는 또 한 명의 음악가로 정률성이 있다. 정률성은 분단과 반공의 족쇄에 묶여 거론하는 것조차 금기시되던 음악가였다. 1992년 3월 이이화의 "천재 음악가 정률성"이 ≪길을 찾는 사람들≫에 게재되면서 정률성에 대한 해금이 실천적으로 이루어지기 시작했다. 정률성은 광주 출신의 음악가로 조선의 독립을 위해 중국 혁명에 적극적으로 참여하였다. 원래 의열단 활동을 하며 국민당군과 연계된 활동을 하였으나 그 한계점을 극복하고자 공산주의 운동에 적극 동참하게 된다.[18] 그는 1937년 옌안에 도착하여 서거하는 시각까지 인민의 군대를 위한 군가, 전가, 행진곡을 비롯한 작품의 창작을 멈춘 적이 없다.[19] 13억 중국 인구중 10억은 정률성의 작품 중 최소한 하나는 알고 있을 정도로 그의 작품들은 유명하다. 정률성은 중국 현대음악 발전에 지대한 기여를 한 위대한 활동의 결과로 시안싱하이, 중국국가 ≪의용군행진곡(义勇军进行曲)≫의 작곡자 니에얼(聂耳, 섭이)과 함께 3대 작곡가로 추앙받고 있다.[20] 특히 올해는 정률성 탄생 100주년으로 중국에서는 대대적으로 정률성 탄생을 기념하는 행사가 열렸다. 그 일환으로 지난 8월 7일 〈광주시립 국악관현악단〉이 베이징에서 특별음악회 공연을 하기도 하였다.

---

17) 정확한 사진의 날짜를 확인하지 못했으나 합창인원을 일일이 세어보니 100여 명에 달하는 것으로 확인되는 데, '머나먼 정글'님의 글이 정확하다면 초연을 위한 연습장면은 아님을 짐작할 수 있다.
18) KBS 스페셜, ≪한중 수교 20년 기획—13억 대륙을 흔들다, 음악가 정율성≫, 2012년 1월 15일 방송. 원래 이 다큐멘터리는 2011년 8월 광복절 특집으로 방영될 예정이었으나 정률성의 이북에서의 행적을 문제삼는 이들 때문에 11월로 연기되고 한 차례 더 연기되어 이듬해에야 방영될 수 있었다.
19) 딩쉐쑹(丁雪松, 정설송) 편, ≪중국 인민해방군가의 작곡가 정률성―② 그의 음악≫, 형상사, p. 22. 인용한 부분에서는 정률성이 19세인 1933년 중국에 도착하였는데 19세에 옌안에 도착한 것으로 잘못 기록하고 있다.
20) 하성봉, ""하성봉의 중국이야기 9"―조선인 음악가 '정율성' 중국 또 하나의 보물", 2012. 1. 12. (http://m.mediatoday.co.kr/articleView.html?idxno=99722)

〈사진 2〉 옌안 중국인민항일군사정치대학(中國人民抗日军事政治大学, 약칭 항대(抗大))의 여성합창단을 지휘하는 정률성, 1938.[21]

정률성의 작품은 고음과 장음이 많지만 변화가 심하면서도 괴이하지 않고 사람들에게 까다로운 느낌을 주지 않는다.[22] 그의 음악이 당대에 미친 영향은 보싸노바(Bossa nova) 형식이 재즈에 도입한 활기에 비유할 수 있을 것이다. 보싸노바 형식은 현학적인 연주를 즐겨하던 재즈 연주자들의 욕구도, 쉽게 즐기며 몸을 맡길 수 있는 음악을 원하는 대중들의 욕구도 모두 만족시키며 관성에 젖어가던 재즈 음악에 활력을 불어넣었는데, 정률성의 음악이 가한 신선한 충격도 이에 견주해본다면 당시 대중과 음악활동가들의 열렬한 반응을 이해하는데 약간은 도움이 되리라 생각한다. 그러나 정률성의 음악에 담긴 사상과 의식성을 빼놓고 형식주의적인 측면에서만 접근해서는 곤란할 것이다. 그의 곡들은 형식적인 기교로 텅빈 내용을 미봉하려는 작품들과는 궤를 달리한다. 선율과 선법, 박자를 다루는

---

21) 사진출처: 인민음악가정률성 기념관 웹싸이트 (http://www.zhenglvcheng.net)
22) 딩쉐쑹 편, 앞의 책, p. 31.

탁월한 재능과 인민의 투쟁을 적극적으로 반영하는 혁명적 송가를 담은 그 내용이 잘 어우러져 연주자와 청중 모두로부터 갈채를 이끌어 냈다.[23]

옌안의 정률성은 시대를 뛰어넘은 명곡 ≪옌안송(延安頌)≫을 작곡한다. 옌안송의 작사가는 모예(莫耶, 막야)인데 옌안 곳곳의 감동적인 장면을 생생하게 지켜보던 정률성이 모예에게 거듭된 간곡한 요청을 했기에, ≪옌안송≫의 가사가 완성될 수 있었다.[24] 곡은 1938년에 4월에 완성되었고 정률성이 직접 만돌린을 타면서, 가수 탕롱메이(唐榮枚, 당영매)와 함께 소합창 형식으로 ≪옌안송≫을 초연하였다. 당시 마오쩌둥과 주더를 비롯한 당 지도부를 비롯한 대중들은 열렬한 환호로 화답하였다. 곧 ≪옌안송≫은 해방구 각지를 넘어서 국민당 통치구의 화교들에게까지 널리 퍼졌다.[25]

≪옌안송≫에서 옌안은 이렇게 묘사된다.

> 바오타산 산봉우리에 노을 불타고
> 연하수 물결위에 달빛 흐르네
> 봄바람 들판으로 솔솔 불고
> 산과 산 금성철벽 이루었네
> 아, 옌안!
> 장엄하고 웅위론 도시(古城)
> 승리의 노래 울리누나!
> ……
> 아, 옌안!
> 장엄하고 웅위론 도시
> 철벽의 성새, 승리의 요람
> 그대 이름 세월과 함께
> 역사에 길이 빛나리![26]

---

23) 같은 책, pp. 31-32.
24) 같은 책, p. 68.
25) 같은 책, p. 69.

<그림 6> ≪옌안송≫ 악보의 도입부

---

26) 현대 한국어 사용자들이 볼 때 다소 어색하게 들리는 표현이 있지만 중국의 조선인들이 부르는 ≪옌안송≫의 분위기를 전달하고자 일부부만 수정해서 옮긴다. 북경대학 조선문화연구소, ≪예술사≫, 중국민족출판사·서울대학교출판부, 1994, p. 53.

≪옌안송≫의 도입부는 4분의 3박자로 시작하며 옌안의 전경을 노래한다. 이어 4분의 2박자의 서술식의 음악은 적들에 대한 천만 청년의 증오를 보여준다. 이들 견고한 투사들이 강철성새가 되어 무적의 투사가 되리라 예언한다. 곡은 다시 4분의 3박자로 돌아오면서 1절의 후반부를 재현한 송가로 마무리 된다.27) ≪옌안송≫은 낭만적인 송가에 승리에 대한 확신이 담겨있다. 서양 고전음악을 바탕으로 하면서도 중간에 행진곡풍을 가미하여 여타 중국인 음악가들과도 다른 독창성을 발휘한 작품이다. 혁명적 열정과 노·농·병·인민의 일치단결에 근거한 해방에 대한 확신이 없었다면 어떻게 이렇도록 찬란하고 낭만적인 송가가 나올 수 있었는가.

1864-75년 옌안에서는 이슬람교도의 봉기가 있었고, 1870년대에 대가뭄을 겪었다. 1920-30년대 대가뭄으로 인해 옌안 전체의 인구가 줄었으며 성벽으로 둘러싸인 마을은 1938-39년 일본군의 폭격으로 파괴되었다.28) 이렇게 19세기 후반부터의 고난이 중첩이 되고, 일제의 포위섬멸전이 시시각각 목을 죄는데다가, 국민당군도 호시탐탐 해방구를 노리고 있던 척박한 옌안의 현실의 부정적인 측면만을 본다면 결코 이렇도록 찬란하고 낭만적인 송가는 나올 수 없었을 것이다. 고난의 현실에도 불구하고 항일전쟁 시작 후 수천수만의 청년들의 활기에서 희망을 찾아내고 혁명의 성지로 거듭나고 있는 옌안에 대한 애정이 서정적인 선율과 전투적인 예술의 언어로 재탄생한 것이 ≪옌안송≫에 생명력을 불어 넣고 있다. ≪옌안송≫은 오늘날에 이르도록 중국 인민대중의 큰 사랑을 받고 있다.

정률성의 음악 창작에 있어 행진곡도 매우 중요한 자리를 차지한다. 그는 행진곡 형식을 이용하여 인민의 군대의 활동을 적절하게 반영하였다. 그것은 서구 음악형식을 차용하는데 있어서의 모범이 되었다.29) 1939년 정률성과 작사가 공무(公木, 공목)는 ≪황허대합창≫을 듣게 되는데 이는 두 사람의 공동 작품 창작에 자극제가 되었다. 당시 정률성은 박력있는

---

27) 북경대학 조선문화연구소, 같은 책, 같은 곳.
28) ≪브리태니커 세계 대백과사전≫ 16권, 한국브래태니커회사, 2002. pp. 82-83.
29) 북경대학 조선문화연구소, 앞의 책, p. 55.

곡을 구상하며 손에 돌을 쥐고 돌을 쳐가며 작곡하였는데, 간혹 돌을 친다는 것이 손을 치게 되어 손에서 멍들고 피가 나기도 하였다.30) 이런 과정에서 창작된 ≪팔로군행진곡(八路軍進行曲)≫은 정률성을 대표하는 행진곡이다. 이곡은 ≪팔로군대합창(八路軍大合唱)≫의 일부인데 정률성의 합창곡은 이 곡은 간결하고도 힘찬 외침을 전하는 "전진! 전진! 전진!"으로 시작한다. 항일전선에 시급히 달려가려는 진실한 염원을 첫 구절에 담아 강한 호소력을 가지도록 하였다. 이어서 각지에서 싸우는 영웅적 홍군의 모습을 힘찬 걸음걸음으로 전진하는 듯한 선율과 리듬에 담았다. 시종 산을 옮기고 바다를 메울 듯한 기세를 담은 이곡은 해방전쟁시기에는 ≪중국인민해방군행진곡(中國人民解放軍進行曲)≫으로 되었고 1951년 중앙인민정부 혁명군사위원회가 공표한 "내무조령"에 따라 ≪중국인민해방군군가(中國人民解放軍軍歌)≫가 되었다.31)

아, 나팔소리 울린다.
아, 항전의 노래 우렁차다
동무들 발을 맞춰 항일의 싸움터로
동무들 발을 맞춰 적들의 후방으로
앞으로, 앞으로 우리 대오는 태양을 향한다
나가자 화북벌로! 장성 밖으로!32)

정률성은 조선인의 정체성을 유지하면서 작곡에 조선의 민요의 형식을

---

30) 최화, "정률성과 공목의 또 다른 이야기 들어본다—공목의 부인 오상(吳翔)녀사를 만나", ≪길림신문≫, 2014. 8. 28. (http://kr.chinajilin.com.cn/sports/content/2014-08/28/content_141670.htm)
31) 북경대학 조선문화연구소, 앞의 책, p. 55.
32) 가사 번역의 출처는 ≪연변일보≫ 주간 ≪종합신문≫ 2009년 8월 17일자 김혁의 기사 "해방군 군가의 작곡가 정률성을 아십니까(3) 태양따라 앞으로(3)—인민음악가 정률성의 음악과 삶"이다. 아래 싸이트에서 재인용하였다. (http://koreancc.com/show.php?ctid=12BBA4E5DBE3D574A26B535E0113F7BB&idx=14580)

반영하였는데 ≪생산요(生产谣)≫와 같은 작품이 대표적이다. 또한 그가 작곡한 4분의 2박자 바장조의 ≪혁명가≫는 당시 화베이 조선인민전사들이 가장 즐겨 부르던 노래였다.

    닥쳐오는 결전은 우리의
    필승을 보여 주네
    압박 없는 자유의 사회를
    과감히 쟁취하리
    우리들은 피끓는 젊은이
    혁명군의 선봉대[33]

1945년 일제가 항복하자 옌안은 사흘 간 대축제 분위기였다. 정률성을 포함한 수백 명의 조선인 혁명가들도 "조선독립만세!" "조선민족해방만세!" "위대한 항일전쟁만세!"라는 구호를 감격적으로 외쳤다. 당시 조선의용군은 약 4백 명이었는데 떠나는 날 모두 ≪옌안송≫을 부르고 우뚝 솟은 바오타산(宝塔山, 보탑산)을 바라보면서 서운해 했다. 정률성은 당시 귀국소식을 듣자마자 서둘러 ≪조국을 향하여 전진(向祖国前进)≫이란 노래를 작곡했는데 의용군은 이 노래를 부르면서 옌안을 떠났다.[34]

신가극 운동의 결정체 백모녀

1937년 이후 연극인들도 좌우을 넘나들며 〈중화전국희국계항적협회(中华全国戏剧界抗敌协会)〉를 결성하여 항전극 유포에 노력했다. 특히 해방

---

33) 북경대학 조선문화연구소, 앞의 책, p. 41.
34) 하성봉, ""하성봉의 중국이야기11"—정률성이 고향 광주로 못가고 북으로 간 까닭은", 2012. 1. 26. (https://mediatoday.co.kr/news/quickViewArticleView.html?idxno=99967)

구에서의 활동이 활발했는데 결사적인 항전의 분위기는 격정적이며 즉흥적인 연극이 대두하기에 적합한 환경이었다. 중일전쟁 후반기에 일어난 주요한 연극적 발전은 신가극의 등장이었다. 신가극은 서구적인 연극 구성방식과 중극 전통희곡, 전통음악이 합쳐져 이루어졌다. 당시에는 서유기, 홍루몽, 수호전과 같은 고전극을 기반으로 한 창작이 성황을 이루었다. 1942년 루쉰예술학원과 팔로군의 경극극단이 연합하여 옌안평극연구원(延安平劇研究院)35)을 창립하였고 〈어쩔 수 없이 양산박으로 도망치다(逼上梁山)36), 〈축가장을 세 번 치다(三打祝家庄)〉37)와 같은 연극을 공연하였다. 두 작품 모두 신편역사극(新编历史剧)에 속하지만 전통 경극 형식을 그대로 따르고 있다.38) 1944년에는 루쉰예술학원이 대형 신가극 ≪백모녀(白毛女)≫를 집체 창작하여 상연하였다.39) 허징즈(贺敬之, 하경지)와 딩이(丁毅, 정의)가 대사를 쓰고 마커(马克, 마극) 등이 음악을 작곡하였

---

35) 평극은 경극(京剧)의 다른 이름이면서 연극 일반을 가리키기도 한다. 서구에서는 오페라(opera)로 번역하는 경우도 많이 있다.
36) 핍상양산. 북송말기 임충(林冲)의 고사에서 유래한 사자성어. ≪수호전(水滸傳)≫은 봉건시대의 학정에 저항하는 농민반란을 소재로 하였기에 항전문학으로 재탄생하기에도 본질적으로 적합한 것이었다. 또 수호전에 나오는 "팔방이 한 지역이요, 온갖 성이 한 집안을 이루었네(八方共域 异姓一家)"라는 대목은 봉건시대에 제출된 이상적인 사회상이라고 볼 수 있다. 주춘밍(朱存明, 주존명)·왕하이롱(王海龙, 왕해룡), 유세종 역, ≪사회주의 미학연습≫, 전인, 1989, p. 232. 〈어쩔 수 없이 양산박으로 도망치다〉는 1943년 옌안에서 초연되었다.
(http://baike.baidu.com/subview/117463/11034945.htm)
37) 이 작품 또한 ≪수호전≫을 재해석한 작품으로 축가장을 공격하는 내용을 담고 있다. 3막 42장의 연극으로 1945년 2월 초연되었다. (http://baike.baidu.com/subview/73225/10268674.htm)
38) 신지영, ≪중국 전통극의 이해≫, 범우사, 2002, pp. 130-131. 단 신지영의 책에서는 〈연안평극연구원〉의 창립년도를 1941년으로 표기하고 있지만 바이두백과(百度百科) 및 다른 경로로 검색해 보았을 때 1942년으로 보는 게 옳을 것이라 판단한다. (http://baike.baidu.com/view/1546722.htm)
39) 양회석, "호극(滬劇) ≪백모녀≫를 통해 본 중국 희곡개혁운동", ≪중어중문학 제11집≫, 한국중어중문학회, 1989, p. 257.

다. '백모녀'는 '머리가 하얗게 세어 버린 여인'이란 뜻으로 민간전설 백모선고(白毛仙姑)40)를 연원으로 한 것이며, 중국 공산당 제7차 전국대표대회41)에 맞추어 옌안에서 초연되었다.42)

〈그림 7〉 영화로 제작된 ≪백모녀≫의 포스터, 1950.

---

40) 중국전통 설화에 등장하는 권선징악의 신.
41) '7대'는 1945년 4월 23일 개막되어 6월 11일에 폐막되기까지 50일간에 걸쳐 열렸다. 대회의 정식 대표는 547명, 후보 대표는 208명으로서 당원 121만명을 대표하고 있었다. 대회에는 마오쩌둥을 비롯한 15인의 주석단을 조직했으며 개막식에서는 일본 공산당수 오까노 스스무(岡野 進)의 연설도 있었다. 마오쩌둥은 이 대회에서 "연합정부론"을 발표하였고 폐막식에서는 "우공이산(愚公移山)"이라는 제목으로 폐막사를 하였다. 시아오시아오친(肖效钦, 소효흠) · 리리앙즈(李良志, 이양지), 최윤수 역, ≪중국 혁명사 2≫, 거름, 1990, pp. 120-121.
항일 전쟁의 최후의 승리를 준비하는 결정적 시기에 혁명의 수도 옌안에서 ≪백모녀≫ 공연이 성황리에 펼쳐졌다는 것은 중국 공산당의 문무전선의 일치를 보여주는 결정적인 증거이다.
42) 신지영, 앞의 책, pp. 130-131.

1951년 ≪백모녀≫는 딩링의 ≪태양은 상건하를 비춘다(太阳照在桑干河上)≫와 함께 쏘련 쓰딸린 문학상을 수상하였고, 쏘련·체코·인도·일본·등지에서는 번역·상연되기도 하였다. 1950년에는 장춘영화제작소(长春电影制片厂)에서 영화화되어 체코에서 열린 국제 영화제에서 특별상을 받기도 하였다.[43] ≪백모녀≫ 현재까지도 완역본이 나오지 않았다. 따라서 한국에서 중국어 비전공자가 신가극 ≪백모녀≫를 충실한 감상하는 것은 현재까지도 거의 불가능에 가깝다. 그러므로 1950년에 영화화된 ≪백모녀≫를 감상하길 권장한다. 비교적 충실하게 가극을 영화화하였으며[44] 전체적인 줄거리를 안다면 중국어를 모른다고 해도 내용을 대체적으로 이해하는 데에는 크게 지장이 없다.

≪백모녀≫는 '낡은 사회는 사람을 귀신으로 만들지만, 새 사회는 귀신을 사람으로 만든다'[45]는 단순하면서도 명확한 내용을 담고 있어 인민대중 누구나 작품을 이해하는 데 큰 무리가 없었다. 등장인물의 성격과 작품의 내적 대립구도도 명확한데, 악덕지주와 그 앞잡이의 봉건계급은 타도대상, 지주의 핍박을 받는 소작농들의 선량함이 부각되고 이들 무산계급이 향후 건설될 사회주의사회의 주축이 될 것을 공공연히 드러낸다.[46]

---

43) 배연희, 석사학위논문 "신가극 ≪백모녀≫ 연구", 1991, p. 2. 참고로 배연희의 논문은 1953년 개정본을 주 연구대상으로 삼고 있다.
44) 여기에서 말하는 충실한 영화화는 초연을 그대로 재현했다는 의미가 아니다. ≪백모녀≫는 초연이후 집단적인 토론과 비판을 거쳐 여러 차례 개정되었다. (배연희, 같은 글, p. 34.) 또 ≪백모녀≫는 오늘날에도 새로운 재해석이 등장하고 있는 작품이다. 충실한 영화화란 전체 가극의 큰 줄거리와 갈등구조가 영화에 잘 구현되어 누가 보더라도 작품의 큰 줄기를 이해하는 데 무리가 없다는 의미로 받아들이면 될 것이다.
유튜브나 중국 웹싸이트 http://www.youku.com에서 '白毛女'로 검색하면 쉽게 영화를 감상할 수 있다.
45) 저우양의 표현. 배연희, 같은 글, p. 33에서 재인용. 이는 또한 5막 제2장 제78곡의 가사이기도 하다. 양회석, "신가극 ≪백모녀≫와 민족형식", ≪중극희곡≫ 제4호, 한국중국희곡학회, 1996, p. 96.
46) 양회석, "호극(滬劇) ≪백모녀≫를 통해 본 중국 희곡개혁운동", p. 260.

작품에서는 음악이 큰 비중을 차지하는 데 대사를 노래로 처리(recitative)하는 오페라에 비견될 수 있을 정도이다.47) 시와 음악 무용의 요소가 낭만주의적 성격을 구심으로 하여 자연스럽게 결합하였고48), 훗날 무리 없이 발레로 재편성 되어 현재에까지도 자주 무대에 올라가고 있다. ≪백모녀≫에서 드러나는 낭만주의는 "강화" 시기의 다른 모범적인 문예 작품들에서처럼 서유럽 낭만주의의 부정적 측면을 일신하여 낭만주의와 리얼리즘이 결합한 혁명적 낭만주의의 규범을 충실하게 따르고 있다.49)

백모녀의 허베이성 북부에서 전해오는 민담을 소재로 한 것이다. 이를 〈서북전지복무단(西北战地服务团)〉의 시인 샤오쯔난(邵子南, 소자남)이 이를 취재하여, 극화하여 옌안에도 알려졌다.50)

백모녀의 대략적인 줄거리는 다음과 같다.

허베이(河北, 하북)의 소작농 양바이라오(杨白劳, 양백로)는 악덕지주 황스런(黃世仁, 황세인)에게 세를 빚지고 있다. 이를 빌미로 황스런은 양바이라오의 외동딸 시어(喜儿, 희아)를 저당 잡힐 것을 강요하고 매매문서에 억지로 도장을 찍게 한다. 이에 양바이라오는 간수를 먹고 자살한다. 시어는 황가에게 끌려가고 약혼자 왕다춘(王大春, 왕대춘)은 역시 멀리 쫓겨난다. 시어는 황가네에서 갖은 학대와 모욕을 당한다. 게다가 황가의 모친은 아들을 결혼시키기 위해 다시 팔아치우려고 한다. 그녀는 장어션(张二婶, 장이심)의 도움으로 도망쳐 산에 올라가 과일과 사원의 제사음식을 먹으며 연명한다. 수년 후 시어는 머리카락과 눈썹 등이 모두 백발이 되고 우연히 마을 사람이 그녀를 목격하여 백모선고라고 여기게 된다. 왕다춘은 팔로군이 되어 승승장구하여 마을로 돌아온다. 왕대춘은 산사에

---

47) 양회석, "신가극 ≪백모녀≫와 민족형식", p. 93. 5·4운동 이래로 서양 오페라 형식이 중극에 널리 유입되었고 혁명적 악극에도 오페라 형식은 많은 영향을 주었다.
48) 배연희, 앞의 글, p. 32.
49) 배연희, 같은 곳.
50) 양회석, 앞의 글, p. 95.

올라 백모선고가 바로 시어임을 밝히고 황스런은 빈농대중들의 공개재판을 받는다.[51]

≪백모녀≫는 전통극에서 보이는 전형적인 권선징악의 주제를 이어받고 있다. 그러면서도 설화의 미신과 숙명론을 버리고 공산당 팔로군과 함께 하는 농민해방의 이념을 제시시하고 있는데 이는 전통적 형식이 새시대에 맞추어 개편된 것이다.[52] ≪백모녀≫는 새시대가 요구하는 민족형식의 전형을 구현하고 있는데, 당시 중국 서북 지역 인민들이 공산당의 지도 하에 감조감식 투쟁을 하였던 현실을 충실히 반영하고 있기 때문이다.[53] 지나치게 선명한 내용과 결말의 때로는 작품을 무미건조하게 만들 수도 있지만, ≪백모녀≫는 짜임새 있는 구조를 통해 설득력 있는 주제를 도출해내면서 이를 극복해 내고 있다.[54] ≪백모녀≫는 중국 서북 지역 인민들이 사용하는 평이한 구어와 토속적인 대사를 사용하여 인민의, 언어, 풍속, 신앙 등에 대한 깊이 있는 이해를 보여준다. 종래의 희곡에서 흔히 보이는 난잡하고 현학적인 언어가 아니라 인민들이 사용하고 있는 일상어를 재발견해 무대언어로 승화시켰다.[55] 그리고 결말 부분의 인민재판을 통해 빈농 인민대중이 갈등 해결 주체로 등장하여 고난을 능동적으로 극복하는 밝고 희망찬 결말을 제시하고 있다. ≪백모녀≫는 구형식을 발전적으로 계승해내면서도 신형식을 선택적으로 수용하여 신가극이라는 새로운 양식의 전형을 창출해냈다. 이는 마오가 "강화"에서 강조한 '보급'과 '제고'의 통일이 이루어진 모범이라 할 수 있을 것이다.

---

51) 신지영, 앞의 책, pp. 130-131.
52) 배연희, 앞의 글, p. 34.
53) 양회석, 앞의 글, p. 106.
54) 양회석, 같은 글, p. 96.
55) 같은 글, p. 107.

프롤레타리아 국제주의의 문제

"강화"를 통해 항일 전쟁 시기의 예술운동에 있어서 민족적 형식을 계승·발전시켜야 함이 강조되었지만 그것은 외국의 것을 무조건적으로 배척한 것은 아니었다. 거국적인 항일전을 수행하기 위해서는 총화단결이 요구된다고 하여 국가지상주의, 민족지상주의를 표방하며 파쇼화했던 국민당 정권과 달리[56] 중국 공산당은 혁명시기 시종일관 프롤레타리아 국제주의의 원칙을 올곧게 견지하려 노력하였다. 1937년 옌안에서 창간된 ≪해방일보≫의 권두논평에서 주더는 에스빠냐 내전에 대해 다뤘고[57], 또한 중국 혁명의 전장의 곳곳에서 에스빠냐 내전에 연대하는 군중의 연대의식이 공공연하게 표출되었다. 이는 전 세계 어느 곳에서도 쉽게 찾아보기 어려운 국제연대의 본보기이다. 또 홍군은 일본 근로인민 대중과 함께 연대하기 위해 생포된 일본군 병사들에 대해서도 인간적인 대우를 하였고 심지어 이들을 교육시키기까지 했다.[58] 이러한 국제주의적인 분위기는 해외의 여러 활동가들이 중국 혁명에 능동적으로 동참하고 이를 다시 해외에 알려내는데 크게 기여하였다.

영화 ≪4억 인민(The 400 Million)≫(1939)을 연출한 요리스 이벤스(Joris Ivens)도 그 대표적인 인사이다. ≪4억 인민≫은 일제에 대항한 중국 4억 인민의 투쟁을 담은 작품이다. 영화음악은 한스 아이슬러가 담당하여 작품의 완성도를 높이는데 기여하였다. 오늘날 영화 제작 기술의 비약적인 발전으로 인해 이 작품을 현대의 다큐멘터리 영화와 비교한다면 상당히 밋밋한 영상으로 느낄 수 있다. 하지만 중일전쟁의 포화 속에서 요리스 이벤스의 카메라는 희생되는 중국인들 곁을 지켜내었으며 이를 당대 최선의 예술적 언어로 생생하게 증언해내었다는 점에서 그 의의와 역

---
[56] 한국사회연구소편, ≪사회과학사전≫, 풀빛, 1990, p. 541.
[57] 아그네스 스메들리, 홍수원 역, ≪한 알의 불씨가 광야를 불사르다≫, 두레, 1986, p. 353.
[58] 아그네스 스메들리, 같은 책, p. 381.

사성이 훼손되지는 않을 것이다. 그러한 헌신적인 그의 연대를 널리 기리고자 중국 팔로군기념관(八路軍西安辦事處紀念館)[59]에서는 요리스 이벤스의 사진과 카메라가 전시되어 있다. 발표당시 이 영화는 제작을 한 미국에서도 상업적인 배급을 할 수 없었고, 영국과 프랑스에서는 반파시즘을 내용으로 한다는 이유로 상영이 금지되었다.[60]

〈사진 3〉 영화 ≪4억 인민≫의 포스터

소설 ≪닥터 노문 베쑨≫에도 중국혁명과 프롤레타리아 국제주의의 소중한 실례가 등장한다. 노만 베쑨은 중국 동지의 투쟁가에 ≪탤만 대대의 노래≫[61]를 부르며 화답한다. 통역을 통해 전달된 캐나다인 베쑨이 부르

---

59) http://baike.baidu.com/view/1619652.htm
60) 변영주, ≪아시아에서 여성으로 산다는 것≫. 화평사, 1995, p. 213.
61) ≪Die Thälmann-Kolonne(Spaniens Himmel)≫. 파울 데싸우(Paul Dessau) 작곡, 구드룬 카비쉬(Gudrun Kabisch) 작사의 곡으로 양자는 부부관계이다. 파울 데싸우는 에스빠냐 내전이 한창이던 시기 나치를 피해 프랑스로 이주해야 했고

는 마드리드 전선을 위한 반파시즘 독일 투쟁가가 중국의 노농병 교사들에게 위화감 없이 다가갔다는 것은 참으로 놀라운 일이었다.

> 파시스트 앞에서는 한 발자국도 물러서지 않으리,
> 총탄이 빗발처럼 퍼부어진다 하여도.
> 동지여, 우리의 굳센 투사들이여, 우리 곁에 서시오.
> 우리의 앞길은 오리지 승리, 후퇴 없으리.
>
> 북을 울려라, 총검을 세우라!
> 앞으로 전진하라, 승리가 보답하리라.
> 깃발을 앞세우고 적진을 쳐부수라.
> 탤만 대대여, 앞으로 전진하라.62)

마오쩌둥은 헌신적으로 활동하며 자신의 생애를 중국 혁명에 바친 베쑨의 죽음에 조의를 표하며 아래와 같이 프롤레타리아 국제주의의 원칙을 다시금 강조하였다.

> 우리는 모든 자본주의 국가 무산계급과 단결해야 하며, 일본·영국·미국·독일·이탈리아 및 모든 자본주의 국가들의 무산계급과 단결해야 한다. 그렇게 해야만 제국주의를 타도하고, 우리 민족과 인민을 해방시키며, 세계의 민족들과 인민들을 해방시킬 수 있다. 이것이 바로 우리의 국제주의이다. 이것이 바로 편협한 민족주의와 편협한 애국주의를 반대하여 싸우는 우리의 국제주의인 것이다.63)

그 시기 빠리에서 이 곡을 작곡했다. 에른스트 부쉬(Ernst Busch)가 불러 널리 유명해졌으며 이후 세대인 하네스 바데어(Hannes Wader)가 부른 것도 대중적으로 유명하다.
62) Ted Allan & Sydney Gordon, *The scalpel, the sword : the story of Doctor Norman Bethune*, Dundurn Press, 2009, pp. 277-279. 테드 알렌·시드니 고든, ≪닥터 노먼 베쑨≫, 천희상 역, 실천문학사, 2010. pp. 454-456.
63) 마오쩌둥, 김승일 역, "베쑨을 기념하며(纪念白求恩, 1939)"≪모택동 선집 2

화가 쉬베이홍(徐悲鴻, 서비홍)의 작품 ≪우공이산도(愚公移山图)≫64)에
서도 국제주의를 위한 노력을 엿볼 수 있다. 쉬베이홍은 중국 수묵화의
전통에 새시대의 리얼리즘을 접목한 궈화(国画, 국화)를 제창한 미술운동
가로써 중국 근대 회화 발전에 주요한 공로를 세웠다. ≪우공이산도≫는
144×421cm의 거대한 화폭에 담긴 수묵채색화이다. 1940년 항일 전쟁기
라는 고난의 시기에 그린 작품으로 우화를 통한 선전선동이 현대화되고
있음을 보여준다.

〈그림 8〉 쉬베이홍, ≪우공이산도≫ 쉬베이홍기념관(徐悲鴻纪念馆) 소장.

1939년부터 1940년까지 쉬베이홍은 타고르의 초청을 받아 인도국제대
학에서 전시를 갖고 인도를 여행했다. 이때 작가는 간디를 만날 기회가
있었다. 인도에서 완성된 이 수묵화는 고전 우화를 주제로 하여 전통화법
과 서양화법을 통합하는 시도를 보여준다. 작가는 강인한 노동자를 그려
내면서 중국 인민의 승리에 대한 굳은 믿음과 인류의 협동으로 미래를 건
설해나가자는 진심어린 희망을 표현했다. 그림의 중심을 이루는 것은 남
성 누드 군상이다. 동시대 수묵화와 비교할 때 대단히 예외적인 구성이라

≫, 범우사, 2002, p. 369. 1939년 옌안의 눈보라가 치던 날 밤 정률성은 베쏜을
추모하는 곡을 창작했다. 딩쉐쑹 편, 앞의 책, p. 60.
64) 원래 이 작품은 2010년 덕수궁 미술관에서 열린 〈아시아 리얼리즘 전〉에서
전시될 예정이었으나 안타깝게도 전시도록에만 실리고 실제로 전시되지는 않았다.
김영태, "한용운의 시 '해당화', 그림으로 피어나다", ≪노컷뉴스≫, 2010. 7. 26.

할 수 있다.65) 중국 노동자와 인도 노동자가 대등하게 다루어진 것도 흔히 볼 수 없는 이례적인 구도이다. 다만 이 작품에는 주요한 한계점이 있다. 그것은 남성 노동자의 나신과 근육이 지나치게 강조되어 그것이 여성의 노동과 전면적으로 대비되고 있는 것이다. 이는 성별 위계 분업을 정당화하는 것으로 해석될 수 있다. 그리고 중국노동자와 인도노동자의 국제연대는 남성만의 것으로 비춰질 우려가 다분하다. 새로운 인류의 이상사회 구현을 위해서는 여성의 주체적인 실천이 그 어느 때보다 주요하게 필요하다. 더욱이 인류 과학기술의 발전은 지속적으로 여성과 남성의 근력의 차이를 근거로 한 성별 위계분업화를 철지난 것으로 만들어가고 있다. 쉬베이홍의 ≪우공이산도≫에 머물러 있는 것은 새로운 시대를 향한 전진에 오히려 역행한다는 것을 반드시 지적해야만 한다.

또 한 명의 조선인 문예투사 한락연

1924년 1월 24일자 ≪동아일보≫ 기사에 미술계의 수재로 소개되고 프랑스에 유학하며 중국의 삐까쏘라는 별칭을 얻은 미술가 한락연도 중국공산당의 활동에 적극 복무한 문예투사였다. 이전에 그의 생애는 한국에 거의 알려지지 않았으나 2005년에 국립현대미술관과 베이징의 중국미술관과 공동주최로 〈한락연 특별전〉이 덕수궁미술관 열리면서 한국에서도 그의 작품세계에 대한 이해가 서서히 고조되고 있다. 그의 생애를 간략히 소개하면 다음과 같다.

한락연은 1898년 지린성 용정시66)에서 태어났다. 1919년에는 용정에서도 3·1 봉기가 일어나 3만 여명의 군중들이 시위행진을 단행하였다. 그림을 잘 그리는 한락연은 당시 플래카드와 태극기를 만드는 임무를 담당

---

65) 국립현대미술관, ≪아시아 리얼리즘≫, 한겨레, 2010, p. 58.
66) 룽징(龙井)로 표기해야 본문에서 일관된 표기원칙이 관철되겠지만 조선인의 비율이 절반을 훨씬 넘어가는 곳이기에 '용정'으로 표기한다.

하며 동참하였다.[67] 1923년 그는 공산당에 가입하였으며[68] 통일전선운동을 위해 국민당에도 가입하였다. 1925년 하얼빈에 파견되어 청년독서회를 꾸리고 야학을 조직하고 교편을 잡으며 청년지식인과 학생들 속에서 당사업을 전개하였다. 1929년 당조직의 비준을 거쳐 프랑스 리옹에서 고학을 하였다. 어려운 생계 속에서도 미술학습에 열중하였고 이국에서도 조선민족의 해방과 중국혁명에 관심의 끈을 놓치 않고 활동하였다.

1937년 중일전쟁 발발하자 ≪빠리시보≫의 촬영기자로써 반파쇼 국제선전사업에 종사하였다. 그해 가을 우한에 도착하여 〈동북항일구망총회(東北抗日救亡總會, 약칭 동총(東亡))〉 당지부에서 선전대활동을 하며 항일공연활동을 힘있게 지원하였다. 당시 진보적 항일 월간지 ≪반공(反攻)≫의 표지를 그리거나 원고편집 및 집필을 하였다.[69]

〈사진 4〉 항일 잡지 ≪반공≫
당시의 표지와 삽화는 대부분 한락연이 담당했다.[70]

---

67) 서봉학, "중국의 《피카소》 한락연". (http://www.korean1234.cn/show.aspx?id=289&cid=16)
68) 중국 조선인 중 첫 공산당원이었다. "반파쇼투사이며 저명한 화가 한락연", ≪연변일보≫, 2010. 4. 27. (http://www.iybrb.com/gih_vew.aspx?id=1725)
69) 김성룡, "중국의 비카소 한락연 ②". (http://www.ckywf.com/blog/read/jinchenglong/136743/0/0)

〈사진 5〉 한커우(汉口, 한구)의 강한관(江汉关)
이 건물 종탑에 한락연의 선전용 대형 유화가 걸려있었다.
한락연의 걸개그림과 관련한 아무런 사진을 찾을 수 없는 것으로 볼 때
안타깝게도 유실된 것으로 보인다.

또한 한락연은 아그네스 스메들리를 도와 의약품 지원을 조력했으며 에드가 스노우, 레위 앨리[71] 등과도 협력하여 국제선전을 추진하였다. 1938년 옌안을 참관하였고 여자대학에서 항일전쟁시기 민족민화예술에 대한 강연을 하였다. 1939년부터 국공양군 통일전선사업을 진행하여 국민당군의 포화를 공산당이 아닌 일본으로 향할 수 있도록 항일투쟁 사업을 전개하였다. 그는 1940년 국민당군에 체포되었는데 감옥에서도 당의 비밀의 고수하고 자신의 신분을 폭로하지 않았다. 당조직의 구명활동으로 1943년 석방되지만 국민당은 야비하게도 '서북지역을 떠나지 못하'며 '근로인민을 형상화한 그림을 그리지 못한다'는 제약을 걸었다.[72] 훗날 그는

---

70) 사진출처: http://www.ckywf.com/blog/read/jinchenglong/136743/0/0
71) Rewi Alley(1897-1987). 뉴질랜드인으로 중국 공산당원으로 가입하며, 중국 해방투쟁에 적극 동참한 작가. (http://en.wikipedia.org/wiki/Rewi_Alley)
72) 북경대학 조선문화연구소, 앞의 책, pp. 391-396.

주변 사람들에게 이때의 심정에 대해 이렇게 말했다.

국민당 정권은 내게 풍경화와 정물화만 그리게 하고 노동 대중은 그리지 못하게 함으로써 그들이 지배하는 세상이 태평한 것처럼 보이게 했다. 하지만 그것은 손바닥으로 하늘을 가릴 만큼 부질없는 짓이었다.

그는 국민당의 감시를 피할 수 있는 방법을 찾아냈다. 풍경 속에 때로는 사람, 특히 들판에서 일하는 농부의 모습도 담아내었다. 이처럼 국민당 특무에게 흠 잡히지 않을 정도로 교묘한 수법으로 노동현장의 인민들을 자신의 작품에 포함시켰다.73)

〈그림 9〉 한락연, ≪절구질하는 까자흐 여인≫, 1945.

한락연은 유학시기 신인상파와 초현실파의 작품들을 접하였으나 이들 조류를 맹목적으로 따르지 않았다. 색광의 표현을 목적으로 색책분석을 추

---

73) 이종한, "실크로드에 묻힌 조선족 화가 한낙연", ≪신동아≫, 2005년 11월 통권 554호.

구하는 신인상파나 초현실적인 몽환을 추구하는 조류와는 달리 한락연의 작품에는 시종일관 리얼리즘의 원칙이 올곧게 견지되고 있다.74) 한락연의 다음을 좌우명으로 삶고 이를 삶 속에서 실천했다. "미술을 하려면 인민들의 생활 속에 깊이 들어가 그 진의를 씹어서 소화하여야 하는데 마치도 모래 속에서 금을 씻어내는 것처럼 연마하여 제 것으로 만들어야 발전이 있다."75) 1947년 한락연은 의문의 죽음을 맞이한다. 비행기 사고로 사망했다는 것인데 사고현장에 대한 보도가 없고 한락연의 유품을 아무 것도 발견할 수 없었다.76) 한락연이 사망하자 영국의 ≪타임즈(The Times)≫지도 부고를 냈고, 중국 공산당은 그를 혁명열사로 칭하고 유족들은 광영지가(光榮之家) 영예를 얻는다.

〈그림 10〉 시안에서 국민당군에 투옥되었을 당시 한락연의 옥중자화상, 1940.

---

74) 북경대학 조선문화연구소, 앞의 책, p. 401.
75) 같은 책, p. 400.
76) ≪연변일보≫에 실린 "중국의 "피카소" 한락연!", ≪중국 공산당뉴스≫ 조선어판 싸이트에서 재인용. (http://korean.people.com.cn/68167/75117/5086020.html)

생산과 교육 그리고 예술의 위대한 결합 마침내 중국 대륙을 붉게 뒤덮다

이외에도 미처 다 소개하지 못한 수많은 예술 작품들이 중국혁명의 전진의 길에 수를 놓았다.

중국 혁명의 승리의 길은 고난과 절망을 딛고 일어났기에 현실이 되었다. 학살과 패배의 역사를 뒤로하고 끝이 보이지 않는 고난의 대장정을 해야 했다. 옌안에 해방구를 형성한 이후에도 숱한 인민들, 혁명가, 문예 활동가들이 전장에서 생을 마감해야만 했다. 중국 공산당원들은 역경 속에서도 좌절하지 않았다. 힘겨운 시기일수록 마오의 노선으로 단결하여 승리에 대한 확신을 지니며 인민 속에서 실천하고 인민과 함께 현실을 바꾸어 내면서, 인민으로부터 배우는 인민의 교사가 되었다. 그러한 꾸준한 실천의 결과 해방구 곳곳에서는 작은 변화가 일어났다.

> 34,000 에이커의 황무지가 곡물과 채소를 가꾸는 논밭으로 바뀌었다. 산기슭에는 새로운 동굴집들이 점점이 들어서 있고, 샨시(山西)성 전투지역에서 쫓겨 온 피난민들은 새로운 마을을 이루고 정착했다. 협업장과 소규모 공장, 학교가 있는가 하면 산에는 양과 염소 떼가 한가롭게 풀을 뜯고 있었다. 노련한 특파원들은 전쟁이 벌어진 후 처음으로 먹고 입는 데 부족함이 없어 보이는 중국군과 농민들을 만났고 또한 처음으로 읽고 쓸 줄 아는 병사들과 농민들을 만나 이야기를 나누었다.[77]

이러한 작은 변화들이 모이고 모여 해방구의 방비를 더욱 단단해졌고 국통구와 일제 점령 지역에도 차츰 공산당의 영향력을 증대하였다. 올바른 구심점을 찾은 대중운동은 잊고 있던 자신의 위대한 힘을 역사를 통해 보여주었다. 노농병 대중과 문예 활동가들의 일치단결 생산과 교육 그리

---

[77] 아그네스 스메들리, 앞의 책, pp. 391-392.

고 예술의 위대한 결합은 경이로운 기적을 이루어내었다. 마오는 바로 이 대중운동의 핵심을 밝혀내었다. 예술과 정치의 분리라는 오래된 이원론을 극복해내고 레닌의 "당조직과 당문학"의 노선을 중국의 구체적 현실에서 혁명적 실천으로 외화 해냈다. "강화"를 문예운동의 이론적 지침이자 정치투쟁의 실천적 지침으로 삼은 노·농·병·지식인 대중은 일치된 문무전선에서 일제와 국민당 봉건세력과 맞서 싸워나갔으며 마침내 파쇼 제국주의를 몰아내고 봉건 중국사회를 신민주의의 새시대로 이끌어냈다. 시종일관 창의적인 문예운동으로 전세계 혁명운동에 지대한 영감을 준 중국혁명의 역사는 인민의 해방투쟁과 함께 길이 할 것이고 향후 문예 운동에 있어서도 끊임없는 원천을 제공할 것이다.

혁명 이후 중국 사회주의가 신민주주의 혁명을 훌쩍 넘어 새로운 단계에 접어들게 된 1962년 옌안을 방문한 시인 신디(辛笛, 신적)는 시 "옌안의 조원(枣园)[78]에서"를 쓰며 위대한 혁명 투쟁을 찬양한다.

> 위대한 마오쩌둥의 사상은 혁명의 방향을 가리키고,
> 또한 생활의 표준이다.
> ......
> 마지막, 마침내 못내 아쉬워하며 물러 나왔을 때,
> 조원에 햇빛이 찬란하여,
> 오색빛깔 화려하니,
> 바로 위대한 조국의 아침이로다![79]

---

78) 대추나무 정원이라는 뜻으로 옌안의 중국 공산당 지도부의 집무실이다.
79) 신디, 홍석표 역, ≪신적시선≫, 문이재, 2005, pp. 105-107.

자본주의 위기에 맞서는 우리들의 과제와 진로
— 〈활동가집단 사상운동〉 제46년차 전국총회
제1보고에서 (일본국내 정세 부분)

히로노 쇼조(広野省三)
| 〈활동가집단 사상운동〉 상임운영위원회 책임자

번역: 임덕영 (노사과연 편집위원)

일본독점에는 일본국 헌법이 질곡으로

우선, 일본제국주의의 현 단계를 어떻게 볼 것인가에 대해 언급하고자 한다. 5월 15일 아베(安倍) 수상의 사적 고문기관인 안보법간[역자 주: 안전보장의 법적 기반의 재구축에 관한 간담회]은 집단적 자위권 행사용인 보고서를 아베 수상에게 제출했다. 아베 수상은 그날 기자회견에서 보고서의 제언대로 각의에서 결정하여 행사용인을 결정해 가겠다는 방침을 표명했다. 이것은 일본국 헌법 제9조의 전쟁거부 사상을 근본부터 뒤집는 행위이며, 그런 의미에서 〈5·15 쿠데타〉라 불러도 될 만한 헌법 파괴의 역사적 폭거다.

하지만 지금, 아베 정권의 두드러진 군사적인 움직임이 주목을 받고 있으나, 우리들은 그러한 측면만을 국한하지 않아야 한다. 세제, 노동법제, 사회보장, 교육이나 문화, 이데올로기 측면 등 정치·경제·사회 모든 측면에서, 전후 민주주의가 쟁취해온 성과를 모조리 파괴하는 일본국가 전면 개조 계획이, 아베 부르주아 독재 정권 하에서 강권적으로 진행되고 있는 것이다. 아베가 주창하는 〈전쟁 레짐으로부터의 탈각〉, 〈일본을 되돌리다〉라는 캐치 프레이즈는 명확히 이를 의식한 것이다.

이 공격은 가장 먼저 배외주의·내셔널리즘·일본주의가 발흥하는데, 그 근저에는 다국적 독점자본=현대 일본 제국주의의 이해와 총노선이 존재한다. 자본주의의 전 세계화를 폭력적으로 추진하는 세계 제국주의 기구 안에 있는 제국주의 각 국은 글로벌한 신자유주의 정책과 내셔널리즘이라는, 일견 모순된 정책을 불가결한 것으로 한다. 이 두 가지는 부르주아 독재 유지·강화를 위해 밀접하고 불가분의 관계에 있는 것이다.

그 배경에는 자본 간 격렬한 국제 경쟁전이 있다. 우선 2008년 〈100년에 1번 있을 만한 자본주의 위기〉 리만쇼크를 경험한 이상, 이 〈전쟁〉에서 살아남기 위해서는, 일본국 헌법을 기축으로 한 전후체제를 파괴하는 것 이외의 다른 길은 없다는 강렬한 위기의식이 있다. 제2차 대전 패배 후 반 파시즘 투쟁으로 싸워나간 세계인민들의 감시를 받으면서도 미국 제국주의의 비호 하에 자본주의적 발전의 길을 걸으며, 세계 제3위의 경제력에 이르기까지 성장한 일본 제국주의에게, 그 이익을 전력으로 지킬 것을 금지하는 일본국 헌법은 이미 질곡 이외의 다른 어떤 것도 아닌 것이다.

전쟁을 통해 평화는 확보될 수 없다

헌법 개악의 근거에 대해, 개헌세력은 한 때는 96조 선행개헌[1]을 지향

---

1) [역자 주] 헌법 제96조는 헌법개정을 위한 절차를 규정하고 있다. 그 내용은 (1) 중참의원 총의원의 2/3 이상의 찬성으로 국회가 헌법개정에 관한 발의, 국민에 대한 제안을 행한다. (2) 특별 국민 투표 혹은 국회가 정하는 선거로 행해지는 국민투표에 있어서, 그 과반수의 찬성을 필요로 한다. (3) 헌법 개정에 대해 국민투표에 의한 승인을 얻을 때에는 천황은 국민의 이름으로 공포한다. 이러한 법

하고 있었다. 그러나, 공명당뿐만 아니라 자민당 안에서도 비판의 목소리가 나와 결국 중단할 수밖에 없었다. 그리고 지금은 집단적 자위권 행사 용인이라는 해석 개헌2)으로, 괴헌(壞憲)의 돌파구를 억지로 열어내려 하고 있다. 이러한 흐름은 해석개헌에 그치는 것은 아니다. 자민당의 일본국 헌법 개정 초안을 읽어보면 확실히 알 수 있는 바대로, 아베 무리는 국제평화주의, 국민주권, 기본적 인권 존중이라는 일본국 헌법 3대 원칙을 모두 거부하려 하고 있다. 집단적 자위권 행사 용인 다음에 이어지는 것이 9조 개악, 명문개헌이라는 것을 우리들은 확실히 알아둘 필요가 있다.

아베정권은 작년에 국가안전보장회의를 설치하고 특정비밀보호법을 성립시켰으며 무기 수출 3원칙을 철폐시켰다. 이와 병행하여 우주공간의 군사이용도 획책하고 있다. 군사산업의 육성, 무기수출 3원칙3)의 철폐=방위장비이전 3원칙4)의 책정을 축으로 하면서, 다국적 독점기업의 오랜 요망을 받아들여, 일본의 본격적인 군산복합체의 형성·강화를 지향하고 있다. 또한 이러한 방향에 발맞추어 신방위계획대강이나 중기방위력 정비계획 개정작업도 진행되고 있다.

아베가 말하는 〈적극적 평화주의〉는 전쟁을 통해 평화를 확보한다는 도착된 이론인데, 그는 그러한 사고방법을 동아시아의 안전보장환경의 변화(구체적으로는 중국의 위협)를 이유로 들며, 정당화하려 한다. 그러나

개정 수속은 다른 통상적인 법률 제정에 비해 보다 엄격한 기준을 갖추고 있다. 아베 등은 이 헌법 개정 절차가 지나치게 엄격하므로 이를 완화하는 방안을 모색하였다.
2) [역자 주] 전쟁의 포기를 명문화한 헌법 제9조의 내용을 '해석'을 통해 자위권 행사를 용인할 수 있다는 것.
3) [역자 주] 공산권, 국제연합결의에 의해 무기 등의 수출 금지가 이루어진 국가, 현재 국제분쟁 중의 당사국 혹은 그러한 우려가 있는 국가에 대한 무기 수출을 금지하는 것을 기본으로 하는 원칙.
4) [역자 주] 올해 4월 1일 일본 정부가 발표한 무기수출 3원칙을 대신하는 원칙. 그 내용은 (1) 이전을 금지하는 경우의 명확화 (2) 이전을 인정할 수 있는 경우의 한정 및 엄격심사 그리고 정보공개 (3) 목적 외 사용 및 제3국 이전과 관련된 적정관리 확보.

헌법 전문의 〈정부의 행위로 인해 다시 전쟁의 참화가 발생하지 않도록 결의하며 여기에 주권이 국민에 있다는 것을 선언하고, 이 헌법을 확정한다〉는 문구에서 명백하듯이, 일본국 헌법은 〈정부의 행위로 인해〉 전쟁이 일어나는 것을 명확히 금지하고 있는 것이다. 그들은 아시아 2000만 명, 일본국내 310만 명의 죽음을 돌이켜 보지 않고 〈전쟁을 통해 평화를 확보한다〉 〈국민을 지킨다〉라는 식의 어처구니없는 논리를 세워 헌법 파괴를 강행하려 하고 있다.

동시진행되는 최악의 외교·노동정책

외교에 있어서도, 군사대국화 노선과 궤를 같이 하여 다국적 기업의 이익을 최우선하는 정책이 전개되고 있다. 아베 무리는 〈지구본 조감외교〉라 말하고 있으나, 대형 재계 사절단을 끌고 다니며 수상 취임후 단기간에 엄청난 수의 국가를 돌면서 톱 세일즈를 넓혀가고 있다. 철도, 고속도로, 화력발전, 공업단지, 수도, 항만설비, 의료시설, 그리고 원전, 게다가 무기 수출과, 모든 것을 팔아치우려 날뛰고 있다.

무기수출 관계에 대해 말하자면, 필리핀이나 베트남의 순시선 제공이나, 인도와의 비행선 공동개발 등이 보도되고 있다. 실제는 무기본체의 수출보다도 기술협력·공동개발이 많은 듯하나, 어찌되었던 무기수출 3원칙을 철폐함으로써 상당한 수요가 발생할 것은 틀림없을 것이다. 이것도 아베류 〈성장전략〉의 중요한 일환인 것이다.

군사대국화 노선과 일체가 된 이데올로기 공세도 무시무시하다. 역사인식문제, 종군〈위안부〉문제, 야스쿠니 문제, 그리고 센카쿠, 다케시마[5] 등 이른바 〈영토문제〉를 들고 나옴으로써 내셔널리즘을 최대한 자극하고 배

---

5) [역자 주] 센카쿠의 중국명은 댜오위다오, 다케시마의 한국명은 독도. 원문 그대로 게재한다.

외주의를 부채질한다. 최근 좌익 잡지의 제목을 보면 알 수 있듯이, 정부와 대중매체가 하나가 되어 중국, 조선, 한국에 대해 적의에 가득 찬 네거티브 캠페인을 벌이고 있다. 그 배경에는 중국의 현저한 경제발전이나 국제적 영향력 확대에 대한 일본 지배계급의 강렬한 위기의식과 질투가 있다. 이미 일본은 GDP에서 중국에 뒤쳐져 세계 제2위에서 제3위로 전락했다. 다음은 인도에, 그리고 그 다음으로 브라질 등에 역전당할 것이라는 예측도 나오고 있다.

우리들은 부르주아 지배계급의 현대세계구조 인식을 반면교사로 삼으면서, 노동자계급의 계급의식에 근거한 현대세계의 과학적 파악을 보다 정밀하게 해나갈 필요가 있다.

이데올로기 정책 면에서는 교육에 대한 국가권력의 개입이 철저하게 진행되고 있다. 장기간의 교직원 조합을 공격한 보람이 있어 노조의 약화와 더불어 교과서 검정제도의 개악을 비롯한 교육내용에 대한 노골적인 정치개입이 강화되며, 교육위원회를 해체하여 위로부터의 정책을 직접적으로 교육현장에 강요하려는 제도개악도 획책되고 있다.

경제대책에 대해서도, 다국적 독점기업에 유리한 정책이 엄청나게 빠른 속도로 제시되고 있다. 부흥특별법인세의 1년 앞선 폐지, 법인세 감세, 각종 우대세제, 벤처기업과 대기업과의 연계 강화 등등…. 4월에 소비세율이 8%로 인상되었으나, 이로 인해 얻어진 엄청난 액수의 돈은 거대 기업으로 환류하는 구조가 만들어지고 있다. 소비세는 앞으로 10%, 15%, 20%로 유럽과 같은 수준까지 인상한다는 것이 독점자본의 노림수다.

일본 노동자계급이 확고한 투쟁 사령부를 가지지 못한 채, 계급으로서의 의식을 해체당하고 적의 공격에 대한 경계감·위기감이 결여된 상황 하에서, 전후 최대의 노동정책·노동법제 개악이 진행되려 하고 있다. 노동자파견법의 거듭된 개악으로 지금은 비정규 노동자가 2000만 명을 돌파, 전 노동자의 40% 목전까지 증대되고 있다. 연수입 200만 엔 이하 노동자는 1000만 명을 넘어선다. 300만 엔 이하는 40%이상. 연수입 400만 엔 이상 노동자를 만들어 내지 않겠다는 것이 일본 자본가들의 기본 노선이다.

  이러한 공격으로 인해, 노동자 생활은 급속하게 파괴되고 있으며, 결혼을 할 수 없으며, 아이를 낳을 수 없는, 즉 세대적 재생산이 이루어질 수 없는 상황이 만들어지고 있다. 또한 이 공격은 노동자 투쟁 기반을 해체시키고 있다. 노동조합에 가맹한 인원은 줄며 각종 집회·학습회·행사에 참여하기 위한 시간도, 돈도, 그리고 기력 그 자체를 빼앗긴 노동자가 급증하고 있는 것이다. 지급액이 줄어들어, 불안정한 연금생활 고령자에 이르러서는 무엇을 말하리오.

  근로인민 생활 파괴는 소자화[6] 경향을 더욱 가속화시키고 있다. 향후 일본 인구는 급격하게 감소해 갈 것이며, 2060년 인구는 현재보다 30%가 줄어들어 8674만 명이 될 것이라는 예상도 제출되고 있다. 2040년에는 전국 1800개의 시정촌[7]의 절반이 소멸할 것이라고도 이야기된다.

아베정권·일본지배층은 반석이 아니다

  예전 경제동우회[8] 도야마 카즈히코(冨山和彦) 부대표 간사 인터뷰 기사를 읽었는데, 그는 다음과 같이 언급하고 있다.

  "법인세 감면이 효과가 있는 건 글로벌 경제권에서 활동하는 기업 만이며, 제조업과 IT산업이 거의 대부분인데 외화는 거기에서 벌어들일 수밖에 없고, 일본경제를 계속 성장시키기 위해, 세계 톱 레벨 경영환경을 만들어야 한다" "일본은 단카이 세대[9]의 퇴직을 배경으로 세계 유수의 인재 부

---

6) [역자 주] 少子化. 아이가 줄어드는 현상을 말한다.
7) [역자 주] 市町村. 가장 작은 행정단위.
8) [역자 주] 經濟同友会. 일본경제단체연합회, 일본상공회의소와 더불어 경제3단체 중 하나.
9) [역자 주] 団塊. 제2차 세계대전 직후에 태어난 세대로 제1차 베이비 붐 세대라고도 불린다. 고도경제성장, 버블경기, 잃어버린 20년의 시작을 경험했다. 현재 일본 사회의 형태에 커다란 영향을 끼친 세대라 여겨진다.

족 나라가 되어 가며, 노동력이 부족하므로 경쟁력 있는 기업에 고용, 사업을 집약시켜야 한다. 생산성이 낮은 중소기업의 완만한 퇴출을 촉진해야 한다." 이러한 발상으로 모든 정책이 만들어지고 있는 것이다.

정부·독점의 노동자인민에 대한 노골적인 공격을 보면, 그들 지배는 반석과 같이 생각되지만, 절대 그렇지 않다. 공격의 강렬함은 뒤집어 보면 그들이 빠져 있는 위기의 깊음을 말해주고 있다. 이대로 나아간다면, 언젠가 중대한 파탄을 불러일으킨다는 것은 역사가 증명하고 있다. 현실을 보더라도 그 어느 곳이든 무너지기 시작하고 있다. 그렇지만 이를 호도하고 모순을 인민의 어깨위로 전가시키면서 그들은 살아남으려 한다. 권력에 창을 겨누는 자에 대해서는 강권적으로 탄압하고, 혹은 교묘하게 회유하면서 그 힘을 깎아내려 간다. 이 부르주아 독재 체제를 어떻게 뒤집어엎을 것인가가 우리들에게 제기되고 있는 것이다.

여론 조사라는 것은 다양한 측면에서 비판적으로 봐야할 측면이 있는데, 예를 들어 ≪아사히 신문≫ 5월 조사에서는, 집단적 자위권 문제에 대한 행사는 〈반대〉가 55%이며, 〈아베의 하는 방식은 적절치 않다〉가 67%, 원전 재가동 반대가 59% 라 조사되었다. 〈아베 정권을 지지합니까〉라는 질문에 대해서는 〈지지한다〉가 49%로 지지율은 50%에 미치지 못한 것으로 나타났다.

원래 아베정권이 국회에서 2/3 의석을 따낸 것은, 소선거구제의 효과와 민주당의 무능무책에 의한 것이다. 민주당이 인민의 커다란 반발을 받으며 퇴장했다. 그러나 그 대신에 노동자인민의 미래를 맡길 수 있는 정치세력이 존재하지 않는다. 아베 무리가 정권을 잡은 것은 그러한 상황 때문이다. 소선거구제가 아닌 중선거구제 내지는 완전 비례대표였더라면, 그런 숫자가 아니었을 것은 확실하다. 아베·자민당에 대한 지지는 압도적이라 이야기되나 그렇지는 않은 것이다.

체제내의 항의를 넘어선 대중운동을

이시하라 노부테루(石原伸晃) 환경부장관·원자력 방재담당 특별 대신이 후쿠시마 현재 주민을 우롱하는 〈결국은 돈〉이라는 발언을 했다. 이 정도로 아베 정권의 오만함, 약점 한 개가 드러났는데도, 한심하게도 이런 파렴치한 발언을 한 각료를 인민의 힘이 약해 퇴진시키지 못했다. 이 사태에도 나타나듯이, 지금 무엇보다도 밝혀져야 할 것은 운영주체의 문제이다.

집단적 자위권 행사용인 반대항의행동 등에서 수상 관저 앞에 갈 때가 가끔은 있었지만 그래서는 경찰 규제 하에서 거의 항의다운 항의를 할 수 없고, 그러한 패턴이 정착되어 버렸다. 아베 정권 측이 공공연하게 헌법 위반을 하고 있음에도 불구하고, 우리들 인민 쪽은 권력의 입에 맞는 합법적인 틀 안에서만 발언을 하고 행동 할 수밖에 없는 상황에 놓여 있다.

일본공산당이나 사민당을 비롯한 노동조합이나 시민운동 지도적 부위에 있어서도, 아베정권의 전면적 개헌공격, 전후 민주주의 전면부정 공격의 의미를 올바르게 파악하고 그 총체와 대결하는 이론적 통찰과 실천적 투쟁방침이 결정적으로 약하다는 생각이 든다.

운동의 핵심을 어떻게 재형성해나갈 것인가. 이것은 일본 노동운동의 수십 년동안의 과제이기도 하나, 지금이야 말로 아베가 집단적 자위권 행사용인을 각의결정하고 투쟁하는 국가 만들기를 공언하고 있을 때에, 이를 저지할 대중운동의 제 상과 그 안에서 훌륭하게 연마되어 배출될 운동지도부 형성은 글자 그대로 더 이상 기다릴 수 없는 과제이다.

우리들은 현재, 노동조합이 중심이 되어 조직되어 있는 〈헌법파괴[10] NO! 96조 개악반대연락회의〉에서 일익을 담당하며 운동을 전개하고 있다. 올 가을 10월 17일 〈전쟁을 허용하지 않는 도쿄 1000인 위원회〉 주최로

---

[10] [역자 주] 壞憲, 한국어로는 괴헌인데 의미전달이 안되어 헌법파괴로 번역한다. 한국시민단체 대부분은 이를 개헌이라 번역한다. 하지만 개헌과 헌법을 파괴하는 것은 의미가 달라서 본문에서는 헌법파괴로 번역한다.

도쿄 히비야(日比谷) 공원에서 개헌저지 노동자집회가 계획되어 있다. 〈헌법파괴 NO! 96조 개악반대연락회의〉도 이 집회 성공을 위해 전력을 다해 활동하고 있다. 노동자·노동조합 부대가 2000명 규모로 이 집회에 집결하는 것은, 이후 개헌반대운동, 혹은 아베정권이 되풀이하고 있는 여러 반동정책과 대결할 거점을 구축하는 데 있어서 매우 커다란 의미를 갖는다.

아베 무리는 집단적 자위권 행사 용인을 각의 결정하도록 한 다음, 더 나아가 이를 구체화할 관련 법안 정비를 진행해 나갈 것이다. 연말에는 이와 연동된 일미 가이드라인 개정[11])이 강행되려 한다. 올 가을에는 후쿠시마·오키나와 현 지사 선거도 앞두고 있다. 헤노코(辺野古) 신기지 건설이나 센다이(川内)원전 재가동이 강행되려 하고 있다. 이러한 움직임을 주시하면서, 모든 전선에서 아배정권과 투쟁하는 사람과 연대하고, 우리들은 10월 17일 히비야 공회당에서 열릴 헌법에 반대하는 노동자 집회 성공을 향하여 전력을 다하고자 한다.

---

11) "일본방위협력을 위한 지침"을 말한다. 1978년 구 쏘련의 일본 침공에 대비하기 위해 처음 만들어졌다. 1997년 개정에는 한반도 유사시를 상정하였다. 관련하여 1999년 주변 유사시 미군에 대한 후방지원을 가능하게 하는 주변사태법이 성립되었다. 아베내각은 연내 가이드라인을 재개정한 뒤 집단적 자위권과 새로운 가이드라인과 관련된 법 정비를 추진할 방침이라 한다.

노동조합운동*의 위기에 대해

김태균 | 노사과연 회원

머리말

1990년 1월 쏘비에트공화국연방에 해체되었다. 자본가계급의 독재 국가인 자본주의 사회와는 다른 노동자계급의 독재국가, 계급 소멸의 당면 과제를 가지고 출범한 사회주의 국가의 종주국 쏘련이 해체되었다.

당시 한국은 1987년 6월 투쟁과 함께 곧 이어 전개된 7-9월 노동자 대투쟁으로 확장된 민주주의 영역에서 2년여 세월 동안 현장에서는 노동조합의 이름으로 사회 곳곳에서는 쏘련을 중심으로 한 사회주의 역사와 이에 대한 이론에 대한 연구가 광범위하게 전개되었다.

그리고 실질적으로 20세기 러시아의 혁명을 이끌었던 레닌의 말처럼 한국의 선진 활동가 또한 노동자계급의 대중조직인 노동조합의 이름으로 노동자 대중을 광범위하게 조직하고, 이 속에서 노동조합의 경제주의적 한계를 지적하고 새로운 사회로의 전환을 위한 다양한 교육 및 조직화 사업과 진행했다. 또한 새로운 사회로의 전환의 주체인 노동자계급의 당 건설의 토대를 구축하기 위하여 다양한 활동을 전개해 왔다. 한 세기를 풍미했던 사회주의가 해체되어 가는 시점에서 시작된 한국 노동조합 운동[1]

---

* 본 글에서는 일각에서 제기하고 있는 '노동운동', '노동조합운동', '노동자운동' 각각의 개념의 차이점에 대해 개념을 구분해서 사용하기보다는 노동자 대중조직의 운동이라는 의미에서 노동조합운동으로 통칭해 사용하겠다.
1) 필자는 논의의 편의성을 위하여 한국 노동조합운동의 시작을 1987년 7-9 노동

이 이제는 20여 년이 흘러오고 있다.

87년 투쟁에 이어 90년 전국노동조합협의회(전노협) 결성, 95년 민주노동조합총연맹 결성 그리고 진보정당 건설로 이어지는 한국 노동조합 운동의 역사는 수많은 열사들의 투쟁과 이름 없이 전국 각지에서 활동하고 있는 선진 활동가 그리고 이 땅에 노동자들의 투쟁으로 이루어져 있다.

1987년 7월 5일 울산의 현대엔진에서 시작된 7-9 노동자 대투쟁은 임금인상 요구, 노동조건 개선, 민주노조 쟁취 요구로 압축되었다. "민주노조 건설하여 민주노동사회 건설하자"라는 구호로 압축되었던 노동자 대투쟁은 "선 농성 후 교섭"이라는 가장 기본적인 교섭력을 확보하는 아주 정당한 투쟁 방식을 가지고 전개되었다.

이렇게 시작된 한국 노동조합운동이 이제는 모든 선진 활동가뿐만이 아니라 현장에서도 "위기"라 부르기를 주저하지 않고 있다. 필자 또한 한국 노동조합운동이 "위기적 상태"라는 점에서 동의를 하고 있다.

그러나 문제는 20여 년 정도의 역사를 가지고 있는 한국 노동조합운동이 어떠한 원인으로 인해 "위기적 상태"로 진단을 받고 있는 것인가 하는 점이다. "위기"라 함은 기존의 그것과 비교해 볼 때 급격하게 퇴보하는 상황이나 또는 파국을 맞을 만큼 위험한 고비 등을 이르는 말이다. 또 다른 의미로는 객관적 조건의 변화에 따라 변화를 통해 조응해야 하는 주체적 조건이 변화하지 못함으로써 결과적으로 부조응으로 인한 상태 또한 "위기"라 칭한다. 그렇다면 한국의 노동조합 운동의 상태는 상술한 바대로 어떠한 급격한 변화를 동반했기에 "위기"라 칭하고 있는 것인가?

이에 본 글은 87년 노동자 대투쟁 이후 한국의 노동조합운동이 걸어왔던 20여년의 역사를 통해 노동자 대중의 상태의 변화와 노동조합의 변화 그리고 노동조합으로 조직된 노동자 대중에게 새로운 사회로의 전환을 위한 교육 및 조직화 사업과 새로운 사회 건설의 주체인 노동자계급 정당 건설의 토대 구축 마련 사업의 과정을 분석함으로써 한국 노동조합 운동

자 대투쟁을 전후로 시작되었다고 규정하고 본 글을 작성한다.

의 상태에 대한 분석과 더불어 현재의 한국 노동조합운동의 상태를 "위기적 상태"로 규정하면서 그에 대한 원인을 규명하고자 한다.

위에서도 이야기 했듯이 본 글에서 한국의 노동조합 운동의 상태를 비교 분석하기 위한 역사적 범주를 1987년 7-9월 노동자 대투쟁 이후부터 현재까지로 시기 구분을 하였다. 본 글에서 사용된 주요 데이터는 노동부나 혹은 통계청 통계자료를 주로 사용하였다. 물론 노동부와 통계청에서 제출하고 있는 각종 자료들은 노동조합 운동을 폄훼하거나 혹은 그 파괴력을 축소하고자 통계 내용을 의도적으로 축소하거나 왜곡하는 경우가 대다수라는 점을 염두에 두면서 사용된 통계 내용을 참조하시길 바란다.

본 글은 크게 세 가지로 구분되어 작성되었다.

우선 첫 번째가 노동조합이라는 조직의 개념 규정에 대한 내용이다. 자본주의라는 계급사회에서 노동자계급이 차지하고 있는 위치와 함께 이러한 노동자계급의 대중조직으로서 노동조합운동의 의의와 한계에 대해 맑스주의에 입각하여 간단하게 규명하였다. 간단하게 규명한 이유는 특별한 것이 아니라 본 글의 주제가 노동조합의 의의와 한계를 논하는 글이 아니라 노동조합 운동의 위기에 대한 글이기 때문이다.

두 번째로 "한국노동조합 운동이 위기인가?"라는 질문에 답을 위하여 지난 87년 노동자 대투쟁 이후 현재까지 노동부 및 통계청의 주요 데이터와 선행 연구자들의 연구 자료를 중심으로 "위기적 상태"에 대해 분석했다. 한국 노동조합운동의 위기적 상태 분석을 위하여 우선적으로 노동자 대중의 상태 분석과 전노협과 민주노총으로 이어져 온 노동조합 운동의 상태를 분석하였다.

노동자 대중의 상태와 노동조합의 상태 분석을 위하여 지난 87년 노동자 대투쟁 이후 현재까지 ① 노동조합 조직 변동 ② 임금 변동 ③ 노동시간 변동 ④ 고용 및 실업률 변동 ⑤ 비정규직 변동 ⑥ 쟁의행위(파업) 변화 추이 등을 주요 데이터로 분석했다.

그리고 세 번째로 새로운 사회로의 전환을 위하여 노동조합으로 조직된 노동자 대중에게 교육 및 조직화 사업과 새로운 사회 건설의 주체인 노동자계급 정당 건설의 토대 구축 마련을 위하여 한국 노동조합운동이 행했던 과정에 대한 분석을 위하여 지난 87년 이후 현재까지 주요 투쟁에 대한 한국노동조합 운동의 논의 과정과 대응 방안에 대한 추적을 통해 한국 노동조합운동의 "위기적 상태"를 진단하였다.

그리고 마지막으로 분석의 결과 한국 노동조합운동의 상태가 "위기적 상태"인가 혹은 그러하지 않은가에 대한 필자의 결론을 실었다.

한국 노동조합운동을 "위기적 상태"인지 그러하지 않은지에 대한 진단은 결국 "원인"을 분석함으로써 가능하다. 그리고 이러한 "원인" 분석을 통해 "진단"을 하고 "진단" 결과 이를 고칠 수 있는 "대안"까지 모색함으로써 한국 노동조합운동에 대한 "진단 작업"이 마무리 된다.

이에 본 글은 현재의 한국 노동조합운동이 "위기적 상태"로 진단을 하고 이에 대한 원인과 그로부터 대안까지 모색 나름 제출하였다.

1. 노동조합 운동이란?

1) 노동조합은 자본주의 사회에서 노동자계급의 대중조직이다

맑스는 그의 저서 "노동조합—그 과거, 현재, 미래"에서 다음과 같이 노동조합에 대해 규정을 하고 있다.

> 자본이 집적된 사회적 힘인데 반하여 노동자들이 당장 가지고 있는 것이라고는 자신의 개인적인 노동력뿐이다. 따라서 노자 간의 계약이 공정한 조건에 기초해서 이루어진다는 것은 결코 있을 수 없는 일이다. 물질적인 생활수단 및 노동수단의 소유와 살아 있는 생산력을 대립시키고 있는 사회의 관점에서 보면 공정함이란 있을 수 없다. 노동자 쪽이 당장 가지고 있는 유일한 사회적인 힘은 그들이 다수라는 것뿐이다.
> ... 노동조합은 처음에는 자본의 전제적인 명령과 싸우고, 제거하거나 혹은 하다못해 억제하고, 그렇게 함으로써 적어도 단순한 노예의 지위 이

상으로 노동자를 끌어 올리는 계약 조건을 쟁취하려고 하는 노동자의 자생적인 시도에서 발생했다.[2]

즉 맑스는 자본주의 사회에서 자본과 노동자는 애초부터 공정한 홍정이 불가능한 것으로 규정하고 노동자들이 가지고 있는 다수라는 사회적 힘을 가지고 자본과 맞서 싸우고 노예의 지위 이상으로 노동자들을 끌어 올리는 계약 조건을 쟁취하기 위한 자생적인 시도에서 노동조합이 발생했다고 규정을 하였다.

또한 레닌은 "노동자의 조직은 무엇보다 먼저 직업별 조직이어야 하고, 둘째로 가능한 한 폭넓은 것이어야 하며, 셋째로 조건이 허락하는 한 공개적이어야 한다"[3]고 노동조합의 조건을 이야기하였다.

결국 맑스 혹은 레닌에 의하면 노동조합은 노동자들의 자생적인 조직이며, 그들의 사회적 힘인 다수(多數)를 통해 그들의 경제적 이해와 요구를 쟁취하기 위하여 조직된 노동자계급의 대중조직인 것이다.

2) 노동조합 운동의 임무

- 노동조합 운동의 경제적 임무

자본주의 사회에서 노동자계급의 대중조직인 노동조합의 운동의 임무는 노동자계급의 경제적 이해와 요구에 복무하는 길이다. 이 부분에 대해 맑스의 말을 들어보자.

> 노동조합의 직접적인 목표는 노동자와 자본가 사이에서 필연적으로 야기되는 일상투쟁에서 자본에 의한 끊임없는 침해를 격퇴하는 수단에, 한마디로 말해서 임금과 노동시간의 문제에 한정되었다. 노동조합의 이러한 활동은 정당할 뿐 아니라 필요하다.[4]

---

2) 이경숙 옮김, ≪마르크스, 엥겔스의 노동조합 이론≫, 새길, 1988, p. 78. 재인용.
3) 레닌 지음, 김탁 옮김, "무엇을 할 것인가", ≪레닌 저작선 1≫, 전진, p. 251.
4) 이경숙 옮김, 앞의 책, 같은 곳에서 재인용.

맑스는 또한 그의 저서 "노동조합—그 과거, 현재, 미래"에서 노동조합의 임무를 노동자계급의 임금인상과 노동시간의 문제로 규정을 하고 이러한 노동조합 운동의 임무에 대해 정당할 뿐만 아니라 필요하다고까지 이야기하였다. 그리고 또한 맑스는 이러한 노동조합운동의 경제투쟁은 노동자계급의 정치의식을 개발하는 수단이라 규정[5]하였다.

또한 레닌은 그의 유명한 글 ≪무엇을 할 것 인가≫에서 "경제투쟁을 위한 노동자 조직은 노동조합 조직이어야 한다"고 하여 노동조합의 기본적인 임무 중 한 가지인 경제투쟁에 대한 중요성을 이야기하였다.

- 노동조합 운동의 정치적 임무

그러나 노동조합은 노동자계급의 임금인상이나 노동시간 단축 및 노동조건의 개선 등 경제투쟁만을 위한 조직이 결코 아니다.

엥겔스는 "공정한 하루의 노동에 대한 공정한 하루의 임금"[6]이라는 글에서 "임금인상과 노동시간의 단축을 위한 투쟁 등 현재 진행되고 있는 노동조합의 모든 활동은 그 자체가 목적이 아니라 수단이라는 점, 즉 그것은 매우 필요하고 효과적인 수단이지만 좀 더 높은 목적, 즉 임금 제도의 완전한 폐지라는 목적을 달성하기 위한 여러 가지 수단 중의 하나에 불과하다는 점"이라 하였다.

즉 엥겔스는 노동조합의 경제적 투쟁인 임금인상과 노동시간의 단축을 위한 투쟁이 매우 필요하고 효과적인 수단이지만 좀 더 높은 목적인 임금 제도의 완전한 폐지를 위한 여러 가지 수단 중 하나에 불과하다고 하면서 노동조합 운동의 역할과 임무에 있어 경제투쟁뿐만이 아니라 정치투쟁의 역할과 의의에 대해 이야기하였다.

또한 맑스는 "노동자계급의 정치적 운동은 물론 자신들의 손으로 정치권력을 획득하는 것을 궁극적인 목표로 삼고 있다. 그리고 그러기 위해서는 물론 노동자계급의 예비적인 조직화가 어느 정도 진전될 필요가 있는

---

5) 같은 곳에서 재인용.
6) 엥겔스, "1881년 5월 7일자 사설", ≪노동의 기치 1호≫, *MEW*, Bd. 19, SS. 247-50.

데, 그것은 그들의 경제투쟁 자체로부터 생겨나는 것이다"[7]고 하여 노동자계급의 정치권력 획득이라는 궁극적 목표는 노동자계급의 노동조합 운동의 임무인 경제투쟁 그 자체로부터 생겨난다고 하였다.

한 걸음 더 나아가 레닌은 "노동자계급의 궁극적 목표인 정치권력 획득을 위한 정치운동의 예비적 조직화가 노동자계급의 대중조직인 노동조합의 경제투쟁 그 자체로부터 발생한다"는 맑스의 말을 이어 받아 "노동계급은 오로지 그 자신의 노력에 의해서는 단지 노동조합 의식만을 발전시킬 수 있으며 노동자들 사이에는 사회민주주의적 의식성이 존재 할 수 없기에 외부로부터 노동자들에게 주어져야 할 것이다"[8]라는 말을 통해 선진 노동자들의 의식적 조직화의 필요성을 제시하기도 하였다. 그리고 레닌은 같은 글에서 정치투쟁의 개념을 "고용주와 정부에 대한 경제투쟁"의 개념으로 오해하는 경우가 있으며, 이러한 노동계급의 노동 조합주의적 정치활동은 노동계급의 부르주아적 정치활동으로 규정하면서 노동조합주의적 대 정부 투쟁에 대한 한계를 분명히 하였다.

결국, 경제투쟁을 위한 노동자 조직은 노동조합이며 이와 달리 노동자계급의 정치투쟁은 노동조합과는 별도로 새로운 사회 건설의 주체인 혁명가 조직(당)이 필요하며, 노동조합은 이러한 혁명가 조직(당)에 의해 지도되고, 노동조합으로 광범위하게 조직된 노동자 대중의 정치적 의식의 조직화 사업과 함께 혁명가 조직(당) 건설의 토대를 구축하는 정치적 임무가 있는 것이다.

노동조합의 정치적 임무는 경제적 임무인 노동조합의 경제투쟁의 한계를 뛰어넘어 정치권력을 획득하는 정치투쟁으로 나아가야 한다. 또한 노동자계급의 대중조직으로 조직된 노동자 대중을 사회주의적 의식으로 재조직화 하고 혁명가 조직(당) 건설의 토대를 구축하는 것이다. 이러한 노동조합의 정치적 임무는 선진 활동가들의 의식적 결합이 전제되어야 하는 것이다.

---

[7] 이경숙 옮김, 앞의 책, p. 98. 재인용.
[8] 레닌, 앞의 글, p. 193. 발췌.

2. 노동조합 운동의 위기
―경제투쟁의 주체로서의 노동조합 운동의 임무

노동조합 운동의 위기를 논의하기 위해서는 노동조합 운동이 무엇이고 노동조합 운동의 임무가 무엇인가를 먼저 이야기 할 필요가 있다. 왜냐하면, 노동조합운동의 위기에 대한 판단은 노동조합 그 존재 자체에 대한 부정이나 혹은 노동조합 그 존재의 임무에 대한 집행 상황에 대한 위기 여부를 판단을 하는 것이기 때문이다.

상술했듯이 노동조합이란 노동자계급의 대중조직이고, 노동조합 운동의 임무란 노동자계급의 임금인상, 노동시간 단축, 노동조건 개선 등 경제투쟁의 주체로서의 경제적 임무와 함께 노동자계급의 정치권력 획득이라는 정치투쟁을 위한 투쟁 주체의 조직화로 규정[9]된다.

이에 노동조합 운동의 위기란 우선 첫 번째로 노동조합 자체의 존재 규정 즉 현재의 노동조합이 한국 노동자계급의 대중조직으로서의 자기 존재감을 가지고 있는가하는 점이다. 다른 말로 하면 한국의 노동자계급이 노동조합으로 얼마만큼 조직화 되어 있는가라는 점이다. 즉, 노동조합 조직률이 급격하게 떨어졌다면 그 원인이 어떠하던지 한국노동조합 운동이 위기라고 진단하기에 어려움이 없을 것이다.

그리고 두 번째로 노동조합의 경제적 임무인 경제투쟁에 대한 자기 임무 수행의 문제이다. 노동조합이 당연히 해야 할 본연의 임무를 방기하거나 혹은 어떠한 이유로 수행하지 못했다면 그 자체로 노동조합 운동은 위기적 상태인 것이다.

그리고 세 번째로는 노동조합 운동의 정치적 임무 즉, 노동자계급의 대중조직인 노동조합으로 조직된 노동자 대중을 자본주의 사회가 아닌 새로운 사회로의 전화를 위한 목적의식적인 교육 및 조직화 사업과 더불어 새로운 사회 건설의 주체인 노동자계급의 당 건설의 토대 구축 사업에 대한 평가

---
9) 맑스, "노동조합―그 과거, 현재, 미래".

를 통해 한국 노동조합 운동의 "위기적 상태"에 대한 판단이 필요하다.

필자는 한국 노동조합운동의 상태에 대한 진단을 위하여 시기적 구분을 한국노동조합 운동의 역사의 큰 획을 그렸던 지난 1987년 노동자 대투쟁 이후 현재까지로 규정하고 비교 분석했다. 또한 각각의 비교 분석에 있어 여러 가지 데이터가 존재하겠지만 본 글에서는 간단하게 ① 노동조합 조직 변동 ② 임금 변동 ③ 노동시간 변동 ④ 고용 및 실업률 변동 ⑤ 비정규직 변동 ⑥ 쟁의행위(파업) 변화 추이 등 6가지 데이터 분석을 통해 노동자 대중 및 노동조합의 상태를 분석하였다.

그리고 마지막으로 노동조합의 정치적 임무에 대해서는 87년 노동자 대투쟁 이후 현재까지 한국 노동조합운동에서 주요한 쟁점을 중심으로 살펴보았다. 그리고 주요 데이터는 비록 한계는 있으나 노동부 및 통계청의 주요 데이터를 중심으로 사용했으며 노동조합운동 내부의 주요 쟁점 관련해서는 전노협과 민주노총 그리고 관련 서적과 노동단체에서 발행된 자료를 중심으로 살펴보았다.

1) 한국 노동조합 운동은 위기적 상태인가?
― 노동조합의 조직률을 중심으로

1987년 6월 항쟁 이후 곧 바로 전개된 7-9월 노동자 대투쟁은 한국노동조합 운동의 중요한 분수령이 되었다. 87년 7월 5일 울산 현대엔진 노동자들의 노조 결성과 파업 투쟁을 시작으로 투쟁은 현대그룹 전체로 퍼져 나갔다. 이후 8월초부터 대우조선 노동자들의 파업 투쟁이 전개되었고, 이후 전국으로 확산되면서 87년 7-9 노동자 대투쟁이 전개되었다. 1987년 8월 하루 평균 83건의 파업 투쟁이 전개되었으며 7월과 8월, 9월 즉, 3개월 사이에 전개된 쟁의는 총 3,311건이나 되었다.

87년 노동자 대투쟁은 한국 사회 노동자 대중에게 많은 변화를 가져왔다. 특히 노동자 대투쟁이 있기 전인 1986년 2,658개에 불과했던 노동조합 수가 88년 말 두 배를 훨씬 넘긴 5,598개로 조직되었으며 또한 1,036,000

명이었던 1986년의 노동조합원수가 7-9월 노동자 대투쟁 이후인 1988년 1,707,000 명으로 70여만 명에 해당하는 노동자들이 새롭게 노동조합으로 결합하였다. 조직률 또한 16.8%에서 19.5%로 성장했으며 가장 최고조인 1989년에는 19.8%까지 조직률을 보이기도 하였다.

(표1) 노동조합 조직현황에서도 확인이 되듯이 1987년 노동자 대투쟁 이후 현재까지 최고의 노동조합 조직률을 보인 연도는 전교조가 출범한 1989년이다. 1989년 말 현재 한국의 노동조합의 수는 7,861개이며 노동조합원수는 1,932천명으로 19.8%의 조직률을 보였다.

(표1) 노동조합 조직 현황10)

단위: 개/천명/%

년도	노조수	노조원수	조직률	비 고
86	2,658	1,036	16.8	7-9월 노동자 대투쟁
87	4,086	1,267	18.6	
88	5,598	1,707	19.5	
89	7,861	1,932	19.8	5월 전교조 출범
90	7,698	1,887	18.4	1월 전노협 건설
91	7,656	1,803	17.2	
92	7,531	1,735	16.4	
93	7,147	1,667	15.6	6월 전노대 출범
94	7,025	1,659	14.5	
95	6,606	1,615	13.8	민주노총 출범
96	6,424	1,599	13.3	노사관계위원회
97	5,733	1,484	12.2	IMF 외환위기
98	5,560	1,402	12.6	노사정위원회, 정리해고제, 변형근로제 도입 파견근로제 도입, 교사의 단결권 허용.
99	5,637	1,481	11.9	
00	5,698	1,527	12.0	
01	6,150	1,569	12.0	
02	6,506	1,606	11.6	
03	6,257	1,550	11.0	

04	6,017	1,537	10.6	
05	5,971	1,506	10.3	
06	5,889	1,559	10.3	비정규직법 제정.
07	5,099	1,688	10.8	
08	4,886	1,666	10.5	
09	4,689	1,640	10.1	
10	4,420	1,643	9.8	전임자 임금 지급 관련 폐지
11	5,120	1,720	10.1	
12	5,177	1,781	10.3	

1987년 이후 1989년까지 성장을 해온 노동조합의 조직률이 1989년을 최고조를 이루고 그 이후 서서히 하락을 하다가 1998년 정리해고제 입법화 이후 약간의 상승률(97년 12.2%에서 98년 12.6%)을 보이다가 다시금 하락세를 보이고 있다. 특히 2010년 노동조합 전임자 임금 지급 관련한 법률 조항 폐지 이후 최초로 조직률이 한자리 수인 9.8%를 보이다가 다시금 10%대에서 주춤 하고 있는 실정이다.

한국의 노동조합수, 노동조합원수, 조직률로만 보면 한국 노동조합 운동에 있어 급격하게 데이터상의 변화를 보여 온 경우는 없으며 전체 조직률이 10%에 머물고 있다는 점만 제외한다면 기본적으로 안정적(?) 조직률을 보이고 있다.

전체 임금근로자 중 노동조합에 가입한 노동자의 비중을 나타내는 한국의 노조조직률은 87년 노동자 대투쟁 이후 지속적인 하락세를 보이면서 10%대를 유지(?)하고 있는 실정이다.

대부분 북유럽 국가들의 노조 조직률이 평균 70%를 상회하고 있으며 2012년 OECD 가입국 34개 국가 중 한국 노동조합 조직률이 최하위권인 30위를 차지한 통계를 보면 한국의 노동자 대중의 노조 가입률이 바닥권인 것은 분명한 듯하다.

---

10) http://www.index.go.kr/potal/main/EachDtlPageDetail.do?idx_cd=1511

급격하게 노조 조직률이 변화를 보이는 것은 아니지만 20여 년 동안 지속적인 하락과 함께 세계 최하위권의 노조 조직률을 보이고 있는 한국의 현실은 저임금과 장시간 노동 그리고 비정규직, 살인적 노동강도 등과 함께 한국 노동자 대중의 실상을 여실히 보여 주고 있는 것이다.

2) 한국 노동조합 운동은 위기적 상태인가?
— 임금인상을 중심으로

임금인상 투쟁은 노동자계급의 대중조직인 노동조합으로서는 가장 기본적인 자기 임무이다. 물론 임금을 둘러싼 노동자와 자본가간의 투쟁은 자본주의 사회를 이끌어 가는 가장 기초적인 토대가 된다.

한국에서 임금인상은 대부분 기업별 교섭에서 결정된다. 1987년 노동자 대투쟁 이전에는 임금인상 관련한 단체교섭의 노동자 주체가 형성되지 못했거나 설사 노동조합이 존재 하더라도 대등한 조건에서 임금인상 관련한 단체교섭이 진행되지 못했기 때문에 임금인상 관련한 단체교섭이 하나의 제도나 관행으로 정착되지는 못하였다.

1987년 노동자 대투쟁의 과정에서 대부분의 노동조합은 "인간답게 살고 싶다"라는 외침 속에 선 파업 및 농성에 돌입[11]하면서 농성과 파업이라는 교섭력의 우위 속에 임금인상 및 노동조건 개선을 위한 단체교섭을 진행하였다. 이러한 투쟁의 결과 87년 한해에는 실질임금이 전년도에 비해 7.1% 인상이 되었으며 특히나 공동임금인상투쟁본부를 전국적으로 구성하고 공동 임투를 전개한 1989년은 11.8%라는 실질임금인상률을 쟁취하기도 하였다. 1989년 5.7%라는 높은 물가 상승에도 불구하고 11.8%라는 실질임금인상률을 쟁취한 한국 노동조합운동은 (표2)에서 나타나듯이 전반적으로 임금인상율이 한자리 수에 머무르고 있으며 민주노총 합법화 이후 처음 치룬 임금인상 투쟁인 2000년에 쟁취한 5.3% 실질임금 인상률을 제외하고는 3%내 미만에 머물고 있는 실정이다.

---

11) 기사연리포트, 《7-8월 노동자 대투쟁》, 민중사, 1987. 9., p. 49.

〈표2〉 물가상승 및 임금인상률 비교표[12]

단위: %

년도	소비자 물가 상승률	명목임금 인상률[13]	실질임금 인상률	비　　고
86	2.8	8.2	5.4	
87	3.0	10.1	7.1	노동자 대투쟁
88	7.1	13.5	6.4	
89	5.7	17.5	11.8	공동임금인상투쟁본부-공동 임투전개
90	8.6	9.0	0.4	전노협 건설
91	9.3	10.5	1.2	
92	6.2	6.5	0.3	
93	4.8	5.2	0.4	정부-한국노총 임금가이드 제시
94	6.3	7.2	0.9	철도, 지하철노조 공동파업투쟁
95	4.5	7.7	3.2	민주노총 출범
96	4.9	7.8	2.9	노동법 개악 저지 총파업 투쟁
97	4.4	4.2	-0.2	김영삼 정권의 IMF 양해각서 합의
98	7.5	-2.7	-10.2	김대중 정권 기업 구조조정
99	0.8	2.1	1.3	민주노총 합법화
00	2.3	7.6	5.3	
01	4.1	6.0	1.9	대우차 정리해고 분쇄 투쟁 전개
02	2.8	6.7	3.9	
03	3.5	6.4	2.9	화물연대 총파업/열사정국
04	3.6	5.2	1.6	
05	2.8	4.7	1.9	
06	2.2	4.8	2.6	
07	2.5	4.8	2.3	이랜드-뉴코아 투쟁
08	4.7	4.9	0.2	미국 금융위기 발발
09	2.8	1.7	-1.1	
10	3.0	4.8	1.8	유럽 재정위기 발발
11	4.0	5.1	1.1	
12	2.2	4.7	2.5	
13	1.3	3.5	2.2	

> * 임금인상률은 노동부의 상시근로자 100인 이상 사업장 전수 대상
> * 임금총액 기준임
> * 소비자물가상승률이란 소비자물가지수의 전년대비 변화율로서 물가상승에 대한 대표적인 지표임.
> * 소비자물가상승률 = [(금년도 소비자물가지수 ÷ 전년도 소비자물가지수) - 1] × 100.
> * 실질임금인상률 = 명목임금인상률 - 소비자물가상승률
> * 86-97년까지 명목임금인상률은 한국노동연구원의 [2013년도 임금실태조사] 재인용.

특히 김영삼 정권이 한국노총과 함께 전국적 임금인상 가이드라인을 제시하고 임금억제 정책을 전개했던 1993년에는 실질임금 인상률이 0%대를 보였으며 김영삼 정권 말기인 1997년 김영삼 정권의 IMF 양해각서 합의와 이후 등장한 김대중 정권의 신자유주의 구조조정 정책으로 인해 97년도에 실질임금인상률이 -0.2%를 보이다가 급기야 1998년도는 명목임금인상률이 -2.7%에 7.5%라는 높은 물가인상률로 인해 사상 최초로 -10.2%의 실질임금인상률을 보였다. 97년, 98년 IMF 당시 현장에서 노동조합 간부들은 "이번 교섭은 임금인상을 반납하지 않고 명목임금을 동결만 해도 선방(?) 하는 것이다"라는 자조석인 말이 떠 돌 정도였다.

87년 노동자 대투쟁 이후로 90년 이후 근 10여 년 동안 1%대 한 자리수에 머물고 있는 한국의 실질임금인상률은 한국 노동자 대중의 실상을 고스란히 보여 주고 있는 실례인 것이다.

필자는 위에서도 지적을 했듯이 "위기"라 함은 급격한 변화를 동반했을 때 "위기"이다. (표2)처럼 10여 년 동안 1%대 한자리수의 실질임금인상률을 보여 주고 있는 것은 한국 노동조합 운동을 단기적 "위기 상태"로 규정하기에는 무리가 있을 듯싶다. 아니, 좀 더 솔직하게 이야기 하자면 87년 노동자 대투쟁 이후 전노협과 민주노총으로 이어지고 있는 한국의 노동조합운동의 임금인상 투쟁이 물가상승률을 뛰어넘는 임금 인상 투쟁이

---

12) http://www.index.go.kr/potal/main/EachDtlPageDetail.do?idx_cd=2909 참고로 필자가 재편집함.
13) 협약임금인상률.

되지 못하고 있는 현실에 대해 비록 급격한 하락이나 상승의 모습을 보이지는 않는다는 점에서 급격한 변화를 동반한 "위기적 상태"로 규정하기는 어렵지만 최소한의 물가를 따라 잡는 임금인상조차 되지 못하고 있다는 점에서 "전면적 위기" 상태라 진단함이 보다 솔직할 것이라는 판단이다.

3) 한국 노동조합 운동은 위기적 상태인가?
― 노동시간 단축 투쟁을 중심으로

흔히 노동자계급의 상태를 분석할 때 임금의 수준과 더불어 노동시간, 노동 강도 등을 주요 분석의 요소로 삼는다. 그리고 이러한 각 요소는 각각의 분석 보다는 각 요소가 하나로 연계될 때 노동자의 삶의 전체적 상태를 보여준다.

필자는 위 글에서 비록 자본가 계급의 이데올로기 첨병의 역할을 하고 있는 노동부 혹은 통계청의 통계 자료를 인용했지만 저들조차 전체적 상에 대해서는 거짓말을 할 수 없을 정도로 저들의 통계자료가 한국 노동자들의 저임금의 실상을 보여 주고 있음을 (표3)을 통해 확인할 수가 있다.

시간당 임금의 수준이 삶을 살아감에 있어 최소한의 비용조차 담보가 안되는 조건이라면 당연하게도 장시간 노동으로 내몰릴 수밖에 없다. 임금수준을 낮추던지 혹은 장시간 노동시간에 시달리던지 혹은 동일한 시간 내 많은 생산량을 생산하는 살인적 노동 강도에 시달리는 것은 어찌 보면 자본주의 사회에서는 상식적으로 통용되는 진리이다.

역시나 한국의 노동자들이 장시간 노동시간에 허덕이고 있음은 간단한 통계 자료로도 확인이 가능하다. 한국의 취업 노동자의 연간 총 노동시간은 2011년 현재 모든 OECD 가입 국가 중 멕시코에 이어 두 번째이다. OECD 회원국 연 평균 1,765시간에 반해 한국의 경우 2,090시간으로 325시간을 더 일하고 있는 셈이다. 한주에 40시간을 일을 한다고 가정 한다면 OECD 평균 국가보다 8.1주, 50여일 더 일을 하고 있는 꼴이다.

한국의 노동시간은 1953년 제정된 근로기준법에 의해 법정 노동시간이 규정되고 있다. 1953년 주당 48시간을 명시했던 근로기준법은 87년 노동자 대투쟁 이후인 1989년 주당 44시간으로 근로기준법이 개정이 되었고 이후 2003년 주40시간으로 근로기준법이 개정되면서 법정 노동시간의 변화를 가져왔다.

〈표3〉 노동시간, 노동일수의 변화 추이

(단위: 시간)

	월간 근로일수	월간 근로시간	주당 근로시간	비고	
1987	24.9	225.4	53.9	노동자 대투쟁	출처: 고용노동부 "사업체노동력조사" 상용근로자 5인 이상 사업체에 종사하는 상용근로자에 대한 분석 결과임 * 87-98년까지 월간근로시간 데이터는 노동부의 "2003 근로시간 실태조사" 재인용.
1988	25.0	221.8	51.3	
1989	24.7	213.7	49.7	주44시간 관련 근기법 개정
1990	24.6	209.5	48.2	
1991		208.2	48.9	
1992		206.5	47.9	
1993		206.4	47.5	
1994		205.9	47.4	
1995		207.0	47.7	
1996		205.6	47.3	
1997		203.0	46.7	IMF
1998		199.2	45.9	
1999	24.5	206.6	47.6	
2000	24.6	204.8	47.2	
2001	24.4	202.5	46.6	
2002	24.0	199.6	46.0	
2003	23.9	198.2	45.6	주40시간 관련 근기법 개정
2004	23.7	197.2	45.4	
2005	23.2	195.1	44.9	
2006	22.7	191.2	44.1	
2007	22.3	188.4	43.4	
2008	21.5	184.8	42.6	
2009	21.5	184.4	42.5	

2010	21.5	184.7	42.5		
2011	21.5	182.1	41.9		
2012	21.3	179.9	41.4		
2013	21.1	178.1	41.0		

(표3)에서 노동시간의 변동 추이를 보면 87년 노동자 대투쟁 이후 꾸준히 노동시간이 줄어 들었다. 물론, 노동시간 단축의 문제는 시간 당 임금의 문제와 연동해서 바라봐야 하는 문제이겠지만 단순화하여 보더라도 꾸준히 줄어들고 있음을 확인할 수가 있다.

노동시간이 줄어드는 객관적 현실에는 여러 가지 이유와 원인이 존재할 수 있다. 예를 들면 노동자계급의 투쟁의 성과로 임금을 유지 혹은 인상하면서 노동시간을 단축하는 경우가 있다. 이와는 달리 노동자계급의 투쟁의 성과라기보다는 작업 공정의 변화나 혹은 생산 설비 등 가치를 생산하지 못하는 불변자본의 증대 등 기술혁명의 변화로 인해 동일한 생산량을 생산하면서도 노동자의 노동시간이 단축되는 경우도 있다.

한국의 끊임없는 노동시간 단축은 물론 보다 세밀한 연구작업이 필요하겠지만, 임금을 인상 시키면서 동시에 노동시간을 단축하는 즉, 노동자계급의 투쟁의 성과로 노동시간이 단축되었다고 보기는 어려운 상황이다. 이는 (표2) 임금인상률 관련한 도표를 보면 확연히 알 수가 있다. 임금수준은 지속적으로 저하되면서 노동시간이 점진적으로 단축된다는 것은 노동자계급의 투쟁의 성과로 임금수준을 높이면서 노동시간을 단축한다는 것과는 거리가 있는 것이다. 이보다는 장기간 한자리 수의 실질임금 인상률과 세계 최장 노동시간 등을 고려할 때 생산설비 등 기술혁명 등으로 인해 동일하거나 혹은 그 보다 더 많은 생산량을 생산하면서 노동자의 노동시간이 점진적으로 단축 되고 있다는 해석이 보다 설득력이 있다.

(표3)에서 나타나고 있듯이 노동시간이 지속적으로 단축되고 있으며, 단축의 추이가 급격한 변화보다는 점진적인 변화를 보이고 있는 점 등을 고려해 볼 때 노동시간의 변화 추이가 한국 노동조합운동의 급격한 변화로 인한 상태 즉 "위기"적 상태로 규정하기에는 어려움이 있어 보인다.

문제는 노동시간이 점진적으로 단축되고는 있으나 표2)처럼 실질임금수준이 점차적으로 낮아지고 있는 상태와 맞물려 세계 노동자들의 노동시간에 비추어 장시간 노동이라는 점에서 한국 노동자 대중의 상태 그리고 노동조합 운동의 상태는 최소한의 노동자 대중의 경제적 이해와 요구조차 중장기적으로 수렴하고 있지 못하다고 평가할 수가 있다.

4) 한국 노동조합 운동은 위기적 상태인가?
― 실업률을 중심으로

생산수단의 소유로부터 배제되고 자신의 노동력을 상품화하여 판매해야만 그에 대가로 받은 임금을 통해 살아갈 수밖에 없는 노동자들에게 있어 노동력의 판매 과정 즉, 취업 혹은 채용 혹은 고용의 과정은 생존의 문제이다. 이러한 노동자들의 고용의 문제는 고용에 대한 질의 문제 즉 정규직 혹은 비정규직 그리고 적절한 임금수준 및 노동 강도 등 다양한 부분에 대한 고려를 전제로 판단하는 것이 필요하겠지만 본 글에서는 최소한의 내용을 보기 위하여 노동부 혹은 통계청의 실업률 관련한 통계 데이터를 중심으로 살펴보겠다.

상품의 가격이 보이지 않는 손에 의해 결정된다는 아담스미스를 중심으로 한 고전 경제학파들의 가장 기본적인 전제는 모든 노동자들이 100% 노동시장에서 완전하게 고용이 된다는 점이다. 이와는 달리 케인즈 학파의 경우 자본주의 사회에서는 불가피하게 3%대 실업률을 보일 수밖에 없으며 3%대의 실업률이면 완전고용 상태이며, 자본주의의 전성시대로 대호황 상태라 이야기 하고 있다.

표4]에서 확인 할 수 있듯이 한국의 실업률은 3%를 유지하고 있다. 케인즈의 말대로라면 한국의 고용상태는 완전고용 상태이며 대호황기를 맞이하고 있는 상태이다. 과연 그런가?

다음 아래 그림 [OECD 주요국 실업률]을 보면 한국의 경우 세계 최장시간의 노동시간과 살인적 저임금에 시달리지만 완전고용의 상태에서 일을 하고 있음을 확인 할 수 있으며, 한국이 세계 주요 국가들보다 일자리가 많고 고용이 잘 되고 있다고 판단할 수가 있을 것이다.

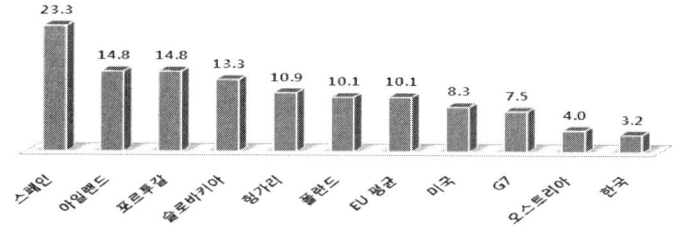

출처: OECD 2012년 기준

그러나 문제는 전혀 그러하지 않다는 점이다. 이 글을 읽는 독자 그 어느 분도 실업률 관련해서 정부의 통계 내용에 대해 동의하지 않을 것이다. 간단하게 이야기하자면 한국의 실업률 관련한 통계를 내는데 있어서 실업률을 줄이기 위해 착시효과를 낸다는 점이다.

통계청에서 고용율이라 함은 "총취업자 / 노동 가능 인구(15세 이상인구)"로 계산을 한다. 마찬가지로 실업률 관련해서는 "실업률 = 실업자 / 경제활동인구 (= 노동 가능 인구 - 비경제활동인구)"로 계산을 한다. 문제는 실업률을 계산함에 있어 분모 역할을 하는 경제활동인구 중 비경제활동인구를 가능하면 적게 산정14)함으로써 실업률을 최소화하고 있다는 점이다. 어쨌든 다시 본론으로 돌아와서 이러 저러한 문제가 있는 실업률 관련한 변화 추이를 정리해 본 자료가 (표4) [취업자 수, 실업자 추이]이다.

---

14) 비경제활동인구란? 주부, 의무군인, 취업 포기자, 취업준비생 등이 포함되는데, 노동능력이나 노동의사가 없는 인구를 뜻함. 취업 포기자는 노동의사가 없는 경우이고, 취업준비생은 노동능력이 없는 경우로 포함됨. 기혼 여성이라고 다 비경제활동인구가 되는 건 아니다. 취업노동의사 없이 가사노동에만 종사할 경우, 남녀 불문하고 비경제활동인구로 분류한다. 우리나라의 비경제활동인구가 매우 많다는 말은 실업률에서 실업자로 분류될 사람이 비경제활동인구로 빠져 버리게 된다는 말이다.

(표4)를 보면 IMF 시절인 1998년과 99년도를 제외하고는 일정하게 실업률이 2-3%대를 유지하고 있는 상태이다.

(표4) 취업자 수. 실업자 추이[15]

단위: 만명, %

	취업자 증감	실업자	실업률(%)	청년실업자	청년실업률 (%)
1990	52.5	45.4	2.4	29.0	5.5
1991	56.4	46.1	2.4	31.4	5.4
1992	36.0	49.0	2.5	33.3	5.8
1993	22.5	57.1	2.9	38.3	6.8
1994	61.4	50.4	2.5	32.4	5.7
1995	56.6	43.0	2.1	26.3	4.6
1996	43.9	43.5	2.0	26.4	4.6
1997	36.1	56.8	2.6	32.2	5.7
1998	-127.6	149.0	7.0	65.5	12.2
1999	35.3	137.4	6.3	57.4	10.9
2000	86.5	91.3	4.1	40.2	7.6
2001	41.6	89.9	4.0	41.3	7.9
2002	59.7	75.2	3.3	36.1	7.0
2003	-3.0	81.8	3.6	40.1	8.0
2004	41.8	86.0	3.7	41.2	8.3
2005	29.9	88.7	3.7	38.7	8.0
2006	29.5	82.7	3.5	36.4	7.9
2007	28.2	78.3	3.2	32.8	7.2
2008	14.5	76.9	3.2	31.5	7.2
2009	-7.2	88.9	3.6	34.7	8.1
2010	32.3	92.0	3.7	34.0	8.0
2011	41.5	85.5	3.4	32.0	7.6
2012	43.7	82.0	3.2	31.3	7.5
2013	38.6	80.7	3.1	33.1	8.0
* 취업자 증감은 전년동기비 / * 청년실업자 및 청년실업률 연령 기준: 15-29세					

---

15) http://www.index.go.kr/potal/main/EachDtlPageDetail.do?idx_cd=1063

위에서 이야기 했듯이 비경제활동인구의 통계수치에 대한 사기성을 제외하더라도 일정하게 실업률 혹은 고용율이 유지가 되면서 급격한 변화를 가져오지 않고 있음을 확인할 수가 있다. 문제는 한자리 숫자의 실질임금 인상률과 세계 최장의 장시간 노동시간을 유지하고 있는 한국의 노동자 대중의 상태를 전제로 할 때 실업 혹은 고용의 문제는 단지 노동력 판매 그 자체에 대한 문제라기보다는 노동력을 적정한 수준의 대가를 받고 팔고 있는가 하는 점에서 그 심각성을 살펴 볼 수가 있다. 추이의 급격한 변화 여부라는 지점에서는 실업률 혹은 고용률의 변화가 "위기적 상태"로 규정하기는 어려울 수 있으나 급격한 변화가 아니라 악조건이 지속적으로 유지되고 있다는 점에서 심각한 상태라 규정할 수가 있다.

5) 한국 노동조합 운동은 위기적 상태인가?
― 비정규직을 중심으로

한국 노동조합운동의 위기로 진단하는 많은 이들이 앞 다투어 그 근거로 이야기 하는 부분이 바로 비정규직 문제이다. 우선적으로 비정규직에 대한 개념이 정부로부터 시작해서 노동조합 운동 진영까지 각 계급별로 다양한 차이를 보이고 있다.

물론 자본주의 사회에서 통계가 가지고 있는 정치경제학적 의미는 계급의 착취구조를 옹호하고 계급 착취로부터 나타나는 다양한 현상을 은폐하고 엄폐하고자 하는 의미를 가지고 있다. 예를 들면 당연하게 자본주의 사회를 책임지고 있는 자본가 계급에게 있어 비정규직 관련한 통계 자료가 가능하면 적게 산정이 되어야 한다. 비정규직이 대부분을 차지할 정도로 노동조건이 악화되어 있음을 자본가 계급 스스로 폭로할 필요는 없기 때문이다.

어쨌든 통계청의 통계 자료인 (표5)를 보면 96년 김영삼 정권의 파견법 날치기 통과와 98년 IMF 시절 김대중 정권의 정리해고제 도입 이후 한국 사회 노동시장은 급속하게 정규직에서 비정규직으로 변화해 왔으며 이는 통계청의 자료만을 근거로 하더라도 전체 임금 노동자 중 30%가 넘는 비율이며 또 다른 분석16)으로는 55%를 넘는 수치를 보이고 있다.

〈표5〉 비정규직 고용 동향17)

단위: 천명, %

년도	임금 근로자수	정규직 수	비정규직 수	비정규직 비율	비고
96					파견법 날치기 통과
97					
98					정리해고법 통과
99					
00					
01	13,540	9,905	3,635	26.8	
02	14,030	10,191	3,839	27.4	
03	14,149	9,542	4,606	32.6	
04	14,584	9,190	5,394	37.0	
05	14,968	9,486	5,483	36.6	
06	15,351	9,894	5,457	35.5	비정규직법 통과
07	15,882	10,180	5,703	35.9	
08	16,104	10,658	5,445	33.8	
09	16,479	10,725	5,754	34.9	
10	17,048	11,362	5,685	33.3	
11	17,510	11,515	5,995	34.2	
12	17,734	11,823	5,911	33.3	
13	18,240	12,295	5,946	32.6	

* 임금근로자=경제활동인구-실업자-비임금근로자(자영업자+무급가족종사자)
* 비정규직근로자=한시적 근로자(기간제근로자 포함) ∪ 시간제근로자 ∪

---

16) 한국노동사회연구소 선임연구위원인 김유선 연구원의 2013년 8월 글을 보라. 이 글에서 김 연구원은 한국의 비정규직의 비율을 통계청의 그것과는 달리 07년 55.8%, 2013년 46.1%의 비율로 한국의 비정규직 노동자들의 실상을 폭로하기도 하였다.

> 비전형근로자
> ** 한시적 근로자: '고용의 지속성'을 기준으로 분류한 비정규직이며, 근로계약기간을 정한 자 또는 정하지 않았으나 계약의 반복갱신으로 계속 일할 수 있는 근로자와 비자발적 사유로 계속 근무를 기대할 수 없는 자로 나눠짐
> ** 시간제근로자: '근로시간'을 기준으로 분류한 비정규직이며, 근로시간이 짧은 근로자(파트타임근로자)
> ** 비전형근로자: '근로제공방식'을 기준으로 분류한 비정규직이며, 파견근로자, 용역근로자, 특수형태근로자, 가정 내 근로자(재택, 가내), 일일(호출)근로자로 분류됨

굳이 김유선 연구원의 말을 빌리지 않더라도 통계청의 데이터만 보더라도 한국의 노동시장은 임금 노동자 중 반수 가까운 노동자들이 비정규직이라는 이름으로 살아가고 있음을 확인할 수가 있다. 이제 비정규직의 문제는 이윤을 극대화하기 위해 혈안이 되어 있는 자본가 계급에게 있어서는 안정적인 임금인하의 수단이 되었다. 전체 임금 노동자 중 반수에 가까운 사람에 대해 노동력 구매 대금을 비정규직이라는 이름의 싼 값으로 지불해도 된다는 점은 아주 달콤한 유혹인 셈이다. 이에 반해 노동자 계급에게 있어 비정규직의 문제는 그나마 세계적으로 악명이 높은 장시간 노동시간과 저임금에서 한 걸음 더 나아가 항상적 고용불안에 떨게 만드는 요소로 나타나고 있다.

어쨌든 (표5)를 통해 확인이 가능한 것은 비정규직 노동자의 범위를 어떻게 규정하는가를 떠나 비정규직 노동자들이 한국 노동시장 내 반수에 가까운 수를 차지하고 있으며 이러한 현상이 지속되고 있다는 점이다.

물론 급격한 변화를 전제로 한 "위기적 상태"로 규정하기에는 너무도 비정규직 문제가 점진적으로 확대되고 있다는 점에서 현 상태를 "위기적 상태"로 규정하기에는 설득력이 떨어진다. 그러나 87년 노동자 대투쟁 이

---

17) http://www.index.go.kr/potal/stts/idxMain/selectPoSttsIdxSearch.do?idx_cd=2477&clas_div=&idx_sys_cd=724&idx_clas_cd=1

후 십년이 흐른 97년 IMF와 함께 시작된 비정규직 확산은 이후 한국의 노동시장을 전면적으로 전환시켰다는 점에서 그 의미를 찾을 수가 있다. 한국 노동조합운동의 상태 진단 즉 "위기적 상태"로 규정함에 있어 비정규직 문제가 한국 노동조합 운동의 전반적 상태를 규정할 수 있는 매우 중요한 지점이라는 점에서 적극적 고려가 필요하다.

6) 한국 노동조합 운동은 위기적 상태인가?
― 쟁의행위를 중심으로

자본주의란 토지, 공장, 도구 등이 소수의 토지소유자와 자본가에 속하는 반면, 인민 대중은 재산을 전혀 소유하지 못하거나 아주 적게 소유하며 자신이 노동자로서 고용되지 않을 수 없는 사회 체제를 말한다. … 공장소유자들은 노동자들에게 단지 그들 자신과 가족들이 겨우 생존할 만큼의 임금만을 지불한다. 반면 노동자들이 이러한 양을 초과하여 생산하는 모든 것은 이윤으로 공장 소유자의 주머니로 들어간다. … 노동자는 고용주와 거래하며, 임금을 둘러싸고 투쟁한다.[18]

레닌에 의하면 노동자는 자신의 유일한 상품인 노동력의 대가인 임금을 둘러싸고 고용주와 끊임없는 투쟁을 전개한다고 하면서 투쟁의 방식은 개별이나 개인이 아니라 집단 혹은 노동자 상호간의 단결을 전제로 한 투쟁임을 분명히 하였다. 그리고 또한 레닌은 자신의 노동력이라는 상품의 대가인 임금을 더 받기 위한 흥정 혹은 교섭력을 높이기 위하여 파업을 전개하지만 파업 그 자체에 대해 "자본주의 사회의 바로 그 본성에서 일어나는 파업은 노동계급의 바로 그 사회체제에 대한 투쟁의 시작을 의미한다[19]"고 하였다. 그러면서 레닌은 같은 책에서 파업은 노동자들에게 고용주들의 힘과 노동자들의 힘이 무엇으로 이루어져 있는지를 가르쳐 준다

---

18) 레닌, "파업에 관하여", 앞의 책, p. 113.
19) 같은 글, p. 114.

고 하였고 또한, 자본가뿐만 아니라 정부와 법률의 본질에 대해 눈 뜨게 해준다고 하였다. 또한 파업은 노동자들에게 단결을 가르쳐 주고 그들이 단결했을 때 자본가들에 대항하여 투쟁할 수 있다는 점을 가르쳐 준다고 하였다. 그리고 레닌은 파업은 단지 투쟁의 수단의 하나이며, 단지 노동계급 운동의 한 측면이라는 한계를 지적하면서 개별적인 파업으로부터 전 근로인민을 위한 노동계급의 투쟁으로 발전할 때, 전국적으로 단결할 때 모든 근로인민을 해방시키기 위해 투쟁하는 사회주의 노동자 당을 건설할 때 그때 비로소 파업의 의미를 가진다고 하였다.

단지 임금인상을 위한 파업, 노동조건을 개선하기 위한 파업, 민주노조를 건설하기 위한 각각의 개별적 파업이 전체 근로 인민을 위한 파업으로 노동자계급의 정당을 건설하기 위한 수단으로 존재할 때 노동자계급의 "파업"은 실질적 의미를 가진다는 레닌의 말은 지난 87년 한국 노동조합 운동이 전개한 파업 투쟁에 대해 단순히 전개된 파업 투쟁이 양의 문제뿐만이 아니라 어떠한 지향점을 가지고 행했던 파업투쟁이었는지에 대한 평가도 분명하게 필요하다는 점을 분명히 하고 있다.

〈표6〉 노사분규 쟁의행위 관련[20]

단위: 개/천일

	노사분규 건수	파업 (근로손실) 일수	비고
87	3,749	6,947	한국노동운동역사상 최대 규모의 파업 투쟁 전개 인간답게 살고 싶다. 임금 및 노동조건 개선
88	1,873	5,400	
89	1,616	6,351	
90	322	4,487	전노협 건설
91	234	3,271	
92	235	1,527	

93	144	1,308	
94	88	1,484	
95	85	392	
96	85	893	96-97 노동자 투쟁 / 노동법 개악 저지 투쟁
97	78	445	
98	129	1,452	IMF 경제위기. 고용안정 투쟁
99	198	1,366	
00	250	1,894	
01	235	1,083	
02	322	1,580	
03	320	1,299	
04	462	1,199	
05	287	848	
06	138	1,201	
07	115	536	
08	108	809	
09	121	627	
10	86	511	
11	65	429	
12	105	933	
13	72	638	

* 96-97년 노동법 개악 저지 총파업 투쟁은 통계청 산정 기준상 제외함.
* 우리나라 통계청의 파업(노사 분규) 관련 산정 기준은 파업 발생 이후 1일(8시간)이 지나면 공식적인 노사분규(파업)로 간주한다. 그리고 한국의 경우 정치적 이유로 인한 파업(노사분규)은 공식적 통계에 포함시키지 않고 있다. 이러한 통계 산정 기준이다 보니 96년 김영삼 정권의 노동악법 날치기 통과에 반대한 96-97 노동자 파업 투쟁은 공식적 파업 투쟁으로 포함시키지 않고 있는 실정이다. 그리고 또한 간접 파업 참가 노동자에 대한 포함 여부인데 한국의 경우 이러한 경우에도 파업 참가자로 간주하지는 않고 있다. 예를 들면 앞 라인에서 파업을 함으로써 불가피하게 뒤 라인이 조업을 못하는 경우 파업 참가자 통계에서 제외를 하는 경우이다.

그러나 본 글에서는 파업 투쟁의 내용을 떠나 단지 수치상으로 표현되

---

20) http://www.index.go.kr/potal/main/EachDtlPageDetail.do?idx_cd=1512

는 파업 투쟁의 양을 중심으로 한국 노동조합운동의 위기 상태를 진단해 보겠다. (표6)을 중심으로 87년 노동자 대투쟁 이후 파업 건수의 변화 추이를 보면 1987년 3,749건에 노동손실일이 6,947천일이 되면서 한국 노동조합운동 역사상 가장 많은 수의 파업과 노동손실일을 기록하였다. 87년 최고조를 이룬 파업건수가 점차 축소되다가 96-97년 투쟁을 계기로 다시금 파업건수가 늘어났다. 이러한 파업건수의 변화는 2003년 화물연대 총파업 투쟁과 열사정국을 거치면서 2004년 다시금 높은 수의 파업건수를 기록하고 다시금 점차적으로 축소되어 가는 과정을 보이고 있다.

단순하게 파업건수 및 노동손실일수를 근거로 한국의 노동조합 운동의 위기 상태를 진단하기는 어렵다. 그러나 주요 정치적 시기에 파업 건수 및 노동손실일수가 늘어났다는 점을 보면 여전히 한국 노동조합운동의 현장투쟁은 끊임없이 전개되었음을 확인할 수가 있다.

3. 노동조합 운동의 위기
― 정치투쟁의 주체로서의 노동조합 운동의 임무

노동자계급의 대중조직으로서의 노동조합은 노동자계급의 경제적 이해를 중심으로 한 경제투쟁의 임무뿐만이 아니라 자본주의 체제 내에서 새로운 사회로의 전환에 대한 역사적 필연성과 더불어 이를 수행할 노동자계급의 정당 건설의 토대 구축이라는 정치적 임무가 존재한다.

이러한 정치적 과제를 "고용주와 정부에 대한 경제투쟁"의 개념으로 오해하는 경우가 있으며, 이러한 노동계급의 노동조합주의적 정치활동은 노동계급의 부르주아적 정치활동이라고 규정한 레닌의 말처럼 노동조합 운동이 노동자 대중의 경제적 이익 즉 임금인상이나 노동시간 단축 그리고 노동조건 개선만을 위한 대정부 투쟁은 여전히 그 한계를 가질 수밖에 없는 것이다.

이에 한국 노동조합운동이 "위기적 상태"에 대한 진단에 있어 87년 노동자 대투쟁 이후 현재까지 전개된 노동조합운동의 활동의 과정에서 과연 노동조합운동의 정치적 임무 즉, 새로운 사회로의 전환을 위한 목적의식적 조직화 사업과 새로운 사회 건설의 주체인 노동자계급정당 건설의 토대 구축을 위한 사업을 올곧게 전개해 왔는가 라는 질문에 대한 답을 하면서 한국노동조합 운동의 "위기적 상태"를 진단해 보자.

― 한국 노동조합운동의 역사에서 나타난 주요한 쟁점

1987년 노동자 대투쟁 쉼 없이 달려온 한국노동조합 운동은 역사의 과정에서 몇몇 주요한 논쟁의 지점[21]을 가지고 있다.

우선적으로 전노협 건설의 과정에서 나타난 소위 제2노총 건설 관련한 논쟁이 있다. 그리고 두 번째는 곧이어 건설된 민주노총의 건설 과정에서 나타난 논쟁이다. 민주노총 건설의 과정에서 나타난 논쟁은 주요하게 민주노총 조직형태에 대한 논쟁과 함께 소위 국민과 함께 하는 노동운동론 등으로 표현되는 노동조합 운동의 방향성을 가지고 전개된 논쟁이다. 그리고 세 번째로 김영삼 정권시절부터 시작된 사회적 합의주의 관련한 논쟁이다. 노개위 혹은 노사정위원회로 표현된 사회적 합의주의 관련한 노동조합운동 진영 내부의 논쟁이다. 그리고 네 번째로 "일어나라 코리아"로 표현된 진보정당 건설 관련 논쟁이다. 그리고 마지막 다섯 번째로 비정규직 노동자 투쟁 관련한 논쟁이다.

본 글에서는 각각의 논쟁 지점에 대해 간단하게 논쟁의 과정을 되짚어 보면서 한국 노동조합운동이 노동조합운동의 정치적 임무를 올곧게 수행했는가 하는 점에 대한 평가를 통해 "위기적 상태"를 진단해 보겠다.

---

21) 물론 필자가 선정한 지점 이외에도 많은 논의의 지점이 있다. 그러나 필자는 본 글의 물리적 조건이나 작성의 편의성 등을 위해 주요한 지점 몇 가지만 선정을 하였으며 이외의 주요한 논쟁의 지점에 대해서는 별도의 연구를 통해 정리할 것을 약속드린다.

1) 한국 노동조합 운동은 위기적 상태인가?
― 전노협 건설 과정에서

87년 6월 항쟁과 곧 이어 전개된 7, 8, 9 노동자 대투쟁은 '인간답게 살고 싶다'는 최소한의 요구이면서 절박한 생존권을 요구하는 노동자 대중과 전두환, 노태우 정권타도라는 목표를 가진 선진 활동가들이 노동조합운동 일반으로 결합했음을 의미한다. 87년 노동자 대투쟁으로 인해 성장한 한국 노동조합운동은 88년 쟁의시기집중 등 공동의 임금인상을 위한 투쟁의 경험과 함께 전국적 노동법 개정 투쟁을 통해 전국 각지에서 공동의 실천을 기반으로 한 지노협 건설에 박차를 가했고 드디어 1990년 1월 전국노동조합협의회(전노협)를 건설하게 되었다. '노동해방과 평등세상을 앞당기는 전노협'이라는 붉은 깃발은 조직 건설의 과정에서부터 공동투쟁을 통한 신뢰가 전제되었으며 자본주의 사회가 아닌 노동이 해방된 새로운 세상에 대한 지향점을 분명히 하면서 출발 한 것이다. 이러한 전노협 건설의 과정에서 논의의 쟁점이 되었던 것은 한국노총의 문제였다.

논쟁의 주요 내용을 단순화해 보자면 우선 첫 번째로 한국노총의 민주화론이다. 그리고 두 번째는 한국노총의 해체 및 즉각적 제 2노총 건설론이다. 그리고 마지막으로 민주노총 건설을 위한 과도적 과정으로서 전노협 건설론이다.

세 가지 쟁점은 결국 극단적 좌우에 대한 논쟁의 과정이었으며 역사적으로 전노협 건설로 논쟁이 마무리되었음을 확인할 수가 있다. 전노협 건설의 과정에서 나타난 첫 번째 주장은 바로 한국노총의 민주화론이다. 노총 와해론으로 불리는 이 주장은 노총 내부의 민주화에 초점이 맞추어져 있으며 노동해방이라는 노동조합 운동의 방향성 정립 보다는 노동운동 내부의 통일을 최우선적으로 판단한다. 그리고 두 번째가 제 2노총 건설론이다. 한국노총에 대한 타도를 전제로 민주노총 및 노동단체들이 모여 즉각적으로 제 2노총을 건설하고 경제투쟁의 주체로서 노동조합의 임무와 정치투쟁의 주체로서 노동자계급정당의 임무를 하나로 모아 건설되어지는 제2노총에서 수행하자는 식의 좌익적 편향을 가지고 있다. 마지막 세 번째는 전노협 건설론이다. 한국 노총에 대한 입장은 노총민주화론이며 이를 위해 노총 상층연대 및 폭로를 통한 고립화 전술이었다. 또 다른 한 축으로는 노동조합 운동과 노동자계급운동과의 역할과 관계를 분명히 했다는 점이다. 이러한 점에서 전노협 건설론은 앞의 두 가지 입장으로 표현되는 좌우익의 극단적 편향성을 극복하고 전노협의 조직적 성격을 분명히 했다는 점에서 긍정적 의의를 가진다.

결과론적으로 전노협은 두 번째 안과 세 번째 안을 수렴하면서 건설이 되었다. 그리고 건설의 주체는 대공장 중심이 아니라 70년대와 80년 초·중반 투쟁을 힘있게 전개했던 전자와 섬유 등 여성 중심 사업장과 제조업 사업장 그리고 중소영세 사업장 중심으로 투쟁하는 단위가 중심이 되어 건설이 되었다. 이러한 결과는 결국 논쟁의 과정[22]이 조직건설의 주체와 무관하지 않음을 보여 주고 있는 것이다.

이러한 전노협 건설의 과정에서 전개된 쟁점의 내용은 87년 노동자 대투쟁 이후 전노협이 출범하고 이후 민주노총이 출범한 95년 직전까지 투쟁을 책임졌던 한국 노동조합운동의 현 주소를 보여 주고 있는 것이다. 특히 결과론적으로 두 번째 안과 세 번째 안을 공히 수렴하면서 전노협이 건설 되어 졌던 역사적 과정을 보면 두 번째 안 즉, 극좌적 편향까지 전노협 출범의 과정에서 함께 했음을 의미하는 것이며, 이러한 극좌적 편향은 결국 현재의 한국 노동조합운동의 위기를 규명함에 있어 또 다른 원인으로 이후 발전하게 된다.

---

[22] 본 글에서는 표현을 하지 않았지만 전노협 건설의 과정에서 산별노조 건설의 주체로 대공장 중심이냐? 전노협 중심이냐?가 쟁점이 되었다. 이는 전노협을 전국적 조직으로 보는 것이 아니라 협소하게 중소영세 사업장의 연대 수준으로 바라보는 경향과 산별노조 건설이 단지 양의 확대만을 통한 조직건설론이라는 문제점을 보여 주었다.

2) 한국 노동조합 운동은 위기적 상태인가?
― 민주노총 건설 과정에서

산별노조 건설과 노동자계급정당 건설을 주요한 조직적 과제로 출범한 노동해방, 평등사회를 앞당기는 전노협은 90년 출범과 동시에 91년부터 공동투쟁과 투쟁을 통한 조직건설 논의가 진행 되었다. 이 논의의 결과로 93년 6월 전노협, 업종회의, 현총련, 대총련 등 4개 조직이 전국노동조합대표자회의(전노대)를 구성하였다.

전노대 구성이후 민주노총의 건설 과정에서 논쟁 구도가 마련된 것은 소위 전노협 강화론 또는 전노대 강화론 이였다. 동시에 논쟁의 중심에 있지는 못했지만 기존의 전노협 사업에서 함께 했던 선진 활동가들의 조직인 노동단체들이 민주노총 건설 과정에서 철저하게 배제[23]되었다. 전노대에서 결정한 4개 조직 공동의 사업이 각 지역으로 내려오면 결국 전노협 지역조직인 지노협에서 구체적 지역 실천을 전개하는데 당시 지노협의 상태는 지노협 가입 노동조합뿐만이 아니라 지역의 노동단체들과 공동의 실천을 전개했다는 점을 상기하면 전노대 시절 논의의 한축이었던 전노대 중심의 민주노총 건설 논의는 결국 지역의 공동실천을 염두에 두지 못하고 중앙단위의 관료적 조직 통합만을 주문하는 안이기도 하였다.

또한 민주노총 건설의 과정에서 논의의 중심에 서야 할 전노협이 전노협 출범과 동시에 자본가 계급과 정권의 집중적 탄압에 의해 조직 사수 및 전국적 전선을 쳐야 하는 전국노동조합협의회의 역할 등으로 인해 논쟁에 적극적으로 참여하지 못했던 것이 또 다른 원인으로 존재하였다.

이러한 민주노총 건설의 과정에서 논쟁은 민주노총 출범 직전인 94년 전노협 위원장 선거에서 전노협 1안과 2안 그리고 업종회의안[24]으로 가시

---

[23] 전노대와 민주노총 건설 과정에서 노동단체의 배제는 결국 기존의 노동조합과 노동단체라 불리는 선진 활동가들이 하나로 모여 한국 노동조합운동을 책임졌다면 이후에는 노동단체라 불리는 선진 활동가들은 제3자로 배제된 상태에서 노동조합 조합원들로만 구성되어 한국 노동조합 운동을 책임지게 되면서 이후 노동조합 운동의 형식적 관료화의 한 원인으로 존재하게 된다.

화 되면서 구체적 논쟁이 전개되었다. 전노협 1안은 전노협 중심의 95년 공동임투의 성과를 모아 민주노총을 건설하자는 안이었고, 이에 반해 2안과 업종회의안은 전노대 건설을 통한 민주노총 건설안으로 압축할 수가

---

24) **전노협 1안,**
- 건설필요성: 대중적 요구 확대 3조5항 등 노동법 개정 가능성, 공동사업추진체의 조직적 한계극복 필요, 민주노조 운동 조직 강화와 사업영역 확대를 위한 조직발전 필요
- 건설 원칙: 전노대와 민주노조 역량의 총결집, 기존 조직의 발전적 해소재편, 자주적·민주적 노동운동의 역사 계승, 민주노조 운동의 실천 속에서 요구와 과제를 집약시켜나갈 것, 이념과 노선의 구체화, 기업별 노조체제 타파, 산별노조에 기초한 전국적 중앙조직 건설을 지향
- 조직체계: 산업(업종)별 연맹 주축, 지역별·그룹별 조직을 보조 축으로
- 시기: 임투를 통해 95년 상반기 건설

전노협 2안,
- 건설 필요성: 시급한 당면과제인 대중적 요구 즉, 복수노조금지항 등 노동법 개정 가능성이 지연되면 중간노조 세력이 대두하여 민주노조 운동의 분열 가능성의 증대, 정책적 과제로써 자·민·통 등 사회 정치적 과제가 증가, 95년 이후 정치일정에 대한 통일적 방침과 대응 필요성 증대
- 건설원칙: 전노대로 결집한 민주노조 진영을 모태로 하되, 자주적·민주적 노조를 지향하는 모든 노동조합의 주체적 참여를 최대한 보장할 것, 기업별 체제를 타파하고 산별노조 이행과 전체 노조운동 재편을 통한 통일적 운동 지향
- 조직체계: 업종(산업)별 연맹 주축, 지역협의회 그룹협의회를 횡축으로 건설
- 시기: 임투 전. 95년 2월 건설

업종회의 안,
- 건설필요성: 노·경총 합의, 노총 탈퇴 운동 등 건설을 위한 대중적 인식이 확산되고 있음, 상급단체 복수노조 허용 등 노동법 개정 가능성이 높아짐, 또한 95년 이후 정치일정 공동대응 필요성이 증대하고 있는 시점에서 민주노총 건설이 늦으면 늦을수록 제 3세력 결집 가능성이 나타남
- 건설원칙: 전노대와 중간노조 노총소속까지 포함해야 한다. 그러기에 민주노총의 이념은 참여하려는 노조들이 대부분 합의 가능한 최소강령 수준이어야 함
- 조직체계: 기본구성은 업종·산업별 조직이 되어야 하며, 지역별·그룹별 조직은 보조 축이 되어야
- 시기: 늦어도 4월 건설

있다.

위에서 지적했듯이 전노협 1안을 중심으로 제기했던 전노협 중심은 자본과 정권의 탄압으로부터 한편으로는 전노협을 사수해야 하는 투쟁적 과제와 더불어 전국 노동자계급의 전선을 책임져야 하는 조직적 과제와 맞물리면서 논쟁에 힘 있게 참여하지 못했다. 결국 전노협 마지막 위원장 선거에서 나타난 각 논쟁의 주장은 여전히 2014년 한국 노동조합운동 진영 내 주요 논쟁의 지점으로 남아 있다. 노동해방 평등세상을 앞당기는 전노협의 이름이 상징하는 한국 노동조합운동이 민주노총 건설의 과정에서 해소되면서 민주노총이 출범하였다. 민주노총이 출범하면서 민주노총 건설 과정에서 여러 가지 논의의 쟁점이 치열한 토론과 실천의 과정에서 대중들에게 확인되었다기보다는 조직 결성의 문제로 집중화되면서 논쟁과 논의의 긴장도가 급격히 떨어졌고 민주노총 출범과 동시에 논쟁이 잠복하는 결과를 낳았다.

필자는 현재의 한국 노동조합운동의 상태를 분명히 규명하기 위해서는 전노협 이후 전노대 그리고 민주노총 건설 과정에서 논의가 되었던 각 주장에 대한 판단과 더불어 각각의 주장의 차이가 민주노총 건설 이후 어떠한 형태로 각 주장들이 발전되었는지를 분석하는 것으로부터 시작되어야 한다는 판단이다. 논의와 논쟁이 조직 건설의 과정에서 긴장도가 급격하게 떨어지고 논의의 핵심이 잠복하고 있다가 주요 시기마다 다른 이름으로 쟁점이 형성되면서 한국 노동조합 운동의 상태를 "위기적 상태"로 내몰고 있다는 판단인 것이다.

3) 한국 노동조합 운동은 위기적 상태인가?
― 사회적 합의주의 논쟁 과정에서

자본주의 사회는 생산력과 생산관계로 불리는 경제적 토대, 사회적 하부구조에 의해 상부구조가 결정되어진다. 노동자로부터 생산된 이윤을 어느 계급이 가져 갈 것인가 라는 치열한 계급투쟁의 과정이 그 사회 전반을 규정하게 된다는 것을 의미한다. 이러한 자본주의 사회에서 이윤을 사이에 두고 전개되는 계급투쟁은 결국 대화와 타협이 아니라 힘의 관계 속에서 쟁취되어지는 산물일 수밖에 없다. 자본가계급은 노동자가 생산한 이윤을 안정적으로 획득하고 나아가 이러한 자본주의 계급 모순을 은폐하고자 총 노동과 자본가계급의 국가권력 그리고 총 노동이 참여하는 사회적 합의 구조를 요구해 왔다.

한국 사회에서도 자본가 계급에 의한 사회적 합의구조는 노태우 정권 시절부터 시작이 되었다. 노태우 정권 시절 한국노총과 더불어 행했던 총액임금제 합의 구조가 한국형 사회적 합의구조이며 이는 이후 93년 김영삼 정권의 노-경총 산업평화체제 선언으로 이어졌고, 96년 김영삼 정권의 노사관계개혁위원회(노개위)에 이어 97년 IMF 이후 김대중 정권에 의해 민주노총이 참여하는 노사정위원회로까지 발전하였다. 이후 민주노총은 노사정위원회 참여와 탈퇴를 반복하면서 04년 노사정위원회 대신 노사정 대표자 회의까지 이어졌다.

이 과정에서 한국 노동조합운동 진영은 활용론에서부터 조건부 참여론 그리고 불참론으로 이어지는 사회적 합의구조에 대한 논쟁이 있었고, 논쟁과는 일정정도 거리를 두고 현장의 투쟁의 과정에서 민주노총의 참여와 탈퇴를 반복하는 과정을 겪기도 했다. 사회적 합의구조 활용론자들은 사회적 합의 구조에 참여하여 자본과 정권의 본질을 분명히 폭로하고 이를 통한 현장 조직화의 계기로 삼자는 주장이었다. 이에 반해 조건부 참여론은 다양한 주장이 있었으나 대표적으로 노동자계급의 생존권이 보장되는 전제가 최우선 조건이 되어야 한다는 주장에서부터 총 노동과 총 자본의 중앙 통제적 조직이 존재하고 국가권력이 사민주의 혹은 친노동정권이 존재하는 조건에서나 사회적 합의구조에 참여해야 하며 현재의 한국의 상태는 조건이 성숙되어 있지 못하기 때문에 참여해서는 안 된다는 주장이었다. 불참론은 사회적 합의 구조가 노리는 것은 바로 노동조합 운동의 체제내화이고 작금의 정세에서 자본가 계급이 행하고자 하는 임금인하, 노동 강도 강화, 노동조건의 저하를 위한 노동자계급의 동의를 강요하는 착취의 기제이기에 참여할 수 없음을 주장하였다.

전노협 시절 노태우 정권의 총액임금제 사회적 합의 구조나 민주노총 건설 직전인 94년 노-경총 임금 가이드라인 합의 구조에 대해 한국 노동조합 운동은 전면적인 투쟁으로 대응을 했다. 총액 임금제 분쇄로 전노협을 사수하고자 했던 전국의 수많은 현장 투쟁이 그리고 노-경총 임금 가이드라인 분쇄를 위한 전해투의 한국노총 점거 투쟁과 전국적으로 전개된 한국노총 탈퇴 투쟁은 95년 민주노총 건설의 내용적 토대가 되었다. 그러나 사회적 합의구조가 한국 노동조합 운동 내부에서 쟁점으로 논쟁이 되었던 시기는 바로 민주노총이 출범하고 97년 IMF 이후 98년 제1기 노사정위원회에 민주노총이 참여하면서부터 이다. 98년 민주노총이 제1기 노사정위원회에 참여한 이후 98년 2월 회의에서 정리해고제 및 민주노총 합법화 등을 합의하면서 노사정위원회 참여 여부가 현장에서 쟁점으로 형성이 되었고 곧 이어 2월 민주노총 대의원 대회에서 노사정위원회 참여에 대한 책임을 들어 지도부가 총 사퇴하면서 민주노총이 노사정위원회를 탈퇴 하게 되었다. 이후 6월 개최된 2기 노사정위원회에 민주노총은 전술적 참여를 근거로 재참여를 결정하고 노사정위원회에 복귀를 하였고 그 이듬해인 99년 2월 다시금 민주노총 대의원 대회에서 노사정위원회를 탈퇴 결정하는 과정을 거치게 되었다. 이후 민주노총은 노사정위원회 개편[25])이라는 내용으로 다시금 각종 의결 단위에서 사회적 합의 구조 참여 문제를 논의하고 있으며 이러한 논의 과정에서 사회적 합의구조 관련한 쟁점은 여전히 지금도 진행 중에 있는 상황이다.

4) 한국 노동조합 운동은 위기적 상태인가?
― 진보정당 건설 논쟁 과정에서

한국 노동조합 운동의 정치적 임무인 새로운 사회에 대한 조합원 대중들을 상대로 한 교육 및 조직화 사업과 새로운 사회 건설의 주체인 노동

---

25) 이는 05년 노사정대표자 회의 민주노총 참여 형태로 나타나기도 하고 있다.

자계급 정당 건설 사업이라는 점에서 87년 전후로 1985년 구로에서 전개된 구로지역 연대동맹파업 투쟁을 들 수 있다. 비록 지역이라는 한계를 가지고 전개된 투쟁이지만 지역의 노동조합 및 노동 및 시민사회 단체와 학생운동까지 결합한 연대투쟁이며 노동조합 운동의 정치적 임무를 일정 정도 수행한 투쟁이었다.

이후 대중정치조직을 지향하며 결성된 서울노동운동연합(서노련), 1985년 전국노동자 민중민주민족통일 헌법쟁취위원회(전노삼민통) 결성, 1986년 인천지역노동자연맹(인노련) 결성, 1986년 5.1 인천 항쟁, 1986년 서울남부지역노동자연합(남노련)결성, 1986년 제헌의회 그룹사건, 1987년 노동자해방투쟁동맹(노해동) 결성, 1987년 인천지역민주노동자연맹(인민노련)결성, 1987년 민주통일민중운동연합(민통련) 내부에서 민중정당 결성, 민중후보 지지그룹 및 비판적 지지 그룹 논쟁, 1987년 인민노련 탈퇴파들이 인천지역노동자연합준비위(인준위) 결성, 1987년 민중후보 백기완 선생 선거운동 전국본부(백선본) 출범. 1987년 민중정당결성전국추진위원회 결성, 1988년 민중의 당 창당, 한겨레 민주당 창당, 1988년 전국노동운동단체연합(전국노운협) 결성. 1989년 전국민족민주운동연합(전민련)결성, 1989년 전민학련 건설을 위한 서울지역 민주주의 학생 연맹(서민학련)결성, 1989년 남한사회주의노동자동맹(사노맹) 결성26)등의 조직 건설 사업 및 투쟁 사업은 87년 노동자 대투쟁 이후 노동자계급 대중의 노동조합이 안정화되기 전까지의 선진 활동가 중심의 한국 노동조합운동의 정치적 임무에 대한 실천 과정27)이다.

87년 투쟁의 성과로 건설된 90년 전노협은 전노협 투쟁의 시기인 1990년부터 1995년 민주노총 출범 전까지 노동자계급 정당 건설론에 대해서 공식적 논의가 진행되지 못했고 또한 전노협과는 별도로 진행된 선진 활

---

26) 성공회대, ≪한국노동정치/진보정당운동 일지 해설집(1985-2004)≫에서 재인용.
27) 87년 노동자 대투쟁 이후 한국 노동조합운동의 위기적 상태 진단을 목적으로 하는 본 글에서는 87년 노동자 대투쟁 전후로 한 내용을 중심적으로 살펴보지는 않았다. 이 부분의 과제는 별도의 장에서 정리하기로 약속드린다.

동가들의 당 건설 움직임에 대해서도 조직적 행보를 함께 하지는 못했다.
결론적으로 노동조합운동의 정치적 임무 관련해서는 1995년 민주노총 출범 이후 국민승리 21 결성 과정의 논쟁으로부터 시작 되었다고 봐도 무방할 것이다. 민주노총은 95년 출범과 동시에 96년-97년 노동법 개악 저지 총파업 투쟁을 전개하면서 97년 3월 대의원 대회에서 "민주노총은 대중적 합의를 바탕으로 노동자가 적극 참여하고 각계각층의 민주적이고 양심적인 세력과 함께 하는, 우리 사회의 민주적 개혁을 실현하고 노동자의 이익과 요구를 철저히 대변하는 새로운 정당 건설의 토대를 구축한다. 이를 위해 민주노총은 1997년 정기대의원대회에서 결의한 바 있는 "98년 지자체선거 대거 진출 → 98-99년 정당건설 → 2000년 국회 원내 진출"을 목표로 하는 정치세력화 사업을 힘차게 전개해 나간다"고 결정했다.
이와는 별도로 전국연합은 6월 임시대의원 대회에서 97년 대선 방침을 "전국연합은 〈反신한국당, 민주개혁〉의 기치 아래 폭넓게 민주연합을 구축하고 이를 대표하는 "우리 후보"를 추진하되 "우리 후보"는 "국민후보"를 지향해야 한다. 전국연합은 민주노총 등 민족민주진영의 힘을 결집하여 우리후보를 내부적으로 준비하는 것과 함께 광범위한 민주세력을 결집하는 활동을 힘 있게 벌여가야 한다. 민족민주진영은 공동의 선거기구(가칭: 민주개혁국민연합)를 제안하고 여기에 민주세력을 결집하고 이를 바탕으로 "국민후보"를 추대한다," 로 결정을 하였다. 또한 진보정치연합은 7월 임시 대의원 대회에서 "1. 진보정치연합은 한국 사회의 근본적인 개혁을 추진하고, 최대의 조직적 과제인 진보정당 건설을 앞당기기 위해 제15대 대통령 선거에 적극 참가한다. 선거 참여의 일차적 목표는 진보정당 건설의 물질적 기초와 대중적 기반을 확보하는 데 있다. 2. 진보정치연합은 제15대 대통령 선거에서 노동계, 진보적인 정치단체, 시민사회단체 등 폭넓은 민주진보세력과 굳건한 연대와 협력을 토대로 국민후보 운동을 전개한다. 3. 국민후보는 근본적인 정치개혁, 재벌경제의 타파, 참된 사회복지의 실현, 남북 평화체제의 구축 등 양심적인 다수 국민의 희망을 대변해야 하며, 선거에서 확인된 국민의 지지를 기초로 진보적인 정치세력화를 위해 계속 노력해야 한다. 4. 진보정치연합은 폭넓은 민주진보세력과 함께 조속한 시일 내에 국민후보 운동을 위한 공동의 선거기구를 구성하기 위해 노력한다"로 결정을 하였다.

이러한 민주노총과 전국연합 그리고 진보정치연합의 결정에 근거해서 97년 9월 "국민후보 추대와 국민승리 21(가칭)준비 위원회"가 발족식을 가지며 한국 노동조합운동의 역사 속에 노동조합운동 진영이 직접 참여하는 정당 사업을 시작하게 되었다. 국민승리 21은 출범과 동시에 소위 "일어나라 코리아, 국민후보론, 종이정당론"등에 대한 논쟁이 내부 논쟁이 진행되었다. 어쨌든 국민승리 21은 이후 민주노동당 창당으로 이어졌으며 08년 민주노동당, 진보신당으로의 분당, 12년 민주노동당, 국민 참여당, 새진보 통합연대 등과 함께 통합진보당 창당으로 이어 졌다. 애초의 국민승리 21과 함께 하지 않았던 흐름은 97년 청년진보당 창당, 99년 노동자의 힘 발족, 2001년 사회당 창당 등 각자의 길을 걸어갔다.

위와 같이 각각의 당 내부의 논쟁은 당 내부에서 진행이 되었으나 민주노총을 중심으로 한 노동조합 운동진영에서는 노동자 정치세력화와 관련한 주제에 있어서 국민승리 21과 민주노동당을 중심으로만 논의가 진행되었다. 국민승리 21에서는 위에서도 지적을 했듯이 종이정당론이나 국민후보론 등에 대한 논의가 중심이었고 이후 민주노동당 관련해서는 진보정당 지지 관련한 내용이었다. 민주노총에서는 민주노동당을 공식적으로 지지 결정한 반면 이에 대한 다양한 이견들이 제출이 되면서 "한 개의 당에 대한 노동조합의 배타적 지지 방침"에 대한 정치 방침에 대한 논쟁이 있었다. 결론적으로 민주노동당의 분당 사태로 인해 결국 민주노총 내에서는 "배타적 지지 방침"에 대한 논쟁이 수면 아래로 내려갔으나 여전히 이에 대한 논쟁이 존재하며 이와는 별도로 부르주아 제도 정당 사업이 노동자계급정당 사업이냐 라는 질문에 대한 논의와 논쟁이 민주노총 내에서 제기되지 못함으로 인해 노동자 정치세력화로 표현된 노동조합운동의 정치임무에 대한 논의가 전개되지 못하고 있는 실정이다.

5) 한국 노동조합 운동은 위기적 상태인가?
― 비정규직 투쟁 관련한 논쟁 중심

96년 12월 날치기 통과 되었던 파견법 개악 이후 한국의 노동시장은 전반적으로 비정규직의 확산과 이를 어떻게 투쟁의 주체로 세워낼 것 인가? 라는 지점에 대한 노동조합운동 진영의 논쟁의 과정을 통해 한국 노동조합 운동의 상태를 분석해 보자.

비정규직 투쟁의 포문을 열어 제낀 곳은 96년 김영삼 정권에 의해 날치기로 파견법이 통과된 이후 96-97 노동법 관련 민주노총의 총파업 투쟁과 맞물려 전개된 98년 한라중공업 사내하청 노조의 투쟁이었다. 이후 99년 재능교사노조를 중심으로 한 학습지 노동자들의 투쟁이 있었다. 한라중공업 사내하청 투쟁과 재능교사 투쟁은 00년 비정규직 노동자들의 폭발적 투쟁의 시작이었다. 2000년 서울대 시설 관리 노동자들의 투쟁, 동우공영 노동자들의 파업 투쟁, 방송사 비정규직 노동자들의 투쟁, 길병원 제니엘 노동자들의 투쟁, 대상 식품 사내하청 노동자들의 천막 농성 투쟁, 그리고 이랜드와 롯데호텔 노동자들의 정규직과 비정규직 공동 투쟁. 2001년 한국통신계약직 노조의 투쟁, 전국건설운송노조투쟁, 캐리어사내하청노조 투쟁. 2002년 한진 관광 면세점 노동자들, 하나로 테크놀로지, LG화학 사내하청인 남성기업노동조합 노동자들의 투쟁, 여수지역건설노조의 투쟁, 2003년 현대자동차 아산공장 사내하청 노조 투쟁, SK 인사이트코리아 노동자들의 투쟁, 현대자동차 비정규직노조(울산), 금호타이어 사내하청노조, 현대중공업 사내하청노조 등 사내하청노조 건설 투쟁, 화물연대노조의 물류를 멈추는 투쟁, 이용석 열사 투쟁, 2004년 현대중공업 사내하청 노조 박일수 열사 투쟁, 금호타이어의 정규직 비정규직 연대투쟁, 현대차 비정규직 독자 파업 투쟁, 2005년 플랜트 노동자들의 투쟁, 현대자동차 사내하청 3사, 그리고 하이닉스-매그나칩, 기아자동차 화성공장, 대우자동차 창원공장 등이 불법파견을 위한 공동투쟁 등 매년 비정규직 노동자들의 투쟁은 항상적이며 끈질기게 전개되었다.

비정규운동의 과정에서 가장 커다란 고민의 지점은 계급적 단결의 어려움이다. 정규직과 비정규직간의 연대의 문제와 비정규직을 정규직화하는 투쟁의 요구의 문제, 정규직과 비정규직으로의 분할 및 비정규직 내의 직접고용과 간접고용 등에 의한 분할 등 노동자계급 내부의 분할 정책에 대한 계급적 대응 방안에 대한 한국노동조합 운동의 대응은 비정규직 투쟁의 발전 정도와 함께 그 위기의 폭이 깊어지고 있다. 특히 비정규직 투쟁 관련한 논쟁은 민주노총의 산별노조 건설의 과정과 맞물려 진행된 조직화 주체의 문제였다. 정규직 중심의 노동조합 구조에서 비정규직을 조직할 것인가? 혹은 그와는 달리 비정규직 조직화 주체의 별도 건설을 통한 조직화 방안인가이다. 여전히 현재도 남아있는 쟁점이고 쟁점이 남아있음에도 불구하고 여전히 현장은 투쟁을 하고 있다.

맺음말

> 노동조합은 그 목표가 결코 좁디좁은 이기적인 것이 아니라 억눌리고 있는 수백만의 사람의 전반적인 해방을 향하여 나아가는 것이라는 확신을 전 세계 사람들의 마음속 깊이 새겨주지 않으면 안 된다.[28]

필자는 한국의 노동조합운동의 상태를 규명하고자 우선적으로 노동조합이란 무엇인가 그리고 노동조합의 역할과 임무에 대해 선행 연구자들의 연구 내용을 중심으로 살펴보았다. 노동조합은 자본주의에서 피착취 계급인 노동자 대중의 대중조직이다. 그리고 노동조합은 노동자 대중의 경제적 이해 즉 임금 및 노동시간 그리고 노동조건의 개선을 위해 기업단위 자본가뿐만이 아니라 자본가계급과 국가 권력을 상대로 투쟁하는 경제적 임무를 가지고 있는 노동자계급의 대중조직이다. 이와 동시에 노동조합은

---

28) 맑스, "노동조합—그 과거, 현재, 미래".

새로운 사회로의 건설을 위해 노동자 대중을 계급적으로 조직하고 교육하는 그리고 새로운 사회 건설의 주체인 노동자계급 정당의 토대를 구축하는 정치적 임무를 가지고 있는 조직이다.

이러한 노동조합의 상태는 노동조합의 2가지 임무 즉 경제적 임무와 정치적 임무에 대한 평가를 통해 그 상태를 규명할 수가 있으며 이러한 상태 규명을 통해 "위기적 상태"에 대한 판단이 가능하다.

노동조합의 경제적 임무 관련해서 본 글은 87년 7, 8, 9월 노동자 대투쟁 이후 노동조합으로 조직화되어가는 과정 즉 노동조합 조직률을 노동부가 통계청의 통계 자료를 근거로 분석했다. 분석의 결과 "위기"라 규정할 만큼 심각하게 조직률이 떨어졌던 역사는 없었고 87년 노동자 대투쟁으로 점진적으로 조직률이 하락하고 있음을 확인할 수가 있었다.

노동자의 경제적 임무 관련해서는 실질임금인상률과 노동시간의 변동에 대한 추이, 고용 및 실업률 변동, 비정규직 확산 관련한 통계 그리고 마지막으로 노동조합의 파업(쟁의)수 관련한 변동 추이를 살펴보았다. 이 또한 노동조합의 조직률과 마찬가지로 급격한 변동을 보였다기보다는 87년 노동자 대투쟁 이후 점진적으로 하락하는 추세를 보였다. 급격한 하락이나 변동을 보였다기보다는 노동조합 조직률, 임금수준이나 노동시간 그리고 비정규직의 문제 등에 있어서 세계 최악의 조건을 보였고 이 또한 노동부나 통계청의 통계 자료라는 점을 고려할 시 그 체감의 정도가 매우 큼을 확인할 수가 있었다.

노동조합의 경제적 임무 이외의 정치적 임무 관련해서는 87년 노동자 대투쟁 이후 한국 노동조합 운동의 역사에서 주요한 쟁점과 관련해서 한국 노동조합운동이 주체들이 어떠한 판단을 하였는지를 분석해 보았다.

87년 노동자 대투쟁의 성과로 조직적 결실을 본 전노협의 건설 과정에서 나타난 쟁점, 그 이후 전노대와 민주노총으로 이어져 가는 조직발전 과정에서 나타난 논쟁, 코포라티즘으로 불리는 사회적 합의주의 관련한 한국 노동조합운동의 태도와 대응 방안, 국민승리 21과 민주노동당 그리고 분열된 진보정당으로 가는 노동자 정치 세력화 주제 관련한 논쟁과 마지막으로 비정규직 조직화 관련한 논쟁 등을 통해 한국 노동조합운동의 태도와 판단에 대해 분석을 통해 한국 노동조합운동의 현 상태를 진단했다.

결론적으로 한국 노동조합운동의 상태는 "위기적 상태"임은 분명한데 이 "위기적 상태"가 급격한 변화나 변동에 의한 "위기적 상태"가 아니라 87년 노동자 대투쟁 이후 한국 노동조합운동의 경제적 임무와 정치적 임무를 제대로 수행하지 못함으로 나타나는 즉 노동자 대중의 이해와 요구가 점진적으로 악화되는 정세를 반전시켜내지 못함으로 나타나는 "점진적 위기 상태"이다.

87년 노동자 대투쟁 이후 가랑비에 속옷 젖듯이 노동조합 조직률과 임금수준 그리고 노동시간 및 각종 노동조건이 점진적으로 악화되어 왔다. 이러한 한국의 노동자 대중의 상태는 전 세계 노동자 대중과 비교해 볼 때 최악의 조건으로 내몰리고 있는 상황이다. 그러함에도 불구하고 전노협 그리고 민주노총으로 이어지는 한국 노동조합운동은 이를 반전시킬만 한 그 어떠한 투쟁을 조직하지 못 하였다. 아니, 87년 노동자 대투쟁 이후 (표6)에서 확인이 되듯이 한국 노동조합운동은 현장의 파업 투쟁을 하나로 모아내기는커녕 고립, 분산시키는 역할을 하기도 하였다. 또한, 세계경제위기라는 자본주의의 체제적 위기라는 조건에서도 한국 노동조합운동은 전노협 건설과정과 민주노총 건설과정, 노사정위원회 논란, 진보정당 건설 논쟁 및 비정규직 조직화 논쟁에서 국가주의, 기업주의에 매몰되는 태도를 보여 왔으며 이러한 주요 쟁점에 대한 한국 노동조합운동의 태도와 방침이 결국 노동조합운동의 정치적 임무를 방기하는 결과를 낳았다.

한국 노동조합 운동은 그 어느 계기적 사유로 인해 급격한 변화나 변동으로 인한 "위기적 상태"가 아니라 노동조합 운동의 2가지 임무 즉 경제적 임무와 정치적 임무를 방기하거나 혹은 책임 있는 집행의 부재로 나타난 "점진적 위기"이다. 이러한 "점진적 위기"는 계기적 원인의 해소로 인해 결코 해결된 위기 상태가 아니다. 민주노총의 조직 개편이나 혹은 현재 진행되고 있는 민주노총 임원 선거 관련 직선제 도입, 혹은 계기적 잘못을 행한 단위 사업장이나 총연맹 임원 지도부의 교체 등은 물론 일정한 해소의 토대가 마련될 수도 있는 문제이지만 결코 이로 인해 현재 나타나고 있는 한국 노동조합운동의 "점진적 위기" 상태를 반전 시킬 수 있는 방안은 결코 아니다.

결국 한국의 노동조합운동의 현 상태를 반전 시킬 수 있는 유일한 길은 다시금 새롭게 노동조합운동의 주체들이 노동자계급의 대중조직인 노동조합의 운동을 새롭게 건설해 가는 길뿐이다. 자본주의 체제의 위기라 칭하는 세계 자본주의 경제위기에서 노동조합운동이 나아가야 할 방향은 97년 IMF 터지고 금 모으기 운동을 전개했던 자본가계급의 국가 살리기 운동 시절 조합원 가정에 있던 금반지까지 가져오기 운동과 같은 것이 아니라, 1900년 초 세계 자본주의 국가들의 전쟁터에서 새로운 사회 건설을 위해 국가의 깃발이 아닌 노동자계급의 깃발을 휘날려야 한다고 목이 터져라 외쳤던 선배 노동자들의 계급적 투쟁의 원칙을 이제 다시금 새롭게 세우는 것이다. 이 길만이 한국의 노동조합 운동의 "점진적 위기 상태"를 극복 할 수 있는 새로운 시작의 출발점에 다시 설 수 있게 하는 것이다.

지난 과거의 역사를 되짚어 보면서 노동해방의 시각으로 다시금 역사를 평가하고 현재 한국 노동조합운동의 주요한 투쟁의 지점에서 선진 노동자들의 적극적이고도 활발한 참여를 통해 노동자 대중과 함께 하는 한국 노동조합운동의 위기 극복 방안을 세우는 것이 바로 현재의 "점진적 위기 상태"를 극복할 수 있는 유일한 길일 것이다.

한국 자본주의의 현 단계와 계급 구성

문영찬 | 노사과연 연구위원장

1. 머리말

세월호 참사는 박근혜 정권의 반동적 공세의 산물이다. 그리하여 이러한 국가폭력, 학살에 항의하는 민중투쟁이 타올랐으나 새정치연합의 민중배신으로 새로운 국면이 전개되고 있고 세월호 투쟁은 교란될 위기에 처해 있다.

새정치연합이 소위 개헌론에 맞장구를 치며 권력분점의 가능성에 군침을 흘리는 사이 노동자, 민중의 현실은 더욱 참담하게 변화하고 있다. 공무원연금 개악은 지배계급의 민중들에 대한 경제적 공격의 신호탄이며 자본가계급은 민중수탈을 통한 한국 자본주의의 구원의 길을 가려하고 있다.

이러한 상황에서 노동자, 민중진영은 지금까지의 수세적 저항, 지배계급의 공세에 대한 방어적, 즉자적 저항을 넘어서는 새로운 투쟁의 전략, 전술로 무장해야만 한다. 그리하여 의식적 투쟁, 과학적 실천을 건설하는 길을 갈 때만 박근혜 정권의 반동적 공세를 물리치고 운동의 새로운 전망을 내올 수 있다.

세계대공황의 전개에 의해 세계정세가 근본적으로 변하고 있는 상황, 그리하여 한국 자본주의의 위기가 심화되고 있는 상황, 그에 대해 지배계급은 개헌론으로 권력분점을 매개로 반민중연합, 반혁명연합을 구축하려하는 상황에서 기존의 운동의 질곡을 타개할 것과 운동의 근본적인 전환이 요구되는 것이다. 그러한 전환은 변혁적 운동의 창출로 요약된다. 한국 사회에 대한 과학적 분석에 기초한 변혁의 전망을 세우는 것, 한국 자본주의의 운동에 대한 과학적 분석과 나아가 상부구조에 대한 분석 속에서 노동자계급의 변혁전략을 수립하는 것이 그러한 변혁적 운동의 창출로 가는 길이다.

그러한 문제의식에 기초하여 이 글에서는 한국 자본주의에 대한 노동자계급의 입장을 세우는 것을 모색하려 한다. 나아가 그러한 한국 자본주의론에 기초하여 한국 사회의 계급구성, 계급현실을 분석하고자 한다. 그런데 이러한 모색은 무에서 출발하는 것이어서는 안된다. 왜냐하면 이미 한국 사회에는 변혁운동의 전통이 있고 8, 90년대의 치열한 모색의 자산이 있기 때문이다. 그것은 8, 90년대의 운동의 정수를 담고 있는 사회구성체론을 말하는 것인데 이러한 사회구성체론에 대한 청산주의적 입장을 단호히 거부하고 8, 90년대의 사회구성체 논쟁과 현재의 한국 자본주의에 대한 분석을 통일시키는 것이 필요하다.

따라서 먼저, 8, 90년대의 사회구성체 논쟁을 있는 그대로 평가하면서 그 성과와 한계, 오류를 짚는 것을 통해 현재의 한국 자본주의에 접근하는 기초를 세우고 이어서 한국 자본주의의 현 단계를 역사적 맥락에서 추적하여 지금 운동이 발딛고 있는 현실을 조망하고 그에 기초하여 한국 사회를 구성하는 각 계급의 현실과 상태를 분석하고자 한다.

2. 8, 90년대 사회구성체 논쟁에 대한 평가

1) 사회구성체 논쟁의 서막

한국 사회는 분단 이후 적색공포증(레드 콤플렉스)이 지배하였다. 해방 직후 솟아올랐던 민중운동과 사회주의 운동은 한국전쟁에 의해 철저히 뿌리가 뽑히고 한국 정치는 친일파의 후계세력, 지주계급의 후계세력인 보수주의세력이 지배하였다. 이승만 독재에 항거한 4.19혁명은 주체세력의 미약한 상태로 인해 5.16 반동쿠데타에 의해 압살당했고 한국 사회는 예속적 자본주의의 길을 걸어왔다. 그러나 한국 사회의 모순은 1979년 공황이 닥치자 폭발했는데 박정희의 암살과 민주화의 봄을 통해서 민중세력이 다시 진출하였고 이는 전두환의 쿠데타에 대한 광주민중의 무장항거를 낳았다. 짧은 기간의 해방공간이었던 광주가 전두환에 의해 짓밟힌 뒤 한국 사회는 숨을 죽인 상태에서 몇 년을 보내는데 그 과정에서 한국의 운동진영은 광주항쟁에 대한 평가를 통해서 거듭나는 과정을 겪었다.

광주민중항쟁에 대한 평가를 통하여 70년대까지의 지식인 중심의 운동 혹은 소시민적 운동은 한국 사회를 변혁하려는 변혁운동으로 거듭나는데 이 과정에서 전두환 권력의 성격은 파쇼권력이며 이 권력의 지지기반은 독점재벌들이고 이들을 위해 노동자, 민중이 착취받고 수탈되는 사회라는 인식이 성립하게 되었고 이 과정에서 미국에 대한 인식이 자유에 대한 우호세력이라는 인식에서 제국주의 세력이며 파시즘을 지원하는 세력이라는 인식으로 변화되었다. 또 해방공간의 역사도 서서히 복원되었고 이리하여 분단 이후 한국 사회의 역사가 소수지배계급과 그에 항거하는 민중들의 투쟁의 역사라는 관점이 성립하였다.

이러한 변혁지향적 흐름이 창출되면서 이를 뒷받침하기 위해 이데올로기 차원에서 맑스-레닌주의가 광범하게 보급되기 시작했고 실천적으로 반제반파쇼 투쟁이 전개되면서 운동은 질적인 비약을 겪게 되었다. 이 과정에서 변혁의 전략에 대한 고민은 우선적으로 변혁의 대상이면서 운동이 발딛고 있는 현실인 한국 사회에 대한 과학적 인식으로 모아졌고 이리하여 한국 사회의 성격에 대한 논쟁이 시작되고 이 논쟁은 한국 사회를 맑스주의적 틀인 사회구성체로서 이해하려는 사회구성체 논쟁으로 발전하게 되었던 것이다.

2) C-N-P 논쟁

한국 사회의 운동이 소시민적 민주화운동에서 변혁운동으로 전화되고 있다는 것을 드러내는 첫 번째 표지는 80년대 초중반 민청련을 중심으로 논쟁되었던 C-N-P 논쟁이다. 이 논쟁은 CDR(시민민주주의 혁명), NDR(민족민주혁명), PDR(민중민주주의 혁명)의 대립구도로 진행되었는데 이 논쟁은 당시 특정한 조직을 대표하는 논쟁이라기보다는 당시의 대략적인 경향성을 대표하는 논쟁이었다. 그럼에도 불구하고 이 논쟁은 운동이 변혁전략을 고민하는 단계에 접어들었다는 것을 알리는 신호였다. 즉, 80년대 운동이 기존의 70년대 운동과 질적으로 다른 변혁운동으로 전화되고 있다는 것의 신호였던 것이다.

C-N-P 논쟁의 내용을 살펴보면 CD의 입장은 "70년대부터 이어지는 국민운동의 입장으로서 미국의 민주화계획 등 변화된 제 3세계 정세 속에서 발생하는 외세와 군사독재의 상대적 갈등에 기대하고 ...현 단계 운동의 주요과제는 군사독재 타도와 민주정부의 수립이라고 본다. 그리고 운동의 주체는 현실적으로 노동계급을 중심으로 한 기층민중역량이 미약하기 때문에 정치적으로 각성된 중간계층(지식인, 학생, 재야민주인사, 양심적 정치인)을 중심으로 전개해 나아가 한다고 본다"는 것이었고 ND는 "외세와 군사독재의 갈등은 상대적, 부차적인 것으로서 본질적으로 민중과 화해할 수 없는 중첩된 모순으로 반외세 민족자주화와 반군사독재 민주화의 과제는 하나로 통일되어야 한다고 보았다. 그리고 운동의 주체는 외세의 신식민지적 침탈과 예속 군사독재체제에 의해 가장 큰 고통을 받는 노동계급을 중심으로 한 기층민중이며, 기층민중을 주체로 학생, 양심적 지식인, 종교인 등 헌신적, 투쟁적 중간계층과도 연합을 구축해야 한다고 본다"는 것이었고 PD는 "현장론의 입장에서 현단계 주요 변혁대상 파악에 있어서 민족문제의 특수성에 대한 인식보다는 계급모순 환원론적 입장에 서며, 운동의 진정한 주체는 노동계급을 중심으로 한 기층민중이므로 기회주의적 정치세력 및 중간적 운동세력과도 차별성을 명확히 하면서 기층민중역량이 미숙한 상태에서는 정치투쟁보다는 역량강화를 위한 지원활동과 조직활동에 주력해야 한다고 본다"는 것이었다.[1] 이것은 당시 민청련 활동가였던 이을호 씨의 공소장에서 인용된 것인데 80년대 초반의 재야운동에

서 논의되던 내용의 근사적인 묘사이다. 지금 관점에서 평가해보자면 CD는 당시 김대중을 중심으로 한 자유주의세력이 운동진영에 대해 취하는 태도와 유사하다. 즉, CD는 당시 운동의 주요세력으로서 노동자계급과 민중을 상정하지 않았었고 70년대 반독재 운동의 연장선상에 있었던 것으로 보인다. ND는 80년대의 운동의 성격의 초기적 모습을 전형적으로 보여 주는데 반외세와 반독재가 하나로 통일되어야 한다는 주장은 이후 80년대 운동의 질을 규정하는 것으로 볼 수 있다. PD는 당시 노동운동에 투신했던 상당수 활동가들의 경향을 보여 주는데 노동현장 투신론에 기초하여 계급모순을 강조하는 모습을 보여 주는데 이들에 대해 김근태씨는 "한국사회의 주요 모순을 보수세력과 진보세력의 대결로 파악하고 모순해결을 위한 무분별한 공개정치투쟁으로 역량을 소진하는 것보다는 민중지원투쟁에 전력하여 민중역량을 강화하는데 전력하여야 한다고 주장한다"[2]고 파악하였다.

이러한 이을호, 김근태씨의 주장이 반공개 조직이었던 민청련을 중심으로 한 입장이라면 당시 선구적으로 비합법조직운동을 했던 민추위의 문용식씨는 NDR의 입장에서 C-N-P를 다음과 같이 설명하고 있다. "CD는 당면투쟁의 과제를 파쇼타도에 두면서 BD(부르주아 민주주의자)와의 전략적 연대를 주장하고 운동의 주도권을 BD에게 맡기려 한다. 즉 독점자본과 민중과의 모순을 해결할 아무런 준비도 하지 아니하고서 당면한 반파쇼투쟁에만 주력을 기울인다. ...PD는 현 한국 사회의 주요모순을 독점자본과 민중을 경계로 설정하여 제국주의자와 파쇼는 물론 BD까지도 공격대상으로 설정한다. CD와 PD는 일견 서로 상반되는 것 같으면서도 파쇼에 대한 대중의 적대감을 실천적인 투쟁으로까지 폭발시키지 못한다는 점에서는 마찬가지이다. ND는 CD와 PD를 실천적으로 통일시켜 BD들과 한편으로는 제휴하고 한편으로는 견제하는 전략을 세운다."[3] 이러한 문용식 씨

---

1) 박현채, 조희연 편, 《한국 사회구성체 논쟁 I》, 죽산, p. 182.
2) 같은 책, p. 185.
3) 같은 책, p. 186.

의 입장은 ND와 PD의 차이를 잘 보여 주는데 PD가 계급모순을 강조하면서도 한편으로 민중들의 역량부족을 이유로 대기론에 빠지면서 반제와 반파쇼라는 주요모순에 맞서는 현실적인 정치투쟁을 놓치고 있는 것을 보여준다. 이 당시의 PD는 90년대 이후 운동에 존재하는 PD와는 다른 것인데 당시의 PD는 주로 현장론에 기반한 대기주의적 모습이었다고 할 수 있다.

이러한 C-N-P 논쟁은 80년대 초, 중반의 운동의 상태를 보여 주는데 여전히 자유주의세력의 영향력이 막강한 가운데 반제와 반파쇼라는 한국 사회운동의 주요과제를 설정하려는 노력을 그리고 동시에 노동계급을 중심으로 하는 민중과 지배계급과의 대립에 천착하려는 노력을 보여 주고 있다고 할 수 있고 이러한 노력이 단지 이론적 차원에 머무는 것이 아니라 노동현장으로의 투신과 현실적인 정치투쟁의 전략으로서 즉, 변혁전략으로서 정립되기 시작했다는 것을 보여준다.

3) 박현채-이대근 논쟁

위와 같은 C-N-P 논쟁이 주로 변혁전략의 차원에서 일정한 경향성을 보여 주는 것이라면 한국 사회의 성격에 대한 본격적인 논쟁은 ≪창작과 비평≫에 실린 박현채 선생과 이대근 교수의 논문을 통해서 시작된다.

박현채 선생은 '현대 한국 사회의 성격과 발전단계에 관한 연구: 한국 자본주의의 성격을 둘러싼 종속이론 비판'이라는 논문을 통해 한국 자본주의의 국가독점자본주의적 성격을 주장하고 종속이론을 비판한다. 이에 대해 이대근 교수가 종속이론을 옹호하는 관점에서 '한국 자본주의의 성격에 관하여: 국가독점자본주의론에 부쳐'라는 논문을 통해 박현채 선생을 비판한다. 이 두 논문의 논쟁을 통하여 한국의 운동진영은 한국 사회성격 논쟁 혹은 한국 사회구성체 논쟁이라는 단계로 진입하게 되고 이러한 논쟁구도는 현상적인 변화는 있었지만 본질에 있어서는 80년대 전체를 관통하게 된다.

먼저 박현채 선생의 기본적 관점을 보면 "한 사회의 성격과 발전단계를 밝힌다는 것은 일정한 역사적 시점에서 사회구성체로서의 한 사회가 갖는 인간간의 사회적 관계와 그것을 기초로 한 여러 가지 관계에서 내적 모순과 외적 모순을 가려내고 이것의 상호관련과 주요모순으로의 전화를 밝힘으로써 안으로는 한 사회 내에서 인간간의 상호관계를 보다 진보적인 것으로 만들고 밖으로는 민족간의 불평등관계를 청산하는 실천적 요구에 답하는 것이어야 한다. 이는 그간의 역사에서의 노력이 그러한 것이었고 앞으로도 그래야 한다는 의미에서이다"[4]라고 하여 사회성격을 밝힌다는 것은 '실천적 요구에 답'하는 것이라는 점을 밝히고 있다.

이에 대한 이대근 교수의 기본관점을 보면 "최근 들어 우리 주변에서 한국 사회구성의 성격규정 문제를 놓고 연구 및 토론 작업이 맹렬하게 전개되고 있음은 우선 경하할 만한 일이다. 이것은 ... 우리 내부에서의 실천적 요구와 결부된 기존이론에 대한 비판적 극복의 필요성이 더 크게 작용하는 것으로 보아야 하리라. ...이들 이론의 전파 내지 수용의 과정에서 나타나는 입장의 차이는 곧 오늘 한국 사회의 성격을 어떻게 규정할 것이냐 하는 데 있어서의 시각의 차이로 귀결된다. ...하나는 오늘의 한국 사회-나아가 제 3세계 저개발국의 일원-도 그동안의 서구 자본주의와의 접촉 과정에서 기본적으로 서구사회와 동일한 자본주의의 사회구성으로 변모되어 가고 있다고 보고, 사회구성체론적 시각에서 이에 대한 부정 내지 수정을 가하고자 하는 어떠한 이론이나 주장도 배격코자 하는 입장이다. 한국 사회의 현 단계를 예컨대 '국가독점자본주의' 등으로 파악코자 하는 견해가 그것이다. 이에 반하여 비록 자본주의적 가치법칙이 관철되고 있기는 하지만, 그렇다고 하여 서구 자본주의사회와 동일한 성격의 사회구성으로 변모해 가는 것은 아니라고 보고, 그것과는 동일시할 수 없는 특수한 성격의 자본주의로 파악코자 하는 견해가 있다. 예컨대 '주변부 자본주의론'의 입장이 그것이다"[5]는 것이다. 이대근 교수와 박현채 선생 모두에

---

4) 같은 책, p. 199.
5) 같은 책, pp. 230-231.

공통된 것은 사회성격논쟁 혹은 사회구성체 논쟁의 필요성과 현실성을 승인하고 있는 것이다. 그리고 쟁점이 한국이라는 3세계 국가에서 국가독점자본주의론을 승인하여 자본주의 발전의 보편성을 승인할 것인가 아니면 주변부자본주의론을 승인하여 자본주의 발전의 예외성을 인정할 것인가라는 점을 밝히고 있는 것이다. 그리고 이것이 현실적으로 박현채-이대근 논쟁의 본질이다.

박현채 선생은 주변부 자본주의론을 집중적으로 비판하고 있는데 "일정한 사회구성체의 기본경제법칙은 그 구성체의 그 밖의 모든 특수경제법칙을 규정한다. 주변부 사회구성체는 이와 같은 사회구성체로서의 요구를 충족하고 있지 않다. ... 주변부자본주의와 중심부자본주의의 차이는 사회구성체적인 것이 아니라 조건의 차이에 따르는 상황의 차이 이상의 것은 아니다"[6]고 하여 주변부자본주의론이 사회구성체의 개념이 될 수 없음을 밝히고 있고 종속이론에 대해 "개개의 종속론자들이 역사발전의 동인을 내부적 요인에서 보지 아니하고 외부적 요인(중심부)에서 보는 경향을 지니"[7]고 있다고 비판하고 있다. 그리고 식민지 반봉건 사회론이 중국의 사회성격논쟁, 일제하 조선사회성격 논쟁에서 제기되었다는 점을 밝히면서 주변부 자본주의론과 식민지 반봉건사회론이 결합되면서 일정한 사회구성체론으로서 제기되고 있으나 "사회구성체라고 이야기되는 주변부자본주의 사회구성체나 식민지 반봉건 사회구성체 특히 그 가운데서도 식민지 반봉건사회에서 기본모순은 제시되지 않고 있"으며 "이행의 동인이 모순이라고 이야기됨에도 불구하고 그것은 외부적 조건인 국제적 분업에 따르는 것이 됨으로써 역사발전에 대한 과학적 인식에서 벗어나고 있다... 역사변혁의 동인은 주변부 자본주의의 경우 사회구성체 안에서가 아니라 사회구성체 밖에서 계급투쟁의 세계적 차원에서 주변부 민중의 경제외적인 영역에서 축적된 세계적 역량에 의해 주어질 뿐이다"[8]고 비판하면서 "주변부

---

[6] 같은 책, p. 210.
[7] 같은 책, p. 212.
[8] 같은 책, p. 225.

사회에 고유한 계기적인 역사발전 논리 또는 단계를 설정하려는 식민지 반봉건 사회구성체론은 사회구성체론으로서의 이론적 근거를 갖고 있지 않다"9)고 결론을 내리고 있다.

이러한 박현채 선생의 주장과 비판에 대해 이대근 교수는 "일국 자본주의적 발전의 길을 걸은 전재서구사회: 필재의 경우는 노·자 대립이라는 기본모순관계가 확연히 부각되지만, 처음부터 선진자본의 결정적 영향 아래 자본주의화의 길을 걸은 후재식민지 혹은 3세계: 필재의 경우에는 침략해 오는 제국주의 세력과 식민지 민중간의 모순관계에서 보듯 기본모순관계를 생성시키는데 처음부터 민족모순이 보태졌던 것이다. 즉, 후자에 있어서는 처음부터 민족모순을 사상한 기본모순관계의 설정이란 있을 수가 없었다"10)고 하여 식민지 혹은 3세계의 예외성을 강조하고 있다. 이러한 이대근 교수의 입장은 한국 사회에서 자본주의의 발전으로 인한 계급대립의 문제에 주목하기보다 제국주의에 의한 한국 사회의 규정성을 강조하는 것으로 보이며 특히 민족모순을 기본모순 즉, 계급모순과 대등한 위상으로 설정하고 있는 점이 특징적이다. 이대근 교수는 또한 1960년대 이후를 한국에서 국가독점자본주의의 전개로 보는 박현채 선생의 주장을 비판하고 있다. 그 근거로서 노동의 재생산과정이 자본제적으로 이루어지지 않는다든가, 또는 국가독점자본주의 단계에서의 주요한 지표인 사회보장제도의 광범한 실시 등이 한국에서는 없고 따라서 "국가가 공적 자본을 이용하여 사적 독점체의 이윤을 보장해주며 강력한 노동통제를 실시한다는 등의 지표만을 가지고 그 나라 경제 사회를 국가독점자본주의로 규정할 수는 없다"11)고 주장한다. 이러한 이대근 교수의 주장은 국가독점자본주의를 하나의 단계로 보는 입장(단계론)인데 독점자본주의 자체의 모순으로 인하여 국가가 사적 독점의 축적을 떠받치지 않을 수 없기 때문에 국가독점자본주의가 성립한다는 경향론과는 구별되는 것이다. 이대근 교수와 같

---

9) 같은 책, p. 227.
10) 같은 책, p. 233.
11) 같은 책, p. 245.

이 서구의 국가독점자본주의 유형만을 국가독점자본주의로 보고 나아가 국가독점자본주의를 하나의 단계로 본다면 1980년대의 한국 사회를 국가독점자본주의로 보기는 어려웠을 것이다.

그러나 박현채 선생과 이대근 교수의 논쟁은 국가독점자본주의라는 개념을 어떻게 파악할 것인가와는 별도로 한국에서도 자본주의 발전의 보편성이 승인될 것인가 아니면 제 3세계적 예외성을 인정하여 그것을 부정할 것인가에 놓여 있다고 할 것이다. 이 점은 실천적으로도 매우 중요한데 여기서의 차이로 인해 자본주의의 발전과 계급대립의 발전에 따른 노동자계급의 헤게모니에 입각한 전략, 전술을 구사할 수 있는가의 여부가 결정되기 때문이다. 바로 이러한 결정적 차이가 있었기에 이 논쟁은 이후에 한국 자본주의 발전을 승인하고 노동자계급의 헤게모니에 입각한 전술을 주장하는 신식민지 국가독점자본주의론과 반대로 한국에서 자본주의의 발전의 성격을 부인하는 식민지 반봉건사회론의 대립으로 이어졌던 것이다.

박현채-이대근 논쟁은 한편으로 모택동의 모순론을 전거로 하여 진행되었는데 기본모순, 내적 모순, 외적 모순, 주요모순, 부차적 모순 등의 개념을 운동진영에 도입하는 계기가 되었다. 당시에는 이러한 모순개념들이 현란하고 현학적으로 많이 남용되었는데 그럼에도 불구하고 모순이라는 변증법의 핵심개념이 대중적으로 인식되고 맑스주의 철학의 보급을 촉진하는 하나의 계기가 되었다는 점에서는 큰 역할을 했다고 할 수 있다.

4) 신식민지 국가독점자본주의론과 식민지 반봉건사회론(식민지 반자본주의론)의 논쟁

박현채-이대근 논쟁은 한국 사회운동진영에서 사회구성체 논쟁이 불붙는 계기가 되었다. 논쟁의 구도였던 국가독점자본주의론-주변부자본주의론의 대립은 이후 새로운 양상을 보이게 되는데 그것은 식민지 반봉건사회론 대 신식민지 국가독점자본주의의 대립구도의 출현이었다. C-N-P 논쟁 당시 반외세와 반파쇼를 통일된 하나로 보아야 한다는 ND가 다수가 되었으나 이 ND는 이후 반외세를 중심에 놓는 경향과 반파쇼를 중심에 놓는 경향으로 분화되었고 이를 반영하여 사회구성체 논쟁 차원에서는 식민지 반봉건사회론과 신식민지 국가독점자본주의론으로 대립구도가 발전했던 것이다. 이중 먼저 정립되었던 것은 식민지 반봉건사회론이라고 할 수 있다. 1986년 8월 한신학보에 '한국 자본주의 성격규정: 식민지반봉건성 규정의 방법론을 중심으로'라는 글이 발표되어 한국 사회운동론으로서 식민지 반봉건사회론이 출현하였다. 이 글에서는 식민지 반봉건사회론의 기본관점이 드러나 있는데 "한국 자본주의 성격론을 분석·평가하는 핵심적 기준은, 그것이 이 사회에 있어서 식민지성과 반봉건성을 어떤 식으로 설명하고 있는가 하는 점이다"[12]고 규정한다. 그리고 기존의 한국 자본주의 성격논쟁의 한계에 대해 "그 한계란 논쟁의 내용, 주체, 실천적 검증의 차원에서뿐만 아니라 논쟁의 문제의식 자체가 생산력주의적·노동자주의적이었다는 데서 필연적일 수밖에 없었다"[13]고 파악하여 한국 사회를 국가독점자본주의의 시각에서 보는 관점을 생산력주의와 노동자주의라고 비판하고 있다. 그리고 기존의 반외세운동을 비판하면서 "제국주의의 운동논리를 그 경제적 영역으로 한정시키고, 정치·군사적 지배는 부차적 측면으로 치환시키면서, 지금 외세는 대중에게 직접적인 대립성으로 나타나지 않기 때문에 반외세운동은 보다 낮은 차원의 운동의 계기적 발전 속에서 추구되어야 한다는 경제주의적 민족운동론"[14]이라고 파악하고 있다. 이러한 기본적 관점을 바탕으로 한국 자본주의의 식민지 반봉건성에 대하여 한국 사회는 사회구성체상으로는 자본주의지만 그 성격은 식민지 반봉건성이라고 규정하는데 구체적으로 보면 "사구체 범주는 한 사회의 다양한 모순과 그것들간의 상호관계를 포착하는데 제한적이다. 사구체는 그 안에 다양한 제 생산양식·우클라드의 병존과 복잡한 결합을 허용하고, 동시에 토대와 상부구조 전체를 포괄하는 범주이긴 하지만, 그렇더라도 그것은

---

12) 같은 책, p. 354.
13) 같은 책, p. 355.
14) 같은 책, p. 358.

기본적 생산양식의 기본모순을 가지고서 사회를 분석한다. 그렇기 때문에 민족문제가 단지 외적 조건만이 아닌 후진사회 일반에서는 그 범주는 복잡한 모순구조, 특히 민족모순의 규정성을 위치지우는데 난점이 많다"[15]고 방법론을 세운다. 여기서 주목되는 점은 식민지 반봉건사회론이 민족문제와 사회구성체개념의 연관을 파악하는 관점이 이대근 교수의 주변부자본주의론과 대동소이하다는 점이다. 그런 점에서 식민지 반봉건사회론은 주변부자본주의론과 차이는 있을지라도 경향성에서는 유사하다고 할 수 있다. 또한 한국 사회가 자본주의 사회라는 것의 의미도 이 관점에서는 국가독점자본주의론과 판이하게 파악한다. "극단적으로 말해 자본주의는 외세가 그 식민지성을 관철시키는 '형식'이다. 그러했을 때, '자본주의 중심론'은 형식만 보고 내용-식반성-을 보지 못하는 오류일 수가 있다"[16] 이러한 파악은 사회구성체로서 자본주의의 의미가 단지 형식에 지나지 않고 내용은 식민지반봉건성이라고 보는 것이어서 한국 사회에서 자본주의 발전의 의미와 그에 근거한 노동계급의 헤게모니가 관철되는 전술을 말하는 국가독점자본주이론과는 근본적 관점의 차이를 보이고 있는 것이다. 그렇기 때문에 식민지 반봉건사회론에서는 사회성격론과 사회구성체론이 다른 것으로 파악하고 있기도 하다. "우리는 이같은 사회분석의 원칙을 충족시키기에는 사회구성체보다 사회의 성격이란 범주가 훨씬 적합하다. 사구체가 일반성이라면 사회의 성격은 그 일반성 하에서의 특수성이고, 사구체가 형식이라면 사회의 성격은 그 내용이다. 그리고 사구체가 기본모순의 대립·투쟁을 강조하는 개념이라면 사회의 성격은 민족모순이 주요모순인 경우의 사회를 분석하기 위해 고안된 개념이다"[17]고 파악하고 있다. 이러한 파악은 사회구성체 개념과 사회성격 논의의 분리를 주장하는 것으로서 박현채 선생의 국가독점자본주의론과는 방법론 자체를 달리하고 있는 것이다. 이러한 식민지 반봉건사회론의 초점은 한국 사회의 식

---

15) 같은 책, p. 360.
16) 같은 곳.
17) 같은 책, p. 361.

민지적 성격을 강조하는데 모아지고 있는데 이들의 식민지성 규정은 다음과 같다. "한국 사회의 식민지성의 본질은 무엇인가? 한국 사회의 식민지성이란 한국민족 전체가 외세의 침략성에 의해서 피억압민족의 상태에 놓여 있는 것 그 자체이다. … 현 한국 사회의 식민지성은 외세에 의한 민족의 분단상태 강제가 그 본질이다. 따라서 식민지성의 파악에는 분단의 성격과 본질규명이 그 중심에 놓인다. … 분단은 민족억압의 신식민지적 형태라기보다는 식민지적 형태에 가깝다. … 식민지주의는 식민지에 대한 정치적 병합과 경제적 병합 양측면을 강제하는데 비해 신식민지주의는 대체로 후자만을 강제한다. 그러나 국토분단은 정치적 병합에 가깝기 때문에 한국은 식민지적 성격이 강해진다. …"[18] 즉, 한국 사회가 식민지라고 규정되는 주된 이유는 분단때문이며 신식민지주의는 경제적 측면만 강조하는데 비해 분단은 정치적 병합에 가깝기 때문에 한국 사회는 신식민지가 아니라 식민지라고 규정된다는 것이다. 이 규정은 분단의 정치적 성격을 구체적으로 파악하려 한다는 점에서는 올바르지만 신식민지주의가 경제적 측면만 보고 정치적 측면은 보지 못한다는 것은 일면적이라 할 수 있다. 이러한 식민지반봉건 사회론은 1986년도에 출현한 이래 당시 분출되었던 NL경향의 운동을 뒷받침하는 논리가 되었다. 아직까지 한국 사회운동의 상당부분을 차지하는 NL경향의 출현을 알리는 것이 바로 이 문건이었던 것이다.

한편 이러한 식민지 반봉건사회론에 대해 한국 자본주의의 발전을 담고 있지 못하다는 비판이 가열되자 식민지 반봉건사회론은 식민지(반)자본주의론으로 진화한다. 그 내용을 보면 식민지의 특수성을 강조하는데 "고전적인 의미의 경제적 토대와 정치적 상부구조의 조응이라는 명제도 식민지 사회에서는 의미가 없게 된다"[19]고 파악하고 있으며, "식민지의 경제적 토대 자체도 오로지 제국주의의 경제적 부속물에 불과할 따름이다. … 현재의 군부정권은 미국에 의거하고 있는 것이지, 결코 국내자본에 의거

---

18) 같은 책, pp. 362-363.
19) 같은 책, p. 367.

하고 있는 것이 아니다"[20]라고 파악하여 경제적 토대와 상부구조의 조응이라는 사적 유물론의 근본규정이 식민지에서는 적용되지 않는다는 관점을 천명하고 있다. 그리하여 "식민지사회의 기본적인 계급모순은 제국주의와 식민지 민중간의 화해할 수 없는 대립 바로 그것이다"[21]고 보아 한국 사회가 자본주의로서 노동계급과 자본가계급의 대립이 기본모순임을 부정하고 있다. 이러한 점으로 보아 식민지(반)자본주의론은 예속자본가계급의 출현과 노동계급의 발전이라는 한국에서 자본주의 발전은 현상적으로 승인하지만 실제로는 식민지 반봉건사회론의 기본관점을 그대로 유지하고 있음을 알 수 있다.

이러한 식민지 반봉건사회론(식민지 반자본주의론)이 출현하는 상황에서 당시 박현채 선생으로 대표되는 국가독점자본주의론 진영은 진화를 하면서 단지 학계 차원이 아니라 현실운동의 조직과 논리로서 발전하는데 그 대표적인 것이 1987년 비합법문건으로 발표되었던 '한국 사회의 성격과 노동자계급의 임무'(이하 '성격과 임무'로 표기)이다.

'성격과 임무'의 기본관점은 박현채 선생과 같이 한국 사회의 성격에 접근하는 방법으로서 사회구성체 개념을 채택하는 것이다. "사회구성체 연구란 한 사회 내의 일상생활의 제 측면, 물질적 생활의 생산과 재생산을 둘러싸고 형성되는 관계 및 제 계급간의 대립이라는 사회적 현상, 경제적 지배계급의 이익을 보호·강화하는 정치적 상부구조, 사회사상, 관념, 심지어는 가족관계 등을 포함하는 총체적 구성체의 성격을 해부하는 것이다. 이러한 이해를 토대로 할 때만 변혁의 원동력이 무엇인가, 그리고 당면 변혁의 성격과 그것에서의 임무가 무엇인가, 그리고 전략·전술 수립의 토대로서 기본적인 목표나 방향이 무엇인가가 해명된다"[22]고 파악하고 있다. 이러한 접근은 한국 사회의 성격을 파악하는 방법론으로서 사회구성체 개념이 적절하지 않다는 식민지 반봉건사회론의 관점과 대립되는 것

---

20) 같은 곳.
21) 같은 책, p. 368.
22) 편집부 엮음, ≪신식민지국가독점자본주의 논쟁 I≫, 벼리, pp. 14-15.

으로서 특히 사회구성체 개념이 주로 노동계급과 자본가계급의 대립이라는 기본모순의 해명에 치우친다는 견해를 비판하고 사회구성체 개념이 사회에 대한 총체적 이해를 담는 개념임을 강조하는 것이다.

또한 '성격과 임무'는 식민지 반봉건사회론이 한국 사회를 식민지로 규정하는 것과 달리 한국 사회의 신식민지성을 강조하는데 그 근거로서 세계체제의 변화를 자본주의의 전반적 위기론이라는 틀로서 설명하면서 2차 대전 후 자본주의의 전반적 위기가 2단계에서 3단계로 나아가는 상황에서 식민지체제가 붕괴하고 신식민지체제가 성립되었음을 밝히고 있다. 식민지체제의 붕괴와 신식민지체제의 성립의 원인으로서 (i) 식민지 자체의 내적 모순의 성장으로 인한 피억압민중의 민족해방투쟁의 발전 (ii) 사회주의 세계체제의 성립으로 인해 식민지 민중이 대안사회를 사고할 수 있게 된 점 (iii) 2차 대전에서 드러났듯이 제국주의 상호간의 대립으로 인해 어느 일국의 영토에 대한 배타적 독점권을 주장하는 것이 불가능하게 된 점 등을 들고 있고 이에 기초하여 신식민지주의에 대해 규정하는데 "신식민지주의란 바로 '제국주의의 세계적 지위가 약화되어 가는 상황에서, 또 식민지 체제가 붕괴되어가는 제 조건 하에서 제국주의적 지배의 유지 및 확장을 위해 채택하는 정치적·경제적·이데올로기적 제 정책'을 지칭하는 것"[23]으로 파악하고 있다. 그리하여 "신식민지 내의 새로운 지배계급을 창출, 이를 통하여 간접지배하는 신식민지적 자본주의의 길을 강요"[24]했다고 파악하여 구식민지와 신식민지의 차이가 신식민지내의 새로운 지배계급의 창출과 이를 통한 간접지배라고 규정하고 있다. 그리하여 국가권력의 성격에 대해서도 식민지 반봉건사회론과 달리 "우리 사회의 성격규정에서 제국주의의 의도와 정책 변화에 대한 분석에 머무르지 않고 제국주의의 규정을 받으면서도 국내에서 예속적 부르주아지와 민중의 계급대립이 새로이 창출되고, 그 계급대립의 비화해성의 산물로서 국가권력의 등장이 필연적"[25]이라고 보아 한국의 국가권력의 성격에 대해 "식민지의

---

[23] 같은 책, p. 23.
[24] 같은 책, p. 24.

정치권력은 식민지 자체의 경제적 토대에 의거하는 것이 아니라 바로 제국주의에 의거"하는 것이라고 보는 식민지 반봉건사회론과는 근본적 차이를 보이고 있다. 그리고 "신식민지적 지배하에서도 자본주의 발전단계가 서로 다를 수 있음"을 말하면서 "신식민지 지배하의 자본주의 생산양식은 끊임없이 발전·고도화되어가면서도 한편으로는 제국주의의 규정으로 인하여 왜곡된 방향으로 나아갈 수밖에 없는 것이다. 이로 인해 신식민지국의 자본주의 발전이 세계자본주의 체제와 관련되어 진행되는 것이라면 '축적의 진전은 곧 예속의 심화'로 귀결"26)될 것이라고 규정하고 있다. 이러한 내용의 신식민지 국가독점자본주의론은 박현채 선생의 국가독점자본주의론의 문제의식을 계승하는 것인데 왜냐하면 한국 사회에서 예속자본가계급이라는 새로운 지배계급의 탄생과 이를 중심으로 하는 자본주의 발전을 전적으로 승인하고 있고 나아가 한국의 국가권력이 바로 이 예속자본가계급과 한국 민중의 계급대립의 비화해성의 산물임을 주장하고 있기 때문이다. 이러한 신식민지 국가독점자본주의론과 박현채 선생의 견해와의 차이는 신식민지 국가독점자본주의론에서 박현채 선생의 민족경제론적 한계가 탈각되고 있다는 점이다. 이는 세계체제의 문제가 전반적 위기론 속에서 전면적으로 고찰되고 있는 점에서도 확인된다.

그러나 '성격과 임무'는 한국 자본주의 발전역사에 대해서 박현채 선생의 견해를 상당부분 수용하고 있는데 예를 들면 한국에서 신식민지 국가독점자본주의의 성립시기를 1960년대로 보는 것이 그러하다.

이러한 식민지 반봉건사회론과 신식민지 국가독점자본주의론의 논쟁은 단지 이론적 논쟁에 그치는 것이 아니라 한국의 사회운동의 노선을 규정하는 이론이었다는 점에서 한국의 사회운동이 1970년대의 운동은 물론 1980년대 초·중반의 단계를 뛰어넘어 본격적인 변혁운동의 단계로 진입했음을 알리는 것이었다.

---

25) 같은 책, p. 26.
26) 같은 책, p. 28.

5) 신식민지 국가독점자본주의론 내에서의 논쟁

한편 한국 사회의 운동이 발전하자 학계에서 변혁이론에 대한 탐구가 활발하게 이루어졌는데 주요하게 강단학자들이 사회구성체 논쟁에 뛰어들었다. 대표적인 논객이 이진경과 윤소영이라 할 수 있는데 이 학자들은 신식민지 국가독점자본주의 입장에 서서 이론적 차원에서 PD경향을 창출하는 역할을 했다. '성격과 임무'의 신식민지 국가독점자본주의론이 변혁론에서 NDR(민족민주변혁)을 고수하고 노동계급 주도의 민족민주변혁(부르주아 민주주의 혁명)을 통해 사회주의 변혁으로 성장전화를 주장했다면 이진경, 윤소영 등의 강단 PD파는 당면 변혁의 민주변혁적 성격을 부정하고 1단계 2과정 혹은 '민주변혁도 아니고 사회주의 변혁도 아닌 민중민주변혁'을 주장했다. (이 시기의 PD적 경향은 80년대 초·중반의 C-N-P 논쟁 당시의 PD와는 질을 달리하는 것이라 할 수 있다.) 이들 강단학자들은 신식민지국가독점자본주의론의 핵심테제로서 '독점강화/종속심화'를 들고 나왔다. 이들은 심지어 이러한 테제를 수식을 통해 증명하고자 하는 시도까지 하였다. 이렇게 신식민지 국가독점자본주의론이 ND적 경향과 PD적 경향으로 분화됨에 따라 이들 상호간에 논쟁이 시작되었다.

'성격과 임무' 진영에서는 이들 강단 PD파들의 작업이 "'정치적 실천'과의 연관성 속에서 진행되는 '이론작업'이 아니라 알튀세르 식으로 이해된 '이론적 실천'"[27]임을 비판하면서 이들 강단 PD들이 "제국주의 문제 및 통일문제에 대하여 일관된 과소평가의 태도를 취"[28]하는 상황을 비판한다. 강단 PD파가 NL에 대한 비판의 역편향으로서 '식민지 사회'에도 자본주의가 발전한다는 것을 논증하는 한 측면으로 흘렀다고 비판하면서 "PDR에서는 제국주의의 신식민지 규정성의 문제가 아직까지 사회구성체 개념의 외부에 존재한다... 제국주의 시대의 사회구성체 개념은 그 사회의 자본주의가 어떠한 발전단계에 도달했는가만으로는 부족하다. 그들이 제국주의 세

---

27) 박현채, 조희연 편, ≪한국 사회구성체 논쟁 III≫, p. 178.
28) 같은 책, p. 179.

계질서 속에서 어떠한 '지위'를 획득하고 있는가를 동시에 결합시켜야만 사회구성체의 개념은 총체성을 가질 수 있다"[29]고 주장한다. 그리하여 "이러한 사회구성체론에 있어서의 일국적 관점이 PDR론자들로 하여금 반제투쟁을 간과하게 만들고 통일투쟁의 긍정적 의의를 부정하게 만드는 근원이 되고 있으며 나아가 남한사회의 변혁운동 전략에 '선진국가독점자본주의' 이론을 조건도 고려하지 않고 끌어대는 경향을 만들어내는 것이다"[30]고 비판하고 있다. 또한 강단 PD파가 제국주의의 세계질서 문제에 대한 견해에 있어서 전반적 위기론의 붕괴론적 편향에 대한 반대로서 전반적 위기론의 합리적 핵심은 붕괴론이 아니라 진영테제라는 주장하고 있는 것을 비판하는데 "레닌이 ≪제국주의론≫에서 '사멸하는 자본주의'와 '독점자본주의의 불균등 발전'을 변증법적으로 사용하고 있듯이 '붕괴론'에 대한 비판은 '발전'과 변증법적으로 통일되어 이해되는 '사멸'이라는 규정으로 설명되어야 한다. ... 전반적 위기론은 체제간 대립이라는 진영모순과 제국주의의 내적 모순 격화론을 통일적으로 이해함으로써만 달성된다"[31]고 하여 강단 PD파들이 이해하는 진영론적 전반적 위기론을 비판하고 있다.

그리고 강단 PD파의 핵심테제인 독점강화/종속심화 테제를 비판하고 있는데 "'독점의 강화와 종속의 심화'가 신식민지 국가독점자본주의론을 구성하는데 불가결한 요소라는 것은 분명 사실이다. 그러나 그것을 '핵심'이라고 말하는 것은 옳지 못하다. 왜냐하면 '독점의 강화와 종속의 심화'는 제국주의와 관계의 한 측면, 즉 '종속의 구조'만을 반영하고 있기 때문이다. 신식민지 국가독점자본주의론은 보다 광의의 내용과 의미를 담고 있다. 신식민지 국가독점자본주의론은 제국주의의 규정성 위에서 형성되는 계급대립의 총체적 구조를 담고 있다는 점에서 중요하다. 그것은 생산력의 측면에서 그리고 생산관계의 측면에서 그리고 나아가 국가권력의 성격을 비롯한 상부구조의 측면에 이르기까지 총체적으로 이해되지 않으면

---

29) 같은 책, pp. 181-182.
30) 같은 책, p. 182.
31) 같은 책, p. 184.

안된다. …'독점의 강화, 종속의 심화'라는 명제는 '종속의 구조'를 설명하는데 머무르고 있지만 우리는 신식민지 국가독점자본주의의 축적 속에서 확대재생산되고 있는 '착취의 구조'를 동시에 고찰하지 않으면 안된다. '착취의 구조'를 전제하지 않는 '종속의 구조'에 대한 분석은 아카데미즘적 편향을 야기시킬 뿐이다"[32]고 파악하고 있다. 그러면서 결론적으로 "PDR론은 전반적으로 식반론 비판의 역편향으로 선진국가독점자본주의의 명제를 무비판적으로 수용한데 문제가 있다"[33]고 진단하고 있다.

여기서 '성격과 임무' 진영이 독점강화/종속심화 테제를 비판하는 핵심은 그 테제가 종속의 구조를 드러내기는 하지만 착취의 구조를 드러내지 못한다는 것, 즉, 종속의 문제가 착취의 강화를 규정하는 측면, 종속구조의 문제와 착취구조의 문제 양 측면을 통일시킬 때만 노동자계급의 관점에 서는 사회구성체론의 성립이 가능하다는 것이다.

이러한 '성격과 임무' 진영의 비판에 대해 ≪현실과 과학≫의 대표적 논객이던 이진경은 격렬히 반발한다. 제국주의 규정성이 사회구성체 개념에 내포되지 못하고 있다는 비판에 대해 "현대와 같이 제국주의가 전 세계를 지배하는 시대에 세계체제는 개별사회는 물론 사회구성체적 발전 자체에도 큰 영향을 미치지만 그것이 사회구성체 내부에 존재하는 것은 전혀 아니다"[34]고 주장한다. 그리고 제국주의 시대의 사회구성체론이라는 시도는 "성공한 경우를 아직 본 적 없다. 왜냐하면 그것은 대개 잘못된 견해나 문제의식에서 출발하기 때문이다. '주체시대의 새로운 사회(구성체)이론'을 만들어낸 주체의 사회역사이론이 그러한 오류의 대표적인 경우이다"[35]고 반박하고 있다. 그리고 자신의 ≪사회구성체론과 사회과학 방법론≫에 대해 "일국과 세계를 분리시키고 일국적 분석의 영역에서 벗어나지 못하고 있다는 비판이 종종 있었는데 그 역시 이러한 상투적 비판을

---

32) 같은 책, p. 194.
33) 같은 책, p. 196.
34) 같은 책, p. 200.
35) 같은 책, p. 201.

반복하고 있다"36)고 반박하고 있다.

또 전반적 위기를 진영론적으로 이해한다는 비판에 대해서 이진경은 "실제로 '전반적 위기'가 현대의 세계체제를 설명해주는 것이기 위해서는 그것이 단지 자본주의의 내적 산물이라는 사실을 표현하는 것만으로는 부족하며, 오히려 대립하는 양대 세계로 이루어지는 세계체제를 표현하는 개념이 아니면 안된다"37)고 하여 진영론에 입각한 전반적 위기 개념의 이해를 옹호하고 있다.

'성격과 임무' 진영과 이진경으로 대표되는 ≪현실과 과학≫진영의 이러한 논쟁은 한편으로 사회구성체 논쟁의 심화를 보여 주면서 동시에 그 한계를 드러내주는 것이기도 하다. 제국주의 시대 사회구성체론, 전반적 위기에 대한 이해, 종속의 구조와 착취의 구조의 관계 등 기존에 비해 발전된 지점들을 보여 주면서도 논쟁이 변증법적으로 발전해나가는 모습을 보여 주지 못한 것이다.

6) 종속약화논쟁

'성격과 임무' 진영과 ≪현실과 과학≫진영 간의 논쟁, 신식민지 국가독점자본주의론 진영 내의 논쟁이 90년대 초반의 논쟁의 주요한 축이라면 또 다른 하나의 축은 종속약화논쟁이라 할 수 있다. 종속약화논쟁은 80년대를 거치며 한국 자본주의의 발전이 한 단계 상승한 국면을 경험하면서 이러한 자본주의의 발전이 종속성을 약화시키고 있는 것이 아닌가 하는 문제의식이 제기된 데서 비롯된다. 예를 들면 80년대 중반까지 외채규모가 500억 달러에 육박하여 세계 3위를 기록하여 종속성의 대표적인 사례로 치부되었던 것이 80년대 중반의 3저 호황을 거치면서 경상수지 흑자의 누적으로 외채규모가 격감하여 종속성이 약화되는 추세로 접어든 것이 아닌가 하는 주장이 제기되었던 것이다.

---

36) 같은 책, p. 202.
37) 같은 책, p. 206.

이러한 주장의 대표적인 논자는 안병직 교수였는데 그는 중진자본주의론을 제기한다. 그는 한국 사회의 신식민지성 자체에 대해 문제를 삼는다. "현재 우리 학계에서 지배적인 학설이 된 신식국독자론은 한국경제의 성격을 신식민지이면서 국독자 단계로 파악하고 있음은 주지하는 바와 같다. 그런데 이 학설에는 기본적으로 두 가지 문제가 있는 것으로 보인다. 첫째, 원래 신식민지주의라는 것은 전후 제국주의의 정책을 지칭하는 용어로서 출현한 것인데 그 용어를 억지로 저개발국과 중진국의 경제체제를 특징짓는 용어로 둔갑시켰다는 것. 본래 신식민지라는 것은 비교적 자립성이 강한 제 3세계회의에서 나왔는데 그들이 스스로 통치하고 있는 나라를 신식민지로 규정했다면, 그것은 역사의 우스갯거리이다. 둘째, 생산력의 면에서 보면 이제 막 중진국의 수준에 도달한 나라에 국독자 단계라는 선진자본주의의 발전단계를 뒤집어씌움으로써 구체적인 현실 분석을 불가능하게 하고 있다는 것."[38] 이러한 안교수의 주장은 신식민지라는 개념 자체를 부정하면서 동시에 막 중진국에 도달한 나라에 선진국의 개념인 국가독점자본주의를 적용하는 것은 잘못되었다는 것으로서 이러한 주장이 표적으로 삼고 있는 것은 신식민지 국가독점자본주의론이라고 할 수 있다. 즉, 한국에서 90년대 초반 종속약화론은 신식민지 국가독점자본주의론을 타격하면서 발생했다고 할 수 있다.

안 교수는 "자본주의의 독자적 발전을 가늠하는 기본적 지표는 그 발전의 주역이 자국자본인가 외국자본인가 하는 점에 있으며, 금융적, 기술적 종속은 부차적인 문제이다. 다만 이들 지표는 독자성의 정도를 말해주는 것이며, 독자적이냐 아니냐를 가늠하는 지표가 아니다"[39]고 파악하여 자국자본이기만 하면 그 자체로 종속성을 벗어난 지표가 된다고 하여 신식민지 국가독점자본주의론의 핵심개념인 '예속독점자본'이라는 개념을 부정하고 있다. 안 교수는 3세계에서 일반적인 종속적인 자본주의 발전에 대해 "중진자본주의론은 그러한 역사과정을 왜곡이 아니라 저개발제국 또는

---

38) 같은 책, pp. 286-287.
39) 같은 책, p. 288.

지역의 일반적인 현상으로 보는 것이며, 그 속에서 어떻게 독자적인 자본주의 발전의 요소들이 성장하는가를 보는 것이다. ... 그러한 곳에서 자본주의의 발전은 필연적으로 종속성을 동반하지 않을 수 없지만 자본주의의 발전과정에서 종속성을 서서히 극복하면서 독자적인 자본주의로 발전한다고 보는 것이다. 이 점에서 중진자본주의론과 종속이론·신식국독자론은 하늘과 땅의 차이를 갖는다"[40]고 하여 중진자본주의론의 기본적인 개념을 설명하고 있다. 신식민지 국가독점자본주의론이 예속성과 자본주의 발전을 통일시키고 있는 것에 대해 자본주의 발전으로 인해 종속성이 서서히 극복된다는 주장으로 대치시키고 있고 이러한 관점에서 중진자본주의론은 예속성으로 인해 자본주의 발전이 정체 혹은 저지된다는 종속이론과 예속성과 자본주의 발전을 통일시키는 신식민지 국가독점자본주의론을 동열로 놓고 비판하고 있는 것이다. 이러한 중진자본주의론의 문제제기는 80년대 논쟁의 구도의 기본전제였던 반외세와 반파쇼를 통일시킨다는 것 자체를 부정하는 것이고 식민지 반봉건사회론과 신식민지 국가독점자본주의론의 대립 외부에서의 문제제기였던 것이다. 이러한 종속약화론은 안교수와 결은 달리하지만 이병천 교수도 주장한 바 있다.

 이러한 종속약화론의 문제제기에 대해 주요한 표적이 되었던 신식민지 국가독점자본주의론 진영에서는 안 교수에 대해 부르주아 이론에 투항했다고 비판을 한다. "그(안병직 교수: 필자)는 남한 사회의 예속성을 단지 자본주의의 후진성으로 바라보면서, 경제개발 이후 남한 자본주의의 성장을 자본주의의 보편적 발전의 과정으로 바라보아야 한다고 주장한다. 그의 식민지경제론의 핵심은 자본의 국적을 독자적 발전의 지표로 보는 데 있는데, 그에게 예속성이란 자본주의의 발전에 부수되는, 자본의 국적만 회복된다면 축적의 진전과 함께 극복될 후진성의 의미 이상은 아니다. 식반론의 완고한 입장에서 중진자본주의론으로 전향한 안교수는 신식국독자론을 격렬하게 비판하는데 그 주요한 논점은 식민지론에 대한 비판, 발전단계론

---

40) 같은 책, pp. 289-290.

으로서의 국독자론 비판이다. ...그는 신식국독자론에 기존의 자신의 이론이 가지고 있던 오류를 모두 전가함으로써 신식국독자론이 이미 극복하고 넘어선 남한 자본주의의 붕괴론적 이해(사실은 자신의 이전의 견해)에 머물고 있다고 비판하고 있는 것이다"[41]고 비판하고 있다. 여기서 중요한 것은 안교수가 자신의 과거 견해의 책임을 신식민지 국가독점자본주의론에 전가하고 있다는 것이 아니라 안교수의 입장의 변경의 의미이다. 완고한 식민지 반봉건사회론자였다가 한국 자본주의 발전의 현실에 압도되어 식민지 반봉건사회론을 폐기하는 것을 넘어 자본주의 발전과 신식민지성을 통일시키는 입장까지도 부정하는 것으로 나아갔다는 것이다. 바로 이러한 점이 90년대 초반 한국에서 종속약화론이 나타나게 되었던 현실적인 배경이다. 또한 안교수의 종속성에 대한 이해 즉, 식민지 혹은 신식민지 규정을 단지 후진성으로만 이해하고 한국 자본주의와 제국주의세계체제의 연관의 의미로까지 파악하는데 실패했다는 점이 안교수의 종속약화 주장의 근본 전제가 되는 것이다. 그리하여 안교수는 "예속적 발전이든 자립적 발전이든 자본주의의 발전 그 자체를 옹호한다. 따라서 이러한 자본주의 발전을 이끌었다고 평가되는 파시즘 정권(이른바 권위주의적 지배, 개발독재)을 필수불가결한 것으로 옹호한다. ... 이에 따라 그의 변혁대안은 사실상 변혁의 불가능성에 대한 설교이며 사회민주주의적 길의 도입이다"[42]고 비판하고 있다. 사실상 90년대 초반에 등장했던 종속약화론은 극히 일부를 제외하고는 한국 사회에서 개량주의적 경향의 강화로 귀결되었던 것이 현실이었던 것이다.

인민노련의 경우도 이러한 종속약화론의 대열에 합류했는데 "이들은 식반론에 대한 역편향으로 남한 정치 및 경제적 '자립화/개량화론'을 주장하기까지 한다. 그리하여 현재에는 국독자론에 대한 재평가를 요구하는 데까지 발전하고 있다. ... 이들에게 중요한 것은 자본의 국적(독점의 민족적 구별)이므로 독점의 강화란 그것이 외국자본의 직접적 투자가 아닌 한,

---

41) 같은 책, p. 362.
42) 같은 책, p. 364.

차관을 들여오는 것이든 기술을 도입하는 것이든 종속의 심화와 양립할 수 없다는 입장을 견지하고 있다. 이들은 금융적 종속이 종속의 핵심이라고 보며 기술종속의 심화라는 형태조차 토착독점자본의 자립력의 강화, 자기자본 동원력의 강화의 결과라고 주장한다."[43] 이들 인민노련이 이후 사회민주주의의 길, 개량주의의 길을 걸어간 것과 종속약화론은 깊은 연관을 가지고 있다고 할 수 있다.

7) 사회구성체 논쟁의 성과와 한계

이러한 사회구성체 논쟁은 그러나 이후 발전하지 못하고 쏘련의 붕괴, 중국의 자본주의화라는 세계사의 대격변 속에 소멸하고 말았다. 즉, 당시 사회구성체 논쟁의 전제였던 사회주의 사상에 대한 이해와 그것의 견지라는 점에서 매우 취약했던 것이고 이후 사회구성체 논쟁은 청산의 대상으로 전락했다. 그러나 논쟁으로서 사회구성체론은 90년대를 거치며 소멸했지만 사회구성체 논쟁으로 대표되는 8, 90년대의 한국 사회의 변혁운동은 한국 사회를 군사파시즘에서 민주주의로 이행시켰다. 그러나 논쟁의 소멸로 표현되는 8, 90년대의 운동의 한계는 한국에서 변혁적 전통의 쇠퇴를 가져왔으며 90년대, 2000년대는 개량주의의 시대가 되었고 2008년 세계대공황의 발발 이후 한국 사회는 민주주의의 시계가 거꾸로 돌며 반동화의 길을 걷고 있다. 따라서 지금 한국 사회는 개량주의를 극복하고 새로이 변혁운동의 태동을 이루어야 하는 상황이다. 그런 점에서 8, 90년대 한국 사회 운동을 압축적으로 표현하는 사회구성체 논쟁의 발생, 성장, 소멸을 고찰하는 것은 의미가 있다.

먼저, 발생의 측면을 보면 사회구성체 논쟁을 불러온 가장 1차적인 계기는 광주민중항쟁이다. 이 항쟁이 무참히 짓밟히는 경험을 겪고 나서 한국 사회의 운동은 70년대까지의 소시민적 운동, 지식인 중심의 운동과 단절하고 변혁운동으로 이행을 시작하였고 그것의 표현이 C-N-P 논쟁이었고

---

43) 같은 책, pp. 364-366.

학계에서는 박현채-이대근 논쟁이었다. 이러한 현상의 의미는 한국 사회에서 새로운 대안사회를 목표로 하는 변혁전략의 문제가 현실운동의 문제가 되었다는 것이고 한국 사회성격 논쟁은 그러한 전략 수립을 위한 치열한 과학적 모색의 산물이었다. 이에 따라 한국의 운동은 맑스-레닌주의를 기반으로 하는 운동으로 되었고 운동진영은 반동세력, 자유주의세력과 버금가는 정치세력이 되었고 이를 기초로 반제 반파쇼 투쟁의 고조 속에서 민주주의로 이행이 시작되었던 것이다.

둘째, 논쟁의 성장을 고찰해 본다면 초기의 C-N-P 논쟁, 국가독점자본주의-주변부자본주의논쟁을 통하여 변혁전략이라는 문제의식이 생성되었고 또 해외의 이론을 수입하여 가공하는 단계를 거쳤다면 식민지 반봉건사회론과 신식민지 국가독점자본주의 논쟁은 수입되었던 해외의 이론, 맑스-레닌주의를 자신의 것으로 체화하고 이론을 현실적 운동으로 전화시켜 본격적으로 변혁운동이 성립, 발전하는 단계가 되었다는 것이다. 이 시기의 운동은 양적인 측면만이 아니라 질적인 면에서도 비약을 보여 주는데 강고한 비합법 전위조직운동이 창출되어서 운동을 이끄는 상태가 되었다. 이들 비합법 전위조직운동은 지식인 중심의 운동이 아니라 지식인은 '존재이전'을 하고 선진노동자는 사회주의자로 상승되어 상호 결합되어 레닌적 의미의 '전위'로서 자신의 정체성을 갖게 되었다는 점이 특징이다. 이러한 전위적 인자가 80년대 초,중반에는 극소수였다면 이 단계에서는 매우 폭이 넓어지면서 수많은 비합법 전위조직이 건설되는 단계가 되었던 것이다.

셋째, 소멸의 측면을 본다면 먼저 위와 같은 성장단계가 당건설로 연결되지 못하고 정파운동의 정립으로 그쳤다는 점을 들 수 있다. 정파운동으로는 최대치에 이르렀으나 당건설의 성공을 이끌어 내지 못했다는 것에 8, 90년대 변혁운동의 한계, 그리고 사회구성체 논쟁의 한계가 집약되어 있다고 할 수 있다. 당건설 실패의 원인을 보면 먼저 국가보안법으로 대표되는 한국 사회의 반공체제, 레드 콤플렉스를 이겨내지 못했다는 점이 있다. 이러한 반동적 정치질서가 정파들이 당으로 결집되는 것을, 당으로 상승하는 것을 막는 결정적 조건이었던 것이다. 주체적 측면을 본다면 쏘련 붕괴로 인한 사회구성체 논쟁의 소멸에서 알 수 있듯이 한국 사회에서 맑스-레닌주의의 도입과 발전의 기간이 매우 짧았던 것이 큰 요인이다. 이에 따라 맑스주의에 대한 이해의 깊이가 부족했고 대중과 결합할 수 있는 정치적 조건을 확보하는 것, 그러한 능력을 키우는데 한계가 있었던 것이다. 사실 쏘련이 붕괴하던 90년대 초반 노태우정권 당시 자신이 사회주의자임을 공표하는 것은 곧 구속을 의미하는 것이었다. 즉, 한국의 변혁운동이 쏘련 붕괴에 따라 쇠퇴가 시작될 당시 한국 사회의 정치적 조건은 최소한의 사상의 자유도 부족했던 것이다.

사회구성체 논쟁은 당시 이러한 성과와 한계가 있었다. 그러면 2014년 현재의 시점에서 사회구성체론은 어떠한 의미를 갖는가? 사회구성체론은 청산의 대상이 되어 지워지고 새롭게 출발하면 되는가? 그것은 어리석은 길이다. 현재 존재하는 한국 사회운동은 8, 90년대 변혁운동의 자산위에 존재하는 것이다. 따라서 사회구성체론은 현재의 조건에 맞는 위상을 확보해야 하는 것이고 나아가 8, 90년대 논쟁의 한계를 극복하고 2014년 지금의 조건에 맞는 운동의 과학화, 변혁화의 길을 걸어야만 하는 것이다.

사회구성체론은 현재도 유의미하다. 즉, 한국 자본주의에 대한 거시적 관점, 맑스적 의미에서 구성체적 접근은 운동의 발전을 위해 여전히 필요하다. 이것은 결코 청산의 대상이 될 수 없다. 소위 세계화 시대 일국적 접근은 불합리하다는 일부 주장은 자본주의에 압도되어 맑스주의적 접근을 포기하는 것이다. 세계질서와 일국적 규정의 통일로서 사회구성체론은 여전히 변혁이론의 일부분으로서 견지되어야 한다. 그러나 한국 자본주의가 90년대 그리고 2000년대를 거치며 변화, 발전한 현실은 당시의 사회구성체적 접근만으로는 새로운 변혁운동의 기초로서 부족하다는 것을 말해 준다. 거시적 접근과 미시적 접근을 통일시키는 것, 현 단계의 한국 자본주의가 모순구조, 착취구조와 종속구조 등을 해명하고 8, 90년대와의 연속성과 비연속성을 규명하는 것, 동일성과 차이성을 규명하는 것이 필요하다. 이는 사회구성체적 접근에 기초하되 거기서 더 나아가 현 단계 한국 자본주의론을 세우는 방향으로 나아갈 것을 요구하는 것이다.

3. 한국 자본주의 발전의 현 단계

위와 같은 사회구성체론은 한국 사회의 성격을 분석하여 변혁의 성격과 과제를 도출하기 위한 것이었다. 그 뒤 한국 자본주의는 진화를 거듭하여 OECD에 가입하고 외환위기가 있었고 2008년 세계대공황의 발발 이후에는 새로운 국면으로 접어들었다. 이 과정에서 한국 자본주의는 발전의 고도화를 이루었고 주요 독점자본들은 초국적 기업으로 성장하였다. 이러한 상황에서 한국 자본주의의 8, 90년대와의 연속성은 무엇이고 차별성은 무엇인지가 규명되어야 한다. 또한 한국의 변혁의 성격은 90년대를 거치며 민족민주변혁에서 사회주의 변혁으로 변화되었는데 이러한 상황은 반제반파쇼의 동력을 끌어내는 것을 주요한 목표로 했던 8, 90년대의 사회구성체론적인 한국 자본주의에 대한 접근과 이해를 넘어서서 한국 자본주의에 대한 보다 심도 깊은 분석을 요구하는 것이다. 그리하여 사회구성체론과 별도의 한국 자본주의에 대한 현 단계에서 노동자계급의 관점의 수립이 요구되는 것이다. 현 단계 한국 자본주의에서 노동자계급과 민중에 대한 착취와 수탈이 메커니즘이 어떻게 작동하고 있는지, 축적의 구조는 어떻게 고도화되었는지, 한국 자본주의의 모순들의 구조와 상호연관들은 어떻게 되는지 등이 분석되어야 하는 것이다. 8, 90년대 사회구성체론은 한국 자본주의에 대한 접근의 기본적인 방법론을 제공한다. 즉, 한국 자본주의의 종속의 구조와 착취의 구조를 통일적으로 파악하는 것, 그리고 한국 자본주의에 대해 부르주아적, 소부르주아적 접근과 구별되는 노동자계급의 관점에 선 접근은 무엇을 요구하는가 등이 그것이다.

이러한 관점에서 한국 자본주의의 태동부터 현 단계에 이르기까지 한국 자본주의의 발전을 역사적으로 고찰하는 것을 기초로 한국 사회주의 변혁의 물질적 토대를 규명하고 한국 자본주의가 산출하는 모순들을 규명하고자 한다.

1) 한국 자본주의의 태동

일제 식민지에서 조선의 해방은 조선 민중의 민족해방투쟁의 고양과 2차 대전에서 전개된 반파쇼통일전선이 국제적으로 승리함에 따라 이루어진 것이었다. 그러나 조선은 통일된 국가를 건설하지 못하고 분단이 되었고 분단국가로서 대한민국이 성립하고 한국전쟁을 겪게 된다. 이후 한국은 자본주의 국가로서 이북은 사회주의 국가로서 서로 다른 길을 걷게 되고 이러한 분단의 상황은 민족 문제의 차원을 넘어 한국과 이북이 별도의 사회구성체를 형성하고 발전의 길을 걷는다는 것을 의미했다. 이렇게 남과 북이 서로 다른 사회구성체의 길을 걷게 됨에 따라 한국 변혁의 주체는 한국의 노동자계급과 민중이라는 관점이 성립하는 것이다. 즉, 한국 자본주의의 성립과 발전이 배태하는 한국 내의 계급대립이 한국의 변혁의 관건적 요소가 되는 것이다. 이러한 관점은 이북과 별도의 사회구성체로서 한국 자본주의를 그 자체로 고찰하는 것을 요구하는 것이고 오늘날 나타나고 있는 한국 자본주의를 그 태동에서부터 고찰할 것을 요구하는 것이다.

1948년의 분단과 1950년의 한국전쟁을 전후하여 한국 사회는 식민지 조선과 다른 구조변화를 겪게 되었는데 그것은 경제적 측면에서 한국 자본주의를 떠받치는 새로운 지배계급이 창출되었음을 말한다. 식민지 조선에서는 일정한 공업이 발전했지만 지주계급이 광범했고 자본주의의 발전은 미미했다. 그러나 분단을 전후하여 한국에서 일본인이 남기고간 귀속재산의 불하와 토지개혁은 지주계급의 몰락과 신흥자본가계급의 창출을 가져왔다. 당시 일본인이 남기고 간 재산이 미군정에 귀속되었는데 당시 남한 총 공장 수의 85%를 차지하였고 이 귀속재산은 헐값으로 친일성향을 지녔던 사람들에게 넘어갔다.[44] 또한 이북의 무상몰수, 무상분배의 토지개혁 실시는 남한의 토지개혁을 압박하였고 남한은 유상몰수, 유상분배의 토지개혁을 실시하는데 이 과정에서 지주계급이 광범하게 몰락하였다.

---

44) 석혜원, ≪대한민국 경제사≫, 미래의 창, p. 25.

소작농에게 분배하는 토지가격은 연간 생산량의 3배로 정하고 농민이 1년 수확량의 20%를 15년간 국가에 현물로 내면 소작농지를 농민소유로 전환시켜주는 것이었고 농지소유의 상한선은 2헥타르로 제한되었으며 지주들은 전쟁 중의 인플레이션으로 토지보상금이 감가되어 몰락의 길을 걸었고 그리하여 지주계급은 소멸의 길을 걸었다.[45] 이와 같이 귀속재산의 불하와 토지개혁으로 인해 한국에서는 신흥자본가라는 새로운 지배계급이 창출되었고 이들은 친일, 친미세력이라는 점에서 이는 예속자본가계급의 창출이었고 미국의 입장에서는 새로운 지배계급을 육성하여 이들을 통하여 지배력을 유지한다는 신식민지주의를 관철시킬 수 있었던 것이다. 이러한 것이 한국에서 자본주의의 태동을 알리는 것이었고 이를 기초로 1950년대의 한국 자본주의가 전개된다.

1950년대의 한국 자본주의는 미국으로부터 원조에 크게 의존하는 상황이었다. "1953년에서 1954년까지의 기간에 미국의 원조는 GNP의 6-7%에 달했고, 1955년에서 1957년까지의 기간에 두 배로 증가했다. 바로 이 원조 덕택에 복구기(1953-1957)동안 남한 GNP의 연평균 성장률이 5%를 보였던 것이다."[46] 또한 "이 원조가 갖는 주요하고도 일차적인 의미는 자본주의적 제 관계의 재생산을 확대시키는 작용"[47]이었는데 이는 미국의 입장에서 한국에서 자본주의 발전이 제국주의적 이해에 부합하는 것이었기 때문이었다. 이렇게 자본주의적 관계가 안정되고 발전함에 따라 수입대체 공업화가 전략적 목표로 설정되었다. 수입대체라는 목표는 한국의 공업발전에 자극을 주었는데 "1955년에서 1962년까지의 시기에 이 나라의 연평균 성장률은 비록 4%를 초과하지 못했지만 연평균 공업성장률은 11.2%였다."[48] 수입대체는 중공업 부문에서도 발전했는데 "1953년에서 1960년의 기간에 남한의 중공업 제품의 생산은 거의 3배로 증가하였고 같은 시기에

---

45) 같은 책, pp. 27-28.
46) S. S. 수슬리나, ≪남한 경제론≫, 솔밭, p. 18.
47) 같은 책, p. 21.
48) 같은 책, p. 24.

경공업은 2.5배로 증가하였다."[49]

그리고 이 당시 오늘날 한국의 지배계급인 재벌들의 원형이 탄생했는데 "1995년 기준으로 30대 재벌 중 21개가 이승만 정권 때 설립되었고 박정희 정권 때 새로 설립된 것은 3개뿐이다."[50] 이들 재벌들은 원조자금의 특혜적 배분을 기초로 삼백(三白)산업(제분, 면방직, 제당)을 중심으로 형성되었는데 이들 산업은 원조물자를 가공하는 것이었고 이러한 산업에 대해 특혜에 기초한 독점력을 갖는 기업들이 나타났던 것이다.[51]

그러나 1950년대말 자본주의 세계경제가 공황국면에 처하고 미국의 원조금액이 삭감되자 한국경제의 성장률이 전반적으로 급격히 하락하게 된다. 이러한 경제상의 위기는 민중투쟁의 폭발을 가져왔는데 그것이 1960년의 4.19혁명이다. 이승만 정권의 기반은 새로 창출된 예속자본가계급이었고 원조물자를 특혜배분하는 것을 기초를 이들을 육성하는 것이었다. 이러한 예속자본가계급과 민중의 대립이 부정선거를 계기로 폭발했던 것이다. 4.19이후 민중들은 거세게 진출했는데 민족통일의 요구, 교원노조의 설립 등의 정치적 성장을 보였다. 그러나 사회주의 세력이 한국전쟁을 전후하여 뿌리가 뽑힌 상태에서 4.19혁명의 과실은 보수세력인 민주당에게 돌아가 민주당의 장면 정부가 수립되었고 이는 박정희의 5.16쿠데타로 이어지게 된다.

이러한 1950년대의 한국 자본주의 발전을 요약하면 귀속재산 불하와 토지개혁을 통해 예속자본가계급이 새로운 지배계급으로 등장하였다는 것, 미국의 원조를 기초로 수입대체 공업화가 추진되어 공업의 일정한 성장을 가져왔다는 것, 새로운 예속자본가계급과 민중의 대립이 4.19혁명으로 폭발하여 분단 이후 한국 사회의 새로운 계급대립의 원형을 보여 주었다는 점 등이다.

---

49) 같은 곳.
50) 김윤태, 《한국의 재벌과 발전국가》, 한울, p. 133.
51) 석혜원, 앞의 책, p. 36.

2) 신식민지 국가독점자본주의의 성립과 발전

원조물자의 가공을 중심으로 하는 수입대체 공업화라는 전략은 박정희 정권 초반에도 지속된다. "수입대체는 남한의 제 1차 경제개발 5개년 계획(1962-1966)의 근간이 되었다. …이 단계에서 제 일차적 관심은 선도적인 공업부문-전력, 섬유, 시멘트, 화학비료생산-에 모아졌다. …많은 어려움에도 불구하고 제 1차 5개년 계획기간의 연평균 GNP 성장률은 7.8%였다."[52] 그러나 수입대체는 공산품 수입의 중단을 의미하는 것이 아니라 가공도가 높은 상품의 수입을 가공도가 낮은 제품으로 대체하는 것이었다.[53] 이러한 수입대체는 소비재의 수입대체 단계, 생산재의 수입대체 단계 등으로 상승을 도모하는 것이었는데 높은 소득불균형의 문제 등은 수입대체전략의 한계를 설정하는 것이었다. 이리하여 1960년대 중반을 전후하여 수입대체전략에서 수출주도형 경제개발전략으로 전환이 나타나기 시작한다.

"남한이 수출주도형 경제개발전략을 선택하는 데에는 IBRD(국제부흥개발은행)와 IMF(국제통화기금)의 연구가 중요한 역할을 하였는데… 국제개발협회(IDA)의 미국지부 전문가들에 의해 고안된 남한의 수출지향적 발전 계획은 국제부흥개발은행이 발전도상국들에게 행한 기본권고에 의거한 것이었다. 그 권고는 다음과 같다. 산업발전을 선진자본주의국 시장과의 관련을 전면적으로 강화시키는 쪽으로 방향지울 것, 경쟁력있는 경제부문에 자본을 투여할 것, 수출경제부문을 국제노동분업체계 속에 끌어들일 것, 국내부문의 성장을 억제시킬 것, 국내소비를 최소수준으로 유지할 것, 국가가 생산을 통제할 것 등등이다."[54] 이러한 내용은 한국 자본주의의 발전의 길을 열어주되 그 발전의 방향을 제국주의 질서에 예속시키는 것이고 또한 민중에 대한 착취와 수탈의 정도를 심화시킬 것을 주문하는 것이었다.

---

52) S. S. 수슬라나, 앞의 책, pp. 24-25.
53) 같은 책, p. 27.
54) 같은 책, p. 31.

이리하여 수입대체 전략은 서서히 수출지향 전략으로 전화되게 된다. "수출지향적 개발노선의 긍정적 측면 가운데 하나는 이 노선이 남한에게 선진공업국이 이미 도달한 기술수준과 첨단과학의 업적들을 광범위하게 이용할 가능성을 주었다고 하는 것이다."55) 그런데 이러한 이점은 "수출부문의 우선적 개발이 … 국제 노동분업에 실질적으로 속박되어 있었던 까닭에 전일적인 공업복합체의 창출과 개발에 필요한 물자를 수입하지 않을 수 없었다."56) 그리하여 수출을 위하여 수입이 증대되는 구조가 성립하게 되었던 것이다.

수출은 먼저 경쟁력이 있는 부문이었던 노동집약적인 경공업제품을 중심으로 증대되기 시작한다. 그리하여 "제2차 5개년 계획기간에 이 나라의 연평균 수출성장률이 40% 이상이나 증대된 가운데, 경제전체의 성장률은 9.2%였던 반면, 가공공업의 연평균 생산성장률은 18.2%에 달했다. 경공업 발전의 결과인 반제품 및 생산수단에 대한 수요증대는 남한의 중공업발전을 촉발시켰다."57) 이러한 과정은 한국의 산업구조를 근본적으로 변화시켰는데 "1961년에서 1973년의 기간에 GNP에서 차지하는 공업의 비율은 14.9%에서 29.4%로 성장한데 반해, 농림어업은 43.8%에서 22.8%로 감소되었다."58) 이 과정에서 요구되는 자금은 차관을 중심으로 하는 것이었는데 "남한정부는 외국차관자금을 분배함에 있어서 수출부문을 우대하였다."59) 그러나 "외국자본의 대규모 반입이 수출경제 부문의 성장에 주요한 물질적 기반이 되었던 한, 수출주도형의 발전은 객관적으로 보아 서구의 제국주의 그룹에 대한 남한의 신식민지적 종속관계를 심화시키는 것으로 귀착되었다."60) 이러한 과정에서 국가의 역할은 결정적이었는데 각종의 수출신용과 자금의 분배, 주도적 산업부분의 개발에 대한 기획과 집행 등

---

55) 같은 책, p. 32.
56) 같은 곳.
57) 같은 책, p. 36.
58) 같은 책, p. 35.
59) 같은 책, p. 34.
60) 같은 책, p. 35.

이 그러하다. 그리하여 한국 자본주의는 명실공히 국가자본주의라 할 수 있는 모습을 띠게 되었다. 또한 50년대에 모습을 드러내기 시작했던 독점자본들은 60년대가 되면서 발전을 가속화했다. "1958년에 총공업생산에서 대기업이 차지하는 몫이 30.1%이고 총자본투자에서는 30.8%였던 반면, 1966년에는 각각 59.7%, 77.9%를 차지"[61]하여 생산과 자본의 집적, 집중이 매우 높은 수준에 달했다는 것을 보여준다. 이러한 "남한에서의 독점화 과정 그 자체의 특징은 첫째로 그 과정이 제국주의 중심부의 현대적 독점구조와 비교하여 많이 뒤떨어진 기술·경제적 기반 위에서 이루어진다는 점, 두 번째 그것은 아직 산업독점과 은행독점의 결합, 그리고 금융과두제 형성의 성숙한 단계에 도달하지 못하고 있다는 점... 그리고 마지막으로 남한에서 활동하는 독점자본의 상당부분이 다국적 기업에 의해 대표되고 있다"[62]는 것이 한국에서 독점화 과정, 독점자본의 형성과 성장의 특징이었다고 할 수 있다. 선진자본주의에 비해 매우 뒤떨어진 경제적 토대와 사회발전 단계에도 불구하고 독점화가 급속히 이루어진 것이 한국 자본주의의 두드러진 특징인 것이다.

이러한 점들은 1960년대에 한국에서 국가독점자본주의가 성립했다는 것을 말해주는 것이다. 사적 독점들이 뒤떨어진 기술적, 경제적 토대에도 불구하고 매우 높은 생산과 자본의 집적, 집중을 보여 주고 있고 또 국가가 경제의 전면에 나서서 사적 독점들을 떠받칠 뿐만 아니라 주요 생산부분을 국가 스스로 창출하는 모습 등은 전형적인 국가독점자본주의를 보여주는 것이라 할 수 있다. 80년대 사회구성체 논쟁에서 국가독점자본주의는 선진국과 같은 발전된 단계에서나 가능하다는 입장, 나아가 사회보장의 실시와 같은 지표가 나타나는 단계가 국가독점자본주의라는 입장(단계론)에서는 1960년대 한국에서 국가독점자본주의의 성립을 부정하지만 경제적 측면에서 독점자본의 지배적 위치가 존재하고 국가가 경제에 전면 개입하여 사적 독점의 이윤을 떠받치는 것이 국가독점자본주의라(경향론)

---

61) 같은 책, p. 59.
62) 같은 책, p. 113.

고 본다면 60년대에 한국에서 국가독점자본주의는 성립한 것이라 볼 수 있다. 물론 선진국과 달리 매우 낮은 기술수준, 경제적 토대에서 성립한 것이지만 이것이 예속자본주의로서 한국 자본주의의 형성과 발전의 특징이라 파악하는 것이 정확한 것이다.

또한 한국에서 이러한 국가독점자본주의의 성립은 신식민지적 예속의 심화속에서 발생한 것이고 그리고 그러한 예속의 심화를 통해 성립했다고 할 수 있다. 60년대 박정희 정권 하에서 일본과의 굴욕적인 수교를 통해 일본자본의 유입을 끌어내고 한국 자본주의 전체가 수출주도 경제로 변신하면서 국제분업질서에 깊숙이 편입되고 이에 따라 제국주의 질서에 예속성이 심화되는 과정이 한국에서 국가독점자본주의의 성립의 과정이었고 그런 점에서 한국에서 국가독점자본주의는 신식민지적 조건에서 성립하는 국가독점자본주의, 신식민지 국가독점자본주의라고 할 수 있는 것이다.

이러한 식민지 국가독점자본주의의 성립은 축적체제의 성립을 의미하는 것이고 노동자계급에게 있어서 착취질서의 강화를 의미하는 것이었다. "남한에서는 고용노동력의 착취도가 비교적 높게 나타난다. 1960년에서 1970년의 기간에 노동생산성이 3배 이상 증가했음에도 불구하고 노동력의 실질임금은 1.5배 증가했다."[63] 이는 예속적 조건 하에서 제국주의 자본의 이윤을 보장하면서도 한국의 예속독점자본들의 급속한 축적을 위해서는 노동자계급에 대한 초과착취가 불가피하다는 것을 말하는 것이다. 여기에서 종속의 구조와 착취의 구조의 관계가 드러난다고 할 수 있다.

그런데 한국 자본주의가 이렇게 수출주도 경제로 전환되면서 각 부문 간의 불균형이 나타나기 시작했는데 제2차 5개년 계획(1967-1971)에 있어서 대부분의 계획이 초과달성되었지만 농업에 대한 투자는 계획보다 낮았으며 그에 따라 농업생산 발전이 정체되는 사태가 나타났던 것이다.[64] 이러한 불균형의 모습은 이후 지속적으로 확대재생산되는 모습을 보인다. 이러한 불균형은 경제성장 속도와 밀접한 관련이 있는데 "산업화 과정에

---

[63] 같은 책, p. 129.
[64] 같은 책, p. 42.

서 나타나는 높은 성장지표(특히 수출공업부문에서)의 계속적인 추구는 이 나라 경제의 주요 부문들의 발전에 있어서뿐만 아니라 산업자체의 내부에서도 심각한 불균형과 그 발전 역학에서의 비합리적인 상호관계를 야기하였고 그 결과 남한 경제구조의 불균형은 이후 경제성장의 커다란 장애요소가 되었다."[65]

  이러한 불균형의 문제는 이후에도 지속적으로 작용하는데 60년대에 성립한 수출주도 경제는 자체의 논리에 따라 발전한다. 70년대에 들어서 "남한의 수출품목보다 저렴한 상품들이 개발도상국들로부터 세계시장에 인입됨에 따라 이 나라 경공업 생산물의 경쟁력이 상실"[66]되는 문제가 나타났고 나아가 74-75년의 석유가격의 급격한 인상과 세계공황의 상황에 처하여 한국 자본주의는 중공업 중심구조로의 전환을 시도하게 되었다. 이것이 가능했던 이유는 석유가 상승으로 인하여 선진국들이 기존의 중공업에서 에너지 절약형 산업, 첨단산업으로 이행하게 됨에 따라 한국이 국제분업체계에서 에너지 다소비형 중공업을 이전받는 것이 가능하게 되었기 때문이다. 그리하여 6개의 부문이 전략적으로 육성되었는데 철강, 비철금속, 선박, 기계, 전자 및 화학산업이 그것이다. 이러한 산업의 형성과 육성에 필요한 자금은 국가주도의 신용에 의한 것이었는데 국내의 저축과 해외의 자금을 동원하여 충당되었다.

  이러한 중공업중심으로의 전환은 국제분업체계에서 한국 자본주의의 지위를 한 단계 상승시키는 것이었지만 국내시장에 기반한 것이 아니었고 따라서 세계시장에 의해 좌우되는 것인데 1979년에 재차 세계공황이 닥치자 한국 자본주의는 위기국면으로 접어들게 되었다. "1979년 5월 이후 무려 13개월 동안 생산감소가 지속되었고 다시 5월 수준으로 회복되기까지 20개월이나 소요되었다. …1980년 당시 주요 중화학공업의 가동률을 살펴보면, 제 1차 금속만이 74.8%로 제조업 평균 71.8%를 웃돌고 있을 뿐 기계 42.3%, 수송기기 44.05%, 전기기기 58.6%, 비철금속 62.0% 등 대부분

---

65) 같은 책, p. 126.
66) 같은 책, p. 45.

업종의 가동률이 극히 부진하여 생산과잉이 심각한 수준에 달하였음"[67]을 보여 주고 있다.

이렇게 중공업중심 구조로의 전환이 파탄에 직면하면서 한국경제는 공황국면에 진입했고 이는 정치적 위기로 이어져 박정희가 살해되는 상황이 빚어지고 한국 사회는 '민주화의 봄'을 맞게 되었다.

3) 신식민지 국가독점자본주의의 모순의 폭발과 이행의 시작

1979년 한국 자본주의가 공황에 진입하고 유신체제가 붕괴되면서 민주화의 봄이 시작되고 민중들이 정치적으로 진출하게 되는 상황은 1960년대에 성립하고 70년대에 발전을 거듭한 신식민지 국가독점자본주의의 모순의 폭발이라 할 수 있다. 수출주도 경제의 빠른 발전은 수출부문과 내수부문의 단절이라는 불균형을 가져왔고 또 제조업의 발전에 비해 상대적으로 농업의 발전의 정체를 가져왔다. 또한 이는 자본주의 발전에서 독점자본의 급속한 축적에 비해 중소자본의 상대적 저성장을 고착화시켰고 자본가계급 대 노동자, 민중의 대립을 심화시키는 것이었다. 신식민지적 예속 하에서 독점자본의 급속한 발전은 제국주의 자본의 한국민중에 대한 수탈을 용인하고 그에 편승하면서 예속독점자본의 한국의 노동계급에 대한 초과착취, 민중들에 대한 수탈의 강화를 의미하는 것이었다. 바로 이러한 계급대립이 유신체제에 대한 반독재민주화운동을 가져왔던 것이고 이러한 운동에는 제도적 야당인 신민당 등 자유주의세력도 참가했고 이러한 계급대립의 심화 속에서 1979년 한국 자본주의가 공황에 진입하면서 YH여성노동자의 신민당사 농성 등 노동자계급의 투쟁에 불이 붙고 부마항쟁이 발생하면서 유신체제가 붕괴되었던 것이다. 이러한 상황에 대하여 지배계급은 민주화의 봄을 용인하면서도 반동을 계획하고 끝내 전두환의 쿠데타가 발생하고 광주민중항쟁에 대한 학살이 발생했던 것이다. 그에 따라 한국 사회는 다시 반동이 지배하게 된다. 그러나 광주민중항쟁과 그에 대한

---

67) 김진업, ≪한국 자본주의 발전모델의 형성과 해체≫, 나눔의 집, p. 167.

학살에서 드러났던 계급대립의 현실은 한국 사회의 운동을 반독재 민주화 운동에서 반제반파쇼 민족민주 변혁운동으로 성장·전화시키게 된다.

이렇게 한국 사회의 80년대는 신식민지 국가독점자본주의의 모순의 폭발에 대한 대응으로 시작된다. 경제적 측면에서는 공황국면의 타개의 문제가, 운동의 측면에서는 광주민중항쟁에 대한 평가와 운동의 질적인 변화의 모색이 지배적이게 된다.

80년대 한국 자본주의는 70년대의 연장선상에 있지만 동시에 79년 공황에서 나타났던 한국경제의 취약성에 대한 대응이 초점이 된다. 이른바 경제안정화 정책이 실시되었는데 "1979년 5월의 투자조정에 이어 1980년 8월의 중공업 통폐합조치, 9월의 중화학공업 2차 투자조정 그리고 기업체질 강화대책, 자동차 공업투자조정계획, 석유화학공업 육성기본계획 등 중복과잉투자 문제를 국가의 강제적인 산업재편 정책을 통해 해결하려고 했다."68) 또한 대규모의 자금지원이 이루어졌는데 "1980년부터 1983년 6월까지 3,221억 원 대출과 6,251억 원 지급보증 그리고 1,884억 원 투자를 합하면 모두 1조 1,357억 원의 자금지원이 이루어졌다. 이외에도 경영부실이 계속된 28개 기업에 대해서는 1981년 9월 1,988억 원의 시중은행 대출금에 대한 원리금 상환유예(3년)조치가 이루어졌다."69) 이러한 공황구제 정책은 1986년까지 이어졌는데 "1986년 7월에 '공업발전법', 12월 '조세감면 규제법' 등의 법적 장치를 구체화하고 이를 근거로 투자조정의 대상이 되었던 업종을 합리화업종으로 지정하여 신규참여 배제와 제품별 전문화 등의 강권 조정이 이루어지게 되고 구조불황업종에 대해서는 자금지원에 나섰다."70) 또한 "축적체제의 개편은 노동자계급에 대해서도 강제"되었는데 "전두환 정권은 노동입법의 개악을 통해 노동3권을 극도로 제한"했고 "'사회정화'의 이름아래 노동조합 지도자들과 조합원들을 폭력적으로 탄압하였다."71)

---

68) 같은 책, pp. 168-169.
69) 같은 책, p. 169.
70) 같은 책, p. 170.

이렇게 80년대 초,중반은 79년 공황에 따른 공황구제에 집중하면서 한편으로는 중공업의 구조조정이 이루어지면서 다른 한편으로는 노동자계급에 대한 가일층의 탄압과 억압이 있었던 것이다. 이 시기 한국 자본주의의 취약성은 외채위기로 현상하였는데 외채규모가 80년대 중반 500억 달러에 달하여 세계 3위에 이르렀다. 그런데 이러한 상황에 대한 중대한 변수가 발생했는데 그것은 85년 미국과 일본의 플라자 합의에 따른 달러가치의 하락과 저금리, 저유가라는 3저에 따른 호황국면으로의 진입이었다. "1986-88년의 3년 동안 매년 12-13%의 고성장을 달성함은 물론 대량 수출에 따른 국제수지 흑자로 경제개발과정에서 최대의 취약점으로 거론되어 왔던 국제수지 적자누적 문제를 일거에 해소하였고 그 결과 대외채무도 급감하였다."[72] 이러한 상황의 결과 한국 자본주의는 국제적 분업체계에서 한 단계 상승하여 산업구조가 한층 고도화되는 단계로 접어든다. 경공업 중심에서 중공업과 전자산업 중심의 수출구조로의 전환이 이루어졌고 독점자본들의 규모가 비약적으로 커지는 가운데 이들 자본의 해외투자가 시도되는 단계가 된다. 즉, 자본수출이 가능하고 필요하게 될 정도로 한국 자본주의의 발전이 단계 상승을 한 것이다. 이전까지의 한국 자본주의는 제국주의 자본의 투자를 기초로 성장하는 체제였다면 이제는 거꾸로 자본수출을 하게 되는 상황이 되었던 것이다.

그런데 한국 자본주의의 이러한 발전은 동시에 계급대립의 발전을 수반하는 것이었고 한국에서 사회운동은 70년대의 민주화운동에서 반제반파쇼의 변혁운동으로 발전한다. 87년의 6월 항쟁은 군사파쇼체제에 대한 노동자계급과 민중의 항거였고 이어지는 7, 8월 노동자 대투쟁은 한국에서 노동자계급의 역사적 등장을 알리는 것이었다. 이에 대해 지배계급은 파시즘 주도하의 개량정책을 펴고 운동의 체제내화에 주력한다. 그러나 운동은 지속적으로 성장하였고 한국에서 사회주의운동이 탄생하고 발전하는 상황까지 된다. 이에 대해 지배계급은 파시즘과 자유주의 세력의 연합을

---

71) 같은 책, p. 171.
72) 같은 책, p. 174.

도모하였고 이는 1989년의 3당합당을 통한 민자당의 결성으로 이어진다. 이러한 상황에서 쏘련 등 세계사회주의 진영의 몰락은 한국의 운동에 심각한 장애가 되었고 한국 자본주의는 사회주의운동의 쇠퇴를 조건으로 축적의 가속화의 길을 걷는다.

이리하여 80년대의 한국 자본주의는 79년 공황에서 87년 6월 항쟁에 이르기까지 신식민지 국가독점자본주의의 모순의 폭발과 그에 대한 대응을 중심을 하면서 다른 한편으로는 3저 호황을 통한 한국 자본주의의 위기 극복과 고도화에 따른 새로운 단계로의 이행이 이루어지던 시기였다. 그러한 이행의 첫 번째 표지는 대외개방 압력의 증대였다. 미국이 무역적자와 재정적자라는 쌍둥이 적자에 대응하기 위해 3저 호황에 따른 막대한 무역흑자를 실현하고 있던 한국에 대해 대외개방을 요구하였고 이에 대해 한국의 예속독점자본들은 대외개방의 불가피성의 인정, 대외개방 요구를 한국자본의 대외진출의 지렛대로 삼을 것 등을 전략으로 삼고 새로운 단계로의 이행에 진입하였다. 그리하여 상품수입자유화율이 "1979년 68.6%에서 1985년 87.7%로 높아지고, 1990년에는 다시 96.3%까지 높아지게 된다. 특히 1980년대 말에 이르면 보호의 당위성을 갖고 있던 농산물 시장까지 개방에 몰리게 된다."[73] 또한 "1988년 11월에는 IMF 제8조국으로 이행함으로써 국제수지 악화를 이유로 외환개입이나 특정국에 대한 차별적 조치가 불가능하게 되었다."[74] IMF 8조국에 가입은 이른바 외환자유화를 의미하는 것으로서 이는 한편으로 환율정책에 제한을 가한다는 면이 있지만 다른 한편으로는 자본가들의 자본수출의 자유를 확대하는 것이기도 했다. 또한 신용시스템에 있어서도 변화가 있었는데 그때까지 신용체제를 국가가 주도했다면 80년대 들어 제2금융권이 확대되고 독점자본들의 제2금융권을 통한 자금조달이 확대되었다. 또 직접금융시장도 확대되는데 "기업부문의 외부자금 조달에서 직접금융(유가증권 발행 등)의 비중은 1975년 19.9%에서 1980년 22.0%, 1985년 26.2%에서 1990년 42.4%로 급

---

73) 같은 책, p. 176.
74) 후카가와 유키코, ≪대전환기의 한국경제≫, 나남출판, p. 88.

증하여 직접금융이 간접금융을 넘어서게 된다."75) 이러한 상황은 식식민지 국가독점자본주의에서 국가와 사적 독점의 관계가 기존의 국가주도에서 사적 독점자본 주도로 변화되는 토대가 되는 것이었고 이러한 독점자본들의 힘은 심지어 1992년 대통령 선거에서 현대그룹 정주영의 선거출마로 나타나기도 했다. 이러한 현상은 1980년대를 통하여 한국 자본주의에서 이른바 '자유화'로의 이행이 이루어지고 있다는 것인데 한국 자본주의의 발전 자체가 파쇼적 통제에서 사적 독점 주도의 '자유화'로 한국 자본주의가 이행하게 했던 것이다.

이러한 '자유화'의 흐름, 국가의 사적 독점에 대한 통제의 약화와 사적 독점의 주도성의 강화는 90년대 전반의 한국 자본주의의 특징이었고 이러한 흐름은 금융자유화의 진전, 자본시장개방의 진전으로 나타나게 되었다. "1990년대 금융자유화 추진과정에서 우선 정부는 경쟁제고가 금융시장에서 경제효율성을 높일 것이라 믿고 금융기관의 진입과 사업 범주에 대한 규제를 대폭 완화했다. 그 결과 단기 상업어음할인이나 단기자금대출을 담당하던 수많은 단자회사(이후 종금사)가 상업은행 기능을 수행했다. 1994년에 9개, 1996년에 16개가 추가로 설립되었으며, 대다수가 재벌기업의 소유였다."76) 또한 비은행 금융기관에 대한 재벌기업 소유권 제한을 완화했는데 보험사, 투자신탁회사가 재벌기업의 통제 하에 편입되었다.77) 그리고 "1991년부터 1997년에 이르기까지 4단계에 걸쳐 이자율에 대한 규제도 완화되었다. ...높은 이자율을 통한 금융사업을 가능하게 했다. 그 결과 기업 외부자금 조달에서 CP의 비중이 급격히 증가하고(1992년 7.6%에서 1995년 16.1%로 증가) 단기금융상품이 금융거래의 큰 몫을 담당했다. 결국 한국 금융시장은 단기금융활동에 의해 지배되었으며 전체적으로 높은 금융 리스크를 동반하게 되었다."78) 이러한 금융자유화는 독점자본

---

75) 김진업, 앞의 책, p. 178.
76) 경상대 사회과학연구원, ≪한국 자본주의의 축적체제 변화: 1987-2003≫, 한울 아카데미, p. 178.
77) 같은 곳.

으로 하여금 신용상의 주도권을 허용한 결과 금융시장의 취약성이 증대되게 된 것이었고 이것은 97년 외환위기의 한 원인이 된다. 또한 "1993년 이후 OECD 가입을 희망하던 한국정부는 회원국 가입조건을 이행하기 위해 자본시장 개방을 단행했는데, 그 결과 30대 재벌기업의 자금 조달에서 비금융기관을 통한 대외금융거래를 허용하고 촉진시켰다. 개방조치는 첫째, 국내기업과 금융기관에 의한 외국통화 표시 채권발행에 대한 규제 철폐, 둘째, 수출 관련 해외차입과 일반 상업차입 한도 확대, 셋째, 금융기관에 의한 외대대출에 대한 연간 상한 철폐 등이다."[79] 그리하여 "금융자유화의 결과, 1990년대 들어와 재벌기업들의 과도한 부채의존적 투자확대가 석유화학, 자동차, 전기·전자 부문에서 이루어졌다."[80] 이는 금융자유화로 인한 자금조달의 용이성으로 말미암아 부채의존 성장을 강화시켰다는 것이고 특히 자금조달에 있어서 단기금융을 장기투자에 쓰는 것이어서 문제가 증폭되었다고 할 수 있다. 이러한 금융자유화와 자본시장개방은 한국의 독점자본과 제국주의 자본의 결합관계에 있어서 새로운 단계가 시작되었다는 것을 의미하는 것이었다. "투자영역규제의 폐지와 자본활동의 전반적 자유화는 국내의 지배적 자본과 외국 자본 양자의 이해가 결합될 수 있는 공간이었다."[81] 이는 자본시장 개방의 결과 제국주의 자본과 국내 독점자본의 결합관계, 즉, 동맹관계가 고도화된다는 것을 의미하는 것이었고 이러한 동맹관계를 기초로 국내의 독점자본은 국내시장에 대한 지배력을 높이고 나아가 국내 독점자본의 해외시장 진출, 자본의 수출에 고도화를 기할 수가 있게 되었다는 것이다.

이렇게 한국 자본주의는 80년대를 거치며 위기를 넘기고 3저호황 속에서 새로운 도약을 하게 되었고 그에 따라 한국의 독점자본은 국가에 대한 관계에 있어서 주도성을 획득하게 되고 금융자유화, 자본시장개방의 진전

---

78) 같은 책, pp. 178-179.
79) 같은 책, p. 179.
80) 같은 곳.
81) 김진업, 앞의 책, p. 201.

속에서 축적의 고도화 나아가 초국적 자본화를 도모할 수 있게 되었던 것이다.

이러한 상황에서 87년 대투쟁으로 노동자계급이 진출하면서 노동자계급의 실질임금이 상승하였다. "노동분배율을 보면 1980-1985년에는 53.9%, 1986-1988년에는 54.7%로 거의 변화가 없었지만, 1989-1994년에는 한꺼번에 60.4%로 변화하였다."[82] 그러나 실질임금은 90년대 중반을 거치며 증가율이 다시 저조하게 변화하였고 한국 자본주의의 내수 주도의 성장은 90년대 초반에 그치고 만다. 농민을 보면 농업시장개방과 농산물 가격지지정책의 포기로 어려움에 처했고 그에 따라 80년대에 농민운동이 활발하게 전개되었다. 특히 시장개방은 독점자본들의 수출시장 확대를 위해 국내농업을 희생하는 것이었다. "농가경제의 파탄을 보여 주는 대표적인 지표는 농가부채의 증가이다. 1980년 339억 원에 불과하던 농가부채는 1989년에는 3,899억 원으로서 10년 사이에 10배 이상 증가하였다. 이러한 농가부채의 증가는 농산물 가격의 파동과 더불어 영농기계화라는 명목으로 추진된 각종 농기계의 외상 구입 장려 때문이었다."[83]

이렇게 90년대 축적구조는 독점자본 주도성의 강화와 이른바 '경제자유화' 나아가 자본시장 개방 등이 진전되면서 독점자본의 축적의 고도화를 이루어갔고 독점자본과 제국주의 자본의 관계가 자본시장 개방을 매개로 고도화 혹은 내밀화되어 갔다는 점을 보여준다. 이는 예속의 관계가 예속적 동맹으로 고도화되었다고 평가할 수 있다. 그렇지만 동시에 90년대는 7,80년대와 연속성을 가지는데 그것은 수출부문 주도의 경제구조가 확대재생산되고 있는 점, 노동자계급과 민중에 대한 초과착취와 수탈구조가 강화되고 있는 점, 부채의 증가에 기초한 투자의 급속한 확대 등이 그러하다. 특히 독점자본들이 해외로부터 종금사를 통해 단기자금을 끌어와서 장기투자를 행하는 상황이 90년대 중반 벌어졌는데 이는 수출이 급속히 확대되는 상황에서나 가능한 것이었고 일본의 엔화가 평가절하되면서 수

---

82) 후카가와 유키코, 앞의 책, p. 96.
83) 김진업, 앞의 책, p. 187.

출이 감소하고 무역적자가 확대되는 96년, 97년에는 위기를 불러오는 원인이 되었다.

4) 97년 외환위기와 한국 자본주의 축적구조의 변화

97년 외환위기는 94년도 멕시코 위기와 같이 해외자금이 급속히 빠져나가 발생한 것이 아니었다. 즉, 97년 위기는 한국 자본주의의 축적 구조의 내적 모순의 폭발이라고 보아야 하는 것이다. 그러면 97년 위기를 낳은 한국 자본주의의 축적 구조의 모순은 무엇인가? 이러한 모순, 외환위기 발생의 원인은 크게 2가지이다. 먼저, 외환위기 전인 1994년과 1995년에는 엔고의 영향으로 수출이 급속하게 증대되었다. 그런데 한국의 경제구조는 수출증대를 위해서는 수입이 증대되어야 한다는 것이며 이것은 1960년대 성립한 축적구조에서 비롯되는 것이다. 그리하여 94-95년에 수출증대에도 불구하고 무역수지가 악화되었다는 점이 두드러진다. 이렇게 무역수지가 악화되는 것과 함께 무역외수지가 악화되었는데 "무역외 수지의 내역을 보면 해외여행 자유화, 소비의 고도화에 따라 1990년대 들어 급증한 여행수지, 대외자금의 도입 증가에 따른 투자수익수지, 산업고도화를 향한 기술도입 대가나 대외이자 지불의 증가에 따르는 운임, 보험 항목 등이 모두 적자로 돌아서고 있는 점이 두드러진다."[84] 이렇게 무역수지와 무역외 수지가 악화하는 가운데 "경상수지 적자는 1995년에 GDP 대비 1.94%였는데 1996년에는 5% 수준까지 한꺼번에 상승"[85]하였다. 그런데 "1980년대 당시와 크게 다른 점은 이미 경상거래의 대부분이 자유화된 현재 예전처럼 정부개입에 의해서 경상수지 불안을 억제할 수단이 없어졌다는 점이다."[86] 나아가 1996년 후반부터 엔저가 진행되어 한국의 수출이 크게 악화하고 무역적자가 급증하였다. 이 상황에서 철강부문의 한보, 삼미가 무너졌고 기아차도 파산에 몰렸고 내수의 위축을 반영하여 식품, 유

---

84) 후카가와 유키코, 앞의 책, p. 104.
85) 같은 곳.
86) 같은 곳.

통의 진로, 두산, 뉴코아 등이 파탄하였다. 그리하여 1997년 8월까지 30대 재벌 중 이미 7개 그룹의 경영이 파탄하거나 악화되었다. 이러한 상황에서 이들 재벌들에 자금을 대었던 종금사들이 파탄하고 이들과 연계되어 있던 은행들을 위기에 몰아넣었다. 이렇게 수출의 위축으로 인한 무역적자, 경상적자의 상황에서 주요 재벌들이 무너지고 이들을 떠받치던 금융시스템이 위기에 몰리는 상황에서 한국의 원화가치가 폭락하면서 외환위기는 발생했던 것이다.

수출을 위해 수입을 증대하는 상황, 수출 확대에 따라서 단기금융으로 장기투자를 하는 상황이 엔화의 변동이라는 대외적 조건의 변동에 따라 위기를 불러왔던 것이다. 이는 한국 자본주의의 수출주도 구조의 취약성을 다시금 드러낸 것이었고 동시에 90년대의 경제 자유화, 금융자유화, 자본시장 개방이 위기를 증폭시키는 역할을 했다는 것을 말해준다.

외환위기 상황에서 한국 자본주의는 IMF의 요구를 받아들이게 되었다. "IMF는 긴축정책에 따른 거시 조정과 더불어 ① 금융·자본시장의 개방, ② 금융개혁, ③ 재벌개혁으로 이루어진 구조조정을 요구"[87]하였고 김대중 정부는 이를 수용하여 이후 한국 자본주의는 급격한 변화를 겪게 된다. 먼저 대외개방을 보면 "외환관리에서 시장평균 환율제를 폐지하고 자유변동환율제로 이행했"고 "무역정책에서 수입선 다변화 제도와 수입승인제는 폐지되었고 무역관련 보조금 역시 폐지했다. 자본자유화 조치로서 1997년 12월 주식시장에서 외국자본 지분비율을 50%로 확대한 후, 1998년 5월 외국인 주식투자의 회사별, 개인별 지분 제한 상한선을 모두 폐지했다...외환자유화도 급진전되었다. ... 선물환 거래에 대한 실수요원칙의 폐지, 재무건전 기업에 대한 1년 단기 외화차입 허요, 기업의 대외영업 활동과 관련한 경상지급 제한 철폐, 기업·금융기관의 해외직접투자 및 해외부동산 취득자유화, 외국업무의 등록제 제한 및 환전상 설치의 자유화" 이루어졌고 "해외여행 경비제한 완화, 유학비 등 증여성 송금의 규제철폐,

---

87) 같은 책, p. 370.

4인 가족 기준 100만 달러인 해외이주비 규제 철폐" 등이 이루어져서 단기적 투기자본에 대한 보호장치가 완전히 해제되었다.[88] 이로써 한국은 자본시장 개방을 완성했는데 이를 통해 제국주의 금융자본의 한국에 진출, 나아가 국내 독점자본과 제국주의 자본의 예속적 동맹의 구조는 가일층 발전하게 되었고 은행과 주요 재벌에 대한 제국주의 금융자본의 지분이 50%를 상회하는 상황으로 발전했던 것이다.

또한 IMF 구조조정의 하나의 요구였던 재벌개혁은 용두사미로 끝났을 뿐만 아니라 오히려 재벌의 경제력 집중이 심화되는 결과를 낳았다. 이는 "김대중 정권이 경제위기의 주범 가운데 하나인 재벌총수들을 처벌하지 않고 구조조정과 경제회생주체의 역할을 요구했기 때문이다. 다음으로 재벌개혁의 중점이 경제독재체제를 본질로 하는 재벌의 기업지배구조를 근본적으로 개혁하는 방향이 아니고 재벌의 경영행태를 합리화하는데 있었기 때문이다. 즉, IMF의 재벌개혁안의 내용인 결합재무제표 작성, 상호지급보증의 해소 등은 기업지배구조를 근본적으로 개혁하는 것이 아니라, 총수일족의 소유경영 독점구조를 그대로 둔 채 재벌경영을 합리화하는 것에 불과"[89]했기 때문이다. IMF는 재벌에 대해 단지 합리화를 요구했다는 것인데 이는 제국주의 금융자본의 입장에서 한국의 독점자본을 동맹세력으로 보고 동맹관계에 적합한 조건을 요구한 것이라 할 수 있다. 이러한 IMF와 김대중 정부의 재벌 정책은 경제력 집중을 오히려 가속화하는 것인데 이른바 삼성공화국이라는 용어가 나타내는 삼성자본의 압도적 지위가 IMF 외환위기 이후 두드러지게 된 것도 바로 이러한 재벌정책 때문인 것이다. 외환위기 이후 경제적 집중을 구체적으로 보면 "국내제조업 매출에서 10대 재벌이 차지하는 비중은 최초로 40%를 초과했다. …30대 재벌의 매출액은 80%를 넘었다. …10대 재벌 계열사의 시가총액은 2011년 기준 52.2%를 차지했다. 30대 재벌의 자산규모비율은 2002년 53%에서 2010년에는 88%로 많이 증가했다. 이와같은 대기업의 경제력 집중은 2009년

---

88) 경상대 사회과학원, 앞의 책, p. 103.
89) 같은 책, p. 99.

출자총액제한 제도의 폐지, 금산분리 완화가 이루어지면서 가속화되었다."[90]

또 하나 IMF의 구조조정으로 형성된 한국 자본주의의 축적구조의 주요한 특징의 하나는 노동자계급에 대한 것이다. 김대중 정부는 정리해고제의 도입 등 노동관계의 개혁을 요구하는 IMF의 요구를 적극 수용했고 당시 한국의 노동운동은 노사정 위원회의 설립에 동의하고 정리해고제, 파견제 등 노동시장유연화 법안을 받아들였다. 이는 민주노총과 전교조 등의 합법화와 맞바꾼 것이었는데 바로 이 지점이 한국에서 노동운동의 개량화, 체제내화를 결정지은 것이었고 이렇게 노동운동의 개량화를 조건으로 IMF이후 2000년대의 한국 자본주의의 축적운동이 전개되었던 것이고 노동운동은 개량주의의 시대를 지나게 되었던 것이다.

이러한 상황은 한국 자본가계급의 노동자계급에 대한 착취를 심화시키는 것이었는데 비정규직이 전체 임금노동자의 50%를 넘게 되는 상황이 빚어지게 되었던 것이다. 그리하여 조직노동자의 개량화와 비정규직의 확대가 2000년대 착취구조를 형성하게 되었던 것이다. 이러한 비정규직의 확대는 소위 노동시장유연화를 통해 축적을 극대화하려는 자본의 요구에 기초하는 것이지만 계급적으로 보면 조직노동운동이 개량화의 길을 걷고 있기 때문에 가능한 것이었다.

조직노동운동이 개량화되는 것은 한편으로 한국의 지배계급이 개량정책을 펼 수 있는 여지가 있다는 것을 말하지만 다른 한편으로는 쏘련 붕괴 이후 한국에서 사회주의운동이 쇠퇴한 것을 조건으로 하는 것이다. 따라서 비정규직 문제는 한국에서 사회주의 운동의 재건이라는 주체적 조건과 지배계급의 개량의 여지의 축소라는 객관적 조건이 맞물릴 때 노동운동 전체의 변혁적 재건이 이루어지면서 극복될 수 있는 성질의 것이다.

한국 자본주의는 IMF 위기 이후 투자의 축소를 겪었고 그에 따라 경제 성장률이 90년대에 비해 떨어지는 양상을 보였다. 그럼에도 수출시장으로

---

90) 김윤태, 앞의 책, pp. 158-159.

서 중국의 성장이 한국의 수출주도 경제를 지탱해주었다. 이 과정에서 중국은 한국의 제 1의 수출시장이 되었고 이 상황이 2008년 세계대공황의 발발 전까지의 과정이었다.

5) 2008년 세계대공황의 발발과 한국 자본주의의 현 단계

2008년 미국에서 발발한 금융위기는 전 세계에 대공황을 일으켰다. 대공황은 2010년을 전후하여 유럽, 미국, 일본 등의 재정위기로 심화되었고 이후 중국, 브라질, 러시아, 인도 등 신흥국의 위기로 확대되는 양상이다. 이 과정에서 한국 자본주의는 2008년에 위기를 맞았으나 중국경제가 투자의 확대를 기초로 위기를 극복하면서 그와 연동되어 수출이 증가하면서 일정하게 위기를 극복할 수 있었다. 그러나 2012년을 전후하여 세계무역 증가율 자체가 축소되고 중국의 경제성장이 둔화되면서 한국 자본주의는 다시금 위기국면으로 접어들고 있다. 더구나 중국에 부품 등 중간재를 수출하여 한국의 수출을 증대시키던 것이 중국경제의 급속한 고도화, 기술수준의 향상으로 인해 중국에 대한 수출이 감소 혹은 정체되는 상황이 빚어지고 있다. 이는 중국경제의 둔화 혹은 위기와 함께 한국 자본주의를 위협하는 요소가 되고 있다. 그리하여 2008년 이후 한국 자본주의가 위기를 극복하는 버팀목이 되었던 중국경제가 두 가지 측면에서 이제는 한국 자본주의를 위협하는 존재로 전화하고 있는 것이다. 하나는 중국자본이 한국자본의 경쟁상대가 되고 있다는 것이고 다른 하나는 중국경제의 위기의 심화에 연동되어 한국경제도 위기가 심화되는 상황이 나타나고 있는 것이다.

이러한 한국 자본주의의 위기는 최근에는 삼성전자와 현대자동차라는 한국의 초국적기업이 위기에 몰리는 양상으로까지 발전하고 있다. 30대 재벌에서 10대 재벌로 구분의 기준이 달라지고 나아가 5대 재벌로 재벌의 기준이 바뀌다가 이제는 삼성전자와 현대자동차라는 양대 자본이 두드러지는 정도로 한국 자본주의에서 자본의 집적, 집중이 고도화되었는데 그 자본들이 위기를 맞고 있는 것이고 이는 한국 자본주의 전체가 위기를 맞고 있다는 것을 의미하는 것이다. 삼성전자와 현대자동차라는 고도로 집적, 집중된 자본의 위기는 맑스가 언급한 자본주의 축적의 역사적 경향을 떠올리게 하는 것이다. "자본의 독점은 [이 독점과 더불어 또 이 독점 밑에서 번창해 온] 그 생산방식의 질곡이 된다. 생산수단의 집중과 노동의 사회화는 마침내 그 자본주의적 외피와 양립할 수 없는 점에 도달한다. 자본주의적 외피는 파열된다. 자본주의적 사적 소유의 조종이 울린다. 수탈자가 수탈당한다."[91] 현재의 한국 자본주의의 위기는 '생산수단의 집중과 노동의 사회화'가 자본주의적 외피와 충돌하고 있다는 것을 말하는 것이다. 자본주의의 근본모순은 '생산의 사회적 성격과 취득의 사적, 자본주의적 성격'간의 모순이다. 생산의 사회화 즉, 현대의 생산은 수많은 사람들의 협업과 분업을 통해서만 가능하고 생산수단 자체가 이러한 협업과 분업을 조건으로 하는 것이며 이렇게 생산의 사회적 성격, 공동노동의 성격이 발전함에도 취득은 여전히 사적 소유관계라는 점, 이 점이 자본주의의 모든 운동을 불러오는 원인이고 동력이라는 것이 바로 자본주의의 근본모순의 의미이다. 그런데 이제는 이러한 근본모순이 심화되어 지금 한국 자본주의의 위기를 불러오고 있는 것이며 삼성전자와 현대자동차의 위기는 점점 더 많은 대중에게 이러한 자본주의의 근본모순의 한국적 현상을 알리면서 근본모순의 지양의 필연성과 필요성에 대한 인식을 조장하고 있는 것이다.

이러한 상황은 한국에서 노동운동과 사회주의운동의 변혁적 재건에 중요한 조건으로 작용하고 있다. 조합주의, 개량주의, 실리주의라는 노동운동의 병폐를 씻어내고 전투적 노동운동을 재건하는 것, 한국 자본주의에 대한 과학적 인식 속에서 사회전체의 변혁적 전환, 한국 자본주의의 지양을 이루어내는 운동을 창출해낼 수 있는 가능성이 커져가는 것을 말한다.

이와 같이 한국에서 사회주의 변혁의 물질적 조건은 매우 높은 수준에

---

[91] 맑스, ≪자본론 I(하)≫, 비봉출판사, p. 959.

도달해 있다. 자본주의 발전이 이루어내는 생산의 사회화의 정도가 그러한 물질적 조건의 핵심이며 또 그러한 발전이 배태하는 계급대립이 물질적 조건을 주체적 조건으로 전화시키는 원동력이다. 따라서 이제는 사회주의 변혁의 물질적 조건의 성숙을 정치적 조건으로 전화시키는 노력이 요구된다 할 것이다.

4. 한국 사회의 계급구성

1) 맑스주의 계급론의 현재

쏘련 붕괴 후 사회주의운동이 퇴조하면서 사회에 대한 맑스주의적 접근도 사라졌다. 그리하여 사회를 계급적 질서로 보는 것, 사회의 발전을 계급적 대립의 발전으로 보는 관점도 많이 사라졌다. 그러나 한국 자본주의의 발전은 모순의 발전이며 자본주의 발전이 자본가계급을 발전시키는 것과 함께 자본주의는 노동자계급을 발전시키며 따라서 자본주의를 부정하는 힘, 자본주의의 무덤을 파는 자, 계급대립 자체를 지양함을 통해서만 자신을 해방시킬 수 있는 세력을 성장시킨다.

한국 자본주의는 예속자본가계급이 지배계급으로 등장한 이래 신식민지 국가독점자본주의가 성립하면서 격렬한 계급대립의 역사를 거쳐 왔다. 4.19혁명, 79년 부마항쟁과 80년의 광주항쟁, 87년의 6월항쟁과 7, 8월 노동자대투쟁이 그것이다. 이러한 과정에서 예속적 자본가계급은 예속독점자본가로 우뚝 서면서 한국의 노동자계급과 민중들을 착취, 수탈해왔다. 중소자본가는 한국 자본주의가 예속적 자본주의로서 발전함에 따라 민족적 색채를 탈각하고 독점자본에 하청계열화되는 길을 걸어왔으며 한국 자본주의 발전에 따라 예속적 독점자본가와 중소자본가의 동맹 체제가 성립하였다. 그리하여 한국 사회는 8, 90년대의 민족민주변혁에서 이제는 사회주의 변혁으로 변혁의 성격이 전화된 상태이다.

노동자계급은 한국 자본주의의 급속한 발전에 따라 수에 있어서 급팽창을 하였는데 이제는 임금노동자의 규모가 1,500만을 넘어서고 있다. 87년 7, 8월 투쟁을 통하여 한국 사회에 역사적 등장을 알린 노동자계급은 90년대에 민주노총으로 결집되는 성과를 거두었으나 사회주의운동의 퇴조에 따라 노동운동은 개량화의 길을 걸었고 그에 따라 자본가계급의 공격 앞에서 정규직과 비정규직으로 분할, 착취되는 상태가 되었다.

농민은 자신들을 2등 국민으로 규정한다. 제국주의와 동맹을 축적의 조건으로 하는 한국 자본주의는 시장개방을 통해 농업을 희생하는 정책을 펴왔고 이는 농가부채의 증가, 농촌주민의 고령화, 식량자급율의 기록적인 저하 등 농업의 파탄으로 나타나고 있다. 그에 따라 한국농업은 어려움에 처해 있고 농업과 제조업의 불균형은 극에 달한 상태이다. 현재 농민의 규모는 300만을 약간 넘는 상태이고 대부분 중·소농, 빈농으로 구성되며 부농, 자본가적 농민은 극소수에 지나지 않는다. 그에 따라 농촌에서 농업노동자의 존재는 미미하다.

도시 소부르주아지는 주로 영세상인, 자영업자를 말하는 것인데 한국의 경우 자본주의가 발전한 여타의 나라와 달리 자영업자의 비중이 매우 높은 편인데 그 수는 600만 내외를 기록하고 있다. 자영업자들의 이러한 팽창은 경기가 침체되는 상황, 경쟁이 격화되는 상황, 독점자본의 골목상권 진출 등으로 그들의 급속한 몰락으로 이어지고 있다. 자영업자의 절반이 3년내에 폐업하는 상황이 현실이다. 도시 소부르주아지 중 상층은 전문직업을 가진 층인데 이 수는 한국 자본주의의 발전에 따라 팽창해왔다. 이들 상층 소부르주아지는 자본주의에 반대하지는 않지만 일정하게 민주주의적 색채를 띤다고 할 수 있다.

이러한 것이 한국에서 계급적 질서의 대략적 내용인데 사회구성에 대한 이러한 계급적 접근은 맑스주의 진영 내에서 일정하게 논쟁이 되어왔다. 20세기 중반 자본주의가 호황을 구가할 때 광범하게 팽창한 화이트칼라, 관리직, 기술자 계층을 노동자계급으로 볼 것인지 소부르주아지로 볼 것인지가 논쟁의 초점이었다. 그 과정에서 맑스주의 계급론의 원칙이 무엇인지가 논쟁이 되었는데 이러한 과정을 고찰하여 맑스주의 계급론의 원칙을 세우는 것을 기초로 한국 사회에 대한 계급분석에 접근하고자 한다.

먼저 계급이란 무엇인가가 규명되어야 한다. 영어의 class라는 단어는 계급과 계층 모두를 가리키는 말이다. 부르주아 사회의 일반적 용어로는 이 둘이 구분되지 않고 있고 이론적으로도 마찬가지이다. 주류 부르주아 사회학에서는 계급은 계층과 구분되지 않고 사회를 이루는 많은 집단들 중의 한 종류일 뿐이다. 현대의 주류 사회학은 이러한 입장을 취하고 있지만 자본주의의 발생, 발전기에 부르주아 학자들은 공공연히 계급의 존재를 인정하였다. 이는 두 갈래였는데 하나는 프랑스 혁명 후에 그 혁명의 과정을 분석하면서 계급의 존재, 계급대립이 프랑스 역사발전의 규정력이라는 것이 프랑스 역사가들에 의해 지적되었다. 다른 하나는 영국의 정치경제학자들인 아담 스미스, 리카르도 같은 학자들이 소득의 원천에 따라 지주계급, 자본가계급, 임금노동자계급으로 계급을 나눈 것이었다. 이는 중세의 신분질서가 부르주아 혁명을 거치며 계급질서로 대체되는 상황에서의 인식이었다. 맑스는 이에 대해 계급의 존재를 지적한 것은 자신이 처음이 아니며 자신이 한 것은 계급대립이 프롤레타리아 독재로 이어질 것임을 지적한 것이라고 했다. 그러나 맑스에 의해 이루어진 진보는 하나가 더 있는데 그것은 계급의 존재가 소득원천에 의해 규정된다기 보다 생산에서의 지위, 생산관계 속에서의 위치에 의해 규정된다는 것을 밝힌 것이었다. 이리하여 계급이라는 개념에 대한 과학적 인식이 성립된 것이었다.

20세기 중반 프랑스 공산당을 중심으로 계급론 논쟁이 벌어졌는데 반독점전선을 주장하는 프랑스 공산당에게는 이 전선을 구성할 계급들에 대한 분석이 요청되고 있었는데 다른 한편으로 플란차스는 프랑스 공산당의 계급분석과 구별되는 자신의 계급론을 제출했었다. 프랑스 맑스주의자들은 다음과 같은 레닌의 계급정의를 기준으로 하고 있다. "계급이라고 부르는 것은 역사적으로 규정된 사회적 생산체제 속에서 차지하는 지위, 생산수단에 대한 관계... 사회적 노동조직 속에서의 역할, 따라서 그들이 마음대로 할 수 있는 사회적 부의 몫을 수취하는 방법과 그 몫의 크기가 비슷한, 사람들의 커다란 집단을 가리킨다. 계급이란 일정한 구조, 즉 사회경제 속에서 차지하는 그 지위가 다르기 때문에 그 중의 한 쪽이 다른 쪽의 노동을 자기 것으로 만들 수 있는, 사람들의 집단을 말한다."[92](1919년의 문서 '위대한 출발'에서 인용) 이러한 레닌의 계급에 대한 정의는 20세기에 맑스주의자들의 계급에 대한 인식을 보편적으로 규정하는 것이었다. 이러한 계급에 대한 정의에 기초하여 계급의식에 대해 "계급의식과 계급이데올로기란 계급귀속을 규정하는 객관적 요소에 덧붙여지는 것은 아니다. 실제로 그것들은 객관적 제요소와 밀접하게 결합되어 있으며 또한 변증법적으로 결합되어 있다. ... 계급의식의 기본적이면서도 구체적인 구성요소, 그것은 계급투쟁이다"[93]는 분석이 제출된다. 계급적 존재와 계급의식의 상호관계의 문제는 한두마디로 규정될 수 있는 성질의 것이 아니다. 사회주의운동과 활동 전체는 계급적 존재와 계급의식의 통일을 추구하는 과정에 다름아니기 때문이다. 따라서 계급적 존재와 계급의식의 관계가 맑스주의 계급론의 주요지점이며 쟁점이 될 수도 있는 것이다.

또 주요한 쟁점이 되는 것은 육체노동과 정신노동의 관계이다. 이 점은 플란차스의 경우 기존의 이해와 다른데 기존의 견해, 20세기 맑스주의자들의 보편적 견해는 다음과 같다고 할 수 있다. "자본주의는 노동의 전문화를 현저하게 진전시켰다. 그러나 그 반면에 대량의 노동자로 하여금 단순화되고 반복적이며 세분화된 노동만을 공급하게 했다. 정신적, 과학적 활동은 육체노동에서 분리되어 고립화되었다. ... 오늘날 기술이 진보함에 산업에 있어서 복잡노동의 확대 및 비육체적 노동자의 증가, 육체적 활동과 정신적 활동을 구별하기는 더욱 어려워지고 있다. ...모든 생산활동이 점차 사회화됨에 따라 육체노동과 정신노동의 새로운 통일이 한층 더 요청되고 있다. 자본주의적 생산양식은, 객관적으로는 그러한 방향으로 나아가고 있지만 이 통일을 결코 실현할 수 없다는 것이 확인되고 있다. ...

---

92) 나델·플란차스 외, 《사회계급론》, 백산서당, p. 101에서 재인용.
93) 같은 책, p. 103.

그러나 기본적으로 육체활동은 여전히 전체 생산과정의 지배적인 요소이다."94) 이렇게 정신노동과 육체노동의 분리가 강제되지만 한편으로 기술의 발전은 양자간의 통일의 조건을 만들어내며 그럼에도 자본주의는 그것을 실현시킬 수 없고 여전히 생산에서 지배적인 요소는 육체노동이라는 것이 위 견해의 요지이다. 이러한 관점은 기술의 진보에 현혹되어 비물질노동이 지배적이 된다는 소위 자율주의의 견해를 반박하는 것이며 육체노동과 정신노동의 분리와 통일의 문제에 대한 맑스주의적 접근이라 할 수 있다.

또한 맑스주의 계급론의 전통적인 요소로서 생산적 노동과 비생산적 노동의 구분 문제가 있다. 비생산적 노동자를 노동자계급에 포함시킬 것인가를 묻는 것인데 이와 관련하여 생산적 노동과 비생산적 노동의 정의에 대하여 맑스가 일찍이 ≪자본론≫에서 언급한 바 있다. 맑스는 자본주의에서 생산적 노동은 잉여가치를 생산하는 노동이지만 유통, 상업에 종사하는 노동자의 경우도 생산적 노동이 창출한 잉여가치의 실현에 기여할 뿐만 아니라 사회전체적으로 잉여가치의 실현, 유통에 소요되는 노동을 감축하여 상업자본가가 산업자본가로부터 잉여가치를 취득하는데 기여하고 또한 상업자본가에게 잉여노동을 제공한다는 점을 말하고 있다.95) 이것이 전통적인 의미에서 생산노동과 비생산노동의 차이라 할 수 있는데 잉여가치의 창조와 실현에 관련된 노동자는 크게 보아 노동자계급에 포함된다고 볼 수 있다.

또 지식인과 노동자계급의 관계가 계급론적 차원에서 언급될 수 있다. 특히 1968년의 68사태를 겪으며 지식인의 급속한 증가현상과 관련하여 "발전한 사회에서는 생산제도의 중추가 이미 대공업 안에 있지 않고 지식과 기술 측에 있다. 권력은 이제 부나 이윤의 축적이 아니라 지식의 축적과 관련되어 있다… 과학기술혁명은 지식인게게 특별한 지위를 부여하여 '문화적 제력은 혁명의 동력으로 전화'할 것이라는 견해라는 식의 관념"96)

---

94) 같은 책, pp. 109-110.
95) 맑스, ≪자본론 II≫, 비봉출판사, pp. 147-149.

이 유포되기도 했다. 이에 대해서 맑스주의자들은 "지식인의 대부분이 자본주의적 생산영역 외부에 있는데 대해 노동자계급은 대공업, 즉 현대 및 장래의 생산제력, 따라서 자본주의 사회의 근본적 모순을 가장 현저하게 나타내고 있는 생산활동과 굳게 관련되어 있다. …노동자계급은 그 성원 모두가 반드시 명확하게 의식하고 있지는 않다 하더라도 자본주의 생산관계의 본성 그 자체에 의해, 또 전면적으로 부르조아지와 대립하고 있다. 노동자계급이야말로 생산 속에서 차지하는 위치 그 자체로부터 자본주의적 착취를 누구보다도 직접 또 가혹하게 받고 있으며, 자연히 그 착취에 대해 최대의 결의로 싸우는 계급이다. …대공업과 결부된 노동자계급의 최대부분은 거대한 생산단위들의 심부에 대량으로 집결되어 있다. 연구센터, 거대한 대학센터의 비중이 급속히 중대하고 있다고는 하나 대다수의 지식인의 경우는 그렇지 않다"[97]는 견해를 제출하고 있다. 이러한 것이 대체로 당시 프랑스 공산당을 중심으로 하는 계급론에 대한 견해이고 20세기 맑스주의자들의 보편적인 견해라 할 수 있다. 그런데 플란차스는 이러한 견해에 대한 대립각을 세우고 있다.

플란차스의 견해는 먼저 다음과 같은 전제로 시작된다. "독점자본주의와 그 다양한 국면을 통해 비생산적 임금노동자들, 가령 상인, 은행원, 사무직, 서비스직 노동자들과 같이 이른바 화이트칼라나 제 3부문의 노동자라 불리는 사람들의 수가 상당히 증가했다는 것이다. 이것은 첫째로 마르크시즘 사회계급 이론과 계급투쟁 이론을 논박하려는 시도를 불러일으킨다."[98] 이들 새로운 임금소득집단에 대해 부르주아 계급으로 보거나 노동자계급으로 보는 견해 혹은 일부는 부르주아지 일부는 노동자계급으로 보는 견해에 대해 플란차스는 비판한다. 그러면서 플란차스는 이들을 전통적 쁘띠부르주아지와 구분되는 신쁘띠 부르주아지로 규정한다. "이들 새로운 임금소득 집단에 대한 특수한 문제가 아래 분석의 주요대상이 될 것이

---

96) 같은 책, p. 137.
97) 같은 책, pp. 137-138.
98) 같은 책, p. 190.

다. 나는 그들을 신쁘띠부르주아지로 부를 것이다."99) 이러한 플란차스의 인식은 계급의 개념 자체에 대해 기존의 견해와 인식을 달리하기 때문에 비롯되는 것이다. 플란차스는 다음과 같이 계급을 정의한다. "모든 사회계급의 구조적 결정은 생산관계뿐만 아니라 정치적·이데올로기적 관계에서의 위치를 포함한다. …이러한 정치적·이데올로기적 관계는 쁘띠부르주아지의 (계급입장과는 구별되어야 하는) 구조적 계급결정에 개입한다."100) 이러한 플란차스의 견해는 계급의 결정 즉, 계급의 존재의 결정에 의식의 요소가 개입한다는 것이다. 그러나 이러한 관점은 의식의 요소를 강조하는 것은 긍정적이지만 의식의 요소와 존재적 요소의 관계를 올바로 위치 지우지 못하고 있다. 사회적 존재, 계급적 존재 자체는 의식과는 무관하게 생산에서의 위치에 의해 결정되고 있는 것이 객관적 현실이며 의식의 요소는 그러한 존재가 계급적 연대를 이루고 계급투쟁의 주체로 나서게 하는 문제인 것이다.

플란차스는 이들 새로운 임금소득집단을 신쁘띠부르주아지라 부르는 이유에 대해 다음과 같이 말한다. "여기에서 '신(新)'이란 접두어는 소멸의 위협을 받고 있는 전통적 쁘띠부르주아지와 달리 자본주의 그 자체의 확대재생산에 의해, 또한 독점자본주의 단계로 이행에 의해 발전하고 팽창하도록 조건지워진다는 의미이다."101) 여기서 올바른 것은 이들 새로운 임금소득집단 즉, 화이트칼라, 기술자 등은 전통적인 쁘띠부르주아지인 소생산자, 자영업자 등이 몰락의 길을 걸을 운명인데 반하여 현대자본주의에 의해 산출되고 팽창되고 있다는 것을 말하는 지점이다. 그러나 문제는 이들을 노동자계급이 아닌 쁘띠부르주아지로 규정할 근거가 무엇인가라는 점이다.

이러한 자신의 견해를 보강하기 위해 플란차스는 생산적 노동의 개념과 정신노동과 육체노동의 분리의 문제로 나아간다. 플란차스는 화이트칼

---

99) 같은 책, p. 201.
100) 같은 책, p. 204.
101) 같은 책, p. 205.

라의 대표적인 예라 할 수 있는 엔지니어와 기술자에 대해 다음과 같이 말하고 있다. "엔지니어와 기술자는 자본주의 생산적 노동의 부분을 형성하는 경향이 있다. 왜냐하면 그들은 직접 잉여가치를 생산하여 자본을 안정화시키기 때문이다. 만약 그들이 노동계급에 속하지 않는다면 그것은 사회적 분업 내 위치에 있어 그들이 노동계급의 자본에의 정치적·이데올로기적 종속관계를 유지시키고(정신노동과 육체노동의 분할) 계급결정의 이러한 측면이 그들에게는 지배적이기 때문이다."[102] 이러한 플란차스의 견해는 생산적 노동에 대해서 잉여가치를 생산하는가 여부를 기준으로 접근한다는 점에서 옳지만 계급결정의 문제에서는 정치적, 이데올로기적 관계가 지배적이라고 본다는 점에서 잘못된 것이다. 자본가에게 잉여가치를 착취당하는 존재가 엔지니어로서 정신노동을 한다고 노동자계급이 아니라는 것은 주관적 요소가 계급적 존재를 결정한다는 것으로서 맑스주의적 계급개념에서 벗어나는 것이다. 더구나 정신노동과 육체노동의 분리의 책임이 자본가에게 있는 것이 아니라 엔지니어에게 있는 듯이 보는 것은 논리적 비약이다. 이렇게 계급의 존재를 의식의 요소, 주관적 요소를 기준으로 접근하는 것은 문제가 된다. 그리하여 플란차스도 수입이라는 지표에 의해 계급결정을 보강하려 한다. "이러한 계급경계의 존재는 일련의 중요한 지표에 의해 입증되는데, 무엇보다 수입이라는 지표에 의해 가장 잘 드러난다. 노동계급 내에는 임금 차별성이 존재한다. 노동계급 내의 임금 등급과는 별도로 숙련노동자 중 가장 많이 임금을 받는 자와 기술자 중 가장 적게 받는 자 사이에는 상당한 임금격차가 존재한다. 프랑스에서 개인기업과 국영기업에 고용된 종업원의 1969년 연평균소득을 살펴보면 미숙련노동자는 8,854프랑, 반숙련노동자는 10,467프랑, 숙련노동자는 13,116프랑, 감독직 근로자 20,667프랑, 기술자는 22,271프랑, 엔지니어는 45,756프랑이다."[103] 이러한 플란차스의 접근은 옹색한 것이다. 임금격차가 있다고 하고 심지어 엔지니어가 감독직 보다 높은 임금을 받는다고 해도 그것

---

102) 같은 책, p. 237.
103) 같은 책, p. 241.

자체가 엔지니어가 노동자가 아니라는 근거가 되지는 못한다. 이러한 현상 즉, 과거에 자본가계급에 속했던 기능들이 임금노동자에 의해 수행되는 현상, 그리고 자본주의 발전에 따라 화이트 칼라가 늘어나는 현상은 노동자계급의 폭이 확대되고 있는 것으로 보는 것이 정확하다. 육체노동을 하는 소부르주아지가 몰락하여 프롤레타리아트의 대열로 들어오듯이 정신노동의 상당부분도 임금노동자에 의해 수행되는 현상이 발생하는 것이고 이는 자본주의 발전으로 인해 프롤레타리아트의 대열이 확대된다는 법칙이 관철되는 것으로 보는 것이 정확하다. 단 그들 새로 나타나고 편입되는 대열의 상당부분은 소부르주아 의식을 갖고 있는 경향이 있지만 의식과 존재는 차원이 다른 것이고 그들의 계급적 존재는 노동자계급으로 보아야 하는 것이다.

이렇게 플란차스가 20세기 중반 급팽창하는 화이트칼라 노동자 대열에 대해 신쁘띠부르주아지로 보는 것은 그들의 의식에 주목한다는 점에서는 긍정적이지만 생산관계에서의 위치에 의해 계급적 존재가 결정된다는 맑스주의의 원칙에서 이탈하고 있다고 할 수 있다.

2) 예속독점자본가 계급

한국의 명실상부한 지배계급은 독점자본가계급이다. 흔히 재벌로 불리는 이들은 한국 사회의 발전방향을 규정하고 있고 노동자계급에 대한 착취와 민중에 대한 수탈을 통해 한국 사회에 지배력을 행사하고 있다. 이들 독점자본가 계급 중 상당수는 현재 초국적 자본으로 성장하고 있고 일부는 제국주의 자본과 대등한 경쟁을 하는 단계에까지 도달했다. 그리고 97년 외환위기는 이른바 신자유주의적인 '합리화'에 의해 이들 독점자본가들 간의 분화를 비약적으로 증대시켰고 삼성공화국이라는 말이 나오더니 이제는 삼성전자와 현대자동차라는 2개의 자본이 한국경제 전체를 좌지우지 하는 상태로까지 발전하였다.

이들 독점자본은 공식적으로 한국에서 공정거래법상 대기업집단으로 분류되고 있다. 이들이 통칭 재벌로 불리는 것이다. 이들 독점자본의 매출액은 현재 한국경제 전체의 8-90%를 차지하고 있다. 이러한 한국의 재벌이 다른 나라의 독점자본과 구별되는 것은 이른바 재벌체제라는 것인데 재벌총수의 존재와 영향력, 그리고 사업의 다각화, 상호보증과 출자에 의한 연결망 등이 재벌체제의 내용이라 할 수 있다. 독점자본의 존재방식은 자본주의 발전과정에서 최초에는 카르텔의 형식이었다. 카르텔은 주요기업간에 협정을 통해 결합하는 방식이다. 그리고 "이와 같이 회원기업들 사이의 단순한 협정체로부터 회원 기업들의 상업적 독립성을 제거한 상업적 단일체로 전환한 카르텔을 신디케이트"[104]라 불렀다. 또한 이들과 달리 아예 기업의 독립성을 제거하고 합병한 것을 가리켜 트러스트라 불렀다. 한국의 재벌은 이러한 독점자본의 카르텔적 성격과 트러스트적 성격을 일부분씩 가진 것이라 할 수 있다. 지금까지 한국에서 재벌체제가 유지된 것은 한국의 경제성장 속도가 빨랐고 재벌체제가 이에 적합했기 때문이다. 총수라는 단일한 의사결정구조, 자금동원의 집중력 등이 그러하다. 그리고 이러한 재벌체제는 국가독점자본주의 하에서 국가에 의한 신용동원에 주요하게 근거한 것이었고 현재는 한국의 은행체제가 이들을 떠받치고 있다고 할 수 있다.

이들 독점자본가계급은 한국의 경우 미·일 등 제국주의와 예속적 동맹 속에서 축적의 확대를 도모해왔다. 이들 독점자본가계급이 탄생한 1950년대의 한국 자본주의의 출발 자체가 예속적 자본주의로서 시작된 것이었고 원조·차관 등이 이들을 지탱하는 힘이었다. 7, 80년대를 거치며 비약적으로 성장한 이들은 이제는 초국적 자본으로 나아가고 있지만 이들 자체의 힘만으로는 초국적 자본으로서는 한계에 부딪힐 수밖에 없고 제국주의 특히 미국과의 예속적 동맹의 힘을 바탕으로 이들이 초국적 자본으로서 세계시장에 진출하고 있다고 할 수 있다. 그런 점에서 한국 자본주의의 특수성으로서 예속성은 원조·차관 등의 저차적 단계에서 예속적 동맹이라는

---

104) 루돌프 힐퍼딩, 《금융자본》, 새날, p. 289.

고차적 단계로 상승해왔고(한-미 FTA는 이를 집약적으로 표현한다) 이 구조가 한국 자본주의의 발전방향을 규정하는 규정력으로 여전히 작동하고 있는 것이다.

3) 중소자본가 계급

한국에서 중소자본가계급은 80년대까지 반파쇼 블록에 가담했었다. 김대중, 김영삼 등의 자유주의세력이 이들 중소자본가계급을 대표하는 정치세력이었다고 할 수 있다. 이들 중소자본가계급은 박정희가 주도하는 한국 자본주의의 발전방향, 예속적 자본주의로서 재벌 중심의 수출주도경제에 반발했었다. 왜냐하면 신용의 배분 등 자본가로서 축적의 조건에서 소외되어 있었기 때문이다. 이들 중 일정부분은 민족부르주아지로서 정체성을 갖고 있기도 했다. 그러나 한국 자본주의의 발전 자체가 이들 중소자본가들의 존재를 변화시켰다. 즉, 이들 중소자본가 대부분은 이제는 독점자본에 하청계열화가 된 상태이다. "2005년 기준 중소기업 매출액의 85.1%가 하도급거래 관계 속에서 위탁기업의 주문을 받아 생산했으며, 중소기업의 63.1%가 하도급 기업이고 독자적으로 시장을 개척하는 독립 중소기업은 31.2%에 불과하다."[105] 이렇게 중소기업가의 존재가 예속적 독점자본인 재벌에 종속된 상태로 변하면서 중소자본의 민족적 색채는 탈각되었다고 할 수 있다. 이들 중소자본의 존재의 변화는 정치적으로도 반영되었는데 8, 90년대 김대중과 김영삼이 파시즘 세력과 연합한 것은 바로 이러한 중소자본의 존재의 변화에 기초한 것이라 할 수 있다. 이들은 독일과 같은 강소기업, 중견기업을 꿈꾼다. 그러나 한국 자본주의의 축적체제에서 예속 독점가계급의 규정력을 생각한다면 하청계열화되지 않은 상태에서 이들이 중견기업으로 성장하는 것은 극히 예외적인 것이라 할 수 있다. 그리고 바로 이 계급이 여전히 한국에서 자유주의적 경향의 진원지라 할 수 있다. 왜냐하면 레닌에 따를 때 독점은 '자유가 아닌 지배'를 원하는 계급이기

---

105) 김윤태, 앞의 책, p. 159.

때문이다. 이는 한국에서 자유주의의 허약성을 보여 주는 것인데 이들이 그럼에도 불구하고 한국 사회에서 주요 정치세력으로 군림하는 것은 운동의 체제내화에 기초한 것이었고 그런 점에서 한국 사회에서 사회주의운동의 새로운 발전은 이들 자유주의경향의 극복과 밀접히 연관되어 있다고 할 수 있다.

4) 노동자계급

노동자계급은 자본주의 발전의 산물이다. 이에 대해서 맑스는 고전적으로 다음과 같이 언급한다. "사적으로 소유된 사유재산은 부자로서 '스스로'를 유지하도록 만들고 그리하여 그 대립물인 프롤레타리아트를 '존속'시킬 수밖에 없다. 이것이 모순의 '적극적' 측면, 즉, 자기충족적인 사유재산이다. 한편 프롤레타리아트는 프롤레타리아트로서 자기 자신과 그 대립물, 또한 자신을 프롤레타리아트로 만드는 생존조건, 즉 사유재산을 철폐하지 않을 수 없다. 이것이 모순의 '부정적' 측면으로서 바로 그 자체 내의 불안정성, 즉 해체되는 동시에 자기해체적인 사유재산이다."[106] 이러한 맑스의 언급은 노동자계급이 해체로서 사유재산이라는 것, 즉, 사유재산의 부정태이며 그런 점에서 사유재산제도를 철폐하는 세력으로서 자신의 본성을 가진다는 것이다. 프롤레타리아트 즉, 무산자로서 노동자계급의 본성은 스스로 주어지는 것이 아니라 자본과 노동의 대립 속에서 주어지는 것이며 스스로를 해방하기 위해서는 이러한 대립 자체, 계급의 철폐를 이룰 수밖에 없는 계급이라는 것이다. 그리고 바로 이러한 점 때문에 자본주의의 발전은 노동자계급의 발전과 일치하는 것이며 노동자계급은 자본주의의 발전 속에서 자신의 발전을 이루고 자본주의 자체의 지양을 준비해가는 것이다.

한국에서 노동자계급은 한국 자본주의 발전에 따라 비약적인 성장을 해왔다. 그 수에 있어서 1800만여 명에 달하고 있고 교육수준에서도 매우

---

[106] 나델·플란차스 외, 앞의 책, p. 63.

높은 수준이다. 20세기 초중반의 노동자들이 대부분 문맹이었던 것과는 차원이 다른 것이다. 단결의 정도에 있어서 1987년 노동자 대투쟁 이후 노동운동의 대중화가 이루어졌고 이는 민주노총, 전교조의 결성으로 이어 졌다. 또 80년대 운동의 과정에서 자신의 정치부대로서 사회주의 전위조 직운동의 역사가 있고 90년대 이후에는 합법적인 진보정당운동을 경험하 기도 했다. 그러나 사회주의 운동의 쇠퇴에 따라 노동운동이 개량화되면 서 외환위기 이후 자본가계급의 공세 속에서 정규직과 비정규직으로 분할 되어 있다고 할 수 있다.

비정규직 노동자의 경우 계약직, 파견직, 사내하청, 특수고용 등의 고용 형태 속에서 강도 높은 착취에 시달리고 있고 끊임없는 고용불안에 시달 리고 있다고 할 수 있다. 정규직노동자의 경우 8, 90년대 노동운동의 성 과를 일정하게 향유하고 있다고 할 수 있으나 조합주의, 개량주의, 실리주 의가 지배적이 되면서 대(對)자본 관계에서 밀리는 형국이라 할 수 있고 경제위기 국면에서 정리해고의 위협에 놓여 있다고 할 수 있다. 청년노동 자의 경우 청년실업으로 고통받고 있는데 88만원 세대라는 용어가 나올 정도로 착취의 강도가 높고 연애, 결혼, 출산의 포기를 말하는 3포 세대라 는 용어가 말하듯이 실업, 빈곤, 착취에 시달리고 있다고 할 수 있다. 또 한 최근의 경제위기 상황은 실질임금을 하락시키고 있는데 이러한 상황은 노동자계급이 투쟁에 나설 수밖에 없게 만드는 것이다.

5) 농민

한국에서 농민의 수는 지속적으로 줄어들어 이제는 300만을 겨우 넘기 는 수준이 되었다. 그리고 대부분이 고령화되어 농업의 위기가 조장되고 있다. 이러한 상황은 한국 자본주의의 축적 체제가 농업을 희생시키는 것 을 기초로 이루어져 있기 때문이다. 농가부채, 저조한 식량자급률은 농민 과 농업의 파탄을 말하는 것이다. 이러한 상황에서 농업에서 자본주의 발 전은 미미하며 그에 따라 농업노동자계급의 수도 미미하다. 그리하여 농민의 대다수는 소농과 빈농으로 이루어져 있다 할 수 있다. 그러나 농업의 가치는 소위 GDP 산출액과 일치하는 것이 아니다. 농업은 생명과 자연을 재생산하는 본질적인 가치를 가치고 있는 것이며 예속경제가 아닌 자주적 경제에 있어서 필수적인 가치를 가지는 것이다.

이러한 상황에서 농민운동은 80년대 맹렬하게 사회적 진출을 이루었고 토지를 농민에게! 등의 구호를 제출하기도 했었다. 그러나 한국 사회운동 전체가 개량주의로 흐르면서 농민운동은 위축되었고 민주노동당과 연합한 전농의 경우 신자유주의 농정을 비판하면서도 농업에 대한 개량주의적 정책을 요구하기도 했다. 자본주의적 시장관계에서 독립된 농업이라는 꿈은 공상적인 것이었다.

이러한 농민에 대해 노동자계급은 중요한 동맹세력으로 파악해야 한다. 이는 농민의 수의 측면보다는 사회전체에서 농업이 차지하는 중요성 때문이며 그것은 부르주아적으로 평가된 농업의 가치가 아닌 민중적으로 평가된 농업의 가치가 비교할 수 없이 크기 때문이다. 대부분 빈농과 중,소농으로 구성된 농민은 한국 자본주의의 변혁적 전환에 참가할 수 있고 새로운 사회건설의 중요한 주체로 자리매김될 수 있다.

6) 도시 소부르주아지

자본주의가 발전함에 따라 농민의 소생산과 영역을 달리하여 도시에서 소부르주아지가 광범하게 출현하였다. 주로 영세상인, 자영업자로 불리는 이들 도시 소부르주아지는 한국의 경우 그 규모가 매우 크다. 600만 명 내외의 이러한 자영업자 규모는 경기의 부침에 따라 달라진다. 영세상인들인 이들의 사회적 처지는 지난 용산참사가 잘 말해준다. 이들은 생존의 벼랑에 서있는 존재들이며 경기가 좋아지면 노동자로 전환될 수도 있는 존재들이다. 이들 절반은 3년 내에 폐업에 몰리고 자신의 임금이라도 건지면 다행인 처지이다. 이들은 한국 자본주의의 변방에 있는 존재들로서 사회주의 변혁에 있어서 견인하여 동맹의 대상으로 삼아야 할 대상이라

할 수 있다. 영세상업을 협동조합화한다는 대안을 제시하면 사회주의 건설에 참여할 수 있을 것이다.

이러한 영세상인 이외에 소수의 상층 소부르주아지가 있다. 주로 전문직 종사자들인 이들은 자본주의에 반대하지는 않지만 부르주아지가 아니라는 점이 중요하며 민주주의를 옹호한다고 할 수 있다. 따라서 이들을 사회주의 변혁의 관계에서 본다면 중립화대상이라 할 수 있을 것이다.

5. 결론

한국 사회는 세계대공황의 상황과 한국 자본주의의 위기가 깊어지면서 새로운 국면으로 진입하고 있다. 세계대공황은 세계질서를 변동시키고 있는데 동아시아의 경우 중국의 부상과 그에 대한 미-일 동맹의 대립이 주요하다. 이러한 상황에서 한국 사회는 박근혜 정권의 파쇼적 폭압에 직면해 있는데 최근에는 새정치연합 등 자유주의세력이 박근혜와 연합하고 있는 상황이다.

이 상황에서 박근혜 정권의 반동적 공세를 물리치는 주체는 노동자계급과 민중이 중심이 되는 진보민중진영일 수밖에 없고 박근혜 정권에 비타협적으로 맞서면서 노동운동과 사회주의 운동을 재건하는 길을 가야 한다.

한국 자본주의의 모순은 이미 농익을 대로 익었고 사회주의 변혁의 물질적 조건은 성숙하였다. 생산의 사회적 성격과 취득의 사적, 자본주의적 성격 간의 모순은 강렬하게 한국 사회에 표출되고 있고 이러한 토대를 이제는 정치적 주체의 성립으로 모아나가야 하는 것이다.

사회주의 운동과 노동운동의 차이는 의식성의 정도의 차이이며 결정적으로는 과학적 사회주의를 의식적인 자신의 핵으로 하는가 여부에 따른 것이다. 쏘련 붕괴 뒤 사회주의 운동의 퇴조는 운동에 있어서 이러한 의식성의 퇴조를 불러왔고 운동은 의식성의 부족으로 고통받고 있으며 즉자적 운동의 한계에 직면하고 있다. 이러한 운동에서 의식성의 부족은 운동에 있어서 노선의 부재를 말하며 그에 따라 현재 정파 간의 차이는 노선의 측면보다는 써클적 차이로 주로 나타나고 있다.

따라서 이제는 이러한 객관적 조건의 변화에 따른 주체의 변화, 변혁운동의 재건, 사회주의운동의 재건을 내세워야 하며 그를 통해 노동운동을 재건하는 길을 걸어야 한다. 사회구성체 논쟁의 재평가와 한국 자본주의에 대한 노동자계급의 관점을 세우는 것은 운동의 의식적 재건의 관점에서 의미가 있다. 변혁운동의 전통을 계승하고 자신이 발딛고 있는 현실을 파악하고 변혁의 대상에 대한 과학적 인식을 획득하는 것은 운동의 재건의 첫걸음이다.

레닌주의와 수정주의.
사회주의 이론과 실천의 근본 문제[*]
(프롤레타리아 독재, 그것의 조직적인 형식과 경제적인 실체)

V. A. 튤킨(V. A. Tyulkin)
| 러시아 공산주의 노동자당-공산주의 혁명당[**]의 제1서기,
RCRP-RPC의 저널 ≪쏘련(Soviet Union)≫의 대표
M. V. 포포프(M. V. Popov)
| 철학박사, 교수, 노동아카데미 기금 의장, ≪쏘련≫의 대표

번역: 제일호 (노사과연 부산지회 회원)

2009년 러시아에서 노동자들을 위한 교육과정을 촉진하는 노동자 아카데미 기금은 ≪**레닌주의의 주요 개념**≫ 모음집을 출판하였으며, 그 책에는 사회현상에 대한 계급적 접근과 **프롤레타리아 독재**에 관한 레닌의 주요한 견해가 포함되었다.[1] 이 모음집에 익숙해지는 것은 쏘련 공산당 20

---

[*] ≪국제 공산주의 평론(International Communist Review)≫ 제3호에 실린 글이다. 원문은 다음을 참조하라. (http://www.iccr.gr/en/news/Leninism-and-Revisionism,-In-the-Fundamental-Questions-of-Theory-and-Practice-of-Socialism-The-dictatorship-of-the-proletariat-its-organizational-form-and-economic-entity)
[**] 러시아 공산주의 노동자당-공산주의 혁명당(Russian Communist Workers' Party-Revolutionary Party of Communists).
1) *The main idea of Leninism, Lenin on class approach to the analysis of social*

차 대회에서 맑스-레닌주의의 주요 쟁점에 대해 수정주의적 입장을 취했던 쏘련 공산당(CPSU) 지도자들의 변절과 배반을 이해하는데 도움이 될 것이다. 이 입장은 대부분 이어지는 당의 해산과 나라의 파괴를 예정했던 소련공산당 강령에 들어갔다. 위의 언급은 이 글에서 증명된다. 필자들은 현재의 기회주의자들과 변절자들에 의해 제출되는 대부분의 꾸며낸 이야기, 변명과 "현대의" 주장들이, 제2 인터내셔널 기간과 러시아에서 소비에트 권력의 설립 기간에 기회주의자들과 맑스주의를 왜곡하는 자들에 대한 레닌의 투쟁의 시기에 레닌에 의해 오래전에 반박되었다는 사실에 특별한 주의를 두려고 노력했다.

국가의 계급적 성격

모든 국가가 계급적인 성격을 가지고 있다는 것은 맑스주의의 ABC이며 레닌은 끊임없이 그것을 강조했다. 그의 글 "경제적 무질서의 문제에 대한 소부르주아적 입장"이라는 글에서 레닌은 "국가가 어떤 계급에 봉사하는지와 국가는 어떤 계급의 이익을 대표하는가를 분명히 하는 것"에 대해 썼다.[2] 그리고 그의 저서 "국가와 혁명"에서 레닌은 "맑스에 따르면 국가는 계급지배의 기관이다"는 것을 강조했다.[3] 그의 글 "임박한 파국, 어떻게 싸울 것인가"에서 레닌은 "그렇다면 국가란 무엇인가?" 묻고 다음과 같은 답을 주었다: "국가는 지배계급의 조직이다."[4] 그의 글 "볼세비키

---

phenomena / Comp. Dr. Ph. Sc. M. V. Popov. - St.: Polytechnic Univ. Press, 2009. - 311 p. http://rpw.ru/

2) *Lenin Collected Works*, Progress Publishers, 1964, Moscow, Volume 24, pp. 562-564.
3) *Lenin Collected Works*, Volume 25, pp. 381-492.
4) *Lenin Collected Works*, Progress Publishers, 1977, Moscow, Volume 25, pp. 323-369.

는 국가 권력을 유지할 수 있는가?"에서 레닌은 동일한 생각을 설명한다: "친애하는 인민들이여, 국가는 계급적 개념이다. 국가는 한 계급이 다른 계급에 행사하는 폭력의 기관 혹은 도구이다."5) 1919년 1월 20일 제2차 전 러시아 노동조합 대회의 보고에서, 레닌은 더욱 단호히 강조했다: "단지 하나의 대안이 있으며 있을 수 있다: 눈 먼 바보들에게 사용되고, 모든 측면에서 맑스주의와 사회주의를 완전히 배반한 사람들만이 그 놀음을 하는 제헌의회, 모든 종류의 선거제도, 민주주의와 유사한 부르주아적 사기에 의해 위장된 부르주아 독재인가 아니면 프롤레타리아트의 독재인가?"6) 그러므로 레닌이 발전시킨 러시아공산당(볼)(RCP(b))의 강령이 다음과 같이 분명히 기술하는 것은 논리적이다: "국가의 계급적 성격을 숨겨 왔던 부르주아 민주주의에 반대하여 쏘비에뜨 정부는 어떠한 국가라도 계급적 성격의 불가피성을 공공연하게 인정한다. 이 계급적 성격은 사회의 계급으로의 분열이 일체의 각각의 국가 권위와 더불어 완전히 사라질 때까지 존재할 것이다."7) "꼴차끄(Kolchak)에 대한 승리에 즈음하여 노동자와 농민들에게 보내는 편지"라는 소책자에서, 레닌은 가장 강력한 용어로 국가의 계급적 성격을 강조한다: "지주와 자본가들의 독재(즉, 철의 지배) 혹은 노동계급의 독재.

중간의 길은 없다. 잘못된 책으로 잘못 교육을 받은 귀족, 지식인들 그리고 소소한 신사계급의 자손들은 중간의 길을 꿈꾼다. 세상 어디에도 중간의 길은 없을 뿐만 아니라 있을 수도 없다. 부르주아 독재(인민의 정부, 제헌의회, 자유 등에 관해 꾸며진 사회혁명당원들과 멘세비키의 수사에 의해 가면을 쓴)인가 아니면 프롤레타리아 독재인가. 19세기의 전체 역사로부터 이것을 배우지 않은 사람은 절망적인 멍청이이다."8)

---

5) *Lenin's Collected Works*, Progress Publishers, Moscow, Volume 26, 1972, pp. 87-136.
6) *Lenin's Collected Works, 4th English Edition*, Progress Publishers, Moscow, 1972, Volume 28, pp. 412-428.
7) Lenin, *Complete Collected Works*, Volume 38, p. 424.
8) *Lenin's Collected Works*, 4th English Edition, Progress Publishers, Moscow,

사회주의 국가의 본질

1918년 1월 12일(25일) 제 3차 전러시아 노동자, 병사, 농민 대표자 소비에뜨 대회에서, 인민위원회 보고에서 레닌은 말했다: "민주주의는, 지금 공식적인 사회주의의 선두에 서있고 민주주의가 프롤레타리아 독재에 반대된다고 주장하는 진정한 사회주의에 대한 모든 반역자들이 옹호하는 부르주아 국가의 형태이다. 혁명이 부르주아 체제의 한계를 넘어설 때까지 우리는 민주주의를 지지했다; 그러나 우리가 혁명의 진전 속에서 사회주의의 최초의 신호를 보자마자, 우리는 프롤레타리아 독재에 대한 확고하고 결의에 찬 입장을 취했다."9) **"소비에뜨 권력의 성공과 어려움"**이라는 소책자에서, 레닌은 프롤레타리아 독재를 거부한 불운한 공산주의자들을 간단히 조소했다. 그는 다음과 같이 썼다: "물론 우리는 폭력에 반대하지 않는다. 우리는 프롤레타리아 독재를 반대하는 사람들을 비웃는다. 우리는 그들이 프롤레타리아 독재나 부르주아 독재 둘 중의 하나여야 한다는 것을 이해하지 못하는 바보들이라고 말하며 비웃는다. 그와는 달리 생각하는 사람들은 멍청이들이거나 너무나도 정치적으로 무지하여 그들이 연단을 말할 것도 없고 어떠한 모임 근처에 오는 것도 그들에게는 불명예일 것이다."10) 레닌은, 1919년 4월 3일 **노동자와 붉은 군대 대표자의 모스끄바 소비에뜨 특별회기 회의에서 소비에뜨 공화국의 국내와 국제 정세에 대한 보고**에서 같은 생각을 옹호했다: "부르주아 독재인가 아니면 노동계급의 권력과 완전한 독재인가; 중간의 길은 아무 쓸모가 없고 어떤 것도 그것으로부터 나오지 않는다."11)

1972, Volume 29, pp. 552-560.
9) *Lenin's Collected Works*, Progress Publishers, Moscow, Volume 26, 1972, pp. 453-482.
10) *Lenin's Collected Works*, 4th English Edition, Progress Publishers, Moscow, 1972, Volume 29, pp. 55-88.
11) *Lenin's Collected Works*, 4th English Edition, Progress Publishers, Moscow, 1972, Volume 29, pp. 255-274.

"**프롤레타리아 독재**"에서 레닌은 다음과 같이 썼다:

"1. "사회주의자들"이 프롤레타리아독재를 이해하지 못하는 주된 이유는 그들이 계급투쟁이라는 개념을 그것의 논리적인 결론으로 가져가지 않기 때문이다. (Cf. Marx, 1852.)

프롤레타리아독재는 프롤레타리아의 계급투쟁의 새로운 형태에서의 연속이다. 그것이 문제의 요점이고 그것이 바로 그들이 이해하지 못하는 것이다.

특별한 계급으로서 프롤레타리아는 홀로 계급투쟁을 계속 수행한다.

2. 국가는 단지 계급투쟁에서 프롤레타리아트의 무기일 뿐이다. 특별한 종류의 곤봉, rien de plus![더도 아니고 덜도 아니다: 편집자]"12)

1921년 3월 27일 전 러시아 운송노동자 대회의 연설에서 레닌은 다시 한 번 그 문제는 "이것인가 저것인가(either-or)"의 문제로 제기된다고 설명했다: "정치권력을 장악한 계급은 그것이 홀로 그렇게 하고 있다는 것을 알면서 그렇게 했다. 그것이 프롤레타리아독재의 개념에 대한 본질이다. 프롤레타리아독재는 한 계급이 단독으로 정치권력을 장악하고 있다는 것을 알고 있고 그리고 "보통선거를 통한 대중적인 동의에 의한 인기 있는 정부"에 관한 말로 다른 계급이나 스스로를 기만하지 않을 때만 의미를 지닌다. 당신들 모두는 그 주제에 대해 장황하게 말하고 싶어 하는 매우 많은 ―너무나도 많은― 사람들이 있다는 것을 알고 있다. 그러나 어쨌든 당신들은 프롤레타리아들 사이에서 그런 사람들을 발견할 수 없는데 왜냐하면 그들은 자신들의 것이 프롤레타리아 독재라는 것을 깨닫고 있고 그들이 공화국의 근본적인 법인 그들의 헌법에서 그러한 것을 매우 많이 말하고 있기 때문이다."13) 그의 소책자, "현물세"에서 레닌은 아주 단순하고 간단하게 강조했다: "프롤레타리아트가 국가의 지배자가 아니라면 동시

---

12) *Lenin's Collected Works*, 4th English Edition, Progress Publishers, Moscow, 1965, Volume 30, pp. 93-104.
13) *Lenin's Collected Works*, 1st English Edition, Progress Publishers, Moscow, 1965, Volume 32, pp. 272-284.

에 사회주의는 상상도 할 수 없다. 이것은 또한 ABC이다."14)

프롤레타리아 독재의 개념, 대상 그리고 역사적인 경계

그의 글 **"낡은 기와의 붕괴에 대한 두려움과 새로운 기와를 위한 싸움"** 에서 레닌은 썼다: "독재가 시사하고 의미하는 것은 당장에라도 폭발할 것 같은 전쟁의 국가, 프롤레타리아 권력의 적들에 반대하는 군사적인 조치의 투쟁의 국가이다."15) 그것과 함께 그의 글 **"헝가리 노동자들에게 보내는 인사"** 에서 그는 강조한다: "그러나 프롤레타리아 독재의 본질은 오로지 힘에만 있는 것이 아니며 혹은 주로 힘에 있는 것이 아니다. 프롤레타리아독재의 주된 특징은 근로인민들의 선진적인 분견대, 그들의 전위, 그들의 유일한 지도자, 그 목적이 사회주의를 건설하고 사회의 계급으로의 분열을 폐지하고 사회의 모든 성원들을 근로인민으로 만들고 그리고 인간에 의한 인간의 착취를 위한 기초를 제거하는 것인 프롤레타리아트의 조직화와 규율이다."16) 레닌은 다음과 같이 설명한다, "계급들의 폐지는 길고, 어렵고 완강한 계급투쟁을 요구하는데 그러한 투쟁은 자본가 지배의 타도 후에, 부르주아국가의 파괴 후에, 프롤레타리아독재의 수립 후에 계급투쟁은 사라지는 것(낡은 사회주의와 낡은 사회민주주의의 저열한 대표자들이 상상하는 것처럼)이 아니라 단지 그것의 형태만을 바꾸고 많은 측면에서 그렇게 된다."17) 그의 소책자 **"위대한 시작"** 에서, 레닌은 프롤레타

---

14) *Lenin's Collected Works*, 1st English Edition, Progress Publishers, Moscow, 1965, Volume 32, pp. 329-365.
15) *Lenin's Collected Works*, Progress Publishers, Moscow, Volume 26, 1972, pp. 400-403.
16) *Lenin's Collected Works*, 4th English Edition, Progress Publishers, Moscow, 1972, Volume 29, pp. 387-391.
17) *Lenin's Collected Works*, 4th English Edition, Progress Publishers, Moscow, 1972, Volume 29, pp. 387-391.

리아독재의 다음과 같은 정의를 제출한다: "우리가 라틴어이고 과학적이고 역사철학적인 용어인 "프롤레타리아독재"를 더 단순한 언어로 번역을 하면, 그것은 바로 다음과 같은 내용을 의미한다:

단지 하나의 명확한 계급, 즉 일반적으로 도시 노동자들, 공장노동자들과 산업노동자들만이 자본의 멍에를 벗어버리는 투쟁에서, 그것을 실제로 수행함에서, 승리를 유지하고 공고히 하기 위한 투쟁에서, 새로운 사회주의 사회체제를 창조하는 작업에서 그리고 계급의 완전한 폐지를 위한 전체적인 투쟁에서 전체 근로인민과 피착취 인민대중을 이끌 수 있다. (사회주의와 공산주의 사이의 유일한 과학적인 구분은 첫 번째 용어는 자본주의에서 솟아나오는 새로운 사회의 최초의 단계를 의미하는 반면에 두 번째 용어는 그 다음의 더 높은 단계를 의미한다는 것을 삽입구로 지적해두자.)

"베른(Berne)"의 황색 인터내셔널이 저지른 실수는 그 지도자들이 계급투쟁과 프롤레타리아트의 지도적 역할을 단지 말로서만 받아들이고 그것을 그 논리적인 결론에까지 사고하기를 두려워한 것이다. 그들은 특히 부르주아를 겁나게 하고 절대적으로 그들에게 받아들여질 수 없는 필연적인 결론을 두려워한다. 그들은 프롤레타리아독재가 역시 계급투쟁의 기간이며, 계급투쟁의 기간은 계급들이 제거되지 않는 한 필연적이고, 계급투쟁의 기간은 자본의 타도에 뒤이어지는 시기에 있어서 특히 격렬하고 특히 특유하게 형태상 변화한다는 것을 인정하기를 두려워한다. 프롤레타리아트는 정치권력을 장악한 후에도 계급투쟁을 멈추지 않고 계급이 철폐될 때까지 물론 다른 환경 하에서, 다른 형태로 그리고 다른 수단으로 계속된다.

그렇다면 "계급의 폐지"는 무엇을 의미하는가? 스스로를 사회주의자라고 부르는 모든 사람들은 이것을 사회주의의 궁극적인 목표로 인정하지만, 결코 모든 사람들이 그것의 중요성에 대해 사고하지 않는다. 계급들은 역사적으로 결정된 사회적 생산 체제에서 그들이 차지하는 지위, 생산수단에 대한 그들의 관계(대부분의 경우에 법으로 고정되어 있고 공식화되어 있는), 노동의 사회적 조직에서의 그들의 역할, 그리고 결과적으로 그들이 차지하는 사회적 부의 몫의 정도와 그것을 획득하는 양식에 의해 서로간에 상이한 사람들의 커다란 집단들이다. 계급들은 일정한 사회적 경제 체제에서 그들이 차지하는 상이한 지위로 인해 그중의 하나가 다른 집단의 노동을 전유할 수 있는 사람들의 집단들이다.

분명히 말해서, 계급들을 완전히 폐지하기 위해서는, 착취자들, 지주들과 자본가들을 타도하는 것만으로는 충분하지 않다. 그들의 소유권을 폐지하는 것만으로 충분하지 않다; 모든 생산수단의 사적 소유를 폐지하는 것이 또한 필요하다. 육체노동자와 정신노동자의 구별을, 뿐만 아니라 도시와 시골 사이의 구별을 폐지하는 것이 필요하다. 이것은 아주 장기간의 시간을 요구한다."[18] 그의 글 **"프롤레타리아 독재 시대의 경제와 정치"** 에서 레닌은 계속하여 프롤레타리아 독재의 경계를 정하고 사회주의 전체 국면을 통하여 프롤레타리아 독재의 충격을 강조한다: "사회주의는 계급의 폐지를 의미한다. 프롤레타리아 독재는 계급을 폐지하기 위해 할 수 있는 모든 것을 해왔다. 그러나 계급들은 한 번의 타격으로 폐지될 수는 없다.

그리고 계급들은 여전히 프롤레타리아 독재의 시대에도 남아 있고 남아 있을 것이다. 그 독재는 계급들이 사라질 때 불필요하게 될 것이다. 프롤레타리아 독재가 없다면 계급들은 사라지지 않을 것이다.

계급들은 남아 있지만 프롤레타리아 독재 시대에 모든 계급은 변화를 겪는데 계급들 사이의 관계 역시 변화해왔다. 계급투쟁은 프롤레타리아 독재 하에서도 사라지지 않는다; 그것은 단지 다른 형식을 취할 뿐이다."[19] 레닌이 그의 책 "좌익공산주의: 소아병"에서 모든 국가들의 공산주의자들과 미래세대의 공산주의자들을 위해 이 형식의 목록을 특별히 작성했다는 것이 강조되어야 한다: "프롤레타리아 독재는 구사회의 세력들과 전통들에 반대하는 지속적인 투쟁—유혈적이거나 무혈적이거나, 폭력적이거

---

18) *Lenin's Collected Works*, 4th English Edition, Progress Publishers, Moscow, 1972, Volume 29, pp. 409-434.
19) *Lenin's Collected Works*, 4th English Edition, Progress Publishers, Moscow, 1965, Volume 30, pp. 107-117.

나 평화적이거나, 군사적이거나 경제적이거나, 교육적이거나 행정적이거나 ―을 의미한다."[20] 사회주의 하에서 자본주의 사회의 권력들과 전통들에 반대하는 첨예한 계급투쟁이 존재한다. 처음에 이 투쟁은 "소부르주아근성"에 반대하고 그리고 사회주의 사회의 계급들과 계층들의 대표자들의 부분에서 소부르주아적인 표현들에 반대하는 것을 목표로 한다. 특히 이 투쟁은 사회로부터 가장 좋은 것들과 가능한 한 많은 것들을 사회로부터 얻으려고 하면서 사회에 대하여는 가능한 한 적은 것과 최선의 것이 아닌 것을 주려고 하는 소부르주아적인 열망에 반대하는 것을 목표로 한다. 이 투쟁은 노동계급, 당 자체 그리고 거의 모든 사람의 마음과 관계된다.

프롤레타리아 독재는 얼마나 오랫동안 절대적으로 필요한가? **공산주의 인터내셔널 3차 대회에서 보고된 러시아 공산당의 전술에 대한 테제들**에서 레닌은 다음과 같이 이 질문에 답을 한다: "프롤레타리아 독재는 계급투쟁의 중단을 의미하는 것이 아니라 새로운 형식들과 새로운 무기들을 가지고 계급투쟁을 계속해야한다는 것을 의미한다. 계급들이 존재하는 한, 한 나라에서 전복되었을지라도 부르주아지가 국제적인 규모로 사회주의에 대한 공격을 10배로 강화하는 한, 이 독재는 필수적이다. 프롤레타리아 독재는 계급투쟁의 중단을 의미하지 않는다."[21] 그리고 **1921년 7월 5일 공산주의 인터내셔널 3차 대회에서 러시아 공산당의 전술들에 대한 보고**에서 강조되어진 것처럼, "사회주의의 목표는 계급을 폐지하는 것이다."[22] 프롤레타리아 독재 기간은 공산주의의 최초의 국면 전체, 다시 말해서 사회주의의 전체 기간을 포함해야할 것이다.

---

20) *Lenin's Collected Works*, Volume 31, Progress Publishers, USSR, 1964, pp. 117-118.
21) *Lenin's Collected Works*, 1st English Edition, Progress Publishers, Moscow, 1965, Volume 32, pp. 451-498.
22) *Lenin's Collected Works*, 1st English Edition, Progress Publishers, Moscow, 1965, Volume 32, pp. 451-498.

프롤레타리아트 독재의 조직적 형식

어떠한 국가라도 그 본질은 지배계급의 독재이다. 동시에 이 독재는 정치적인 삶의 표면에서 거의 공개적으로 활동하지 않는다. 독재의 각각의 유형(그것의 모든 일탈들과 일시적인 후퇴와 함께)은 일정하게 겉으로 드러나는 견고한 형식을 갖고 있다. 조직적인 형식으로서 이러한 겉으로 드러나는 형식은 특정 계급의 독재를 위해 적절할 것이다. 이 형식은 주어진 계급의 독재와 조응하고 가장 최선의 방식으로 이러한 계급의 독재의 유지를 지탱한다. 부르주아 독재의 내재적인 즉, 고유한 조직적인 형식은 지역적인 지역의 원칙을 바탕으로 한 선거에 기초한 의회민주주의이다. 프롤레타리아 독재의 조직적인 형식은 공장(factory and plant)의 원칙에 따라서 선출된 쏘비에뜨 권력이다. 1919년 3월 4일 공산주의 인터내셔널 1차 대회에서 발표한 그의 글 **"부르주아 독재와 프롤레타리아 독재에 관한 테제와 보고"**에서 레닌은 다음과 같이 썼다: "낡은 즉, 부르주아적인 민주주의와 의회제는 잘 조직되어 있어서 정부 기구로부터 가장 멀리 떨어져 소외되었던 사람들은 바로 노동인민대중들이었다. 쏘비에뜨 권력 즉, 프롤레타리아 독재는 대조적으로 잘 조직되어 있어서 노동인민들이 국가 기구에 가까이 다가갈 수 있다. 그것이 역시 국가의 쏘비에뜨 조직 하에 입법부와 행정부를 결합하고 생산 단위들―공장―에 의해 지역적인 선거구들을 대체하는 것의 목적이다."[23]

"**꼴차끄(Kolchak)에 대한 승리에 즈음하여 노동자 농민들에게 보내는 편지**"라는 레닌의 소책자에서 언급되어진 것처럼, "쏘비에뜨 권력, 그것은 노동자계급의 독재가 실천적으로 의미하는 것이다."[24] 레닌은 "쏘비에뜨 정부의 당면 과제"라는 그의 글에서 레닌은 명시적으로 강조한다: "쏘비에뜨 권력은 단지 프롤레타리아 독재의 조직적인 형식일 뿐이다."[25]

---

23) *Lenin Collected Works*, Volume 28, pp. 455-477.
24) *Lenin's Collected Works*, 4th English Edition, Progress Publishers, Moscow, 1972, Volume 29, pp. 552-560.
25) *Lenin's Collected Works*, 4th English Edition, Progress Publishers, Moscow,

부르주아지의 독재의 조직적 형식(그것의 가장 견고한 수정—부르주아 민주주의—으로써)과 회의체(즉, 쏘비에트들)의 형식으로 프롤레타리아 독재의 조직적인 형식에 대한 분석은 언급된 독재들의 견고성과 기능이 객관적인 토대들에 의해 제공된다는 것을 설명한다. 권력의 구조는 이러한 객관적인 토대들에 기초한다. 부르주아 독재의 형식으로서 의회 민주주의의 구조는 자본가들의 화폐적 자원과 사적인 자본주의적 소유의 기관들에 기초한다. 의회 민주주의의 구조는 사회에서 지배적인 부르주아 이데올로기(사회적 존재가 그 의식을 결정함에 따라)를 이용한다. 프롤레타리아 민주주의는 공장에서 노동계급의 노동의 과정에서 노동계급의 객관적인 자기 훈련에 기초한다. 이러한 공장들은 쏘비에뜨의 선거 단위들(지구들)이 된다. 이것은 명목적인 것(title)에 관한 것이 아니라 쏘비에뜨 권력(노동계급의 독재를 보장하는 권력)에 특징적인 권력의 조직 형식에 관한 것이다.

프롤레타리아 독재의 조직적인 형식의 권리포기는 프롤레타리아 독재에 대한 위협이다

쏘비에뜨들은 노동의 집단적인 원칙에 따라서 공장들에서 형성된 노동계급의 파업의 기관과 자기 정부의 기관들로서 1905년 이바노보-보즈네센스끄(Ivanovo-Voznesensk)에서 나타났다. 쏘비에뜨들은 그 당시에 공장들에서 선출되었다. 1917년 쏘비에뜨들은 러시아 전역에서 다시 발생하였다. 쏘비에뜨들의 구성원칙은, 공장들에서 대표자들의 선거가 노동 집단주의의 방향에서 쏘비에뜨 대표의 활동들을 통제할 가능성과 그들의 소환과 대체의 실현 가능성을 제공하기 때문에 공장들에서 대표자의 선출이다. 이 원칙은 레닌에 의해 8차 당 대회에서 채택된 러시아 공산당(볼)(RCP(b))의 강령에서 정식화되었다: "쏘비에뜨 국가는 또한 선거 단위와 국가의 기초

1972, Volume 27, pp. 235-77.

적인 단위가 지역적인 지구가 아니라 생산 단위(공장)에 있어야 한다는 것을 확립함으로써 국가 기구와 대중들을 결속하게 한다."26)

이 강령의 조항과 반대로, 1936년에 (새로운, 아마도 더 "민주적인" 헌법의 채택과 관련하여) 지역적인 원칙에 기초한 선거로의 이행이 발생했다. 선거의 이러한 지역적인 원칙은 부르주아 민주주의 체제의 전형적인 요소이다. 이 원칙은 인민들로부터 외면을 당하는 대표자들을 소환하는 것을 불가능하게 만든다. 1936년 헌법의 채택에 기인하는 소위 민주주의의 확대에 대하여 그 당시에 스딸린이 발표했던 성명들은 타당하지 않은 것으로 인정되어져야 할 것이다. 쏘비에뜨, 프롤레타리아 민주주의로부터 의회적, 부르주아적 민주주의로 이행을 향한 한 걸음이 실제적으로 이루어졌다고 말하는 더 정확했을지도 모른다. 이러한 의회적, 부르주아적 민주주의는 형식적 평등을 의미하고 실제적 불평등을 무시한다. 이전의 착취계급의 성원들에게 선거권의 형식적인 1회용의 확대는 그 민주주의를 실제적으로 확대할 수는 없었다. 쏘비에뜨 민주주의(근로 인민들의 민주주의)는 일체의 착취의 제거에 기인하여 역사적 무대에서 이전의 착취계급의 성원들의 점진적 철수를 기초로 점진적으로 전(全)인민들의 선거에 다가간다. 공장들에서 노동 집단들을 통한 선거의 원칙(그러한 원칙은 쏘비에뜨의 특징적인 원칙이다)의 포기와 지역적인 지구 원칙에 부합하는 선거로의 변동은 퇴행과 같은 뜻이다. 그것은 쏘비에뜨에서 의회주의로 퇴행이고 따라서 진정한 민주주의의 약화이다.

레닌이 러시아 공산당(볼) 2차 강령을 준비하는 동안 쏘비에뜨 형식의 포기의 가능성을 단지 상황의 압력과 적 세력 하에 투쟁에서의 전반적인 후퇴의 결과로서 간주했다는 것을 상기하는 것은 흥미로운 일이다. 그는 그러한 포기를 노동자의 민주주의(프롤레타리아나 노동자의 민주주의)를 발전시키는 운동으로 간주하지 않았다. 러시아 공산당(볼) 7차 대회의 당명과 당 강령의 변경에 대한 결의에서 레닌은 다음과 같이 썼다: "우리

---

26) Lenin, *Complete Collected Works*, Volume 38, pp. 425-426.

강령의 정치적인 부분에서의 변화는 프롤레타리아 독재의 형식으로서 그리고 파리 꼬뮨이 시작했던 전 세계 노동계급 혁명의 성취들의 연속으로서, 새로운 유형의 국가, 쏘비에뜨 국가에 대한 가능한 한 가장 정확하고 포괄적인 정의에 있다. 그 강령은 우리 당이 투쟁의 과정이 일시적으로 우리를 우리의 혁명이 지금 지나왔던 이 역사적인 단계로 되돌아가게 한다면 심지어 부르주아 의회제의 활용을 거절하지 않는다는 것을 보여 주어야만 한다. 그러나 어떠한 경우에도 그리고 모든 상황 하에서도, 당은 민주주의의 견지에서 가장 고도의 국가의 유형으로서, 프롤레타리아트의 독재의 형식으로서, 착취자의 멍에의 폐지와 그들의 저항에 대한 억압의 형식으로서 쏘비에뜨 공화국을 위해 진력할 것이다."[27]

모든 것이 명백한 것 같다. 그러나 부르주아 민주주의로의 한 걸음이 이루어졌다. 그 때 이후로, 노동 집단으로 조직된 유권자들의 믿음을 배신했던 대표들을 소환할 가능성이 실질적으로 청산되었기 때문에, 관료주의와 출세주의에 의한 국가 기구의 더욱더 강력한 오염의 과정이 시작되었다. 당과 국가의 기구가 흐루쇼프 같은 사람들과 고르바초프 같은 사람들을 키운 것은 또한 이러한 과정의 틀 내에서였다. 국가기구는 공동의 이익에 비해 그들 자신의 이익이 우선이었던 출세주의자들과 관료주의자들의 토양이 되었다. "쏘비에뜨"라는 명칭은 남아 있었지만 쏘비에뜨의 본질은 흐려지기 시작했다. 프롤레타리아트의 독재는 그것의 고유한 조직적 형식을 빼앗기고서 위험에 처하게 되었다. 노동 집단에 기초한 선거의 원칙이제거된 후에, 권력기구(그것은 여전히 "쏘비에뜨"라는 이름을 갖고 있었다)의 프롤레타리아적 성격은 단지 노동집단과 여전히 연계된 요소들에 의해서만 제공될 뿐이었다. 이 연계는 노동집단이 입후보자를 추천하는 것을 통해서, 대표자들이 노동집단에 때때로 하는 보고를 통해서, 당에 의해 쏘비에트의 파견단의 규율을 통해서 발생했다. 이 연계는 또한 당 파견단의 프롤레타리아적인 성격에 기초하여 관성적으로 발생했다. 그러나

---

[27] *Lenin's Collected Works*, Progress Publishers, Moscow, Volume 27, 1972, pp. 85-158.

스딸린(레닌의 관 앞에서 프롤레타리아 독재를 강화하겠다고 맹세했으며 평생을 통하여 프롤레타리아 독재를 강화하기 위해 싸웠던)의 시대에서조차 반(反)노동자적 다수파가 당 중앙위원회에서 점차 세력을 축적하기 시작했다. 이들 반(反)노동자적 다수파 기회주의는 수정주의로 진화하면서 스딸린 사후에 국가의 계급적인 성격을 바꾸려고 했다.

프롤레타리아 독재의 포기—맑스주의의 포기

맑스주의의 주요 개념에 대한 직접적 공격을 하기 위한 일종의 포화의 준비가 20차 당 대회에서 마련되었다. 흐루쇼프의 수정주의자 그룹의 노력에 의해 스딸린의 지도하에서 이루어졌던 긍정적인 모든 것들이 중상모략적으로 의문시되었다. 이 흐루쇼프의 수정주의자 그룹은 또한 계급투쟁과 프롤레타리아트의 독재에 대한 맑스주의의 핵심 조항들을 수정을 기도했다. 그러나 러시아 공산당(볼)의 레닌의 강령l 여전히 유효하였고 그에 따라 흐루쇼프의 지지자들은 맑스-레닌주의의 본질 자체를 제거해버릴 수 있는 다른 강령에 의한 이 강령의 대체를 준비하기 시작했다. 쏘련에서 사회주의의 최종 승리에 대한 테제(공산주의자들, 노동계급과 모든 근로인민들에게 긴장을 풀게 하고 동원해제시키는 테제)가 22차 당 대회에서 쏘련 공산당(CPSU) 서기장 흐루쇼프에 의해 **"쏘련 공산당 강령에 대하여"** 라는 보고에서 채택되었다.[28] 계급투쟁은 사회주의로의 이행 기간에만 단지 한정된다는 내용이 보고에서 진술되었다.[29] 보고 전체를 통하여, 사회주의는 공산주의의 한 국면으로서 이해된 것이 아니라 하나의 분리된 구성체로서 이해되었다. 그에 따라 계급 없는 사회의 최초의 국면에서 계급의 완전한 폐지라는 전형적인 사회주의적 목표 대신에 계급 없는 사회를 건설한다는 목표가 제기되었다. 동시에 순전히 반(反)맑수주의적, 수정주의적 목표가 선언되었다: "프롤레타리아 독재의 국가로부터 "인민의 국가

---

28) *XXII Congress of the Communist Party of the Soviet Union*, 17~31 October 1961, Verbatim record, M. Gospolitizdat, 1962, Vol. I, p. 151.
29) *Ibid.*, p. 166.

로.""30) 다음과 같은 진술이 이루어졌는데 주장하는 바에 의하면, "쏘련의 노동계급은 공산주의를 건설한다는 과업에 기초하여 자기 자신의 주도 하에 그것의 독재국가를 인민의 국가로 변화시켰다. …어떤 계급의 독재에도 기초를 두고 있지 않은 국가를 형성한 것은 처음이다… 프롤레타리아 독재는 더 이상 필수불가결하지 않다."31) 그 계급의 전위라는 레닌의 정당 개념과는 모순되게, 당은 역시 노동계급의 정당이 아니라 전 인민의 당이라고 선언되었다.

이 수정주의적인 개념들은 당 대회에서 저항을 받지 않았다. 당 대회는 만장일치로 수정주의적이고 본질적으로 반(反)레닌주의적이며 반(反)맑스주의적인 강령을 채택하였다. 이 강령에 따르면, 주장하는 바에 의하면 "프롤레타리아트의 독재는 자신의 역사적인 사명을 충족시켰고 내적인 발전의 목표라는 견지에서 쏘련에서 불가피성에 종지부를 찍었다. 프롤레타리아 독재로서 출현하였던 국가는 이 새롭고 현대적인 단계에서 인민의 국가가 되었다… 당이 이해하고 있는 것처럼, 노동계급의 독재는 국가가 사멸해버리기 전에 불가피하다는 것에 종지부를 찍었다."32) 더 자세히 이 입장을 평가하기 위해 다시 한 번 레닌으로 되돌아 가보자.

그의 책 "국가와 혁명"에서 레닌은 모든 국가의 계급적 성격(이러한 국가가 계속하여 존재하는 한), 낡은 국가 기구를 파괴할 필요성과 프롤레타리아 혁명의 승리라는 목적을 위해 프롤레타리아 독재의 문제를 해결할 수 있는 새로운 국가 기구를 창조할 필요성을 강조했다; 그는 또한 그 국가(노동계급의 무기이자 노동계급의 정치적인 지배를 보장하는 수단인 국가)가 노동계급을 지배하는 권력이 되지 않게 하기 위해서 준수되어져야 하는 많은 규정들을 발전시켰다. 이 저서와 또한 "국가에 대한 맑스주의"라는 노트에서, 레닌은 국가가 오로지 계급의 완전한 폐지와 더불어서만 사멸한

---

30) *Ibid.*, p. 209.
31) *Ibid.*, pp. 210-211, 212.
32) *XXII Congress of the Communist Party of the Soviet Union*, 17-31 October 1961, Verbatim record, M. Gospolitizdat, 1962, Vol. III, p. 303.

다는 사고(즉, 계급이 존재하는 한, 정치적으로 지배적인 계급의 기구로서 국가는 역시 존재한다)를 명확하게 추구한다. 그는 "마침내 국가가 사회 전체의 진정한 대표가 되었을 때, 국가는 그 자체가 필요 없게 만들어 버린다"는 국가에 관한 엥겔스의 사고를 인용하고 발전시켜 나간다.33) 의혹을 품은 모든 사람들, 주저하고 우유부단한 모든 사람들에게 마치 대답을 하는 것처럼, 레닌은 강조한다: "계급투쟁에 대한 인식을 프롤레타리아 독재에 대한 인식으로 확장하는 사람만이 맑스주의자이다. 그 점이 바로 맑스주의자와 보통의 소부르주아(물론 대부르주아도) 사이의 가장 근원적인 구별을 구성하는 것이다. 이것은 맑스주의에 대한 진정한 이해와 인식이 시험되어야 하는 시금석이다."34) 그의 저작 "국가: 1919년 6월 11일 스베르들로프(Sverdlov) 대학에서 행한 강연"에서, 레닌은 "전 인민을 위한 자유를 구호로 선언하고 국가가 전 인민의 의지를 표현한다고 선언하며 국가가 계급 국가임을 부인하는 것"은 바로 자본주의 국가라고 지적한다.35)

흐루쇼프의 수정주의자 그룹은 프롤레타리아트의 독재(그것이 없으면 사회주의의 공산주의로 발전을 불가능하게 만드는 독재)라는 쟁점에 대해 당과 인민을 잘못된 방향으로 이끌고 기만하면서 생산과 사회의 발전의 목표들을 변경시켰다. 위의 내용은 더 자세히 생각해볼 가치가 있다.

사회주의적 생산의 목표

역사의 본질, 사회의 진보는 사회의 전 성원의 충분한 복지와 자유로운 전면적인 발전으로의 운동일 것이다.

원시공동체 공산주의 시기에 이 본질은 생산력 발전의 결여로 인해 극

---

33) *Lenin's Collected Works*, Volume 25, pp. 381-492.
34) *Lenin's Collected Works*, Volume 25, pp. 381-492.
35) *Lenin's Collected Works*, 4th English Edition, Progress Publishers, Moscow, 1972, Volume 29, pp. 470-488.

히 제한된 방식으로만 나타났다. 그것은 사회 구성원들의 긴급한 필요를 만족시키고 이용 가능한 자원에 기초하여 그리고 부족체제에 기초하여 요구들을 만족시키는 것으로 나타났다.

노예제 시대에 노예들은 인간으로서 간주되지 않았다. 노예제 시대 동안 생산은 지배계급의 성원들—노예 소유주—의 번영의 이익과 전면적인 발전을 위해 발전되고 있었다.

봉건제 시대에 그것은 대체로 증가하고 있던 봉건 영주들의 복지와 전면적인 발전이었다. 농민과 장인들은 그들의 욕구의 다소 열악한 충족에 만족해야만 했다.

자본주의에서 생산의 목표는 잉여가치와 이윤의 생산이다. 그러한 생산은 자본가들의 복지와 전면적인 발전의 증가를 초래한다. 그것은 노동자들의 필요에 대한 만족을 자본의 자기팽창을 계속하기 위해 요구되는 노동력의 재생산을 보장하는 정도로 제한한다. "**러시아 사회주의민주노동당(RSDWP) 강령의 정교화를 위한 자료**"에서 레닌이 적었던 것처럼, 자본주의 하에서 "끊임없이 더욱 사회화된 노동이 되고 있는 사회적 노동의 생산력의 거대한 발전은 인구의 무시할만한 소수에 의한 이 발전의 모든 중요한 이득의 독점화를 수반한다. 사회적 부의 성장은 사회적 불평등의 성장과 나란히 진행하여 나간다; 재산 소유자계급(부르주아지)과 프롤레타리아트의 계급간의 격차는 성장하고 있다."[36]

동시에 자본주의 하에서 노동계급의 투쟁이 시작된다. 그것은 지배계급에 속하는 사회구성원들의 발전으로 진보를 제한하는 것에 반대하는 투쟁이고, 역사의 본질이 드러나고 생산의 진정한 목적이 사회 전 성원들의 완전한 복지와 전면적인 자유로운 발전이 되는 공산주의 사회의 창조를 위한 투쟁이다.

러시아 사회민주노동당(RSDWP) 2차 당 대회를 위해 준비된 위원회의 당 강령 초안에서 사회주의적 생산의 목표는 "전체로서의 사회와 그 사회

---

36) *Lenin Collected Works*, Progress Publishers, 1964, Moscow, Volume 6, pp. 17-78.

의 개별적 성원들 양자의 필요를 만족시키기 위한" 사회적 생산과정의 계획된 조직화로서 정식화되었다. 레닌은 이것에 반대한다: "정확하지 않다. 그러한 "만족"은 자본주의에 의해서도 또한 "주어진다." 그러나 사회의 전 성원들에게 주어지는 것이 아니고 평등한 정도로 주어지는 것이 아니다."37) "플레하노프의 제 2차 강령초안에 관한 노트"에서 그는 적었다: "또한 문단의 끝이 올바르게 표현되지 않았다: "전체로서 사회뿐만 아니라 사회의 개별적 성원들의 필요를 만족시키기 위한 사회적 생산과정의 계획된 조직화." 그것은 충분하지가 않다. 그러한 종류의 조직화는 아마도 트러스트들에 의해서도 제공될 것이다. "전체로서 사회에 의해"라고 말하는 것은 단순한 규정일 뿐이고(왜냐하면 이것은 계획과 그러한 계획에 대해 누가 책임지는가를 덮어버리기 때문이다) 사회의 성원들의 필요를 만족시키기에는 단순하지 않은데 사회의 전 성원들의 완전한 복지와 자유로운, 전면적인 발전을 보장한다는 목표가 첨가되어야 한다."38) 최종적으로 레닌은 러시아 사회민주노동당(RSDWP) 2차 대회에 의해 승인된 강령이 다음과 같이 기술되는 것을 확보했다: "생산수단과 유통수단의 사적 소유를 각각의 사회의 소유에 의해 대체하고 사회의 전 성원들의 복지와 전면적인 발전을 위해 사회적인 생산과정의 계획된 조직화를 도입했기 때문에, 프롤레타리아트의 사회혁명은 사회의 계급들로 분할을 제거할 것이고 억압받는 인류를 자유롭게 할 것이다."39)

이 강령의 목표의 견지에서 볼세비끼 당은 러시아 노동계급을 승리적인 사회주의 혁명으로 상승시켰다. 당의 제2차 강령을 만들어내는 동안 레닌이 새로운 강령에 동일한 목표 즉, 제1차 강령에 기록되었고 수행되

---

37) *Lenin Collected Works*, Progress Publishers, 1964, Moscow, Volume 6, pp. 17-78.
38) *Lenin Collected Works*, Progress Publishers, 1964, Moscow, Volume 6, pp. 17-78.
39) *Program of the Russian Social Democratic Worker's Party*, adopted at the II Party Congress. Second Party Congress, July-August 1903, Protocols, Moscow, 1959, p. 419.

면 계급의 완전한 제거 즉, 완전한 공산주의로 이끄는 목표를 집어넣는 것이 절대적으로 필수적이라고 간주한 것은 자연스러운 것이었다. 러시아 공산당(볼) 8차 전당 대회에서 채택된 강령은 사회주의 생산의 목표를 정확히 1차 강령의 어구로 재생한다. 즉: "생산 수단과 유통 수단의 사적 소유를 각각의 사회의 소유로 대체하고 사회의 전 성원들의 복지와 전면적인 발전을 위해 사회적인 생산과정의 계획된 조직화를 도입했기 때문에, 프롤레타리아의 사회혁명은 사회의 계급들로 분할을 제거할 것이다."[40]

이것은 당 강령에서 노동계급(공산주의사회의 설립자)에게 주어졌고 당이 노동계급의 독재를 보장해주는 노동계급의 당으로 남아 있는 한 당 강령에 남아있을 공산주의 생산의 진정한 목표를 과학적으로 발견한 것이었다. 그러나 이 목표는 쏘련 공산당(CPSU)의 22차 당 대회에서 채택된 제3차의, 수정주의적 당 강령에서 언급되지 않았다. 그것은 끊임없이 성장하는 필요의 만족으로 대체되었는데 복지 혹은 인민의 발전, 특히 전면적인 발전이 끊임없이 성장하는 필요의 만족으로 축소될 수 없는 것임에도 그러했다. 필요를 만족시켜주는 것만으로는 사회적 불평등의 제거 혹은 계급의 폐지를 이끌 수 없다. 더 구체적으로 보면 3차 당 강령은 공산주의 하에서 "전체 사회경제의 계획된 조직화의 가장 높은 단계에 도달하였고 사회 구성원들의 커지는 욕구를 만족시켜주는 물질적인 자원과 노동력의 가장 효율적이고 합리적인 사용이 보장되었다"고 기술했다.[41] 사회의 노동하는 성원들—그들의 발전이 궁극적인 목표가 되어야 할 것이다—이 사회의 선택된 구성원들(사회의 그러한 선택된 사회의 구성원들은 나중에 과두정치의 지배자들이 되었다)의 필요를 충족시키기 위해 효율적으로 사용되는 노동력으로 전환되었다. 그것은 생산의 목표로부터 사회의 전 성원의 발전의 제거였는데 이는 생산의 목표에 대한 강령의 정의를 사회주의의 진정한 목표로부터 위장되게 떼어내는 것이었다. 수정주의자들의 3

---

40) Lenin, *Complete Collected Works*, Volume 38, p. 419.
41) *XXII Congress of the Communist Party of the Soviet Union*, 17-31 October 1961, Transcript. Vol. III, M. Gospolitizdat, 1962, p. 274.

차 강령은 기술한다: "사회주의의 목표 — 인민들의 커지는 물질적 및 문화적인 필요의 더욱더 완벽한 만족."[42] 처음 대충 훑어보았을 때는 사회주의에 대한 이 정의가 아름다운 것 같다. 동시에 이 정의는 근본적으로 잘못되었다. 사회주의의 목표는 과학적 사회주의자들의 창시자들에 의해 정의되었듯이 계급 제거이다. 계급의 그러한 제거는 필요의 만족을 포함하지만 그러한 만족으로 축소되지 않을 수도 있다; 또한 계급의 제거는 일체의 모든 필요가 만족될 수 있다는 것을 의미하지 않는다. 우선적으로 그것은 완전한 복지의 보장, 사회의 전 성원들의 자유롭고 전면적인 발전, 일체의 사회적 불평등의 제거를 의미한다.

프롤레타리아 독재의 포기와 사회주의 목표의 포기는 국가의 계급적인 성격을 바꾸었다. 국가는 노동계급의 이익을 수행할 수 없게 되었다. 프롤레타리아 독재 시대에는 노동계급의 이익이 사회 전체의 이익으로 여겨졌다. 그 점이 국가의 소유가 서서히 사회적 소유의 형식이 되는 것을 멈추고 있던 이유였다. 이 소유는 공적 소유를 실질적으로 통제했던 사람들—당과 국가의 최고위 관료들—의 사적 소유의 독특한 형식으로 점차 변형되어가고 있었다. 이리하여 당과 국가의 노멘클라투라(nomenklatura) 엘리트들이 전체 사회의 소유를 전유하는데 성공했다. 이 엘리트들은 또한 이러한 소유를 분할하고 전유하고 그 결과의 몫을 사유화하는 것을 허용하는 조건들을 창출하는데, 그리고 사유화를 "전 인민"의 국가의 법률에 부합하게 공식화하는데 성공했다. 위의 일들은 옐친 시대에 고르바초프의 부추김을 받으면서 발생하고 있었다 — 처음에는 수정주의자들의 "시장으로의 운동"이라는 구호 하에서, 그리고 그 다음에는 공개적으로 "가자 사유화로!"라는 반공산주의 구호 하에서. 이 과정은 악명 높은 수정주의적 "전인민의 국가"를 포함하고 그것을 강화시켰던 "발전된 사회주의"라는 수정주의적 개념에 의해 이데올로기적으로 지지를 받았다.

22차 당 대회에서 맑스주의의 주요 사상 즉, 프롤레타리아 독재, 사회

---

42) *Ibid.*, p. 238.

주의 생산의 목표와 사회주의의 목표를 쏘련 공산당이 포기한 것은 당과 국가 그리고 나라의 파괴라는 결과를 초래하지 않을 수 없었고 초래했다 (공산주의적 소수파에의 적극적 저항에도 불구하고). 위의 포기는 변절자인 쏘련 공산당 엘리트들의 잘못이었을 뿐만 아니라 레닌주의를 연구하고 이해하는 대신에 당의 수정주의자 엘리트의 말을 인용과 구호를들 진심으로 배우고 신뢰하였던 당원들의 잘못이었다. 그리고 그리하여 일관된 공산주의세력은 기회주의자들, 수정주의자들 그리고 사회주의에 대해 배신하는 변절자들을 극복할 수 없었다. 위의 내용은 이전의 쏘련 공산주의자들에게만이 아니라 현대 러시아의 공산주의자들에게도 교훈이다. 그것은 전 세계의 노동운동 및 공산주의운동에게도 교훈이다.

비상품성, 사회주의 생산의 직접적인 사회적 성격

이 문제는 결국 이것이 그들 계급의 권력을 위한 공산주의자들의 투쟁 이유의 문제이기 때문에 시의적절하다. 이 문제는 노동계급이 권력을 잡는다면 그들이 무엇을 하여야 할까의 문제이다. 쏘련 공산당의 잘못과 쏘련에서 사회주의를 건설하는 실행으로부터 나온 결론들이 내려지는 것은 어떤 범위까지지일까? 경제에서 무엇을 건설해야하고, 어떻게 이것을 건설해야할까?

최근에 이 쟁점은 계속하여 러시아와 해외에서 공산주의 운동에 대한 관심거리가 되었고 또 이 쟁점은 공산주의 운동을 나누는 것이다. 여기에서 우리는 "스웨덴식 사회주의"의 솔직한 변호자들과 자본주의의 개선을 말하는 자들을 고려하지 않을 것이다. 우리는 오로지 그들 자신을 맑스주의자와 공산주의자라고 계속해서 부르는 사람들에 대해서만 말할 것이다. 그러한 맑스주의자들과 공산주의자들 사이에서 한편으로는 소위 "시장 사회주의"(그것은 "중국식 시장 사회주의"라고 최근에 더욱더 자주 불리어지고 있다)에 대한 많은 지지자들이 존재한다. 다른 한편으로는 우리가 또한 계속해서 우리 귀에 들리는 실용주의자와 현실주의자라고 부르는 사람들이 존재한다. 후자는 정통 공산주의자들이 사회주의 생산의 비상품적 성격에 관해 말할 때 그것을 어리석다고 생각한다. 주위를 둘러보라!. 그들은 말한다. 시장은 어디에나 존재하고, 따라서 시장경제로부터 시작하는 것이 나아갈 수 있는 유일한 길이다라고.

사실 시장은 자본주의 하에서 어디에서나 존재한다. 그러므로 지금이 우리는 자본주의 하에서 상품의 성격과 함께 무슨 일이 벌어지고 있는지와 사회주의 혁명과 사회주의의 건설의 과정에서 그러한 성격을 가지고 무엇을 해야 하는가를 결정해야하는 바로 그 시간이라고 믿고 있다.

일찍이 1차 및 2차 볼세비끼 강령(러시아 공산주의 노동당(RCWP)의 강령에서는 물론이고 뿐만 아니라)에서 자본주의와 부르주아 사회의 성격은 다음의 말로 묘사되었다: "이 사회의 주요 특성은 자본주의 생산관계에 기초한 생산의 상품적인 특성이다. 이 관계들은 재화의 생산수단과 유통수단의 가장 중요하고 의미있는 부분이 개인들의 한 작은(머릿수라는 견지에서)계급에 의해 소유되고 있고 반면에 인구의 거대한 다수가 그들의 경제적인 지위 때문에 어쩔 수 없이 강제적으로 그들의 노동력을 계속해서 혹은 주기적으로 팔아야 하는 즉. 그들 자신이 자본가들에게 고용되고 그들의 노동으로서 사회의 상층 계급을 위한 수입을 창조해야만 하는 프롤레타리아들과 반(半)프롤레타리아들로 구성되고 있다는 것을 의미한다."[43]

즉, 자본주의는 무엇보다도 먼저 상품 생산이다. 그 점과 함께 플레하노프 강령의 2차 초안에 대한 관찰에서 레닌은 언급된 강령 조항에 관하여 다음과 같이 적고 있다: "그 강령은 다소 앞뒤가 맞지 않는다. 물론 충분히 발전된 상품 생산은 자본주의 사회에서만 가능하지만 일반적으로 "상품 생산"은 논리적으로, 역사적으로 자본주의 이전에 존재한다."[44]

즉, 블라디미르 일리치 레닌(Vladimir Ilyich Lenin)은 자본주의가 상품

---

43) Lenin, *Complete Collected Works*, Volume 38, pp. 417-418.
44) *Lenin Collected Works*, Progress Publishers, 1964, Moscow, Volume 6, pp. 17-78.

생산의 발전의 결과라는 것을 특정했다. 그의 많은 저작들에서 레닌은 상품생산은 그 발전 속에서 끊임없이 그리고 불가피하게 자본주의를 불러일으킨다는 것을 계속해서 지적하고 있다

상품은 교환을 목적으로 하여 생산된 것이다. 상품 생산은 상품들의 생산, 가치의 생산이다. 자본주의 상품 생산은 자본가들(생산수단의 소유자들, 소매 판매망들, 금융자본과 다른 존재 형태에서의 자본가들)의 이익을 위하여 잉여가치, 이윤을 획득하기 위해 재화를 판매하는데 초점을 맞춘다. 상품 생산(이것은 자본주의 상품 생산을 포함한다)에서 규제적 역할은 그것의 기본 법칙—가치 법칙—에 의해 이루어진다. 이 법칙은 자본을 감독하고 결과적으로 상품 생산을 가장 이윤이 남는 분야로 이끌어간다.

그리고 사회주의 생산의 목표는 자본의 이윤을 산출하는 것이 아니다. 이 목표는 사회의 이익의 만족이다. 위에서 언급된 러시아 공산당(볼)과 러시아 공산주의 노동자당(RCWP)의 강령은 다음과 같이 기술한다: "생산수단과 유통 수단에 대한 사적 소유를 각각의 사회의 소유로 대체하고 사회의 전 성원들의 복지와 전면적인 발전을 위해 사회적 생산과정의 계획된 조직화를 도입했기 때문에, 프롤레타리아트의 사회혁명은 사회의 계급으로 분할을 제거하고 억압받는 인류를 자유롭게 할 것이다. 이리하여 그것은 사회의 한 부분에 의한 다른 부분에 대한 모든 종류의 착취를 끝장낼 것이다."45)

사회주의 생산의 본질, 핵심은 가치 법칙이 아니라 사용가치의 법칙이다. 이 법칙은 사회의 전 성원의 완전한 복지의 제공과 전면적인 발전을 목표로 한다. 사회의 전 성원의 완전한 복지와 전면적인 발전을 보장하는 것은 오로지 생산수단의 사회화와 계획과 관리의 집중을 통해서만이 가능하며 생산수단의 사회화와 계획과 관리의 집중을 통해서만 가능한데 이는 정치적으로 프롤레타리아 독재의 확립에 의해 보장될 것이라는 것은 분명하다. 위의 내용은 분리된 사적인 생산자들의 시장의 자기 조절을 통해서

---

45) Lenin, *Complete Collected Works*, Volume 38, p. 419.

는 성취하는 것이 불가능하다.

위의 내용에도 불구하고, 비록 맑스뿐만 아니라 엥겔스와 레닌도 "상품-화폐 관계들"이라는 용어에 관해 언급하지 않았을 지라도 화폐와 많은 소위 상품-화폐 관계들이 형식적으로 사회주의 하에서도 존재하는 것 같다. 외적인 상품 형식들과 명칭들의 이러한 사용이 사회주의적 생산이 그것의 본성에 따른 상품 생산이라는 것을 의미하는가? 물론 그렇지는 않다. 그리고 사회주의 사회에 의해 사용되는 법정 지폐들(treasury notes)은 정치경제학적인 의미에서 화폐가 아니다. 이 법정 화폐들은 생산량과 소비되었던 필요한 노력의 양의 부가적인 간접적 측정수단이고 그것들은 회계단위와 계획단위의 역할을 한다. 사회주의 하에서 화폐는 재고 조사의 기능과 직접적인 사회의 생산과 분배를 통제하는 기능을 수행한다. 이 기능이 수행되지 않는다면 사회주의는 가능하지 않을 것이다. 그것은 1928년 채택된 코민떼른 강령이 기술한 것과 일치하지는 않는다: "시장 관계들과 연관되어 있는 것 같은 경제활동의 자본주의 형식들과 방법들(평가 계정, 현금 지불, 판매와 구매, 신용, 은행 등)은 사회주적 타도의 균형추 역할을 한다. 이 균형추는 더욱더 큰 범위에서 일관되게 사회주의적인 유형의 기업들 즉, 경제의 사회주의 부문에 봉사한다."[46]

시장 사회주의의 지지자들은 대개 신경제정책(NEP)을 상기한다. 그들은 신경제정책이 사회주의에 관한 우리의 시각의 근본적인 수정이라고 말했던 사람은 바로 레닌이었다고 말한다. 잠시 여기에서 살펴보도록 하자. 자본주의에서 공산주의로의 이행 초기 기간 동안 신경제정책은 (일시적인 후퇴로서) 상품 생산과 유통을 위한 증대된 자유를 의미했다. 특히 증대된 자유는 농민들과 사회주의 국가 부문 사이에서 상품의 유통을 위한 것이었다. 그리하여, 레닌은 이 증대된 자유가 사회주의 경향과 자본주의 경향 사이의 투쟁을 의미한다는 것을 잘 알고 있었다. 부하린의 책 "이행기의 경제학"은 다음과 같은 테제를 담고 있다: "프롤레타리아 독재는 프롤

---

46) *The Communist International in the documents, 1919-1932*, M, 1933, p. 24.

레타리아의 조직적인 경향과 농민의 상품-무정부적인 경향 사이에서의 잠재적이거나 혹은 다소 공개적인 투쟁을 필연적으로 수반한다."레닌은 그 내용에 주를 달았다: "다음과 같이 말해야만 한다: 프롤레타리아의 사회주의 경향과 농민의 상품-자본주의 경향 사이에서라고."[47] 여기에서 레닌은 또한 다음과 같은 부하린의 분석을 지지한다: "도시에서 경제의 유형을 위한 주요한 싸움[권력의 장악 후에: 편집자은 프롤레타리아의 승리로 끝이 난다. 그것은 또한 시골에서도 다수 자본가들의 패배로 끝이 난다. 그러나 동시에 그것은 다른 형식들로 재생되고 있다. 그것은 프롤레타리아트의 국가 계획(사회화된 노동을 체현하는)과 상품의 무정부 상태, 흩어진 소유의 대상들과 시장의 뒤죽박죽을 체현하는 농민들의 투기적인 방탕함 사이의 투쟁 속에서 재생되고 있다." 레닌은 "바로 그거야!"라는 간단한 말로 위의 사고를 평가했다. 그러고 나서 레닌은 다음과 같은 부하린의 진술을 지지했다. "그러나 단순 상품경제는 정확히 자본주의 경제의 싹이기 때문에, 위에서 묘사된 경향들의 투쟁은 기본적으로 공산주의와 자본주의 사이의 투쟁의 연속이 될 것이다"는 [부하린의 기술에 대해 레닌은: 편집자] "맞다. 그리고 그것은 "무정부 상태"보다는 낫다"고 썼다.[48]

우리는 레닌이 상품 생산의 즉각적인 철폐의 문제를 결코 제기하지 않았다는 것을 주목한다. 그는 그 주제가 생산의 상품적인 특성, 생산의 상품적인 특성으로부터의 도피를 극복하는 것이고 사회주의 사회의 생산에서 언급된 상품의 특성을 부인하는 것이라고 항상 강조했다. "오직 생산물들이 상이한 독립적인 작업들의 결과라는 것은 각각이 상품들로서 서로 마주하게 한다"라는 맑스의 입장에 기초했기 때문에, 레닌은 사회주의 혁명의 목표에 대한 그의 이해를 다음과 같이 표현했다. "생산수단의 사적 소유의 폐지, 그것들의 공적 소유로의 전환, 그리고 모든 성원들의 완전한 복지와 자유롭고 전면적인 발전을 보장한다는 것을 목표로 자본주의적인 상품생산을 전체로서 사회에 의한 물품 생산의 사회주의적인 조직화에 의

---

47) *Lenin Miscellany*, Vol. XI, 1931, 2nd ed., p. 368.
48) *Lenin Miscellany*, Vol. XI, 1931, 2nd ed., p. 370.

해 대체하는 것."⁴⁹⁾

그리고 이행 기간 동안인 1921년 작성된 "지방 쏘비에뜨 조직들에게 보내는 노동자 방위 위원회의 지시들"에서 레닌은 "사회주의 공장들에서 만들어지고 농민들이 생산한 식량들과 교환되는 재화들은 정치경제학적인 용어의 의미에서 상품들이 아니다; 어쨌든 그것들은 상품이기만 한 것은 아니다, 그것들은 더 이상 상품들이 아니다, 그것들은 상품이기를 멈추고 있다"라고 강조했다.⁵⁰⁾

사회주의 경제의 건설 동안에 조차 상품 생산을 극복한다는 이 사고를 레닌은 부하린의 책에 대한 그의 언급에서 다시 한번 확인시키는데 부하린의 다음과 같은 생각을 자신의 학습노트에 적어놓음으로써 그렇게 했다: "생산물은 생산의 무정부적인 기초에 대한 항상적인 ―임의적이 아닌― 사회적 연계가 있는 한에서만 보편적인 범주가 될 수도 있다. 그러므로 생산과정의 비합리성이 사라지는 정도로(즉, 의식적인 사회의 규제자가 뒤죽박죽을 대체하는 정도까지) 상품은 생산물이 되고 그것의 상품적인 성격을 잃어버린다." 레닌은 기록한다: "정확하다!" 그러나 부하린의 결말에 레닌은 쓴다: "전적으로 정확하지는 않다: "생산물"이 아니라 다소 다른 무엇인가가 된다. ETWA[거칠게 보면: 편집자]: 시장을 통하지 않고 사회의 소비로 가는 생산물이 된다."⁵¹⁾

시장의 열렬한 지지자들은 신경제정책(NEP)의 예를 사회주의를 상품경제로서 이해하는 소위 레닌의 전환으로 인용한다. 그들은 마치 레닌이 NEP를 시장으로의 필수적인 잠정적 후퇴로 간주하지 않고 마치 그것을 NEP를 목표와 전망으로 사고했다는 듯이 묘사하려고 노력한다. 그들 중의 가장 영리한 사람들은 NEP와 사회주의적 시장에 대한 약간의 소위 레닌주

---

49) *Lenin Collected Works*, Progress Publishers, 1964, Moscow, Volume 6, pp. 17-78.
50) *Lenin's Collected Works*, 1st English Edition, Progress Publishers, Moscow, 1965, Volume 32, pp. 375-398.
51) *Lenin Miscellany*, Vol. XI, 1985, p. 388.

의적인 방법론을 창조했다. 그러나 첫째, NEP는 방법론이 아니라 정책이라는 것을 주목해야 한다. NEP를 도입한 레닌과 볼세비끼들은 자본주의 요소들의 허가에서 그들의 후퇴를 인정했다 — 그들은 NEP를 사회주의 생산에 고유한 특성의 발전으로 부르지 않았다. 둘째, 사회주의 경제로의 이행의 시기에 고유한 시장 요소들을 극복하기 위한 가장 강력한 수단들이 NEP의 시기에 발전되고 있었다. 특히 그것들은 국가계획위원회(Gosplan)였고 국가조달기관(Gossnab)이었으며 대규모 제조산업이었다. 또한 전기화(電氣化) 계획이 발전되고 있었다. 즉, 상품의 물리적인 양(명칭에 따르면, 그러나 본성에 따르면 더 이상 상품이 아닌)이 증가하고 있었지만 사회주의 생산의 직접적으로 사회적인 성격이 확장되고 있었고 생산의 상품적인 성격을 가일층 극복하기 위한 전제조건들이 준비되고 있었다.

스딸린은 실천적으로 생산의 상품적인 성격을 극복하기 위한 레닌의 정책—사회주의를 향한 생산의 이행기 동안 생산의 상품적인 성격을 극복하기 위한 정책, 사회주의 생산에 직접적인 사회적 생산의 특징들을 제공하는 정책—을 시종일관 추구했다. 스딸린은 "쏘련에서 사회주의 경제의 제문제"라는 그의 저작에서 이 문제에 관한 기본 사상들의 윤곽을 그렸다. 특히 스딸린은 다음과 같이 사회주의 경제의 목표를 정식화하였다: "사회주의의 기본적인 경제 법칙은 존재하는가? 존재한다. 그렇다면 이 법칙의 본질적인 특징과 요구는 무엇인가? 사회주의의 기본적인 경제 법칙의 본질적인 특징과 요구는 대략 다음과 같이 정식화될 수 있다: 가장 현대적인 기술을 기초로 한 사회주의 생산의 끊임없는 성장과 개선을 통해 전 사회의 항상적으로 성장하는 물질적 및 문화적인 필요들의 최대의 만족을 보장하는 것."[52] 이와 같이 스딸린은 전 사회의 이익이 사회주의 체제에서 명확한 우선점이 되어야 함을 명백하게 강조했다.

그와 함께 스딸린은 그의 분석을 그의 "맑스주의적"의 관점뿐만 아니라 이용할 수 있는 사실들의 객관적인 평가에 기초하였다. 스딸린은 경제에서

---

[52] I. V. Stalin, *Economic Problems of Socialism in the USSR*, 2010, St. Petersburg, pp. 31-32.

자본주의적인 요소들의 복고를 방지하고자 목표로 하는 프롤레타리아 독재의 보증을 검토했다. 그러나 우리가 믿고 있는 것처럼, 스딸린은 상품생산이 완전히 성숙된 자본주의 상품경제와 시장으로 이동(이것은 쏘련에서 결국 시행되었다)할 경향과 욕구를 창조한다는 것을 다소 과소평가했다.

스딸린은 사회주의 하에서 가치법칙은 규제적인 의미에서는 아닐지라도 여전히 부분적으로, 특히 소비재 생산 영역에서 작동한다고 진술했다. 후자의 진술은 논의의 여지가 있다. 결국 가치법칙은 자본주의의 기본법칙이므로 가치법칙은 사회주의의 법칙이 될 수 없다. 엥겔스는 그의 저서 "반뒤링론"에서, "가치법칙은 상품생산의 기본법칙이다. 그러므로 가치법칙은 상품생산의 최고 형태―자본주의적 생산―의 기본법칙이다"라고 지적했다.53) 사회주의 경제에서 생산의 상품적인 특징은 그러한 특징의 직접적인 사회적 본성에 대한 거부이다. 이 특징은 사회주의(덜 발전된 공산주의의) 궁극적인 공산주의로의 발전 과정 속에서 극복되어야만 할 자본주의의 잔재에 해당된다. 그러므로 우리는 사회주의 경제의 발전은 그것의 직접적인 사회의 본성의 강화와 생산의 상품적인 특징을 극복하는 것에 목표를 두어야만 할 것이라고 주장할 수 있다. 공산주의자들을 위한 혁명의 환경이 무엇이든지 간에, 공산주의자들이 후퇴와 타협을 받아들여야만 하든지 간에 궁극적 목표 ― 생산의 상품적인 특성을 극복하고 생산의 사회주의적인, 직접적으로 사회적인 성격으로의 이행을 성취하고자 하는 명확한 열망이 있어야 한다. 사회주의 경제는 국가권력이 직접적인 사회의 생산으로서 경제의 조직화를 간주했던 한 앞으로 나아가고 있었다.

1961년 흐루쇼프의 지도력에 의한 사회주의의 근본들―프롤레타리아트의 독재―에 대한 포기와 1965년의 경제개혁은 사회주의 경제와 사회주의적 관계에서 부정적인 영향들의 점진적으로 축적의 과정을 낳았다. 비유적으로 말하자면, 위의 내용은 사회적인 질서를 바꾸었던 고르바초프의 페레스트로이카에 대한 준비를 시작한 것이었다.

---

53) K. Marx and F. Engels, *Collected Works*, Vol. 20, p. 324.

현대의 자본주의 옹호자들이 무엇이라고 말하든지 간에, 쏘련에서 경제는 직접적인 사회적 생산에 기초했었다. 쏘련에서의 삶과 현대의 환경을 비교해볼 수 있는 오늘날, 위의 내용은 특히 분명하다. 쏘련의 시민들은 공적 소비 자금을 통하여 소비재의 절반 이상을 받고 있었다(현재의 가격에 기초하여 계산해보면). 그리고 약간의 중요한 필수품들이 충족되고 있었던 것은 거의 "필요에 따른" 것이었다. 위의 내용은 다음을 포함한다: 무상의 주택(긴 줄에 도 불구하고), 냉수와 온수, 전기, 빵, 의료와 교육, 공공운수와 더 많은 것들.

경제학과 정치학의 의미에서 사회주의적 과정의 포기가 여전히 공산당이라고 불리어졌던 당과 그 당의 지도부들에 의해 이루어졌다는 것은 서글픈 일이다. 쏘련 공산당 22차 당 대회는 새로운 당 강령을 채택했는데, 당 강령은 주요 조항에서 프롤레타리아 독재의 필요성을 배제해버렸다. 그리고 쏘련 공산당 28차 당 대회는 시장경제로의 이행을 인정했다. 인민들과 당이 시장경제로의 이행은 자본주의와 쏘련의 붕괴를 초래할 것이고 인민들에게는 재난을 가져올 것이라는 경고를 받고 있었던 것이 바로 이 당 대회에서였다. 공산주의 주도 운동(the Movement of the Communist Initiative)의 대표자 보고서에서, A. A. 세르게예프(A. A. Sergeyev) 교수는 다음과 같이 진술했다: "상품시장뿐만 아니라 두 개의 시장이 더 존재한다. 즉, 주식 교환으로 대표되는 사적인 자본 시장과 노동시장. 그래서 함께 받아들여졌을 때, 이 두 시장은 필연적으로 고전적인 자본주의 시장을 탄생시킬 것이다(그러한 자본주의 시장이 조절되는 시장이라고 형식적으로 불리어짐에도 불구하고). 그리고 이것으로부터의 탈출구는 없다... 그리고 우리의 인민들과 당 모두 이 페레스트로이카를 견디지 못할 것이다. 공산당으로서 당은 사라질 것이다."[54)]

우리가 현재 볼 수 있는 바대로, 과학에 의해 이루어진 예측들은 사실이 되고 있다. 그래서 우리는 새롭게 출발해야 한다. 비유적으로 말하자

---

54) *XXVIII Congress of the Communist Party of the Soviet Union*, 2-13 July 1990, Verbatim record. Vol. I, M., Politizdat, 1991, p. 504.

면, 우리는 레닌이 그의 책에서 똑 같은 제목으로 생각했던 "무엇을 할 것인가?"라는 질문을 다시 던져야 한다.

시장, 생산의 상품적 성격 그리고 상품-화폐 관계들(즉, 자본주의적 관계들)의 발전을 통하여 그리고 유사하게 상이한 종류의 사회적 지향의 시장경제를 건설한다는 계획을 통하여 사회주의를 건설한다는 생각들은 — 최선의 의도와 심지어 가장 애국적이고 가장 신뢰받는 정부의 지도력 하에서조차— 자본주의를 가져올 고르바쵸프주의자들의 길이다. 기회주의와 수정주의는 수많은 양상의 자본주의를 구성한다. 그들은 또한 이러한 양상들에 대한 많은 정당화를 창조하는 것을 배웠다. 그러나 실천은 우리에게 다음을 보여준다. 경제학을 그것의 정치적 기초로부터 분리시키는 것, 정치화된 경제를, 사회주의의 고유한 이론에서 계급적 내용을 박탈하는 경제를 고려하는 것은 오류이고 어리석음이다. 더구나 그것은 노동계급과 관련하여 공산주의자들에 의해 범해지는 범죄이다. 쏘련에서, 쏘련 공산당 통치의 마지막 기간에 시장사회주의는 건설되고 있었다. 그러나 결국에는 자본주의가 건설되었다.

레닌의 말을 바꿔서 말하자면, 이러한 시장의 전염병과 싸우는 것이 없이 사회주의적 혹은 공산주의적 선택을 취하는 것에 말하는 것은 단순히 과장되고 기만적인 수사이다.

자 우리의 길을 레닌과, 공산주의의 과학과 일치시키자!

유고슬라비아는 사회주의 나라인가?*
— 쏘련 공산당 중앙위원회의 공개서한에 대한 논평(Ⅲ)

≪인민일보(人民日報)≫와 ≪홍기(紅旗)≫ 편집국
번역: 장진엽 (노사과연 회원)

유고슬라비아는 사회주의 나라인가?

이것은 유고슬라비아 국가의 본질을 확인하기 위한 질문일 뿐만 아니라 사회주의 나라들이 어떤 길을 따라야 할지에 대한 질문이기도 하다. 10월 혁명의 길을 따라 사회주의 혁명을 끝까지 수행해야 할 것인가, 아니면 유고슬라비아의 길을 따라 자본주의를 복구할 것인가. 또한 이 질문은 티토(Josip Broz Tito) 일당을 어떻게 평가할지에 대한 질문을 포함한다. 그들이 형제의 당이며 제국주의에 대항하는 세력인가, 아니면 국제 공산주의 운동을 배신한 자들이며 제국주의의 종인가.

이 문제에 관해서 한편으로는 쏘련 공산당(CPSU)의 지도자들과 다른 한편으로 우리들, 그리고 모든 다른 맑스-레닌주의자들 사이에 근본적인 견해 차이가 있다.

모든 맑스-레닌주의자들은 유고슬라비아가 사회주의 나라가 아니라는 생각을 갖고 있다. 유고슬라비아 공산주의자 동맹(L. C. Y. the League of

---

* [역자 주] 이 글은 Sino-Soviet Split Document Archive에 소개된 영문 자료를 번역한 것이다. (원문은 https://www.marxists.org/history/international/comintern/sino-soviet-split/cpc/yugoslavia.htm 참조.)

Communists of Yugoslavia)은 맑스-레닌주의와 유고 인민을 배반하였으며 국제 공산주의 운동의 배신자들과 제국주의의 하인들로 이루어져 있다.

반면에 쏘련 공산당의 지도자들은 유고슬라비아가 사회주의 나라이며 유고슬라비아 공산주의자 동맹이 맑스-레닌주의에 기초하고 있으며 형제의 당이자 제국주의에 대항하는 세력이라고 여긴다.

7월 14일자 공개서한[1)]에서 쏘련 공산당 중앙위원회는 유고슬라비아가 "사회주의 나라"이며 티토의 도당이 "국가라는 배의 키를 잡고 있는" "형제의 당"이라고 단언하고 있다.

최근 흐루쇼프(Nikita Sergeevich Khrushchov) 동지는 유고슬라비아를 방문하고 몇 번의 연설에서 쏘련 공산당 지도자들의 진짜 관점을 더욱 분명히 드러냈으며, 이 질문에 관해서 그들 자신을 감추는 데 썼던 무화과 잎을 완전히 던져버렸다.

흐루쇼프의 생각으로는 유고슬라비아는 사회주의 나라일 뿐만 아니라 "발달된" 사회주의 나라이다. 거기서는 "혁명에 대한 쓸데없는 소리"가 아니라 "실제적인 사회주의의 건설"을 발견하며, 유고슬라비아의 발전은 "전 세계 혁명적 노동자들의 운동에 대한 실제적인 공헌"[2)]으로, 흐루쇼프는 이것을 꽤 부러워하고 모방하고 싶어 한다.

흐루쇼프의 생각으로는 쏘련 공산당 지도자들과 티토주의자들은 "계급적 형제들일 뿐만 아니라" "우리의 당면 목표의 단일함에 의해 ... 강하게 결합된 형제들"이다. 쏘련 공산당의 지도부는 티토 일당의 "믿을 수 있고 충실한 동맹"이다.[3)]

---

1) [역자 주] "모든 당 조직들과 모든 쏘련 공산주의자들에게 보내는 쏘련 공산당 중앙위원회의 공개서한(Open Letter of the Central Committee of the Communist Party of the Soviet Union to All Party Organizations, to All Communists of the Soviet Union)", 1963. 7. 14.를 가리킨다. 전문은 https://www.marxists.org/history/international/comintern/sino-soviet-split/cpsu/openletter.htm 참조.
2) N. S. 흐루쇼프, "벨레니예 대중집회에서의 연설(Speech at a Mass Rally in Velenje)", 유고슬라비아, 1963. 8. 30.
3) N. S. 흐루쇼프, "라고비차의 한 공장의 회합에서의 연설(Speech at a Meeting in

흐루쇼프는 그가 티토 일당에게서 진정한 맑스-레닌주의를 발견했다고 믿는다. 쏘련 공산당 중앙위원회가 공개서한에서 "얼마간의 근본적인 이데올로기적인 문제에 대한 차이점이 쏘련 공산당과 유고슬라비아 공산주의자 동맹 사이에 아직 남아 있다"고 한 것은 한낱 가식일 뿐이었다. 이제 흐루쇼프는 티토 일당에게 "우리는 하나의, 그리고 똑같은 견해를 갖고 있으며 똑같은 이론의 지도를 받고 있다"고, 그리고 둘 다 맑스-레닌주의의 기초에 서 있다고 말했다.[4]

흐루쇼프는 1960년의 성명서[5]를 완전히 잊어버렸다. 그 성명서는 이렇게 말하고 있다.

> 공산당들은 만장일치로 갖가지 현대적 수정주의적 "이론들"이 농축된 형태인 유고슬라비아의 갖가지 국제적 기회주의를 비난한다.

성명서는 말한다.

> 맑스-레닌주의를 한물간 것으로 칭하며 배신한 이후, 유고슬라비아 공산주의자 동맹의 지도자들은 그들의 반(反)레닌주의적 수정주의 강령을 1957년의 선언[6]에 대립시켰다. 그들은 L. C. Y를 국제 공산주의 운동 전

---

a Factory of Rakovica)", 유고슬라비아, 1933. 8. 21.
4) N. S. 흐루쇼프, "브리오니에서의 외국 특파원과의 인터뷰(Interview with Foreign Correspondents at Brioni)", 유고슬라비아, 1963.8.28. Tanjug의 보고.
5) [역자 주] "81개 공산주의자 및 노동자 정당들의 성명서, 쏘련 모스크바 회의, 1960년(Statement of 81 Communist and Workers Parties, Meeting in Moscow, USSR, 1960)"을 가리킨다. 전문은 https://www.marxists.org/history/international/comintern/sino-soviet-split/other/1960statement.htm 참조.
6) [역자 주] "사회주의 나라들의 공산주의자 및 노동자 정당들의 선언, 쏘련 모스크바 회의, 1957년(Declaration of Communist and Workers' Parties of the Socialist Countries, Meeting in Moscow, USSR, 1957)"을 가리킨다. 전문은 https://www.marxists.org/history/international/comintern/sino-soviet-split/other/1957declaration.htm 참조.

체에서 멀어지게 만들었다.

성명서는 말한다.

[L. C. Y.의 지도자들은] 미국과 다른 제국주의자들의 이른바 "원조"에 의존했으며, 그렇게 함으로써 유고 민중이 영웅적 투쟁을 통해 성취한 혁명적 성과들을 잃게 될 위험에 빠뜨렸다.

성명서는 나아가 이렇게 말한다.

유고슬라비아 수정주의자들은 사회주의 진영과 세계 공산주의 운동에 대항한 파괴 공작을 수행한다. ... 그들은 평화를 사랑하는 모든 세력과 나라들의 통합에 피해를 주는 활동에 참여하고 있다.

그 성명서는 전적으로 명백하다. 그럼에도 불구하고 쏘련 공산당의 지도자들은 감히 이렇게 말한다. "1960년의 성명에 따라서 우리는 유고슬라비아를 사회주의 나라로 간주한다."[7] 어떻게 그런 말을 할 수 있는가!
이렇게 묻고 싶다.
성명서에서 말한 대로 어떤 나라가 갖가지 국제적 기회주의와 갖가지 현대적 수정주의 이론으로 인도된다면 그 나라가 사회주의가 될 수 있는가?
성명서에서 말한 대로 어떤 나라가 맑스-레닌주의를 배반하고 국제 공산주의 운동 전체에 대항한다면 그 나라가 사회주의일 수 있는가?
성명서에서 말한 대로 어떤 나라가 사회주의 진영과 세계 공산주의 운동에 대항한 파괴 공작을 수행한다면, 그 나라가 사회주의일 수 있는가?

---

[7] "창조적 맑스-레닌주의의 승리를 위해, 그리고 세계 공산주의 운동의 길에서의 수정주의에 반대하여(For the Victory of Creative Marxism-Leninism and Against the Revision of the Course of the World Communist Movement)", ≪코뮤니스트(Kommunist)≫ 편집국 논설, 모스크바, No. 11, 1963.

성명서에서 말한 대로 어떤 나라가 평화를 사랑하는 모든 세력과 나라들의 통합에 피해를 주는 활동에 참여한다면, 그 나라가 사회주의일 수 있는가?

어떤 나라를 미국이 주도하는 제국주의 나라들이 몇 십 억의 달러로 육성해 왔다면, 그 나라가 사회주의일 수 있는가?

이것은 참으로 상궤를 벗어난 일이며 듣도 보도 못한 일이다!

듣자하니, 똘리아띠(Palmiro Togliatti) 동지는 흐루쇼프 동지보다는 더 솔직하게 말한다. 똘리아띠는 말을 빙빙 돌리지 않는다. 그는 1960년 성명서에서 티토 일당에게 취한 태도가 "틀렸다"[8]고 말했다. 흐루쇼프는 그가 티토 일당에 대한 평가를 뒤집어 보려고 작정하고 덤볐을 때부터 더 터놓고 말했어야 했다. 그 성명서를 옹호하는 척할 필요는 없다.

유고슬라비아에 대한 성명서의 평결이 틀렸고 뒤집혀야 하는가? 똘리아띠는 그것이 틀렸고 번복해야 한다고 말한다. 흐루쇼프 또한 사실상 그것이 틀렸고 번복해야 한다고 말하고 있다. 우리는 그것이 틀리지 않았고 번복해서는 안 된다고 말한다. 맑스-레닌주의를 고수하고 1960년 성명서를 인정하는 모든 형제 당들은 마찬가지로 그것이 틀리지 않았고 뒤집혀서는 안 된다고 말한다.

그렇게 하면서 쏘련 공산당 지도자들의 의견으로는 우리가 "틀에 박힌 공식"과 자본주의 세계의 "약육강식의 법칙"에 매달리고 있고[9] "유고슬라비아를 사회주의에서 '제명하려' 한다"[10]는 것이다. 나아가 누구라도 유고슬라비아를 사회주의 나라로 여기지 않는다면 사실과 반대로 가며 주관주의의 오류를 범하는 것[11]이라고 한다. 반면 사실에 눈을 감고 유고슬라비

---

8) 빨미로 똘리아띠(Palmiro Togliatti), "현실적인 한계로 돌아가 논쟁을 이끌어 가자(Let Us Lead the Discussion Back to Its Real Limit)", ≪우니타(L'Unita)≫, 1963. 1. 10.
9) N. S. 흐루쇼프, "쏘련 최고소비에트회의에서의 보고(Report to the Session of the Supreme Soviet of the USSR)", 1862. 12.
10) "모든 당 조직들과 모든 쏘련 공산주의자들에게 보내는 쏘련 공산당 중앙위원회의 공개서한", 1963. 7. 14.

아가 사회주의 나라라고 단언한다면 그들은 "객관적인 법칙으로부터, 맑스-레닌주의의 가르침으로부터 계속 나아가고 있는"것이며 "현실에 대한 심오한 분석"에 기초한 결론을 이끌어 냈다12)는 것이다.

유고슬라비아의 현실이란 어떤 것인가? 객관적인 법칙과 맑스-레닌주의의 가르침으로부터 나아가고, 유고슬라비아의 현실을 깊이 있게 분석하려 한다면 우리는 어떠한 종류의 결론을 이끌어 내어야 하는가?

이제 이 질문에 대해 살펴보겠다.

유고슬라비아 도시들에서의 사적 자본의 발전

유고슬라비아가 사회주의 나라라고 단언하는 흐루쇼프의 논거 중 하나는 유고슬라비아에 사적 자본, 사적 기업과 자본가들이 존재하지 않는다는 점이다.

이것은 사실인가? 아니, 그렇지 않다.

사실은 사적 자본과 사적 기업은 유고슬라비아에 광범위하게 존재하며 빠르게 성장하고 있다.

모든 사회주의 나라들의 기록을 통해 판단하건대 프롤레타리아트가 정치권력을 잡은 후 상당한 기간 동안 사회주의 나라의 국가 경제에 사적 자본가 부문을 포함한 서로 다른 부문들이 존재하는 것은 이상한 일이 아니다. 중요한 것은 사적 자본주의에 대해 정부가 어떤 종류의 정책을 채택하는지, 즉 그것을 활용, 제한하고 변형, 제거하려는 정책을 쓰는지 아니면 방임, 육성, 장려하는 정책을 쓰는가이다. 이것은 어떤 나라가 사회주의를 향해서, 아니면 자본주의를 향해서 발전하는지를 가늠하는 중요한 기준이다.

---

11) 같은 글.
12) N. S. 흐루쇼프, "쏘련 최고소비에트회의에서의 보고", 1882. 12.

이 문제에서 티토 일당은 사회주의에 반대되는 방향으로 가고 있다. 유고슬라비아가 전후(戰後) 초기에 도입한 사회적 변화들은 애초에 철저하지 못했다. 티토 일당이 공공연한 배신 이후에 채택한 정책들은 사적 자본과 사적 기업들을 탈바꿈시키고 없애려는 것이 아니라 그것들을 육성하고 확대하는 정책들이었다.

1953년 티토 일당이 발표한 규정은 "'시민들'의 집단들"은 "기업을 설립"하고 "노동자를 고용"할 권리를 갖고 있다고 명기하고 있다. 같은 해 티토 일당은 개인들이 국가의 경제기구들로부터 고정자산을 구매할 권리를 갖고 있음을 규정하는 법령을 공표했다.

1956년 티토 일당은 지방 정부들이 과세와 다른 정책들을 통해 사적 자본을 육성할 것을 장려하였다.

1961년 티토 일당은 개인들이 외화를 구매할 권리를 갖는다고 선언하였다.

1963년 티토 일당은 사적 자본주의를 발전시키는 정책을 헌법에 포함시켰다. 헌법 조항에 따르면 유고슬라비아에서 개인은 기업을 설립하고 노동자를 고용해도 된다.

티토 일당의 지원과 격려에 힘입어 사적 기업과 사적 자본은 유고슬라비아의 도시에서 급속히 성장해 왔다.

1963년 베오그라드에서 발간된 유고슬라비아 공식 통계 포켓북에 따르면 유고슬라비아에는 115,000개 이상의 개인 소유의 수공업 시설이 있다. 그러나 실제로 이러한 사기업 다수의 소유주는 "장인(craftsman)"이 아니라 전형적인 사적 자본가들이다.

티토 일당은 비록 법이 개인 소유주에게 각각 최대 5명의 노동자를 고용할 수 있도록 허락하고 있지만 열 배, 많게는 스무 배를 고용한 이도 있으며 심지어 "5,6백 명의 노동자들"을 고용한 이도 있음[13]을 인정한다. 그리고 몇몇 사기업들의 연간 총 거래액은 1억 디나르 이상이다.[14]

---

13) M. 토도로비치, "두 전선에서의 투쟁(The Struggle on Two Fronts)", ≪나샤 스트바르노스트(*Nasha Stvarnost*)≫ 3월호, 1954.

1961년 12월 7일 ≪폴리티카(Politika)≫는 많은 경우 이 사적 기업가들이 실제로 "거대 기업가들"임을 폭로했다. 기사는 이러하다.

> 이러한 개인 사업가들의 망(net)이 얼마나 넓게 퍼져 있는지, 그리고 그들이 얼마나 많은 노동자를 고용하고 있는지를 확인하기란 쉽지 않다. 법에 따르면 그들은 자신의 일을 돕기로 되어 있는 다섯 명의 노동자를 보유할 권리를 부여받는다. 그러나 자초지종을 알고 보면 실제로 이 다섯 명은 차례로 그들 자신의 '하도급업자'를 갖고 있는 도급업자들이다. … 대체로 이 도급업자들은 더 이상 노동에 종사하지 않으며, 단지 한 회사에서 다른 회사로 차를 타고 돌아다니며 명령을 내리고 계획을 세우고 계약을 체결할 뿐이다.

이 사업가들이 창출한 수익을 보면 그들이 백 퍼센트 자본가라는 것을 알 수 있다. ≪스베트(Svet)≫는 1961년 12월 8일에 "몇몇 개인 수공업자들의 순이익은 한 달에 백만 디나르에 이른다"고 보고했다. 1961년 12월 20일에 ≪베오그라드 베체르녜 노보스티(the Belgrade Vecernje novosti)≫는 베오그라드에서 "지난해 116명의 사기업 소유자들 각각이 천만 디나르 이상의 수입을 얻었다"고 말했다. 몇몇 사업가들은 한 해에 "약 7천만 디나르의 수입을 얻었다." 공식 환율에 따르면 이것은 미화 십만 달러에 가까운 금액이다.

유고슬라비아의 도시들에는 사기업들, 사설 서비스기관, 사적인 상거래, 개인 소유 주택단지, 개인 소유의 교통사업만 있는 것이 아니라 또한 "개인은행가"로 알려진 고리대금업자들까지 있다. 이들 고리대금업자들은 공개적으로 영업하며 심지어 신문에 자신들의 사업을 광고하기까지 한다. 그러한 광고 중 하나는 다음과 같다. "석 달 동안 30만 디나르의 대출 제공. 반환금은 40만 디나르. 담보 필수."[15]

---

14) ≪베스니크 유 스레두(Vesnik u sredu)≫, 1961. 12. 27.
15) ≪베스니크 유 스레두≫, 1961. 12. 6.

이 모든 것들은 부인할 수 없는 사실이다.

우리는 티토 일당에 대한 평가를 뒤집는 데 열중하고 있는 자들에게 묻고 싶다. 거짓말을 하려는 것이 아니라면 어떻게 유고슬라비아에 사적 자본과 사기업과 자본가들이 없다고 주장할 수 있는가?

자본주의가 넘쳐나는 유고슬라비아 시골 지역

이번에는 유고슬라비아 시골 지역을 살펴보자.

흐루쇼프가 단언하듯이 거기에는 더 이상 자본가가 없는가?

아니다. 실은 그 정반대이다.

자본주의가 유고슬라비아를 뒤덮고 있다는 사실은 시골 지역에서 훨씬 더 충격적이다.

맑스-레닌주의는 우리에게 개인경제와 소생산경제가 시시각각으로 자본주의를 발생시키며, 오직 집단화만이 농업을 사회주의의 길로 이끌 수 있다고 가르친다.

스딸린은 이렇게 지적했다.

> 레닌은 개인소농경제는 자본가와 자본주의를 만들어내며, 그것이 그 나라에 지배적인 동안은 자본주의가 복구될 위험이 존재할 것이라고 말한다. 명백히, 이러한 위험이 존재하는 한 우리나라에서 사회주의 건설의 승리에 대해 진지하게 이야기할 수는 없다.[16)]

이 문제에서 티토 일당은 사회주의에 역행하는 노선을 추구한다.

전후 최초의 시기에 유고슬라비아에 토지개혁이 이루어졌고 소농들의

---

16) J. V. 스딸린, "곡물 조달과 농업 발전의 전망(Grain Procurements and the Prospects for the Development of Agriculture)", ≪저작집(Works)≫ 영문판, FLPH, 모스크바, 1954, Vol. XI, p. 8.

노동 협동조합이 다수 조직되었다. 그러나 대체로 부농경제가 고스란히 남아 있었다.

1951년 티토 일당은 농업 집단화의 길에 대한 포기를 공개적으로 선언하고 소농들의 노동 협동조합을 해산하기 시작했다. 이것은 사회주의의 대의를 배신함에 있어 티토 일당이 내딛은 중대한 한 걸음이었다. 그러한 협동조합은 1950년 6,900개에서 1953년 말 1,200개를 약간 넘는 수로, 그리고 1960년에는 147개로 감소했다. 유고슬라비아의 시골은 개인경제의 바다에 잠겨 있다.

티토 일당은 집단화가 유고슬라비아에서 가치 있는 것으로 입증되지 못했다고 단언한다. 그들은 "집단화는 몰수와 동일"[17)]하며 "가능한 가장 오랜 시간 동안 시골 지역에서 농노제와 빈곤을 보존하는"[18)] 길이라는 악의적인 모략을 해댄다. 그들은 농업의 발전이 "경제적 세력들의 자유경쟁에 기초해야"[19)] 한다는 터무니없는 견해를 지지한다.

많은 소농 노동 협동조합을 없애는 한편 티토 일당은 1953년부터 시골 지역에 자본주의 발전을 촉진하는 법들을 잇달아 공포하였다. 사고팔고 빌려줄 자유와 농장 일손을 고용할 자유를 보장하며 농업생산물의 계획적 구매를 폐지하고 이 영역에서의 자유로운 거래로 대체하는 법들이다.

이 정책 하에서 자본주의 세력들은 시골 지역에 급속히 퍼져나갔고 양극화 과정이 촉진되었다. 이것은 티토 일당의 자본주의 복구 사업의 중요

---

17) 에드바르드 카르델리(Edvard Kardelj), "제4차 유고슬라비아 근로인민 사회주의동맹 연방위원회의 제9차 총회에서의 개막연설(Opening Address at the Ninth Plenum of the Fourth Federal Committee of the Socialist Alliance of the Working People of Yugoslavia)", 1959. 5. 5.
18) 블라디미르 바카리치(Vladimir Bakaric), "유고슬라비아 공산주의자 동맹 제6차 대회에서의 연설(Speech at the Sixth Congress of the League of Communists of Yugoslavia)".
19) 에드바르드 카르델리, "마을들에서의 우리 정책의 몇 가지 문제들에 대하여(On Some Problems of Our Policy in the Villages)", ≪코뮤니스트≫, 베오그라드, No. 4, 1953.

한 국면을 이루었다.

시골 지역에서의 양극화는 토지 소유에 생겨난 변화에서 가장 먼저 드러났다. 전(前) 유고슬라비아 농림비서 슬라브코 코마르(Slavko Komar)는 1959년에 전체 소농가구의 70퍼센트를 차지하는 5헥타르 미만의 토지를 소유한 빈농가구가 전체 개인소유 토지의 오직 43퍼센트만을 보유한 반면, 전체 소농가구의 13퍼센트만을 차지하는 8헥타르 이상의 땅을 소유한 부농가구가 전체 개인소유 토지의 33퍼센트를 갖고 있었음을 인정했다. 코마르는 또한 대략 10퍼센트의 소농가구가 매년 토지를 사고판다는 점도 인정했다.[20] 대부분의 판매자는 빈곤한 가족들이다.

토지의 집중은 위에서 제시한 자료에 나타난 것보다 실제로 훨씬 더 심각하다. 티토 일당의 기관지 ≪보르바(Borba)≫ 1963년 7월 19일 호에서 밝혔듯이, 한 지구 내에서만 "법적인 한도인 10헥타르 이상의 토지를 가진 수천의 소농가구"가 있었다. 비옐리나(Bijeljina) 코뮌에서는 "500호의 소농가구가 10-30 헥타르의 부동산을 소유한 것으로 밝혀졌다." 이것들은 드문 사례가 아니다.

시골 지역에서의 양극화는 또한 역축(役畜)과 농기구 소유의 커다란 불평등으로 나타난다. 주요 곡물생산지인 보이보디나(Vojvodina) 지방 308,000호의 소농가구 중 55퍼센트는 역축을 갖고 있지 않다. 전체 소농가구의 40.7퍼센트를 차지하는 2헥타르 미만 토지를 가진 소농가구는 그 지역의 전체 쟁기의 4.4퍼센트만을 가지고 있거나 20가구당 평균 1개의 쟁기를 가지고 있다. 반면 부농들은 많은 수의 쟁기와 짐수레뿐 아니라 1,300대가 넘는 트랙터와 기타 많은 농기계들을 소유하고 있다.[21]

마찬가지로 양극화는 노동자의 고용과 같은 자본주의적 착취 형태의 성장에서도 분명히 나타난다.

---

20) 슬라브코 코마르(Slavko Komar), "교외지역 및 소농가구들에 관한 몇 가지 문제들(Some Problems Concerning the Countryside and the Peasant Households)", ≪소셜리잠(Socializam)≫, No. 5, 1962.
21) ≪유고슬라비아 저널 색인(The Yugoslav journal Index)≫, No. 2, 1962.

1958년 2월 7일호 ≪코뮤니스트(Komunist)≫는 8헥타르 이상의 토지를 소유하고 있는 52퍼센트의 세르비아 소농가구들이 1956년 노동자를 고용하고 있었음을 밝혔다.

1962년 슬라브코 코마르는 몇몇 소농가구들의 가장이 최근 몇 해에 "강력해졌으며", "그들의 수입은 자신의 노동이 아니라 불법적인 거래로부터, 그들 자신 및 다른 이들의 생산물의 가공으로부터, 불법적인 증류주 제조로부터, 구매를 통해 또는 더 빈번하게는 토지 임대, 가족들 사이의 거짓 분할, 공유지의 점령과 은닉 등을 통해 획득한 규정된 최대 10헥타르 한도 이상의 토지 보유로부터, 투기를 통한 트랙터의 획득으로부터, 그들의 땅을 가난한 이웃들로 하여금 그들을 위해 경작하게 함으로써 착취하는 것으로부터 나온다"고 말했다.[22]

≪보르바≫는 1962년 8월 30일에 "이른바 인정 많은 생산자는 … 토지 임차인이며 고용주이며 능숙한 상인이다. … 그런 사람들은 생산자가 아니라 기업가이다. 몇몇은 일 년 내내 쟁기를 건드려 본 적도 없다. 그들은 노동자를 고용하고 단지 현장에서 감독을 할 뿐이며 거래에 종사한다"고 말했다.

고리대금업자 또한 유고슬라비아 시골 지역에서 매우 왕성한 활동을 보이고 있다. 이자율은 종종 연간 100퍼센트를 상회한다. 게다가 실업자들의 곤경을 이용하여 노동시장을 독점하고 그 과정에서 착취를 일삼는 자들도 있다.

땅과 다른 생산수단을 빼앗기고 가난에 시달리는 많은 수의 소농들은 그들의 노동력을 판매함으로써만 살아갈 수 있다. 1962년 8월 20일 ≪폴리티카≫에서 제시한 수치에 따르면 1961년 2헥타르 미만의 토지를 보유한 유고슬라비아 소농가구의 현금 수입 중 약 70퍼센트가 자신들의 노동력 판매에서 온 것이다. 이 소농들은 여기저기서 돈을 뜯기며 비참한 삶을 영위하고 있다.

---

22) 슬라브코 코마르, 앞의 글.

위 사실들이 보여 주듯 유고슬라비아의 시골은 착취계급의 지배를 받고 있다.

유고슬라비아가 사회주의 나라라고 주장하면서 쏘련 공산당 중앙위원회의 공개서한에서는 유고슬라비아의 시골 지역에서 "사회주의적 부문"이 6퍼센트에서 15퍼센트로 증가했다고 말한다.

불행히도, 심지어 이 초라한 비율조차 사회주의적인 것이 아니다.

쏘련 공산당 지도자들이 언급한 15퍼센트의 사회주의적 부문이란 말은 오직 티토 일당이 장려한 "농업농장(agricultural farms)"과 "전(全)농업협동조합(general agricultural cooperatives)"과 같은 조직들에만 해당될 뿐이다. 그러나 실은 "농업농장"은 자본주의적 농장이며 "전농업협동조합"은 주로 상업에 종사하는 자본주의적 경제조직이다. 그들은 토지의 사적 소유에 영향을 미치지 않는다. 더욱이 그것들의 주된 기능은 부농경제의 발전을 촉진하는 것이다.

베오그라드에서 출판된 ≪유고슬라비아의 농업 문제(*Problems of Agricultural in Yugoslavia*)≫에서는 다음과 같이 서술하고 있다. "그것들이 오늘날 조직되는 방식과 기능하는 방식을 통해 판단하자면" 협동조합들은 "농업과 농촌의 사회주의적 재건을 조금도 뜻하지 않는다. 그것들은 사회주의 근거지의 창조를 위해서라기보다는 자본주의적 요소의 발전과 촉진을 위해 작동한다. 이 협동조합들이 쿨락(Kulak)의 연합들인 사례들도 있다."

티토 일당은 "전농업협동조합"에 소농들로부터 농업생산물을 구매할 독점적 권리를 부여했다. 이른바 협동조합들은 이러한 특권과 농산물 가격의 걷잡을 수 없는 변동을 이용하여 투기를 일삼고 그러한 상업 활동을 통해 대규모로 소농들을 착취한다. 1958년 유고슬라비아는 흉작을 겪었다. 협동조합들과 다른 상업기관들은 농산물 판매가격을 올릴 기회를 잡았다. 1959년에는 수확이 더 나았는데 협동조합들은 소농들과의 계약을 깨고 구매량을 줄였다. 들판에서 곡식이 썩어가도록 내버려 두는 것도 서슴지 않고서 말이다.

"전농업협동조합"들과 "농업농장"들은 많은 수의 장기적인, 그리고 임시의 노동자들을 고용하여 착취하고 있다. 1962년 유고슬라비아 연방 인민공화국 통계연감에 제시된 자료에 따르면 "협동조합"들에 고용된 장기 노동자만 해도 1961년에 도합 십만이 넘는다. 많은 수의 임시 노동자들 또한 고용되어 있다. 1962년 12월 1일 ≪라드(Rad)≫에서 밝힌 것처럼 고용된 노동자들은 "자주 노골적인 착취에 시달리며(일일 근무시간은 15시간까지 길어지기도 한다.) 대체로 그들의 개인소득은 극도로 낮은 수준이다."

이와 같이 이른바 사회주의적 부문이라는 이 농업기구들은 자본주의적 농업기구에 불과하다는 것이 명백하다.

소농들에 대한 몰수와 자본주의적 농장의 촉진이 농업 분야에서 티토 일당의 기본적인 정책을 형성한다. 1955년으로 돌아가서 다음과 같은 티토의 말을 보자.

> 우리는 유고슬라비아에서 작은 농장들이 하나 또는 다른 방식으로 결합되는 날이 올 것이라는 생각을 버리지 않는다. ... 미국에서는 이미 그렇게 했다. 우리는 반드시 이 문제에 대한 해결책을 발견할 것이다.

자본주의의 길을 취하기 위해서 1959년 티토 일당은 경작지의 이용에 대한 법을 공포했다. 그 법은 요건에 맞춰 경작할 수 없는 소농들이 단독으로 일하는 토지는 "전농업협동조합들"과 "농업농장들"의 "강제관리"를 받는다고 규정하고 있다. 실제로 이것은 자본주의적 농장을 발전시키기 위한 소농들에 대한 몰수와 그들 토지의 강제합병을 의미한다. 이것은 순수하고 단순한 자본주의적 농업의 길이다.

소농경제에서 대규모 농경으로의 이행에 대해서 스딸린은 말했다.

> 두 개의 방향이 있다. 자본주의적 방향과 사회주의적 방향. 즉, 사회주의로의 전진의 길과 자본주의로의 후퇴의 길.

제3의 길이 있는가? 스딸린은 말했다. "이른바 세 번째 방향은 실제로 두 번째 방향, 자본주의로의 후퇴로 이어지는 길이다." "개인 농경으로 돌아가고 쿨락을 복구한다는 것은 무엇을 의미하는가? 그것은 쿨락 속박을 되살리는 것, 쿨락들의 소농 착취를 되살리는 것, 쿨락들에게 권력을 주는 것을 의미한다. 그러나 쿨락을 복구하는 동시에 쏘비에트 권력을 유지하는 것이 가능한가? 아니, 그것은 불가능하다. 쿨락의 부활은 반드시 쿨락 권력의 창조로, 쏘비에트 권력의 청산으로 이어질 것이다. 그러므로 그것은 반드시 부르주아 정부의 형성으로 이어지게 될 것이다. 그리고 부르주아 정부의 형성은 결국 지주와 자본가들의 부활로, 자본주의의 부활로 이어질 것이다."[23)]

지난 십 년 남짓한 기간 동안 농업에서 유고슬라비아가 택한 길은 정확히 자본주의를 복고하는 길이었다.

이 모든 것들은 논쟁의 여지없는 사실이다.

우리는 티토 일당에 대한 평결을 번복하려고 애쓰는 이들에게 묻고 싶다. 거짓말을 하려는 것이 아니라면 어떻게 유고슬라비아에 자본가들이 없다고 단언할 수가 있는가?

전 인민이 소유하는 사회주의 경제에서 자본주의 경제로의 타락

유고슬라비아에서의 자본주의의 복고는 사적 자본주의가 도시와 시골 지역 모두에서 자유롭게 퍼져가고 있다는 사실에서만 나타나는 것이 아니다. 훨씬 더 중요한 것은 유고슬라비아 경제에서 결정적인 역할을 하는

---

23) J. V. 스딸린, "집단농업 돌격대 제1차 전 연방 대회에서의 연설(Speech Delivered at the First All-Union Congress of Collective-Farm Shock Brigaders)", ≪저작집≫ 영문판, FLPH, 모스크바, 1955, Vol. XIII, p. 248.

"공공의" 기업들이 변질했다는 점이다.

티토 일당의 "노동자 자주관리(workers' self government)"의 경제는 특별한 형태의 국가자본주의이다. 프롤레타리아트 독재라는 조건 하의 국가자본주의가 아니라 티토 일당이 프롤레타리아트 독재를 관료-매판 부르주아지의 독재로 바꿔놓은 상태에서의 국가자본주의이다. "노동자 자주관리" 하에서의 기업들의 생산수단은 한 명이나 그 이상의 사적 자본가들의 소유가 아니라, 티토 일당으로 대표되는 관료들과 관리자들을 포함하는 유고슬라비아의 새로운 형태의 관료-매판 부르주아지의 소유이다. 국가라는 이름을 찬탈하고 미제국주의에 의존하며 사회주의를 가장하고서, 이 관료-매판 부르주아지는 본래 근로인민들이 갖고 있던 재산을 강탈했다. 사실상 "노동자 자주관리"는 관료-매판 자본의 지배하에 있는 가차 없는 착취체제이다.

1950년부터 티토 일당은 모든 국가 소유의 공장, 광산들과 통신, 교통, 무역, 농업, 임업, 공공사업 분야의 기업들에 "노동자 자주관리"를 도입하는 일련의 법령을 공표했다. "노동자 자주관리"의 핵심은 "노동하는 집단"에 기업들을 넘겨주는 것이다. 각각의 기업들은 독립적으로 운영되며 그 자신의 원재료를 구매하고 생산물의 종류, 생산량, 가격과 그것들의 판매에 대해 결정하며 자신들의 임금 규모와 이윤의 일부에 대한 분할에 대해 결정한다. 유고슬라비아의 법령은 나아가 경제적 기업들이 고정자산을 매매, 임대할 권리가 있음을 명기하고 있다.

티토 일당은 "노동자 자주관리" 하의 기업들에서 소유권은 "사회주의적 소유의 고도의 형태"라고 표현한다. 그들은 "노동자 자주관리"를 통해서만 "실제로 사회주의를 건설"할 수 있다고 주장한다.

이것은 순전한 사기이다.

이론적으로 말해 맑스주의에 대해 약간의 지식만 있는 사람이라면 알고 있듯이 "노동자 자주관리"와 "공장을 노동자에게"와 같은 구호는 결코 맑스주의자의 구호였던 적이 없으며 무정부주의적 노동조합주의자들(syndicalists), 부르주아 사회주의자들, 구(舊) 기회주의자들과 수정주의자들이 내건 구호들이었다.

"노동자 자주관리"와 "공장을 노동자에게"라는 생각은 사회주의에 대한 근본적인 맑스주의 이론에 정면으로 배치한다. 그것은 고전적인 맑스주의 저술가들에 의해 오래 전에 완전히 논박된 것이다.

맑스와 엥겔스가 ≪공산당선언≫에서 지적했듯이 "프롤레타리아트는 자신의 정치적 우위를 모든 자본을 부르주아지로부터 점차적으로 탈취하고 모든 생산수단을 국가의 수중에 집중하는 데에 사용할 것이다. ..."

엥겔스는 ≪반뒤링론≫에서 "프롤레타리아트는 정치권력을 장악하고 생산수단을 국가소유로 전환시킨다"고 썼다.

정치권력을 장악한 후 프롤레타리아트는 생산수단을 프롤레타리아트 독재 국가의 수중으로 집중시켜야만 한다. 이것은 사회주의의 근본 원칙이다.

10월 혁명에 뒤이은 쏘비에트 권력의 초기 시대에, 몇몇 사람들이 생산자들이 직접 "생산을 조직"할 수 있도록 공장을 그들에게 양도하자고 주장했을 때, 레닌은 이러한 관점은 실제로 프롤레타리아트 독재에 대한 반대를 의미한다고 하면서 단호히 비판했다.

그는 예리하게 지적했다.

> ... 개별 공장이나 개별 직종들의 노동자들이 자신들의 생산물을 소유하는 것, 또는 국가권력을 약화하거나 방해할 그들의 권리에 대한 어떠한 직·간접적인 합법화도 쏘비에트 권력의 기본 원칙에 대한 가장 커다란 왜곡인 동시에 사회주의에 대한 완전한 포기이다.[24]

그러므로 "노동자 자주관리"가 사회주의와 아무런 관련이 없음은 분명하다.

사실상 티토 일당의 "노동자 자주관리"는 노동자들의 자주관리를 제공

---

[24] V. I. 레닌, "민주주의와 소비에트 권력의 사회주의적 성격에 관하여(On the Democracy and Socialist Character of the Soviet Power)".

하지 않는다. 그것은 장난질이다.

"노동자 자주관리" 하의 기업들은 실제로 티토 일당으로 대표되는 새로운 관료-매판 부르주아지의 손아귀에 있다. 이들은 기업들의 자산과 고용인들을 관리하며 이 기업들의 수입의 거의 대부분을 가지고 간다.

티토 일당은 은행을 통해 나라 전체의 신용과 모든 기업들의 투자기금과 유동자본을 장악하고 그들의 재정을 감독한다.

티토 일당은 세금 징수나 이자 등 다양한 방식으로 이 기업들의 수입을 약탈해 간다. "유고슬라비아 연방 행정위원회의 1961년 사업보고서"의 통계에 따르면 그들은 이런 식으로 기업들의 순수익의 약 4분의 3을 가져갔다.

티토 일당은 인민의 노동의 결실을 장악하고 있다. 그 결실은 주로 이 관료 일당들이 낭비적인 비용을 맞추기 위해, 그들의 반동적인 통치를 유지하기 위해, 근로인민을 억압하는 기구를 강화하기 위해, 외채의 이자를 지불하는 형태로 제국주의자들에게 뇌물을 주기 위해 도용된다.

게다가 티토 일당은 그들의 관리자들을 통해 이 기업들을 통제한다. 관리자들은 명목상으로는 기업들에 의해 경쟁을 통해 선발되지만 실은 티토 일당의 지명을 받은 이들이다. 그들은 이 기업들에서 관료-매판 부르주아지의 대리인 노릇을 한다.

"노동자 자주관리"하의 기업들에서 관리자와 노동자들의 관계는 사실상 고용주와 고용인의 관계, 착취자와 피착취자의 관계이다.

현 상태 하에서 관리자들은 이 기업들의 생산계획과 발전방향을 결정하고 생산수단을 처분하고 기업 수입의 분배에 대해 결정하며 노동자를 고용하거나 해고하고 노동자평의회 또는 관리위원회의 결정사항을 각하할 수 있다.

유고슬라비아 언론이 보여 주는 풍부한 정보들은 노동자평의회는 단지 형식적인 것으로서 거수기 역할만을 하며, 회사의 모든 권력은 관리자의 손 안에 있다는 것을 입증해 준다.

기업의 관리자가 그 기업의 생산수단과 수입의 분배를 지배한다는 사실은 그가 노동자들의 노동의 결실을 다양한 특권들을 통해 전유할 수 있게 해준다.

티토 일당 스스로도 이 기업들에서 관리자와 노동자 사이에 임금뿐 아니라 상여금도 크게 차이가 난다는 점을 시인한다. 몇몇 기업들에서 관리자들과 더 높은 직원들의 상여금은 노동자들에게 지급되는 것의 40배나 된다. "어떤 기업들에서는 일단의 지도자들이 받는 상여금의 총합이 전체 집단의 임금 기금과 맞먹는다."25)

게다가 기업의 관리자들은 다양한 속임수를 써서 큰돈을 버는 데에 그들의 특권을 사용한다. 뇌물, 횡령, 절취는 관리자들에게 훨씬 더 큰 수입의 원천이다.

광범위한 노동자 대중이 빈곤 속에 살고 있다. 고용에 대한 보장은 없다. 많은 수의 노동자들이 회사의 폐업으로 직업을 잃는다. 공식 통계에 의하면 1963년 2월 실직자의 수는 339,000명, 취업자 수의 약 10퍼센트에 이른다. 게다가 매년 많은 노동자들이 일을 찾아 해외로 나가고 있다.

≪폴리티카≫는 1961년 9월 25일 "몇몇 노동자들과 사무직 고용인들 사이에 큰 차이가 존재하며, 전자는 후자를 그들의 임금을 '집어삼키는' '관료'로 여긴다"는 점을 인정했다.

이 사실들은 "노동자 자주관리" 하의 유고슬라비아 기업들에서 새로운 사회적 집단이 다수의 노동의 결실을 전유하는 소수를 이루게 되었다는 것을 보여준다. 이 집단은 유고슬라비아의 새로운 관료-매판 부르주아지의 중요한 구성요소이다.

"노동자 자주관리"를 추진함으로써 티토 일당은 본래 전 인민이 소유했던 기업들을 완전히 사회주의 경제의 길 밖으로 밀어내었다.

이것의 주요한 징후들은 다음과 같다.

첫째, 국가에 의한 통합된 경제계획의 포기.

둘째, 기업 운영의 주된 장려책으로 이윤의 사용. 그들은 자신들의 수

---

25) "2월 17일 유고슬라비아 공산주의자 동맹 중앙위원회가 산하의 조직들과 모든 수준의 지도부들에게 보내는 서한(Letter of the Central Committee of the L. C. Y. to Its Organizations and Leaderships at All Levels February 17)", 1958.

입과 이윤을 늘리는 다양한 방법을 사용할 것이다. 다시 말해 "노동자 자주관리" 하의 기업들에서 생산의 목적은 사회의 필요를 충족시키는 것이 아니라 여느 자본주의적 기업에서와 마찬가지로 이윤을 추구하는 것이다.

셋째, 자본주의적 자유경쟁을 장려하는 정책의 추구. 티토는 기업들의 관리자들에게 "국내에서의 경쟁은 우리나라의 서민들, 소비자들에게 혜택을 줄 것이다"라고 말했다. 티토 일당은 또한 "경쟁, 이윤의 추구, 투기와 같은 것들"을 허용하는데, 왜냐하면 "그것들은 생산자들, 그들의 집단들, 공동체들 등의 주도성을 고취하는 데에 긍정적인 역할을 할 것이기 때문"[26]이라고 공공연하게 천명했다.

넷째, 자본주의적 자유경쟁을 촉진하는 중요한 지렛대로서 신용과 은행의 사용. 티토 체제의 신용과 은행 제도는 대출을 제공할 때에 투자 입찰을 모집한다. 가장 짧은 시기에 대출금을 갚고 가장 높은 이율의 이자를 제공할 능력이 있는 자라면 대출을 받게 된다. 그들의 말로는 이것이 "투자 신용을 할당하는 일반적인 방법으로서 경쟁을 활용하는 것"[27]이다.

다섯째, 기업들 간의 관계가 통합된 정부 계획 하에서의 상호 지원과 협력이라는 사회주의적 관계가 아니라 자유 시장에서의 자유경쟁과 경쟁 상대라는 자본주의적 관계라는 것.

이 모든 것이 사회주의적 계획경제의 기반 자체를 침식해 왔다.

레닌은 말했다.

> 사회주의는 … 수천만의 인민들로 하여금 생산과 분배에서의 단일한 기준을 엄격하게 준수하도록 만드는 계획된 국가기구 없이는 생각도 할 수 없다.[28]

---

26) 블라디미르 바카리치, "크로아티아 공산주의자 동맹 제4차 대회에서의 보고 (Report to the Fourth Congress of the League of Communists of Croatia)", 1959. 4. 7.
27) 아우구스틴 파피치, "유고슬라비아에서의 투자자금 조달(Investment Financing in Yugoslavia)", ≪애널스 오브 콜렉티브 이코노미(Annals of Collective Economy)≫, 베오그라드, 1959. 4-11월.

그는 또한 말했다.

> ... 모든 방면의 국가 회계와 재화 생산과 분배의 통제, 근로자의 권력, 근로자의 자유가 없다면 유지될 수 없으며, ... 자본주의의 멍에로 되돌아 가는 것을 피할 수 없다.29)

"노동자 자주관리"라는 간판 아래 유고슬라비아의 모든 경제 부문과 기업들이 격렬한 자본주의적 경쟁에 갇혀 있다. "노동자 자주관리" 하의 기업들에서 횡령, 투기, 매석에 관여하는 것, 시장과 이윤을 얻기 위한 경쟁에서 가격을 부풀리고 뇌물을 주고 기술상의 비밀을 감추고 기술담당자를 붙잡아 두며 심지어 신문과 라디오를 통해 서로를 공격하는 것은 아주 흔한 일이다.

유고슬라비아 기업들 사이의 격렬한 경쟁은 국내시장에서뿐만 아니라 국제무역에서도 계속된다. 유고슬라비아 언론은 유고슬라비아 국제무역기구의 2, 30명의 대리인이 같은 해외시장을 방문하고 사업을 위해 그들 간에 경쟁을 하며 다른 사람의 고객이나 공급자를 가로채는 것이 특별한 일이 아니라고 말한다. "이기적인 동기에서", 대외무역에 종사하는 이 기업들은 "어떤 대가를 치르고라도 이윤을 얻기 위해" 애쓰며 "수단과 방법을 가리지 않는다."

이러한 격렬한 경쟁의 결과는 유고슬라비아 시장의 혼란이다. 가격은 서로 다른 도시나 지역들뿐만 아니라 같은 지역의 다른 가게들에서도, 심지어 같은 생산자의 같은 종류의 제품에 대해서조차 큰 폭으로 달라진다. 높은 가격을 유지하기 위해서 몇몇 기업들은 많은 양의 농산물을 망쳐버

---

28) V. I. 레닌, "좌익, 유치함과 소부르주아적 사고방식(Left-Wing, Childishness and Petty-Bourgeois Mentality)", 《선집(Selected Works)》 영문판, 인터내셔널 퍼블리셔스(International Publishers), 뉴욕, 1943, Vol. VII, p. 365.
29) V. I. 레닌, "쏘비에트 정부의 당면 과제(The Immediate Tasks of the soviet Government)", 《선집》 영문판, 인터내셔널 퍼블리셔스, 뉴욕, 1943, Vol. VII, p. 327.

리는 것도 서슴지 않는다.

이 격렬한 경쟁의 또 다른 결과는 유고슬라비아의 수많은 기업들의 폐업이다. 유고슬라비아 연방 공식 회보가 제공한 정보에 따르면 최근 몇 년 동안 한 해에 5백 내지 6백의 기업들이 문을 닫았다.

이 모든 것들은 유고슬라비아의 "공공" 경제가 사회주의적 계획경제의 법칙이 아니라 자본주의적 경쟁과 생산의 무정부성의 법칙의 지배를 받고 있다는 것이다. "노동자 자주관리" 하의 티토 일당의 기업들은 사회주의적이 아니라 그 본질상 자본주의적이다.

우리는 티토 일당에 대한 평결을 번복하려고 애쓰는 이들에게 묻고 싶다. 거짓말을 하려는 것이 아니라면 어떻게 관료-매판 부르주아지의 지배를 받는 국가자본주의 경제를 사회주의 경제라고 표현할 수 있는가?

미제국주의에의 예속

유고슬라비아에서의 자본주의 복고 과정은 티토 일당이 미 제국주의에 굴종해 가는 과정, 그리고 유고슬라비아가 미 제국주의에의 예속으로 전락해 가는 과정과 밀접하게 연결되어 있다.

맑스-레닌주의에 대한 배신과 함께 티토 일당은 국가의 주권을 팔아치우고 미 제국주의의 자선으로 살아가게 되는 수치스러운 과정에 돌입했다.

불완전한 통계에 따르면 2차 대전의 종결로부터 1963년 1월까지 미국과 다른 제국주의 세력은 티토 일당에게 합계 약 미화 54억 6천만 달러의 "원조"를 제공하였다. 그중 60퍼센트가 넘는 35억 달러가 미국의 "원조"이다. 미국의 원조이 가장 대부분은 1950년 이후에 제공되었다.

미국의 원조는 유고슬라비아의 재정과 경제의 대들보가 되어 왔다. 티토 일당이 1961년 미국과 미 지배 하의 국제 재정기구에게서 받은 대부는 1961년 합계 3억 4천6백만 달러, 그 해 유고슬라비아 연방 예산 수입의 47.4퍼센트에 이르는 금액이었음을 공식 통계는 보여준다. 다른 서방 국가들의 원조까지 포함해서 티토 일당이 1961년 서방으로부터 받은 돈은 합계 미화 4억 9천3백만 달러, 그 해 연방 예산 수입의 67.6퍼센트였다.

미국의 원조를 얻기 위하여 티토 일당은 미국과 일련의 배신적인 조약을 체결했다.

유고슬라비아와 미국이 1951년 상호방위지원협정과 관련하여 주고받은 기록에서는 미국 정부 관료가 유고슬라비아에서 미국의 군사원조품의 수령과 배분을 감시, 감독하고 "통신과 정보 시설들에 자유롭게 접근"할 "무제한적인 ... 자유"를 가진다는 것을 명기하고 있다. 이 협정은 또한 유고슬라비아가 미국에게 전략적 천연자원을 제공할 것을 요구하고 있다.

1951년 유고슬라비아와 미국 사이에 맺은 군사원조에 관한 협정은 유고슬라비아가 "자유세계의 방어력 증진과 유지를 위해 ... 최대한의 기여를" 해야 하며, 유엔에 병력을 제공할 준비가 되어 있어야 한다고 규정하고 있다. 이 협정 하에서 미국이 보낸 군사 사절단이 유고슬라비아 군대를 직접 지휘했다.

1952년 유고슬라비아-미국의 경제협력협정은 유고슬라비아가 미국의 원조를 반드시 "기본적인 개인의 인권과 자유, 민주적 제도를 발전시키기" 위해, 즉 자본주의를 발전시키기 위해 활용해야 한다고 명시하였다.

1954년 유고슬라비아는 그리스 및 터키와 동맹, 정치적 협력, 상호지원에 대한 조약을 체결했다. 두 나라 모두 나토(NATO) 회원국이다. 조약은 세 나라 사이에 군사적, 외교적 협조를 규정하였으며, 이렇게 하여 유고슬라비아는 미국이 지배하는 군사 블록의 실질적인 일원이 되었다.

1954년부터 유고슬라비아는 자신의 주권을 포기하면서 미국과 일련의 협정들을 체결했다. 1957년과 1962년 사이의 기간에 그러한 조약들이 50개 이상 체결되었다.

이 조약들과 협정들의 체결 때문에, 그리고 티토 일당이 유고슬라비아를 미 제국주의에 종속되게 만들었기 때문에, 미국은 유고슬라비아에서 다음과 같은 권리들을 누린다.

(1) 유고슬라비아의 군사업무를 통제할 권리

(2) 유고슬라비아의 외교업무를 통제할 권리
(3) 유고슬라비아의 국내문제에 간섭할 권리
(4) 유고슬라비아의 재정을 조종하고 감독할 권리
(5) 유고슬라비아의 대외무역을 통제할 권리
(6) 유고슬라비아의 전략적 자원을 약탈할 권리
(7) 군사적, 경제적 기밀을 수집할 권리

유고슬라비아의 독립과 주권은 이리하여 티토 일당에 의해 경매로 처분되었다.

미국과의 일련의 불평등 조약으로 유고슬라비아의 자주적 권리를 팔아 넘긴 것에 더하여, 티토 일당은 미국의 원조를 확보하려는 목적에서 국내외 정책에서도 유고슬라비아에 침투하려는 서구 독점자본의 요구에 응하는 조치를 하나씩 취해 나갔다.

1950년부터 티토 일당은 대외무역에 대한 국가 독점을 폐기했다.

1953년 공포된 대외무역활동법은 기업들이 독립적으로 대외무역을 수행하고 서구 독점자본 기업들과 직접 거래하는 것을 허용하였다.

1961년 티토 정권은 외환 및 대외무역에 대한 제도들에 대한 개혁을 시행했다. 개혁의 주요 내용은 수출 및 수입에 대한 규제완화를 확대하는 것이었다. 주요한 반가공 원료와 특정한 소비재들의 수입에 완전한 자유화를 가져왔고, 다른 상품들의 수입에 대한 규제가 다양한 수준으로 완화되었다. 이른바 제한 없는 수입에 필요한 외화 공급에 대한 규제도 철폐되었다.

대외무역에 대한 국가독점이 사회주의의 기본 원칙이라는 것은 모두가 아는 사실이다.

레닌은 산업 프롤레타리아트는 "절대로 산업의 보호 없이는 우리의 산업을 회복시키고 러시아를 산업국가로 만들 위치에 있지 않은데, 이는 결코 관세 정책을 통한 보호를 의미하는 것이 아니라 전적으로, 오로지 대외무역의 독점을 통한 보호만을 의미하는 것"[30]이라고 말했다.

스딸린은 "대외무역의 독점은 쏘비에트 정부 강령의 흔들리지 않는 기초 중 하나"이며 대외무역 독점의 폐기는 "국가의 산업화에 대한 포기", "쏘비에트 사회주의 공화국 연방이 자본주의 국가들의 상품들로 넘쳐나는 것", 그리고 "우리나라를 독립국에서 반식민지로 바꿔놓는 것"을 의미할 것31)이라고 말했다.

티토 체제가 해왔던 것과 같이 대외무역에 대한 국가독점을 폐기하는 것은 제국주의 독점자본에게 문을 활짝 열어주는 것이다.

티토 일당이 미국의 대규모 원조를 받고 제국주의에 문을 활짝 열어주었다는 사실로 인한 경제적 결과는 무엇인가?

첫째, 유고슬라비아가 제국주의자들의 덤핑시장이 되었다는 것이다.

제국주의 국가들에서 온 거대한 양의 공산품과 농산물이 유고슬라비아 시장에 범람하게 되었다. 외국 독점자본에 봉사하여 거액의 돈을 벌어들인 유고슬라비아 매판 자본가들은 이윤을 좇아 비록 그 상품들이 국내에서 생산될 수 있다 해도, 심지어 재고가 산더미같이 쌓여 있는데도 그것들을 계속해서 수입한다. ≪폴리티카≫는 1961년 7월 25일, 유고슬라비아 산업이 "외국 산업의 지속적이고 매우 복잡한 경쟁으로 인해 타격을 받았다"는 것이 "어디에서나 명백하다"는 것을 인정했다.

둘째, 유고슬라비아는 제국주의적 투자의 출구가 되었다.

많은 유고슬라비아의 산업체들은 미국과 기타 제국주의 나라들의 "원조"로 세워진 것들이다. 외국의 많은 사적인 독점자본들이 유고슬라비아에 침투해 왔다. 1952년과 1956년 사이에 유고슬라비아 투자은행의 총지배인으로 있었던 아우구스틴 파피치(Augustin Papic)에 의하면 "외국 기금의 비율이 전체 경제적 투자 가치의 32.5퍼센트에 달했다." 미 국무장관 딘 러스크(Dean Rusk)는 1962년 2월 5일, 유고슬라비아 자본의 원천은 "대부

---

30) V. I. 레닌, "대외무역의 독점에 관하여(On the Monopoly of Foreign Trade)", ≪전집(Collected Works)≫ 러시아어판, SPPL, 모스크바, 1950, Vol. XXXIII, p. 420.
31) J. V. 스딸린, "최초의 미국 노동자 대표단과의 인터뷰(Interview with the First American Labour Delegation)", ≪저작집≫ 영문판, FLPH, 모스크바, 1954, Vol. X, pp. 115-116.

분 서방에 있었다"고 말했다.

셋째, 유고슬라비아는 제국주의가 천연자원을 뽑아내는 기지가 되었다.

군사원조에 관한 협정에 따라 티토 일당은 1951년부터 계속해서 미국에게 많은 양의 전략적 천연자원을 공급해 왔다. 1961년 유고슬라비아 연방인민공화국 통계연감에 의하면 1957년부터 마그네슘, 납, 아연, 안티몬과 같은 유고슬라비아의 중요한 금속 수출량의 대략 절반이 미국으로 갔다.

넷째, 유고슬라비아의 산업체들이 서구 독점자본 회사들의 조립공장이 되었다.

많은 유고슬라비아의 주요 산업들은 서구 국가들의 허가 아래서 생산하며 반가공 원료, 부품, 예비부품, 반제품의 수입에 의존하고 있다. 이 산업들의 생산은 서구 독점자본의 지배하에 있다.

사실상 유고슬라비아 국산품으로 팔리는 공산품 중 많은 것들이 이미 만들어져 수입되는 부품들을 조립하여 유고슬라비아의 상표를 붙인 것이다. 1962년 4월 25일자 ≪베스니크 유 스레드(*Vesnik u sredu*)≫는 "우리 산업체들 중 몇몇은 생산하지 않고 조립을 하는, 단지 다른 기업들의 제품에 자기 상표를 붙이기만 하는 특별한 형태의 상업 기구가 되고 있다"고 말했다.

이러한 상황에서 유고슬라비아는 세계시장에서 서구 독점자본의 필수적인 부분이 되었다. 재정과 경제 영역에서 유고슬라비아는 자본주의 세계시장에 단단히 묶여 있으며 제국주의, 특히 미 제국주의에의 예속으로 전락했다.

사회주의 나라가 그 자신의 독립성과 자주권을 팔아넘기고 제국주의의 부속품이 될 때, 자본주의 체제의 부활은 피할 수 없는 결과이다.

티토 일당이 선전하는, 미국의 원조에 의존하는 방식을 통한 "사회주의" 건설의 특별한 길이란 것은 제국주의의 필요에 맞추기 위해 사회주의 체제를 자본주의 체제로 바꾸는 길이요 독립국에서 반식민지로 전락하는 길에 불과하다.

흐루쇼프는 미 제국주의에 대한 이러한 종속을 "사회주의를 건설하는 것"이라고 주장한다. 이것은 공상이다. 미국의 원조를 자신의 상표로 달고 있는 자칭 사회주의는 맑스, 엥겔스, 레닌에 의해 비판된 사회주의의 가짜 브랜드에 추가될 새로운 변종이며, 아마도 이것이 티토와 흐루쇼프가 "맑스-레닌주의의 이론을 창의적으로 발전시키는" 데 있어서 가장 크게 기여한 부분일 것이다.

미 제국주의의 반혁명 특별 분견대

국제관계에서 티토 일당이 맡은 반혁명적 역할과 그들의 반동적 대외정책에 비추어 볼 때, 유고슬라비아는 사회주의 나라이기에는 너무나 멀리 떨어져 있다.

국제무대에서 티토 일당은 세계혁명을 사보타지하기 위한 미 제국주의의 특수 분견대이다.

유고슬라비아에서 자본주의 복고의 모범을 보임으로써 티토 일당은 미 제국주의가 사회주의 나라들 안에서 "평화로운 발전(peaceful evolution)" 정책을 추진하는 것을 돕고 있다.

사회주의 국가라는 간판 아래 티토 일당은 사회주의 진영을 미친 듯이 반대하고 방해하며, 반(反)중국 캠페인에서 적극적인 대리인으로 봉사하고 있다.

비동맹주의와 상호 공존을 빙자하여 티토 일당은 아시아, 아프리카, 라틴아메리카의 민족해방운동을 파괴하려고 애쓰며 미국의 신식민주의에 복무하고 있다.

티토 일당은 미 제국주의를 그럴듯하게 치장해서 제국주의자들의 전쟁과 침략 정책에 맞서 싸우는 전 세계의 인민들을 마비시키려고 안간힘을 쓰고 있다.

"스딸린주의"에 반대한다는 구실 하에 티토 일당은 사방팔방에 수정주의의 독을 퍼뜨리고 모든 나라의 인민의 혁명에 반대하고 있다.

티토 일당은 지난 십여 년 동안 주요한 국제적 사건들에서 다양하게 미 제국주의의 하인 역할을 맡아 왔다.

1. 그리스에서의 혁명. 1949년 7월 10일, 티토는 그리스 민중의 게릴라들에 맞서서 유고슬라비아와 그리스 사이의 국경을 폐쇄했다. 동시에 그는 그리스의 파쇼 왕정주의자 군대들이 후방에서 게릴라들을 공격하기 위해 유고슬라비아 영토를 통과하는 것을 허용했다. 이런 식으로 티토 일당은 영미 제국주의자들이 그리스 인민들의 혁명을 옭죄는 것을 도왔다.

2. 한국전쟁. 1950년 9월 6일 공표된 연설에서 당시 외상이었던 에드바르드 카르델리(Edvard Kardelj)는 침략에 저항한 그곳 인민들의 정당한 전쟁을 뻔뻔스럽게 비난하고 미 제국주의를 옹호했다. 12월 1일, 유엔안전보장이사회의 연설에서 티토 일당의 대표는 "한국전쟁에 적극적으로 개입"했다는 이유로 중국을 공격했다. 티토 일당은 또한 중국과 조선에 대한 유엔의 금수조치에 찬성표를 던졌다.

3. 베트남 인민의 해방전쟁. 1954년 인도차이나에서 제네바회담이 열리기 직전, 티토 일당은 베트남 인민들이 모스크바와 베이징에게 "전후 냉전 정책의 카드로서" 이용당하고 있다[32]고 주장하며 베트남 인민들의 정당한 투쟁을 맹렬히 비난했다.

그들은 디엔 비엔 푸(Dien Bien Phu)를 해방시키려는 베트남 인민들의 위대한 전투에 대해 그것은 "선의의 제스춰가 아니다"[33]라고 말했다.

4. 알바니아에 대한 파괴 공작. 티토 일당은 오랫동안 사회주의 알바니아에 대한 전복 활동과 무장 도발을 수행해 왔다. 그들은 1944, 1948, 1956, 1960년 네 번의 주된 반역 사건을 획책했다. 1948년부터 1958년까지 유고슬라비아-알바니아 국경에 대한 저들의 무장도발은 470회가 넘는다. 1960년 티토 일당과 그리스의 반동들은 지중해에서 미국의 제6함대와 공동으로 알바니아에 대한 무장 공격을 계획했다.

5. 헝가리에서의 반혁명 반란. 티토 일당은 1956년 10월 헝가리 반혁명

---

32) ≪보르바(Borba)≫, 1954. 4. 23.
33) ≪보르바≫, 1954. 5. 8.

반란에서 간섭주의자들의 선동가라는 수치스러운 역할을 수행했다. 반란의 발발 이후 티토는 반역자 나지(Imre Nagy)의 반동적 조치들을 지지하는 서한을 발표했다. 11월 3일 티토 일당은 나지에게 헝가리의 유고슬라비아 대사관에 망명 신청을 하라고 말했다. 11월 11일의 연설에서 티토는 반혁명 반란을 "진보주의자들"에 의한 저항으로 특징지으며, 뻔뻔스럽게도 "유고슬라비아의 행로"가 승리할지, 아니면 "스딸린주의의 행로"가 승리할지에 대하여 물음을 던졌다.

6. 중동의 사건들. 1958년 미 제국주의가 레바논을, 영국 제국주의가 요르단을 점령하기 위해 군대를 보냈다. 미국과 영국의 즉각적인 철군을 요구하는 저항의 물결이 전 세계적으로 일어났다. 중동 사태에 대한 유엔 총회의 긴급회의에서 유고슬라비아 외무상 코차 포포비치(Koca Popovic)는 "미국과 영국이 취한 조치에 대해 규탄하자거나 승인하자고 우리가 주장할 문제가 아니다"라고 말했다. 그는 미 제국주의의 지배하에 있는 기구인 유엔의 개입을 지지했다.

7. 대만해협에서 일어난 사건. 1958년 가을, 중국 인민해방군은 대만해협에서의 미 제국주의의 도발에 맞서고 미제의 하수인인 장제스(蔣介石) 패거리를 응징하기 위해 진먼(金門)을 포격했다. 티토 일당은 중국의 정당한 투쟁을 "전 세계에 대한 위험"[34]이자 "평화에 해롭다"[35]고 비난했다.

8. U-2 사건. 1960년에 미국은 U-2 정찰기를 보내 쏘련을 침범하고 빠리에서 열리기로 예정된 4개국 정상회담을 방해했다. 5월 17일 티토는 쏘비에트 정부가 취한 적절한 태도가 "그토록 대규모의 논쟁"을 유발했다며 공격하는 성명서를 발표했다.

9. 미국에 대항한 일본인들의 애국적인 투쟁. 1960년 6월, 일본인들은 미국에 대항하여 정당하고도 애국적인 투쟁을 벌였다. 그 규모는 전례 없는 것이었다. 그러나 티토 일당은 미국의 일본 점령은 "일본에서 정치적 생활의 민주화를 촉진했다"[36]고 말하며 미제국주의를 옹호했다. 계속해서

---

34) ≪슬로보드니 돔(*Slobodni Dom*)≫, 1958. 9. 4.
35) ≪슬로벤스키 포로체발레치(*Slovenski Porocevalec*)≫, 1958. 9. 9.

저들은 "미제국주의는 일본과 중국 인민의 공통의 적이다"라고 한 일본 사회당 전 총재 아사누마 이네지로(浅沼稻次郎)의 성명서를 공격하며 그가 "극단주의 노선을 지지한다"37)고 비난했다.

10. 인도네시아 인민의 투쟁. 티토 일당은 제국주의에 대한 인도네시아 인민들의 투쟁을 방해하려고 애썼다. 저들은 인도네시아에 "나사꼼(Nasakom)" 내각, 즉 민족주의자, 종교계, 공산주의자로 구성된 전국연합정부가 수립되는 것을 막기 위한 비열한 활동에 참여했다.

11. 콩고 사건. 1960년 여름 미제국주의가 유엔의 깃발 아래 콩고에 대한 공격을 실행했을 때 티토 일당은 유엔에서 미제국주의에 찬성표를 던졌을 뿐 아니라 미제국주의의 바람에 따라 콩고 인민에 대한 유혈 진압에 직접 참여하기 위해 콩고로 공군을 파견했다.

12. 라오스 문제. 미 제국주의가 1961년 1월 라오스에 대한 개입을 강화했을 때, 티토 일당은 미국이 "라오스의 평화와 중립화에 대해 정말로 염려한다"38)는 관점을 퍼뜨렸다. 미제국주의가 1963년 5월 라오스에서 정치적 암살과 무력충돌을 꾀하였을 때, 티토 일당은 라오스의 애국적 세력들이 "미국에 모든 책임을 떠넘긴다"39)며 공격했다.

13. 미국의 진보를 위한 동맹 프로그램. 1961년 8월 미국은 여러 라틴아메리카 나라들이 진보를 위한 동맹 프로그램에 조인하도록 강요했다. 그것은 라틴아메리카 인민을 노예화하기 위한 미국의 새로운 제국주의 도구였다. 이 공격 프로그램은 라틴아메리카 인민들의 강력한 반대에 부딪쳤으나 티토 일당은 "라틴아메리카 국가들의 요구사항을 대단히 충족시키는 것"40)이라는 찬사를 보냈다.

14. 중국-인도의 국경분쟁. 인도의 반동들이 1959년 중국-인도 국경에

---

36) ≪코뮤니스트≫, 베오그라드, 1960. 6. 2.
37) ≪포린 폴리티컬 불레틴(Foreign Political Bulletin)≫, 1962. 2. 1.
38) ≪보르바≫, 1961. 1. 13.
39) ≪폴리티카≫, 1963. 5. 5.
40) ≪코뮤니스트≫, 베오그라드, 1961. 8. 17.

서 긴장을 유발한 이래로 티토 일당은 끊임없이 중국에 대항하는 인도 반동의 팽창주의, 공격과 도발을 지지했다. 저들은 "국경선의 획정은 금세기 초에 이미 완성되었고 유명한 맥마흔라인(McMahon Line)의 형태로 표현되었다"[41]는 거짓말을 공공연하게 유포했다. 그리고 중국이 "고의로, 그리고 무력을 통해 인도와의 국경을 변경하도록 스스로 허용"[42]하고 인도를 "공격했다"[43]는 비방을 하면서 옳고 그름을 혼란시키기 위해 최선을 다했였다.

15. 쿠바혁명과 카리브해 위기. 티토 일당은 쿠바가 "혁명만을 신봉"[44]하며 쿠바혁명은 "혁명의 길에 대해 본보기라기보다는 하나의 예외"[45]라고 말하며 쿠바를 공격했다. 1962년 가을 카리브해 위기 동안에 티토 일당은 "쿠바혁명이 미국 기업들이 아끼는 옥수수를 짓밟았을 때 곤란이 시작"[46]했고, "만약 미국이 가까운 이웃에 있는 쿠바에서 로켓기지 설립을 방해 받았다고 한다면 그것은 이해할 만하다"[47]고 하면서 미제국주의의 공격을 옹호했다.

이 모든 것들로부터 지난 십여 년 동안 티토 일당이 사회주의 나라들에 필사적으로 반대해 왔으며 민족해방운동을 방해하려고 애썼고 모든 나라 인민들의 반제국주의 혁명투쟁을 비방했으며 제국주의, 특히 미제국주의에 적극적으로 복무했음을 충분히 알 수 있다.

흐루쇼프는 쏘련 공산당의 지도부와 티토 일당 사이에 국제 문제들에 대한 그들 태도에 "만장일치"와 "합의"가 있다고 반복적으로 말해 왔다.[48]

---

41) 《라드(Rad)》, 1959. 9. 12.
42) 《보르바》, 1960. 12. 26.
43) 《폴리티카》, 1959. 9. 3.
44) 《쿠바의 반란(The Rebellion of Cuba)》, 베오그라드, 1962. 11.
45) 《폴리티카》, 1963. 1. 1.
46) 《코뮤니스트》, 베오그라드, 1962. 9. 13.
47) 《폴리티카》, 1962. 11. 13.
48) N. S. 흐루쇼프, "스플리트의 대중 집회에서의 연설(Speech at a Mass Rally in Split)", 유고슬라비아, 1963. 8. 24.

자, 그러면 우리는 당신들의 활동과 티토 일당의 반혁명적 범죄들 사이에 만장일치나 합의가 있었는지 묻고 싶다. 대답해 달라, 그럴 용기가 있다면.

프롤레타리아트 독재에서 부르주아지의 독재로의 타락

결국 유고슬라비아의 도시와 시골 모두에서 자본주의가 넘쳐나게 된 것, 전 인민의 경제에서 국가자본주의 경제로 타락한 것, 유고슬라비아가 미제국주의의 속국으로 전락한 것은 모두 유고슬라비아에서의 당과 국가 권력의 변질에 그 원인이 있다.

2차 세계대전 동안 독일과 이탈리아의 공격에 맞서 영웅적으로 싸우면서 유고슬라비아의 공산당과 인민들은 제국주의와 유고슬라비아의 그 하수인들의 반동적인 통치를 타도하고 프롤레타리아트 독재 하의 인민의 민주적 국가권력을 확립했다.

얼마 지나지 않아 유고슬라비아 공산당 지도부는 유고슬라비아의 당과 국가권력의 점진적 타락을 가져오면서 맑스-레닌주의를 배신하고 수정주의의 길로 들어섰다.

유고슬라비아 공산당은 혁명 투쟁의 영광스러운 전통을 갖고 있다. 티토 일당의 배신은 무엇보다도 먼저 당 내의 강력한 저항에 맞닥뜨렸다. 이 저항을 억누르기 위해 티토 일당은 자신들의 권력을 이용해 맑스-레닌주의에 충실한 수많은 공산주의자들을 당에서 축출, 제거했다. 1948년부터 1952년 사이에만 이십만 명의 당원들, 곧 유고슬라비아 공산당 원조 당원들의 절반이 제명되었다. 이른바 코민포름 요소들에 반대하는 조치를 취하면서 저들은 많은 수의 맑스-레닌주의자들과 혁명적 간부들과 인민들을 체포하고 학살했다. 체포되어 수감된 공산주의자들과 혁명가들의 수만 해도 3천이 넘는다. 동시에 티토 일당은 반동들, 부르주아 분자들, 온갖 종류의 반사회적 분자들, 당원증을 통해 부와 지위를 구하려는 출세주의자들에게 문을 활짝 열어주었다. 1952년 11월 티토 일당은 "당이라는 명칭은 더 이상 걸맞지 않다"고 선언하고 유고슬라비아 공산당을 유고슬라비아 공산주의자 동맹으로 개칭했다. 유고슬라비아의 모든 정직한 공산주의자들의 뜻을 거슬러 저들은 프롤레타리아트 전위로서의 유고슬라비아 공산당의 성격을 바꾸고 유고슬라비아 공산주의자 동맹을 저들의 독재적 지배를 유지하는 실질적인 수단으로 만들었다.

사회주의 나라들에서 국가권력은 공산주의 정당의 지도력 아래에 있다. 공산주의 정당에서 부르주아 정당으로의 변질과 함께 국가권력은 필연적으로 프롤레타리아트 독재에서 부르주아지 독재로 타락한다.

유고슬라비아에서 프롤레타리아트 독재의 국가권력은 유고슬라비아 인민의 장기간의 영웅적 투쟁의 결실이었다. 그러나 티토 일당이 변절함에 따라 이 국가권력의 성격도 변질했다.

티토 일당은 "혁명적 프롤레타리아트 독재, 즉 사회주의 국가체제라는 수단은 점차로 불필요진다"[49]고 선언했다.

그렇지만 유고슬라비아에 더 이상 독재가 있는가? 그렇다, 있다. 프롤레타리아트 독재가 실제로 더 이상 없는 반면 부르주아지 독재가 존재할 뿐만 아니라, 그것도 야만적인 파쇼 독재가 있다.

티토 체제는 많은 파쇼적인 교도소와 강제수용소를 세웠으며, 그곳에서 수천의 혁명가들이 온갖 비인간적 형벌로 고문을 받아 죽어갔다. 동시에 티토 체제는 반파쇼 전쟁에서의 반동들과 반역자들을 대량으로 사면했다. 1951년 1월 7일 ≪합동통신사(United Press)≫ 특파원에게 답하면서 티토는 유고슬라비아에서 11,000명의 수감자들을 석방했음을 시인했다. 1962년 3월 13일 해외 망명 중인 또 다른 15만 명의 반동들이 사면을 받았다. 이들 인민의 적들에 대한 독재는 사실상 폐기되었고 그들은 "민주주의"를 얻어냈다. 티토 일당이 어떤 듣기 좋은 어구를 사용하든 간에 저들의 "민주주의"는 신구(新舊)의 부르주아 분자들 소수를 위한 민주주의일 뿐이며 근로인민에 대해서는 철저한 독재이다. 티토 일당은 소수의 착취자들을

---

[49] 에드바르드 카르델리, "사회주의 유고슬라비아의 새 헌법(The New Constitution of Socialist Yugoslavia)", ≪보르바≫, 1962. 9. 29.

억압하기 위해 세운 혁명적 국가 기구를 프롤레타리아트와 광범위한 대중을 억압하는 기구로 바꾸어 놓았다.

유고슬라비아에서 국가권력의 변질은 폭력에 의한 원래 국가권력의 타도와 새로운 국가권력의 수립을 통해서가 아니라 "평화로운 발전"을 통해서 일어났다. 외관상 같은 사람들이 권력을 유지하고 있으나 본질적으로 이 사람들은 더 이상 노동자와 소농들, 근로인민들의 이익이 아니라 제국주의와 유고슬라비아의 신구 부르주아지들의 이익을 대변한다.

국가권력을 활용하고 국가의 경제적 생명줄을 쥐고 흔들며 티토 일당은 유고슬라비아의 근로인민을 최대한으로 착취하고 관료 자본가 계급을 발생시켰다. 미제국주의에 의존하고 있는 이 계급은 성격상 강하게 매판적이고 또한 매판자본가 계급이다. 티토 일당이 지배하는 국가권력은 관료-매판 부르주아지 독재 권력이다.

위의 사실들은 티토 체제가 추구하는 정책들이 자본주의를 복고하고 발전시키는, 즉 유고슬라비아를 반식민지 내지 종속국으로 만드는 것들임을 여러 측면에서 보여준다.

유고슬라비아에서 국가권력의 변질은 사회주의 경제체제의 파괴와 자본주의 경제체제의 부활로 이어졌다. 새로운 형식으로 자본주의 경제체제가 재건됨에 따라 새로운 관료-매판 부르주아지가 점차적으로 성립하면서 자신들의 지배적 위치를 굳히기 위해 부르주아지 독재의 강화와 자본주의 경제체제에 알맞은 정치체제의 발전을 필요로 하고 있다.

이것이 유고슬라비아에서 당과 국가권력의 변질로부터 자본주의의 복고에 이르는 과정이 단계적으로 실현되어온 방식이다. 타락의 과정은 15년 동안 계속되었다. 이것이 어떻게 사회주의 국가가 자본주의 국가로 "평화롭게 발전"하게 되었는지에 대한 기록이다.

티토 일당은 미제국주의의 지원, 관료-매판 부르주아지 독재의 국가기구와 그들이 매수한 노동귀족, 시골의 부유한 농민들에 의지함으로써 유고슬라비아에서 자신들의 지배를 유지한다. 동시에 저들은 자신의 반동적 성격을 숨기고 인민을 속이기 위해 여러 가지 교활한 수법들을 사용한다.

그러나 저들의 반동적 정책들은 극도로 인기가 없다. 사회주의 국가에서 자본주의 국가로의 변질, 독립국에서 제국주의의 반식민지 내지 종속국으로의 전락은 유고슬라비아 인민의 기본적인 이익에 역행하는 것으로, 모든 정직한 공산주의자들과 압도적 다수의 유고 인민들의 반대에 부딪칠 수밖에 없다.

우리는 유고슬라비아의 인민과 공산주의자들이 처한 현재의 곤경에 깊이 공감한다. 비록 티토 일당이 한동안 인민들을 포악하게 짓밟을 수 있을지는 몰라도, 어떠한 고압적인 수단과 사기술에 기대더라도 한 번 인민을 거스른 통치 집단이 좋은 결과에 이르지는 않는다는 것을 우리는 확신한다. 티토 일당도 물론 예외는 아니다. 속임을 당한 인민들은 결국에는, 점차 깨어날 것이다. 영광스러운 역사를 가진 유고슬라비아의 인민과 공산주의자들이 배신자 티토 일당에게 영원히 굴복하지는 않을 것이다. 유고슬라비아 인민의 미래는 밝다.

유고 문제에 대한 중국 공산당의 원칙적 태도

쏘련 공산당 중앙위원회의 공개서한은, 일정한 기간동안 "중국 공산당 지도자들이 유고슬라비아 사회주의 체제의 본질에 대해 의심하지 않았"고 지금 중국의 지도자들이 "유고슬라비아 문제에 대한 그들의 입장을 극적으로 바꾸었다"고 주장한다.

사실이다. 유고슬라비아는 한때 사회주의 국가였다. 잠시 동안 그 나라는 사회주의의 길을 따라 나아갔다.

그러나 오래지 않아 티토 일당의 배신으로 인해 유고슬라비아의 사회 체제는 점차적으로 타락하기 시작했다.

1954년 흐루쇼프가 유고슬라비아와의 관계 개선을 제안했을 때, 우리는 유고슬라비아를 사회주의의 길로 돌려놓고 티토 일당이 어떻게 발전해 가는지를 지켜보겠다는 목적에서 유고를 사회주의 형제 나라로 대하는 데

동의했다.

우리는 그때 티토 일당에게 그리 큰 희망을 품지 않았다. 1954년 6월 10일 쏘련 공산당 중앙위원회에 보낸 편지에서 중국 공산당 중앙위원회는 유고슬라비아의 지도자들과 제국주의자들의 거래가 이미 상당히 진척되었으므로 그들이 자신들을 설득하려는 우리의 노력을 거부하고 사회주의의 길로 되돌아오기를 거절할지도 모른다는 점을 염두에 두어야 한다는 사실을 지적했다. "그러나 비록 이러한 일이 일어난다 하더라도 그것은 평화, 민주주의, 사회주의 진영에 어떠한 정치적 손실도 가져오지 않을 것이다. 반대로 그것은 유고슬라비아의 인민들과 세계 앞에 유고 지도자들의 위선을 더욱 분명히 드러내게 될 것이다."

불행히도 우리의 말은 모두 진실로 판명이 났다! 정말로 티토 일당은 자신들을 설득하려는 우리의 노력을 딱 잘라 거절하고 수정주의의 길로 점점 더 멀리 나아갔다.

1957년의 선언에 조인하기를 거절한 뒤, 티토 일당은 1958년 자신들의 철저한 수정주의 프로그램을 진행시켰으며 모든 공산주의자와 노동자 정당들이 인정한 공동 프로그램인 1957년 선언에 반대하여 현대적 수정주의의 기치를 내걸었다. 유고슬라비아에서의 자본주의 복고 과정이 한 단계 한 단계 실행되었다. 그리고 국제적으로 티토 일당은 더욱더 의욕적으로 미제국주의의 반동적인 특수 분견대로 복무하고 있다.

이러한 상황 속에서 티토 일당에 대한 모든 맑스-레닌주의 정당의 태도는 더 이상 형제 당이나 우애의 나라에 대한 것이어서는 안 되며, 또 티토 일당을 우리 편으로 되돌리겠다는 것이어서도 안 된다. 저들에 대한 태도는 배신자 무리를 완전히 폭로하고 확고하게 물리치겠다는 그러한 것이어야 한다. 1960년 성명서는 이 점에 관한 분명한 결론을 내려주었다.

쏘련 공산당 중앙위원회의 공개서한은 1957년 11월 형제 당들의 회의 후에 일어난 일련의 중요한 사건, 그리고 또 1960년 형제 당들의 회의에서 만장일치로 도달한 결론을 의도적으로 회피하였으며, 1957년 9월 12일 인민일보에 실린 유고슬라비아에 대한 사설에서 한 문장을 인용하여 쏘련 공산당 지도부의 잘못된 입장을 옹호하려고 애쓰고 있다. 이것은 소용없는 짓이다.

티토 일당에 대한 우리의 입장이 실제와 일치하며 원칙에 입각한 태도이고 1960년 형제 당 회의의 공동합의와도 일치하는 것임은 사실들이 증명해 주고 있다. 반면 쏘련 공산당 지도자들은 티토 일당에 대한 평결을 뒤집기 위해 무수히 많은 방법을 동원하고 있는데, 이는 그들이 맑스-레닌주의를 배신하고 1960년 성명서를 저버리고 유고 인민과 전 세계를 속이고 있는 미 제국주의와 그 종들을 돕고 있다는 사실을 증언하는 것이다.

티토가 "그의 오류를 제거"했는가?
아니면 흐루쇼프가 티토를 그의 교사로 여기는 것인가?

흐루쇼프는 유고슬라비아의 지도자들이 오류로 생각되었던 것들을 많은 부분 제거했다고 말한다. 그러나 티토주의자들은 그들이 어떠한 잘못을 저질렀다는 것도 인정하지 않는데 하물며 그것을 제거했을 리 만무하다. 티토주의자들은 그들이 어떤 오류도 수정할 "필요가 없"50)으며, "그것은 그저 시간낭비일 뿐"51)이라고 말한다. 그들이 그러기를 기대한다는 것은 "그야말로 불필요하고 터무니없는"52) 일이다.

사실들을 살펴보자. 티토주의자들이 그들의 수정주의 프로그램을 변경하였는가? 아니, 그렇게 하지 않았다. 그들이 1957년 선언과 1960년 성명서를 수용하였는가? 아니, 그렇게 하지 않았다. 그들이 그들의 수정주의적 국내외 정책을 변경하였는가? 이것 역시, 아니다.

---

50) J. B. 티토, "베오그라드 기차역에서의 연설(Speech at the Belgrade Railway Station)", 1962. 12. 20.
51) J. B. 티토, "유고슬라비아 공산주의자 동맹 제7차 대회에서의 연설(Speech at the Seventh Congress of the League of Communists of Yugoslavia)", 1958. 4.
52) J. B. 티토, "베오그라드 기차역에서의 연설", 1962. 12. 20.

1963년 유고슬라비아 연맹 인민의회가 채택한 새 헌법은 티토 일당이 자신들의 수정주의적 입장을 조금도 바꾸지 않았다는 것을 가장 명백히 보여준다. 헌법은 티토 일당의 속속들이 수정주의적인 강령의 법적인 구현체이다. 에드바르드 카르델리는 새 헌법 초고에 대한 자신의 보고서에서 그것이 L. C. Y. 강령의 개념에 대한 "법적-정치적이고 유기적인 구현"이라고 말했다.

흐루쇼프는 티토 일당과 열성적으로 친밀하게 지내고 있는데, 이는 저들이 자신들의 오류를 수정했기 때문이 아니라 그가 티토의 발자취를 따르고 있기 때문이다.

다음의 사실들을 고려하라.

1. 티토는 맑스-레닌주의를 근본에서 반대하기 위해 스딸린을 비난한다. 흐루쇼프는 같은 목적으로 스딸린을 완전히 부인하고 있다.

2. 티토와 흐루쇼프 모두 맑스-레닌주의의 근본 이론을 부정하며, 둘 다 맑스-레닌주의를 굳게 지키고 있는 중국인들과 다른 공산주의자들을 교조주의자라고 비난하며, 둘 다 맑스-레닌주의에 대한 자신들의 수정을 맑스-레닌주의의 "창조적 발전"이라고 표현한다.

3. 티토와 흐루쇼프 모두 미 제국주의의 수장을 찬양한다. 티토는 아이젠하워가 "끈질기게 평화를 수호하는 사람"[53]이며 케네디의 노력이 "국제 관계의 향상과 긴급한 세계 문제의 평화적 해결에 도움을 줄 것"[54]이라고 말한다. 흐루쇼프는 아이젠하워가 "평화에 대한 충심어린 바람을 갖고 있"[55]으며, 케네디는 "평화 유지에 대한 갈망을 보여준다"[56]고 말한다.

---

53) J. B. 티토, "≪뉴욕타임즈≫ 논평가와의 대담(Talk with a *New York Times* Commentator)", 1958. 2. 28.
54) J. B. 티토, "J. F. 케네디에게 보내는 인사의 말(Message of Greetings to J. F. Kennedy)", ≪보르바≫, 1961. 1. 21.
55) N. S. 흐루쇼프, "쏘련 최고소비에트회의에서의 연설(Speech at the Session of the Supreme Soviet of the USSR)", 1960. 5.
56) N. S. 흐루쇼프, "J. F. 케네디에게 보내는 서한(Letter to J. F. Kennedy)", 1962. 10. 27.

4. 티토와 흐루쇼프 모두 세계의 인민을 위협하여 혁명 투쟁을 중단하게 만들기 위해 핵전쟁의 공포를 과대 선전한다. 티토는 핵전쟁이 일단 발발하기만 하면 "인류의 절멸"57)로 이어질 것이라고 말한다. 마찬가지로 흐루쇼프는 일단 핵전쟁이 일어나면 "우리는 우리의 노아의 방주인 지구를 파괴하게 될 것"58)이라고 말한다.

5. 티토와 흐루쇼프 모두, 제국주의가 상존하는 상황에서 무기가 없고 군대도 없고 전쟁도 없는 세상이 올 수 있다고 설교한다.

6. 티토 일당은 "적극적인 평화공존"이 유고슬라비아 대외정책의 초석59)이라고 공언하고, 흐루쇼프는 평화공존이 쏘련의 "대외정책의 전반적인 노선"60)이라고 선언한다.

7. 티토와 흐루쇼프 모두 자본주의에서 사회주의로의 평화적인 이행의 가능성이 증대했다고 선언한다. 티토 일당은 "인류는 서로 다른 방식을 통해 사회주의 시대로 이르는 먼 길에 막을 수 없이 접어들고 있다"61)고 말한다. 흐루쇼프는 10월 혁명의 길이 "의회적인 수단"으로 대체될 수 있다고 말한다.

8. 티토는 "평화적인 경쟁"을 통한 세계의 "정치적, 경제적 통합"의 시행62)을 지지한다. 흐루쇼프 또한 "평화적인 경제적 경쟁"을 통한 제국주

---

57) J. B. 티토, "유고슬라비아 연방 인민의회에서의 보고(Report to the Session of the Federal People's Assembly of Yugoslavia)", 1958. 4. 19.
58) N. S. 흐루쇼프, "오스트리아-쏘비에트 사회의 회담에서의 연설(Speech at a Meeting of the Austro-Soviet Society)", 1960. 7. 2.
59) "유고슬라비아 연방 인민의회에서의 대외정책에 관한 코차 포포비치의 보고(Koca Popovic Report on Foreign Policy to the Session of the Federal People's Assembly of Yugoslavia)", ≪보르바≫, 1957. 2. 27.
60) N S. 흐루쇼프, "쏘련 공산당 제20차 대회에서의 보고(Report to the 20th Congress of the CPSU)", 1956. 2.
61) "유고슬라비아 공산주의자 동맹의 강령(Programme of the League of Comm unists of Yugoslavia)".
62) J. B 티토, "≪워싱턴포스트≫ 특파원 드류 피어슨의 질문에 대한 답변(Replies to Questions by *Washington Post* Correspondent Drew Pearson)", ≪보르바≫,

의와의 "전면적인 협력"을 옹호한다.

9. 티토 일당은 민족해방운동과 민족해방전쟁들을 온갖 방법을 동원해 방해한다. 흐루쇼프는 "어떠한 작은 '지역적인 전쟁'도 세계전쟁이라는 큰 불로 점화될 수 있다"[63]는 구실 아래 민족해방운동과 민족해방전쟁들을 반대한다.

10. 티토 일당은 프롤레타리아트 독재에 대한 포기를 선언했다. "전 인민의 국가"라는 슬로건 아래 흐루쇼프 또한 프롤레타리아트 독재에 대해 포기 선언을 했다.

11. 티토 일당은 공산당이 노동자계급의 전위가 되어야 한다는 것을 부인한다. 마찬가지로 흐루쇼프는 쏘련 공산당이 "전 인민의 당이 되었다"[64]고 말한다.

12. 티토 일당은 "비연합(non-bloc)"이라는 꼬리표를 드날리며 사회주의 진영에 대립하고 있다. 흐루쇼프 또한 "연합(블록)들 같은 표현은 일시적인 현상이다"[65]라고 말했다. 그들 둘 다 사회주의 진영을 없애버리고 싶어 한다.

이러한 사실들을 통해 국내와 대외 정책 모두에서 흐루쇼프가 실제로 티토를 그의 교사로 여기고 티토의 뒤에 바짝 붙어 수정주의의 길로 미끄러져 들어가고 있다는 결론을 내릴 수밖에 없다.

흐루쇼프는 쏘련과 쏘비에트 인민, 그리고 전 세계 인민들의 이익을 완전히 거슬러 맑스-레닌주의를 버리고 1960년 성명서에 흠집을 내었으며 변절자 티토 일당과 함께 진창 속에 뒹굴고 있다. 영광스러운 혁명 전통을 지닌 모든 이들, 즉 위대한 쏘비에트 인민들, 쏘련 공산당의 압도적

1962. 8. 12.
[63] N. S. 흐루쇼프, "7월 8일 비엔나 기자회견에서 발표한 성명서(Statement at the Press Conference in Vienna July 8)", 1960.
[64] N. S. 흐루쇼프, "쏘련 공산당의 강령에 관하여(On the Programme of the CPSU)", 제22회 쏘련 공산당 회의에서 발표됨, 1961. 10.
[65] N. S. 흐루쇼프, "유고슬라비아의 브리오니에서의 외신특파원들과의 인터뷰(Interview with Foreign Correspondents at Brioni in Yugoslavia)", 1963. 8. 28.

다수를 이루는 당원들, 여러 수준의 간부들은 이것을 참지 않을 것이다.

위대한 쏘비에트 인민과 쏘련 공산당 당원들은 흐루쇼프가 맑스-레닌주의를 고수하는 형제 당들에 대립하여 티토 일당과 결탁하는 것에 결코 동의하지 않을 것이다.

위대한 쏘비에트 인민과 쏘련 공산당 당원들은 흐루쇼프가 사회주의 중국, 알바니아, 그리고 다른 형제 나라들에 대립하여, 그리고 사회주의 진영에 반대하여 티토 일당과 결탁하는 것에 결코 동의하지 않을 것이다.

위대한 쏘비에트 인민과 쏘련 공산당 당원들은 흐루쇼프가 세계의 인민과 혁명에 대립하여 티토 일당과 결탁하고 반동들과 협력하는 것에 결코 동의하지 않을 것이다.

위대한 쏘비에트 인민과 쏘련 공산당 당원들은 유고슬라비아 수정주의자들을 본받고 당과 국가의 성격을 변화시켜 자본주의 복고의 길을 닦으려는 흐루쇼프의 노력에 결코 동의하지 않을 것이다.

흐루쇼프는 세계 최초의 사회주의 나라 쏘련에 어두운 구름이 드리우게 했다. 그러나 이것은 오직 쏘련 공산당과 쏘련 역사의 막간에 불과한 것이다. 잠시 동안 속임을 당한 사람들은 결국에는 점차로 깨어날 것이다. 역사는 확인시켜 주었다. 그리고 확인시켜 줄 것이다. 진보하고 있는 쏘비에트 인민을 되돌리고 싶어 하는 자는 수레를 막아선 사마귀 같은 존재임. 그는 결코 목적을 이룰 수 없을 것이다.

짧은 결론

유고슬라비아에서의 자본주의의 복고는 국제 공산주의 운동에 새로운 역사적 교훈을 제공한다.

이 교훈은 우리에게 보여준다. 노동자계급이 권력을 잡았을 때 부르주아지와 프롤레타리아트 사이의 투쟁은 계속되며, 자본주의와 사회주의라는 두 길 사이의 승리를 위한 투쟁은 계속되며, 자본주의가 되살아날 수 있는 위험이 있다는 것을. 유고슬라비아는 자본주의 복고의 전형적인 사례를 보여준다.

그것은 우리에게 보여준다. 노동자계급 정당이 권력을 잡기 전에 노동귀족의 지배 아래 떨어져 부르주아 정당으로 전락하고 제국주의의 하인이 될 가능성이 있을 뿐 아니라, 심지어 권력을 잡은 후에도 새로운 부르주아 분자들의 지배하에 떨어져 부르주아 정당으로 타락하고 제국주의의 하인이 될 가능성이 있다는 것을. 유고슬라비아 공산주의자 동맹은 그러한 타락의 대표적인 예이다.

그것은 우리에게 보여준다. 사회주의 나라에서 자본주의의 복고는 반드시 반혁명 쿠데타나 제국주의자들의 무력 침입을 통해서만 성취되는 것이 아니라, 그 나라 지도 집단의 타락을 통해서도 성취될 수 있다는 것을. 요새를 함락하는 가장 쉬운 방법은 내부에서 공격하는 것이다. 유고슬라비아는 이에 대한 전형적인 예시를 제공한다.

그것은 우리에게 보여준다. 수정주의는 제국주의적 정책의 산물이라는 것을. 예전의 수정주의는 노동귀족을 매수하고 육성하는 제국주의자들의 정책의 결과로서 나타났다. 현대의 수정주의도 같은 방식으로 생겨났다. 제국주의는 이제 비용을 아끼지 않고 자신의 작전 범위를 확대해가고 있으며 사회주의 나라의 지도 집단을 매수하고 그들을 통해 자신들이 바라는 "평화적인 발전" 정책을 추구한다. 유고슬라비아는 이 점에 있어 본보기를 세웠기 때문에 미제국주의로부터 "선두주자"로 여겨진다.

유고슬라비아에서의 자본주의의 부활은 모든 맑스-레닌주의자들이 세상을 더 잘 보게 만들 것이고 사람들로 하여금 현대적 수정주의에 대항한 전투의 필요성과 긴급함을 더욱 날카롭게 깨우쳐 줄 것이다.

제국주의가 존재하는 한, 사회주의 나라에서 자본주의가 부활할 위험이 사라졌다고 말할 근거는 명백하게 없다.

쏘련 공산당 지도자들은 그들이 이미 자본주의 부활의 위험을 제거했으며 공산주의를 건설하고 있다고 선포한다. 만약 이것이 진실이라면 물론 고무적인 일이다. 그러나 우리는 사실상 그들이 모든 면에서 유고슬라비아를 흉내 내고 있으며 가장 위험한 길을 택했음을 알고 있다. 이것은 우리에게 깊은 염려와 괴로움을 준다.

위대한 쏘련과 위대한 쏘련 공산당에 대한 따뜻한 애정의 발로로서, 우리는 쏘련 공산당의 지도자들에게 진심으로 호소한다. 동지들 그리고 친구들이여! 유고슬라비아의 길을 따르지 마시오. 즉시 되돌아오시오. 그러지 않으면 너무 늦을 터이니!

1963년 9월 26일
≪인민일보(人民日報)≫와 ≪홍기(紅旗)≫ 편집국 작성